存在の大いなる連鎖

アーサー・O.ラヴジョイ
内藤健二 訳

筑摩書房

THE GREAT CHAIN OF BEING:
A STUDY OF THE HISTORY OF AN IDEA
by Arthur O. Lovejoy
Harvard University Press, 1936

目次

存在の大いなる連鎖

凡例

一、本書はハーヴァード大学出版部刊行の Arthur O. Lovejoy 著 *The Great Chain of Being* の第九刷（一九七〇年）の翻訳である。

一、原著者の補足した部分は（ ）で示し、訳者が補足した部分は〔 〕で示した。

一、多くの引用文は、原文のままである時と英訳されている時とがあるが後者の場合には訳者はその英訳を忠実に和訳した。たとえばその部分に対する原典よりの直接の和訳が存在する場合にも、原著者の掲げる英訳よりの訳者自身の和訳を用いることを原則とした。その理由は引用された原典に対する原著者の解釈をも伝えることが訳者の任務であると思ったからである。この原則に従わない時には何らかの方法で指摘した。

一、英語以外の文章、句、語が用いられた時には、和訳した後に、なるべくそれらを原綴で示すようにした。その理由は原著者が原語をかかげるには何か意味があると考えたからである。

一、人名は原則として平凡社の『哲学事典』の表記に拠った。

一、原注は番号で示し、訳者注は＊で示した。

一、索引の項目は原著の取捨を原則として尊重し、それに訳者が補足する形にした。また本文に名前が無くて索引にある場合は、その頁の引用文の著者であることが多いので、その引用文の注の番号を補足した。

ウィリアム・ジェイムズ哲学・心理学講義は故エドガー・パース氏の御遺志により、一九二九年、ハーヴァード大学に創設された。同講義はウィリアム・ジェイムズの記憶を顕彰すると同時に、ハーヴァードと深い結び付きを持たない高名な学者に公開講義と肩の張らぬ啓蒙をお願いするのを目的としている。ラヴジョイ教授の講義はこの基金による第二回講義として一九三二—三三学年暦後期に行なわれたものである。

序文

この書の題名は学識のある人にとっても奇妙なものであろうし、主題も耳慣れぬものであろう。しかし私が題名に選んだ句は長い間、ヨーロッパの哲学、科学、思索的詩の語彙の中で最も有名なものの一つであった。そして近代においてこれやこれに似た句によって表現されるようになった観念は、西欧思想において最も強力で長続きした半ダースほどの仮定の一つである。事実、ほんの一世紀前迄、それは恐らく、事物の一般的枠組《スキーム》、宇宙を構成する定型《パターン》についての最も広く親しまれて来た観念であったし、そういうものとして他の事柄についての多くの同時代の観念を予め決定しないではおかないものだった。

故に、その歴史が以前に書かれもせず、その意味が分析もされなかったというのは本当に奇妙な事である。今そういうことを試みるに際し、思うに、私の述べるのは歴史的に当り前な事であるのに、どうやらそうでもないらしい事柄ということになる。もし当り前の事でないならば、この本が、それらを当り前なものにするのに役立てば、と望むものである。その歴史の個々の部分の多くが語られて来たし、それ故、いろいろよく知られているが、諸観念が形成する浸透力ある単一の複合体に対する個々の部分の――そしてそれら相互間の――関係についてはなお述べられる必要があると思われる。「存在の連鎖」という句を宇宙の記述のための名称に用いることは、普通には、宇宙の構造について特別で、意味深く、大変奇妙な性格が三つあると規定することであること、これらの性格は神の性質について或る観念を想定していること、この観念は、それ自身とは潜在的に対立してい（て、この対立は最終的には表面化す）る観念と数世紀にわたり結びついていたこと、故に西洋の宗教思想の殆どは自らの中に深い矛盾を秘めて来ていること、宇宙構造についての先の仮定に、もう一つ別の同様に広く受け入れられている善の観念とも相容れない、究極の価値についての仮定（これの結果はローマン主義の時代に表面化する）が結びついていたこと、この価値観は、宇宙がまさしく「存在の連鎖」という句が意味しているものであるという信念と相俟って、悪の問題を解決し、宇宙の構造は理解可能な合理的なものであると証明しようとする真剣な試みの主な基礎となったこと、自然の構造についての同様の信念が初期近代の科学の背景に大抵あり、それゆえ科学の仮説の形成に色々の点で影響を与えたこと――以上のいくつかの事柄こそ、私がやや詳細に示し説明しようと試みた一般的な歴史事実である。それらをこのようにあらかじめ示すことは、すくなくとも、この本のテーマが興味あるかどうかを読者が判断するのに役立つであろうし、書評子の仕事を楽にするかも知れない。もっとも、慎重な作者はそうあるべきだろうが、私はこの序文の要約の中で、話の筋をあまり漏らし過ぎぬように心掛けてもいる。

こういう観念複合体の歴史は、ある哲学上の結論を明証しないにせよ暗示するようには思われる。私はそれを最終講義に付いている「教訓」の中で示そうとした。突っ込みはまことに不十分と思うが、充全に述べるとなればこの本を途方もなく大部なものとすることになってしまっただろう。

講義は大部分口頭の講義通り印刷された。しかし寛大にもハーヴァード大学出版部は、説明のために必要な引用文をもっと付加することを許してくれたので、講義はかなり長くなった。またこれら引用は或る読者にはおそらく多過ぎると思えよう。しかし私自身この種の本を読みながら、当該観念を産み出した人々の実際の言葉が望ましいにもかかわらず、要約やパラフレイズしか与えられないで腹が立ったことがしばしばある。故に、余り長くならない程度であれば、関係個所を出来るだけ充全な形で引用することにしている。また説明のための引用だからといって何でも採ったわけではない。この本は、中心的なまた関連のある観念が述べられている文の集成《コーパス》であることは、いささかも目ざさないのである。

この種の試みにはある困難な点があるが、好意的な読者がその点を考慮してくれると有難い。この講義は一つの分野の専門家ではなく多様な学究的聴衆を目ざすものであり、この本が扱う諸観念を追求し、思想史のはっきり異なる多くの領域に入り込むことがこの本の目的の本質的部分である。その結果、一つの領域に属する主題を取扱う際に、その領域に通じている者には説明不要であろうが、他の領域の専門家や「一般読者」にとってはそれ程知られていない事柄を説明することが時折望ましく思われた。

第七講の大部分と第十講の或る部分は『PMLA』[*1]十七巻、一九二七年に発表済みである。

その学殖の故に、貴重な批評家、助言者である私の友人および同僚がそれぞれ私の本の部分に草稿の形で惜しみなく目を通してくれたことに感謝する。そういう助力に関し、ジョンズ・ホプキンズ大学のジョージ・ボアス博士、ハロルド・チャーニス博士、ロバート・L・パタソン博士、アレグザンダー・ワインスタイン博士およびスミス・カレッジのマージョリ・ニコルソン博士に特別に恩恵を蒙った。また私はハーヴァード大学哲学部に対し、ウィリアム・ジェイムズの名を冠せられた講義において、年来の研究のささやかな結果を講義する名誉と特権を与えられたことに心からなる感謝を述べずにはいられない。何故なら哲学の勉強の初めにおいて私は初めて、彼が独特の流儀で、「精神のプラグマティックな開豁さ」の意味と、人類の古くからの問題への新鮮で生き生きした解決の可能性の模範を示すのをこの耳で聞いたからである。

アーサー・O・ラヴジョイ

ジョンズ・ホプキンズ大学　一九三六年三月

第一講　序論　観念の歴史の研究

これらの講義は主として観念史（history of ideas）に貢献しようとする試みである。この句はしばしば私が考えているものより漠然とした意味で用いられるので、中心課題に取りかかる前に、その名称で私が呼ぼうとする一般的研究の領域、目的および方法について簡単な説明をしておくことが必要だと思われる。観念史とは、私にあっては哲学史ほど限定されず、同時により特殊な或るものを意味する。それは主として、それが扱う単位の性格によって区別される。それは、思想史の他の分野と同様な材料を大いに用い、それらの分野の先人の働きに大いに依存はするが、その材料を特別な方法でわけ、部分が新しいグループをつくったり新しい関係に入るように集め、明瞭な目的を持った立場からそれを見るのである。その最初の手続きは、アナロジーには危険もあるが、分析化学のやり方にいささか似ていると言えよう。たとえば哲学の学説の歴史を扱う際に、それは牢固たる個々の体系の中に切り込んで行き、自らの目的のために、それらの体系を構成要素、すなわち単位観念（unit-ideas）とも呼べるものに分割する。どんな哲学者または学派の学説の総体も、殆ど常に異質なものの複雑な集合体であり、しばしば当の哲学者も思い掛けぬ風にそうなのである。これは複合体であるというばかりか、不安定な複合体なのだ。もっとも時代が変るにつれ、新しい哲学者がこの憂鬱な事実を忘れてしまうのだ、としてもである。そのような複合体における単位観念の追求の結果、大抵の哲学体系がその要素においてではなく、それらの織りなすパターンにおいて独創的または独特であるということがわかる。研究者が歴史的文献中の議論や意見の広汎な連なりを前にすると、提示されている事柄の多い事と、見たところのその多様性とに当惑するであろう。たとえ、もし材料の配列が、学派とかイズムとかいって哲学者の用いる慣習的な、そして大いに誤解をまねく分類法の助けを借りて、いささか単純化されたにせよ、やはり極めて多様で複雑だと感じられる。どの時代も、古い同じ問題に対してさえ新しい推論と結論とを組み立てていくように見える。しかし実際には、本質的に異なる哲学的観念または弁証法の動機の数は、本当に異なる冗談の数がそうだと言われているように、決定的に少ない。もっとも元観念の数は元冗談の数よりはかなり多い。多くの体系の見たところの新しさとは、ひたすらにその体系に加わる古い要素の応用や配列の新しさのことなのである。この事が認識されれば歴史は、概してもっと御し易いものに見える筈なのである。勿論私は、本質的に新しい概念、新しい問題、およびそれらについての新しい推論の仕方が時々思想史上に創発（emerge）することがないなどと言う気はない。それはそうだが、絶対的な新しさというものが加わることは普通思われているよりはずっと稀である。なるほどちょうど化学的化合物がそれを形成する元素とははっきりした性質においては別物になるように、哲学の学説の各要素は、論理的結合がちがうものだから、必ずしもそれとは容易に認め得られなくなる。分析してみないことには、同一の複合体ですらも、哲学者の気質の多様性やその結果としての強調点の置き方の相違のせいや、部分的には同じである前提から異なった結論を導き出すせいで、異なった表現をされると、同一ではないように見える。表面の相違点の背後にある共通の論理的、擬似論理的、または情緒的な要素にまで、個々の観念を相手にする史家は入り込んで行こうとするだろう。

これらの要素は、人類の偉大な諸歴史的観念を呼ぶさいに我々が用いつけている名称とは必ずしもというか普通には一致しない。神という観念の歴史を書こうと試みた者があるし、そのような歴史が書かれるのは結構である。しかし神という観念は単位観念ではない。こう言ったからと言って単に、異なった人々が全く多様で相一致もしない超人間的存在を指示するためにこの一つの名称を用いて来たという当り前の事を言っているのではない。私はまた、これらの信念のどの一つをとっても背後に、それ自体よりも重要でないにはしても、もっと根源的で、もっと説明に役立つ或る一つの、またはいくつかの何かを通例発見するはずだということを言いたいのである。なるほどアリストテレスの神は山上の垂訓の神とは共通点は殆どない――もっとも、西洋史の最も奇妙で重要なパラドックスだが、キリスト教圏の哲学的神学はこの二つを同一視し、両者を真似ることを人間の主目的と定義したわけである。――しかしまた、知り得る最高の敬意をこめた名称を奉った存在についてのアリストテレスの観念は、或るもっと一般的な考え方、すなわち彼にだけ見られるものではなく、古代ユダヤ的精神には殆ど完全に無縁であるがギリシャ人独特の或る種の弁証法（これについては後述する）の一つの結果であるに過ぎないし、そのような考え方はその影響力を歴史的には神学のみならず倫理学、美学、時には天文学にすらも及ぼしたというのも事実である。そしてこのような場合、観念史家がその研究方法を適用するのは、まさしくもっと根本的かつもっと多様に作用する、この先行する観念に対してであろう。彼が特に関心を持つのは常にダイナミックである要素、すなわち思想史に結果を持つような観念に対してである。さて公式化された教義は比較的に不活発であることが時々ある。思考によって得られた結論は、しばしば思考の終結でもある。この事についての重要な要素は、その意味が単一であるか複雑であるかにかかわらず、或る人の主張するドグマではなくて、その人をそこに導いた動機や理由であるかも知れない。しかも部分的には同一の動機や理由が大変異なった結論を引き出すことになったり、同様な内容の結論が、異なった時代にまたは異なった人物により全然異なった論理的また他の動機によって産み出されるかも知れない。「――イズム」とか「――性」というよくある名称によって示される教義や傾向は、時々はそうかも知れないが、通例は、観念の歴史家が選び出そうとするような種類の単位ではない。教義や傾向は普通には、むしろ分析的方法をそれに適用すべき複合物である。観念論、理性主義、超越主義、プラグマティズム――これらの、問題のある、また通例、思考を曇らすような、時々哲学者や歴史家の語彙からすっかり排除して欲しいと思うような言葉は、すべて単体ではなく複合体、それも二つの意味での複合体の名前である。通常には、これらの名称は、一つの教義ではなく、自称したり歴史家にそう命名されて、これらの名称で呼ばれる思考法を持つ個人またはグループの抱く、はっきり異なり、しばしば相容れない幾つかの教義を意味する。そしてこれらの教義の各々は今度は大変奇妙に結びついていて、それも多様な動機と歴史的影響力に由来するのであるが、そういう単純な要素に分解され得そうである。たとえば「キリスト教」は、個別の観念の歴史家が追求するような形の単位観念を表現する名称ではない。ということは私が意味するのは単に、自らキリスト教徒と名乗る人々が歴史の中でそういう一つの名称の下にあらゆる種類の、異なり相容れない信念を持ったという悪名高き事実のみではなく、これらの人物の一人または宗派の一つが普通にはその名称の下に観念の大いに雑多な集合を持ち、それらが集合して単一の名称を持ち真の統一を形成すると思われるような集合体になるのは、通常大いに複雑で奇妙な歴史の過程の結果であったということでもある。教会史家がキリスト教史について本を書くのは勿論妥当で必要なことではあるが、そうする際に彼等は、全体として見れば名前以外には殆ど共通点を持たぬ一連の出来事、出来事の起った場所、その教えと性格があまりにも多様に考えられているので統一性が単に名前が一つであるということになってしまっている或る人物に対する崇拝、それらの出来事に歴史的に先行する出来事のあるものの性格、他の原因と相俟ってこれらの信仰体系を規定して来た或る原因や影響の性格等について書くことになる。一つの名称に含まれている信仰や運動の総体、またはその一つ一つにおいて皮相な単一らしさと同一性を打ち破り、総体を保持する殻を打ち破らねばならない。さもないと一定の場合に存在する真の単位、効果的に機能している観念を見ることは出来ないであろう。

こういう大きな運動や傾向、慣習によりイズムと呼ばれるものは、故に、観念の歴史家の関心の究極的な対象ではなくて、出発点の材料に過ぎない。では彼が求める思想史の要素、すなわち根本的で持続的で反復して出現するダイナミックな要素とはいかなる種類のものか。その要素は雑多であるから、私は形式的な定義は避けて、その主要なタイプの幾つかを取りあげてみるつもりだ。

(1) 第一に個人または世代の思考の中の作用するものであるが暗黙のまたは充分に明示されない「仮定」または多かれ少なかれ「無意識の精神の習慣」がある。しばしば哲学者の学説の性格を決定するのは、さらには一時代の支配的な知的傾向を決定するのは、あまりにも当然と考えられているので正式に表現されたり論証されないで無言のうちに前提とされる信念であるし、自然で必然的に思われるので論理的な自意識の眼によって吟味されないような思考法でもある。こういう暗黙の要因は多様である。一つの種類は、ある範疇に従ったり、ある特別なイメージによって考える傾向である。たとえば(それに相当する英語がない)簡略主義的精神(esprits simplistes)——扱う問題に簡単な解答が見つかると習慣的にきめてかかる傾向がある精神——の持主と、事物の一般的な複雑さを感じとる習慣のある人、また極端な場合ではあるが、直面する情況にふさわしい考慮事項の多様性と、有りがちなこみ入った相互関係によって圧迫を感じたり恐れを抱いたりするハムレット的性格との間には実際重要な差異がある。たとえば、十七、八世紀の啓蒙思潮の代表者は、単純さを仮定することによって特別に性格づけられていたのは明らかだ。数多い例外があったのに、また反対の方向に働く強力な観念が流行していたのに、啓蒙思潮期は主として簡略主義的精神の時代であったし、この事実は実際的には極めて重要な結果をもたらした。事実、単純さを仮定することは、或る人々においては、宇宙の複雑さについての或る種の感覚と、それに伴う人間の理解力の格下げ（この二つのことは先の仮定とは一見して全く相容れぬものに思われ、そのくせ実際にはそうではなかったのであるが）と結びついていた。十八世紀初期の典型的作家は、全体として宇宙は極めて大きくて複雑なものであることを充分承知していた。その時期の教訓に富んだ詩で人口に膾炙したものは知的な慢心に対するポープの警告である。

巨大な空間を見通し、
幾つもの世界が重なり宇宙になるのを見、
体系が体系に連なるのを見、
他の惑星が他の太陽をめぐるのや
変った存在がすべての星に住むのを見る者は
何故神が我等をかく作りしか語れよう。

だがこの枠組の方位や結び目、
強い連結、細かい依存関係、
正しい段階づけを汝の浸透する魂は
見抜いたか。また部分は全体を含むか。[*1]

この種のことは当時の通俗哲学ではたっぷりお目にかかるであろう。知的謙虚さのこのポーズは、おそらく誰にもましてロックが流行させたその時代のほとんどどこでも見られた性格であった。人間は知的能力の限界を常に意識しなければいけないし、所有する唯一の知識の器官であるあの「相対的で実際的な知性」で満足しなければいけない。あの有名な個所でロックは言っている。[*2]「もし人々が、すべてのものを摑むほど大きな手でないからといって、厚かましくも自分自身の体格に文句を言って、手に一杯の幸福を投げ棄てたりしなければ、頭を使うべきこと、そして変化、喜びおよび満足をもたらす知的作業は充分あるであろう」。我々は「存在の大洋の中にあたかもその無限の広がりが我々の知性の疑問の余地のない当然の所有物であり、そこではすべてが知性によって決定され、理解されるかのごとく、我々の思考を解き放っては」ならない。「我々がもし知性を我々にとって有用であるかも知れないものについてのみ働かすとしても、この点では知性は有能であるから、知性の狭さについてこぼす理由はあまりない。……ろうそくの明かりでは仕事がいやだという怠け者のつむじまがりの奉公人にとっては白昼の日光がさしていないからと言ってみても言いわけにはなるまい。我々の内部に点もされたろうそくは、我々のすべての目的にかなう位に明るいのだ。このろうそくで出来る発見で我々は満足すべきであり、我々がすべての対象を、我々の能力に応じたやり方で受けとれば我々は知性を正しく用いたことになろう」。

しかしこのもっともらしい謙虚な調子、人間の知力と宇宙との不釣合いの認識に基づく表面的な謙遜は、十八世紀の大半を通じて極めて広く行きわたっていた知的流行の一つであったが、しばしばこれには、人間にとって必要であり到達可能である真理が単純であるとの極端な断定と、理神論者はもとより人間の当然な関心事の総てに関して「短くて容易な方法」の可能性に対する信頼感とが伴った。「真理の最も崇高なる飾りである単純さ」とジョン・トーランド[*3]は典型的に書いているが、彼や同時代の者、同気質の者にとっては単純さは単に外部の飾りではなく、真理として受け入れたり、虚心に検討する用意がある概念や教義の不可欠の属性であった。ポープがあの一番有名な二行——

しからば汝自身を知れ。神を理解しようとするなかれ。
人間固有の研究対象は人間なのだ。[*4]——

で同時代人を誘うときに彼は、神学や形而上学の課題は人間の思考には大き過ぎることを意味したのだが、同時代人の耳には、彼が人間はかなり単純なものでその性質をよく知ることは、人間が備えている決定的に有限な知力の及ぶことであるとそれとなく言っているようにもひびいた。人間性は単純であると仮定した啓蒙思潮は通例また政治、経済問題も単純であり故に解決は容易であると断定した。人間の精神から数個の昔からの誤りを取り除き、形而上学的「体系」や神学上のドグマの持つ人工的なもつれを信念より取り去り、人間の社会的関係に自然状態の持つ単純さを取り戻してやりさえすれば、人間本来の立派さが実現され人類は末長く幸福に生活するであろうと仮定されたのであった。つまり私の語って来た二つの傾向は、恐らくは共通の根を持つことが知られるかもしれない。人間の関心の範囲やさらには想像力の広がりを限定することは、それ自体、単純な観念体系の好みのあらわれである。知的謙遜という気質は一つには不可解なもの、複雑なもの、神秘的なものに対する嫌悪のあらわれであった。一方ローマン主義の時代になると、単純なものは疑惑のさらには嫌悪の的となり、フリートリッヒ・シュレーゲル[*5]がローマン主義的なもつれ（eine romantische Verwirrung）と呼んだものが、気質、詩、宇宙において最高に評価される性質となった。

(2) 以上の風土的仮定、知的習慣は一般的で漠然としているので、殆どあらゆる主題についての人間の思索に影響を与えてしまう。同類のタイプに属す一組の観念は、弁証法的動因と呼び得るであろう。すなわち個人、学派さらには世代の思考が、推論の傾向とか論理上の癖とか方法論上の仮定によって大いに支配されたり決定されているのに気づくであろう。それでいてこれらの傾向や癖や仮定は、もし明示されたりすれば論理または形而上学における大きな重要な高度に議論の余地ある命題となりかねないものであるが。たとえば常に出て来るものは唯名論的動因である。すなわち、すべての一般概念の意味を、その概念に含まれ得る具体的で感知できる個物を数え上げることに還元してしまう事だとする、或る人々にとっては殆ど本能的である傾向である。これは専門的哲学から離れた分野に見られるが、哲学においては通例唯名論と呼ばれる教義以外の多くの教義において決定因として現われる。ウィリアム・ジェイムズのプラグマティズムはこの考え方が彼に与えた影響を大いに実証しているし、デューイのプラグマティズムにおいては、この考え方の役割は小さい。また有機体的動因、すなわち或る種の複合体がある場合には、その複合体のいかなる要素も、それが属する体系の他のすべての構成要素に対するその関係から離れては、理解され得ないし、それ自身ですらあり得ないと断定する習慣もある。このこともまた哲学には関係ないことがらについて或る人が考える場合の性格的な思考法の中で作用しているのに気付くであろうし、また関係の本質性の原理を正式のドグマとしている哲学体系以外の哲学体系にもこの動因は現われている。

(3) 観念の歴史におけるもう一つのタイプの要因は色々な種類の形而上学的情念に対する感受性とでも呼び得るであろう。哲学上の流行や思索上の傾向を決定する際のこの有力な原因は今まであまり考慮されたことがないのでちゃんとした名称がなく、私は恐らくは必ずしもわかり易くはない名称をこしらえざるを得なかった。この「形而上学的情念」(metaphysical pathos) とは、事物の性質のいかなる描写においても、自分の属する世界のいかなる説明においても、詩の言葉のように、連想によって、また言葉の持つ感情移入によって、哲学者または彼の読者に快い気分を呼び覚す言葉が用いられることにその例が見られる。多くの人々、思うに殆どの門外漢にとっては、哲学の本を読むことは、外見上美的な魅力が全く欠けた作品の場合にも、通常は一種の美的な経験であり、何らかの種類の情緒の感動が別に明確なイメージの介入なしにも読者の中に多量に呼び起される。さて形而上学的情念には色々の種類がある。そしてその或る種類に対する感受性には個人差がある。第一に、不可解さの情念、理解不能のものの美しさがあり、どうもこれはそんな効果を意図しなかったにせよ、多くの哲学者と大衆との間を巧く取りもったということがある。「知られざるものはすべて称賛さるべし」(omne ignotum pro mirifico)という句は簡潔に、現代の大いに人気ある哲学をも含めて多数の哲学の流行を大いに説明している。読者はそれらの哲学が何を意味するのかはっきりと理解しないが、そのせいでそれだけ荘厳さがあるような気がする。畏怖と高揚の快い感じがそのように無限の深さを持つ思想に思いを致す時に彼を包む。その深さは、その底が彼に見えないという事実によって確かに証拠だてられるのであるが。これに近いのが秘儀の情念(pathos of the esoteric)である。隠された神秘に参入する感覚は何という興奮をもたらし何とよろこばしいか。そして何とまあ効果的に或る哲学者達——特に一世紀前のシェリングやヘーゲルと現代のベルグソン——は、この経験に対する人間の欲求を満たすことであろうか。その方法は、自分の哲学の中心にある洞察を万人に与えられている普通の論理によって導かれる継続的な思考を押し進めることによってではなく、単なる理解力の水準とは原理的に全く異なる直観の次元に突如飛躍することによって到達されるものとして示すことであった。こういう哲学またはそれへの反応において秘儀の情念がしめる位置を見事に示す表現がベルグソンの或る弟子にある。たとえばラジョ氏[*6]は、ある意味で生まれ変らないと新しい教えの秘密であるあの哲学的直観は身につかないと公言しているし、ル・ルワ氏[*7]は、「ベールが真なるものと我々の間におかれていて、突如呪術が解けたかのように落ちて、我々の精神に想像したこともないような深みに至る光線が現われ、その光りを浴びて真なるものが我々の眼前に初めて姿を現わす——ベルグソン氏の読者がページをめくるごとに特別に強力に経験する感じというのはこのようなものなのだ」と書いている。

しかしこの二つのタイプの情念は、或る哲学が宇宙に備わっているのだとする属性に内在するのではなくて、その哲学がそれ自体に与える——またはその哲学の信奉者がその哲学に与える——属性に内在するのだ。だからもっと厳密な意味での形而上学的情念の例をいくつか示さねばならない。強力な例は永遠不変についての情念——不変という抽象観念がそれだけで我々に与える美的快感——である。哲学的な大詩人はその情念を喚起するすべをよく心得ている。英詩においてはシェリーの『アドネイス』[*8]の有名な個所がその例であり、我々すべてがその魔術的魅力を一度は感じたものだ。

一なるものは残り、多は移り過ぎ行く、

天の光は永遠に輝き、地上の影は飛び去る

永遠に不変であることが秀れたことであるとは自明ではない。しかし連想や、不変の観念が喚起するおぼろげなイメージを通じ——一つには我々が疲れた気分でいる時に、不変ということを我々の内心で真似することが安らいだ気持をかもし出すが——変化も移ろう影もない実在が事物の核心にあると述べるような哲学は、とにかく個人のまたは集団の経験の或る段階では我々の感情面に必ず反応を呼び起す。シェリーの詩は、また別の種類で、しかし今述べたものとしばしば一緒になっている形而上学的情念、すなわち一元論的または汎神論的情念をも例示している。万物は一なりと述べることが多くの人々に特別な満足を与えるということは、ウィリアム・ジェイムズが言った通り、どうも奇妙なことである。「一」という数には他の数よりも美しいことや尊敬すべきことがあるというのだろうか。しかし一元性についての話が惹き起す暗黙の反応の性質を考えれば、心理的には一元論の情念の力は或る程度理解出来る。一元性は、たとえば、物の分裂とか分離というような厄介さの克服またはそれよりの解除から生ずる歓迎すべき解放感を与える。我々の心の中で今迄別々のものとされて来たものがとにかく同一のものであると認識すること——このことはそれ自体通常は人間にとっては感じのよいことである(「或るヘーゲル哲学について」On Some Hegelisms と題されたB・P・ブラッド著[*9]『無感覚の啓示』*The Anaesthetic Revelation* について論じたジェイムズの論文が思い出されるであろう)。そこで、人間は

普遍的な一なるものの部分であると一元論の哲学が公言したり暗示したりすると、漠然とした情緒的反応の総体が一斉にせきをきったようにほとばしる。独立した人格という感覚――しばしば疲れさせる感覚――の消滅は、いわゆる群集心理など様々な風に生じるのであるが、この消滅もまた単なる形而上学の定理によって本当に強く惹き起され得る。「私は私であるということを忘れたいものだ」で始まるサンタヤーナ氏[*10]のソネットは意識された個人の人格が負担になっている気分を殆ど完全に表現している。我々の想像力に対し、限定された個別の自我の意識よりのまさにこのような逃避を一元論は時々させるのである。一元論的情念と異なるものは意志的な情念である。フィヒテなどは両者を統一しようと目論んだが。この情念とは、我々の活動的な意欲的な性質の、さらには俗に言う闘争本能の反応であり、この反応は我々が宇宙と同質であると感じ、全宇宙がその様な性質を持つと考えることによって惹き起される。さて以上のことは科学としての哲学とは何の関係もない。しかし歴史における要因としての哲学には大いに関係がある。何故なら哲学が歴史における要因になるのは主に科学としてではなかったからだ。様々な形而上学的情念に対する感受性は多くの哲学者の論理を微妙に導くことにより哲学体系の形成においても、また哲学の影響を受ける集団や世代における色々の哲学の流行や影響を部分的に惹き起すことにおいても確かに大きな役割を果したと思う。そしてこの多様な感受性を発見し、感受性が一つの体系を形成したり、一つの観念をもっともらしく見せたり流行させたりするのにどう役立ったかを示す微妙な作業が観念の歴史家の仕事の一部である。

(4)彼の仕事のもう一つは、もし彼が思想の大きな流れの中の真に作用している要因を認めるつもりならば、哲学的意味論とでも呼び得る研究である。これは、一時期または一つの運動の神聖な語や句の研究でありその目ざすところはそういう語句の曖昧さを明らかにすること、語句の意味の多様なニュアンスを書き出すこと、これらの曖昧さから生じる混乱した観念連想が教義の発達に影響を与えたり、一つの考え方が別のもの、ひょっとすると正反対のものにわからないように変って行くその変化を速めたりするその仕方を検討することである。一介の言葉が歴史における力としてこの様な独立した働きができるのも主として言葉の曖昧さによる。それが持っているいくつかの意味の一つが、また暗示するいくつかの思想の一つが、或る時代の流布している信念や価値基準や好みに合うから流行したり受け入れられたりするような名称、句、公式は、そんな信念や価値基準や好みを変えるのに力を貸すかも知れない。何故なら名称、句、公式が持つ別の意味や含蓄の方が、名称などを口にする人々が明瞭に区別立てしないために、名称などの意味の主要な要素に徐々になってしまうからだ。「自然」という名称がこういうことのもっとも驚くべき例であり、哲学的意味論の探究にとってもっとも実りのある主題であることは言うまでもない。

(5)しかし我々が考察するタイプの「観念」は、今迄私が述べて来た観念よりも明確であり、故に自信を以て区別、認識し易いものである。その観念は単一の個別の命題すなわち初期ヨーロッパのもっとも影響力のある哲学者によってはっきり提示され、その系であると考えられて来ているいくつかの附随する命題を伴った「原理」である。この命題は、これから示されるように、人間が当然いだく哲学的疑問に答えようとする努力であり、その問は反省的思考が遅かれ早かれ必ず提出する問であった。この命題は、或る他の原理と当然な論理的な近い関係があることが判明した。この他の原理とは、全く異なった問題について考察する際にもともと提示されたのであるが、後にその命題に附着したものである。この種の観念の性格、この観念の辿る歴史の性格は、これ以上一般的に述べる必要はないであろう。なぜならこれからそれを示すわけであるから。

第二に、このようにして（観念の）歴史家が取り出す単位観念を彼は次にそれが何等かの意味を持って出現する歴史の領域のいくつかにまたがって——究極的には全部にまたがり——哲学、科学、文学、芸術、宗教または政治の別なく、追求しようとする。このような研究の前提は次のようである。或る概念、暗黙にせよそうでないにせよ或る前提、或る種の精神の癖、或る個別の命題または論——こういうものの作用は、もしこの作用の性質と歴史的役割が充分に理解されるためには、作用が出て来る人間の内省生活のすべての面を通じたり、歴史家の能力が許す限り多くの面を通じて一貫して辿られなければならないということである。このような研究は、これらの領域のいくつかに共通しているものが普通に認められているよりはずっと多くあり、同じ観念が知的世界の極めて多様な領域に、時としてかなり変化した形であるが、しばしば現われるのだという信念によって支えられている。たとえば造園法は哲学とはかなり離れた話題に思われる。しかしすくなくともある一点においてそれは近代思想の真に哲学的歴史の一部となる。一七三〇年以後フランスとドイツに急速に広まったいわゆる英国風庭園[*11]の流行は、モルネ氏[*12]および他の人々が証明するように、ローマン主義の、または一種のローマン主義のくさびの刃の部分であった。この流行それ自身——一つには疑いもなく十七世紀の過度にきちんとした造園法に対する当然な嫌悪の表現であるが——あらゆる種類の英国かぶれの一例であり、ヴォルテール、プレヴォ、ディドロおよびオランダ在住のユグノーの文筆家がこの一般的風潮を導入したのであった。しかし造園法におけるこのような好みの変化が、芸術全部における好みの変化、実に宇宙における好みの変化の始めとなることになったし、唯一の原因だと私は断定はしないにせよ前触れであり、共通原因の一つであることになった。ローマン主義と呼ばれるあの多くの面を持つものは、その一つの面を見ると、世界は英国庭園であるという信念であると言っても不正確ではなかろう。十七世紀の神は、当時の庭師のように常に幾何学的な形を目ざしたのに対しローマン主義の神は、事物が野生で刈り込まれず自然のままの多様な形を豊富にもって生い茂る宇宙の神であった。不規則なものに対する好み、完全に知性化されているものに対する嫌悪、おぼろ気な遠い所へ逃げ去ったものに対する渇望——これらのものは終にはヨーロッパの知的生活のあらゆる点に浸透するのであるが大規模に十八世紀初頭に庭園の新しい流行という形で近代として初めて出現した。そしてこれらのものの成長と伝播のそれぞれの段階を追跡することは不可能ではない(1)。

故に観念の歴史は、現在の情況をそのまま述べれば、歴史的綜合を目ざすものではあるが、このことは観念の歴史が他の歴史分野の単なる寄せ集めであるとか、まして綜合的な統一を目ざすものであるという意味ではない。観念の歴史は歴史におけるある種の要因の集合のみを扱い、しかもこれらが普通には知的世界の異なった分野と目される分野にまたがって作用していると見られる時にのみ扱うし、観念の歴史は影響が一つの領域から他の領域に移動する過程に特に関心を持つ。このような計画は部分的に実現されるだけにせよ、多くの現在ばらばらになっていてそれ故に不充分にしか理解されていない事実にそれを統一するのに必要な背景を与えるのに大いに役立つだろうと考えざるを得ない。専門化と分業を求めての立派な努力がなされる間に本来は仕事を常に協調してしなければならない大学の学部間に生じてしまった壁に通路をつけることにもなるであろう。私は哲学科と現代(外国)文学科および国文学科のことを主に考えている。ほとんどの文学の教師は、文学は主としてその思想内容の故に——もっぱら楽しめるとは私には断言出来ないが——研究すべきであるということ、また文学の歴史の興味は主に観念の——人間の想像、感情および行動に影響を与えて来た観念の——運動の記録であるということを恐らく容易に認めるであろう。思索的な文学に出て来る観念は、言うまでもなく薄められた哲学的観念であり、別のたとえ方をすると、恐らくはもはや存在しなくなった偉大な哲学体系がまいた種の成長したものである。しかし哲学の素養が不充分なために研究者は、学殖豊かな文学の歴史家も、そのような観念に出会ってもそれと気がつかないように思える。すくなくともその歴史的系譜や論理的意義内容、またそれが人間思想の中に他の場合にも顔を出していることを知らないようである。幸運にも、事態は改善の方向に向かっている。また一方では、哲学の歴史を調べたり教えたりする者は時々或る観念に対して哲学的衣装——出陣化粧——を寸分のすきなく身につけていないかぎり殆ど関心を持たなかったり、哲学的ではない世間の人々の心の奥底でその観念がどう作用しているかを無視しがちである。しかし観念の歴史家は或る概念または前提の初めの出現は哲学のまたは宗教の体系、科学理論の中に探すことが一番多いのではあるが、観念の最も重要な表出は芸術、とりわけ文学の中に求めるのである。何故ならホワイトヘッド氏[*13]が言うように「人間の具体的な見方が表現されるのは文学においてである。従って、もし我々が或る世代の内的な思想を発見しようとするならば、我々がたよりにすべきものは文学、しかも出来るだけ具体的な形式の文学である[2]」。しかも私の考えるところでは、といってもこの意見を弁護する時間がないのだが、文学の哲学的背景が一番よく説明出来るのは、何度も何度も出て来る主要な観念をまず取り出し分析し、その各々を多くのコンテクストの中で反復される単位として観察することによってであろう。

第三に、比較文学の研究と共通する事だが観念の歴史は、文学のおよび他の歴史研究を国籍や言語でわける因習よりしばしば生ずる結果には抗議する。政治制度や運動の歴史が、とにかくより小さな単位に分割されなくてはならない故に国家という線に沿って分割されるのにはもっともなそして明らかな理由がある。しかし歴史研究のこれらの分野においてさえ、或る国の多くの出来事、傾向、政策の真の原因を理解するためには別の国の出来事、傾向、政策を調査する必要性を益々認識することによって最近は正確さと実りが大いに得られるようになった。言語別に部門をわけることは、こういう慣習が一般には行なわれなくなっている哲学研究はさておき、文学の歴史の研究において専門化の必要性に応じる最善の方法であるかは決して自明なことではない。現行の分割法は一つの偶発事、外国文学の大抵の教授が主に語学教師であった時代の遺物である。文学の歴史的研究が因果関係の──たとえ話の伝承というような比較的小さな因果関係であっても──徹底的解明であると認識されるやいなや、研究は国家の、言語の境界線を必然的に無視する。何故ならば調査の対象である因果関係の大部分がそんな境界線を無視するにきまっているからだ。そしてもし教師の機能または高度の研究者の養成が、或る人物の或る主題または或るタイプの思想に対する好みによって決定されるのだとすれば、英文学、仏文学または独文学の教授の代りに、ルネッサンス、中世後期、啓蒙時代またはローマン主義時代の教授があってはならないとはすくなくとも言い切れないであろう。何故なら十六世紀後半の教育のある典型的イギリス人とフランス人またはイタリア人との間には、基本的な観念、趣味および道徳的気質に関しては、当時のイギリス人と一七三〇年代または一八三〇年代または一九三〇年代のイギリス人との間にあるよりは概して共通点が多いことは疑いがない。ちょうど一九三〇年のニューイングランド地方の普通の住民とイギリス人との間には一六三〇年のニューイングランド地方の住民とその現代の子孫との間にあるよりは共通点は明らかに多いように。それゆえもし取り扱う対象に対する共感的理解の特別の能力が歴史の専門家に望ましいとすれば、時期により、同時期の集団により研究をわける方が、国、民族、言語によって研究をわけるよりも妥当ではないかと主張出来そうだ。私は大学の人文科学系の学部の再編を本気になって主張するものではない。実際上の障害が明らかに存在するからである。しかしこれらの障害は研究される事実間に実在する分裂とは殆ど関係ない。事実が主要な範疇、信念、好み、知的流行の歴史に関係する時には特にそうである。フリートリッヒ・シュレーゲルがずっと以前に言ったように「現代詩の持つ地方的な部分はその関係から引き裂かれ、個別のそれ自体で存在している全体として観察するとわからないものになる。それはまず相互関係によって立場と意味が与えられる(3)」。

第四に、観念の歴史の研究のもう一つの特徴は、私はそれをはっきりさせたいのであるが、観念の歴史は少数の深淵な思想家や著名な作家の教義や意見の中にだけではなく人間の大きな集団の集合的思想の中にある個別の単位観念の表出に特に関心を持っているということである。観念の歴史は、自らが細菌学者の用いる意味で分離した要因が、一つの世代全体または場合によっては多くの世代を通じて教育のある階層に広まっている信念、先入観、信仰心、好み、憧れに対して持つ影響を調査しようとする。つまり広く伝わり多くの人間の財産になるような観念に興味を持っている。現在の大学の文学部の学生——よく出来る学生も——をしばしば当惑させるのは文学における観念の歴史の研究の持つこの特徴なのだ。文学部で教えている私の同僚がしばしば言うことだが、すくなくとも学生のあるものは文学の作品としては今では死んでいる――または現在の美的、知的水準よりすればどうみても価値の乏しい――作品の著者を研究するよう要求されると、いやな気持がする。これらの学生は要求する、何故傑作だけに、またすくなくとも傑作と二流にせよ古典――よろこびを以て、現代人にとって作品が表現する観念や感情が意義を持つという感じを以て読まれ得るもの――だけに限定しないのかと。もし文学の歴史の研究がその領域過去の人々を動かして来た観念や感情と、文学上および哲学上の世論とでも言うべきものが形成されて来た過程との研究を含まないものと見なすのならば、学生の心境はごく当り前である。しかし文学の歴史家がこれらの事にかかわるべきだと思うなら、二流の作家も現在傑作と見なされるものの著者と同じ重要性を持つであろうし、こういう見方によればもっと重要であるということになるかも知れない。パーマー教授は真実を手際よく述べている。「或る時代の傾向は、立派な天才作家にではなく劣った作家にはっきりと現われる。天才作家は時代を超える。しかしそれより劣った創造力を持ち、感受性があり反応する魂には、時代の理想が明瞭に記録される」(4)。そして勿論、或る時代の数名の大作家を歴史的に理解することは、その時代の知的生活および普通の道徳的評価および美的評価という一般的背景を知らないでは不可能であること、この背景の性格は当時一般に行きわたっていた観念の性質と相互関係を実際に歴史的に調査することによって確かめられることはどんな場合にも真実である。

最後に、どのようにして「新しい」信念や知的な流行が導入され普及されるか理解し、観念の流行や影響の変化が生じて来た過程の心理的性格を明らかにしようとしたり、出来ることならどうして或る世代において支配的であったり広く行き渡っていた観念が人の心を捕えなくなり別の観念に取ってかわられるのかをはっきりさせようとして、特有の分析方法を用いることが観念の歴史の最終的仕事の一部となる。この大きな困難な重要な歴史解釈の部門に対し私の語る研究法は只一つの貢献しかしないが、必要な貢献であると考えざるを得ない。何故ならこのような過程は、そこに要因として加わるそれぞれの観念の性質が識別され観念の行なう歴史中の総体的な作用の中で個々に観察されない限り、理解可能にはなり得ないであろう。

ゆえにこの講義は、私がその一般的目標と方法とを単に略記して来た哲学、歴史的研究をいささか例示することを目ざすものである。始めに単一の単純な観念ではなく、西洋の歴史において緊密に常に結びつけられて一つの単位として働いて来たし、このように結びつけられて来たのでしばしば一つの観念——西洋思想の重要観念の一つ——となり「存在の大いなる連鎖」という一つの名称によって表現されるようになった観念を産み出した三つの観念を取り出すことにする。そしてこの三つの観念の作用を個々にまた一緒に観察することにする。この例は時間の制約のみならず講師の知識の不充分なせいで、選んだ題目の論述としては、どうしても不充分なものであろう。しかし限度内でこれらの観念を或る哲学者の心の中の源まで追跡し、観念の融合を観察し、多くの時代と分野——形而上学、宗教、現代科学の歴史の或る時期、芸術の目的についての理論、芸術の優劣の規範、道徳的評価の基準、そしてそれほどではないが政治的諸傾向の優劣判断の規範――の中まで広く及んだ影響の一番重要なもののいくつかに注目し、どうして後の世代がそれらの観念の創始者が望みもしないし夢にも思わなかった結論をそれらの観念から引き出したかを見たり、人間の情緒や詩的創造力に対するこれらの観念の影響を注目し、最後には恐らくはこのお話から哲学的教訓を引き出すよう努力することになろう。

しかし私はこの序論を三つの警告を以て終えるべきだと考える。第一は、私が概略を示したその計画に関係している。観念の歴史の研究は危険と落し穴が一杯ある。研究につきまとう行き過ぎがある。解釈と統一を目ざし表面上は関係していないものを関係づけることを目的とするので、この研究は単に想像力による歴史の一般論の一種にともすると堕落しがちである。また観念の歴史家は仕事の性質上いくつかの知識の分野より材料を集めざるを得ないので必然的にすくなくとも綜合の或る段階では非専門家にありがちな誤りを犯してしまうだろう。私はこういう危険は承知しているので避けるために出来ることをして来たとしか言えない。あらゆる場合に避けられたと言うのは楽観的に過ぎるであろう。部分的な失敗の公算、また恐らくは確実性にもかかわらずこの仕事はやるだけのことはある。

残りの警告は私の講義を聞く人々に向けられている。我々のやり方では、ある一人の哲学者またはある一つの時代の思想の一部分しか扱わないことになる。だから部分が全体と取違えられてはならない。我々は事実この講義のテーマである三つの関連した観念のみに我々の視界を限定はしないであろう。それらの哲学上の意義と歴史的作用は対比によってのみ理解され得る。今からする話はこれらの観念と一連の対立観念との間の初めは潜在的でしまいには明らさまになった葛藤の話であり、対立観念の或るものはこれらの観念が産み出したものでもある。故に我々はそれらを終始対立という観点から観察しなければならない。しかしここで述べられるいかなることも或る教義体系または或る時期の傾向についての総括的な説明として理解されては困る。最後に、一つの観念にせよその伝記をこのように述べようとすると、それを聞く人の知的関心の普遍性が強く要求されることが明らかである。この講義の主題となる観念の影響を追跡する際には前にも触れたように、普通にはあまり関係がないと考えられ比較的ばらばらに研究される多数の学科部門の歴史における出来事を考慮せざるを得ないであろう。故に観念の歴史は部門別にこだわる人にはふさわしい主題ではないし、そういう人の多い時代においては研究が困難である。また観念の歴史は、過去の人間思想の作用が今の世代の多くの人に誤っていたり混乱していたり不条理であるとさえ思われようともその作用に関心を持つことを前提とする。哲学と人間思索の総ての面の歴史は主として観念の混乱の歴史であるし、我々の扱う歴史の章も例外ではない。我々のあるものにとってはそれだからといってその興味が減ったり教えるところがすくなくなるということはない。人間は性来独特の衝動により思考し解釈する動物であり、事物の原因を知ろう、経験という生のデータの中に目に見える以上のものを読み取ろうと常に心掛けているから、感覚でとらえられる自分の存在の生の事実に対する自分の知力の反応を記録することがいささか生意気にも自らを「知る人間《ホモ・サピエンス》」と呼んだ種または亜種の博物学のすくなくとも本質的部分になる。そしてその種の博物学において特徴的であることが何故——特にその種に属するものにとって——ぞうりむしまたは白ねずみの博物学よりも尊敬に値しない研究課題であるのか理解出来ない。人間が自然や自分を知的に理解しようとしたり、理解したと感じることから生じる情緒的な満足を求めることは疑いもなく、とじ込められたねずみの食糧探しのように、曲りくねった迷路に迷ってしまいしばしば目標に達しなかった。しかし観念の歴史は試行錯誤の歴史ではあるが、誤りでさえそういう誤りをする人間の独特の性質、欲求、才能、および限界について教えてくれる。しかもちょうどその問題の考察に関してそれらの誤りが生じて来た問題の正解に劣らない位に教えてくれる。それから現代の支配的思想が我々の間の或る人々は明晰で矛盾がなく確かな根拠を持ち最終的であるように見なしがちであるが後代の人の目にはそのような性質を持っているとは思われないかも知れないことをこれらの誤りは思い出させてくれる。我々の先祖の混乱ですらも適切に記録されれば単にその混乱をはっきり示すだけではなく、異なってはいるが同様に大きな混乱から我々が完全に免れていることに対する有用な疑念を産み出す役に立つかも知れない。なぜなら我々は先人よりは多くの経験的知識を所有しているが、異なった、より優れた精神は所有していない。しかも哲学と科学をつくり出す——実際「事実」をも主としてつくり出す——のは事実への精神の働きかけなのだ。しかし最も特徴的な行動をしている人間の博物学を好まない人、自分達とは共有しない前提から出発し奇妙な混乱と自分達に思えたりまた実際そうであるものにまぎれ込んでしまい、絶望的と思われる思索上の努力をやっている他人の精神の働きについて行くだけの好奇心も忍耐心もない人に対しては、今からする話は興味がないと警告するのが正しいことであろう。また、そのような理由で今からの話に無関心な人に対しては、この話を知らずしては西洋における殆どの重要領域での思想の動きを理解することが出来ないと警告することも片手落ちにならぬことであろう。

第二講　ギリシャ哲学におけるその観念の創始——三つの原理

今から歴史的考察をしようとする観念の集合の中で最も基本的なものは最初プラトンに現われた。それに続く殆どすべてはホワイトヘッド教授の有名な言葉の説明に役立つであろう。「ヨーロッパの哲学的伝統を一番無難に総体的に特徴づければそれはプラトンにつけられた一連の脚注であるということだ」。しかしプラトンとプラトン的伝統には二つの対立する大きな傾向がある。哲学または宗教体系をへだてている最も深く広範囲の裂け目に関して彼はふたまたをかけている。そして彼の後代への影響は二つの相反する方向に働いた。私の言う裂け目とは私があの世的な性質とこの世的な性質と呼ぶものの間にある裂け目である。あの世的な性質といっても来世に対する信仰とか、来世のことで精神が夢中になってしまうことを意味するのではない。死後に起る事を考えめぐらしたり、死後に自分を待ち受けるだろうと思う喜びについて色々と考えるのは明らかにこの世的な性質の極端な形かも知れない。またもし来世が深く質的に現世と変ったものとしてではなく、大体似たようなものがもっとあったり、変化、感覚、多数、社会的交際よりなるこの世で我々の知っている存在の仕方の延長にすぎず、ただ地上の存在のつまらなくて苦痛のある性質はとりのぞかれていたり、この世の高級の快楽は高められ、地上の欲求不満のあるものは補償される状態というように考えられるならば、来世というのは本質的にこの世の極まったものである。ビクトリア朝詩人が個人の生存に対する望みを表現した有名な二行がこの点を完全に説明してくれる。現在の生活に対するロバート・ブラウニングの生き生きした喜びは彼の「彼岸においても此処と同じく戦い続け旅をしよう」という希望の中に何よりも明白に表われている。そしてテニスンの「死の瞑想」(meditatio mortis) が単に「生きながらえ死なないという報い」を求める祈りで終る時に、彼もまたそれ程がさつな言い方ではないにせよ、普通の経験が我々に教えてくれた生存の一般的情況の充分な価値を主張しているのである。事実両者はローマン主義時代以前にはやや例外的で彼ら自身の時代を大いに特徴づけるこういう感覚――それがもっと前からあったと私の研究は示すが――の特別の形態を表現したのであった。この形態とは、生存の主な価値を時間の中での進行と闘争と同一視すること、満足と終局性とに対する反感、パーマー教授のいわゆる「不完全なものの栄光」に対する感覚であった。このようなことは私の話しているあの世的な性質の全面的な否定である。なぜならば、程度の差はあっても一般的な「現世の侮蔑」(contemptus mundi) が、穏かに表現されるにしても、あの世的な性質の本質的なものであるからだ。その性質は個々の個人的不死に対する熱望と必然的関係は――その西洋における殆どの段階において実際には関係は持ったのだが――無かった。しかもその最も徹底した形ではこの性質は前述の熱望を克服すべき最大の敵、生存の惨めさおよび空しさすべての根源であると見た。

では「あの世的な性質」という時に――哲学的または宗教的傾向の中にある基本的な対立を示すのにその言葉は不可欠であると思うがその意味において言う時に――私は次のような信念を指す。すなわちまさしく真であるものと真に善なるものはその本質的性格において人間の自然の生活、人間の普通の経験――どんなに正常にせよ、どんなに知的であるにせよ、どんなに幸運にせよ――において見出されるものとは根本的に対立するものであるという信念を意味する。我々が今そしてここで知る世界は――多様で移ろいやすく、事物と関係との永遠の流動状態、生まれたその瞬間に無になってしまうような思想と感情の絶えず変る万華鏡であるが――あの世的な精神の持主にとってはその中に何の実体も持たないように思われる。感覚の対象、経験的な科学知識の対象すら不安定で偶然的で常に他の事物との関係に論理的に還元されて行き、それらの事物も検討されると同様に相対的でつかみどころがないことがわかる。これらの対象についての我々の判断は多くの民族と多くの時代の哲学者にとっては、我々を必然的に混乱と矛盾の泥沼に引きずり込むように思われて来た。そして――言いふるされたことであるが――自然の生活の喜びは、青年は別にしても老人が発見するように、はかないし人を欺く。しかしあの世的な哲学によって理解されるところによれば、人間の意志は或る最終的な、不動不変な、本質的な、完全に満足させる善を求めるだけではなく見出すこともできる。ちょうど人間の理性が或る安定した、決定した、統一した、自足した、自明である、観照の対象を求めそして見出すことが出来るように。しかしそのどちらもこの世に見出されなくて、この世とは単に程度と細部においてではなく本質的な性質において異なる「より高い」領域においてのみ見出される。このもう一つの領域が、たとえ、物質の中に閉じ込められ、感覚的な物に没頭し、行動計画で忙しく、個人的感情に夢中になっている人々にとっては冷く貧弱で興味も歓喜も産み出さぬようにみえようとも、感情よりの解脱または内省によって解放されている人々にとっては哲学的探究の最終目的であるし、人間の知性または情念がこの世に有りながら影を追い求めるのを止め、休息を見出せる唯一の領域である。

以上のようなものがあの世的な哲学の一般的信条である。これはよく知られていることだが、我々は今から述べられることと対照をなす背景としてこのことをはっきりと我々の眼前に据えておく必要がある。これが持続的なタイプであること、その歴史の大部分を通じて開化した人類の大部分が持つ支配的な公の哲学として形はともあれ存在して来たことを指摘するには及ぶまい。多くの緻密な思索的な人間と偉大な宗教的指導者は、それぞれの流儀とそれぞれの厳しさと徹底さを以て人間の思考または情念を、あるいはその両者を母なる自然から乳離れさせようとして来た。実際その中の多くの者は、人間は或る世界に本当に生まれ変らなければいけないのだと説得して来た。そしてその世界のよきものは自然のよきものではないし、その世界の真実は自然的環境と、その絶えず変り行く状態が従う法則とを人間が知るようになる精神の働きによっては知ることができないのである。私は「公の哲学」と言った。何故ならば大抵の人は、この哲学を受け入れておりしかもこの哲学の解説者の推論や修辞の中に性に合った感動的な形而上学的情念——一つにはそれはいわく言い難きものの情念である——すら見出したとどんなに公言したとしても、この哲学を全く信じ込んでしまったことはまだないのであると思う。何故ならばそういう人も五感によって示される物に嘘がなく正真の印象的で高度に重要な種類の真実があることを否定できなかったし、あの世的な性質が自分に差し出した目的を心から希求したことはいまだないからだ。偉大な形而上学者があの世的性質の真理を立証しようとするかも知れないし、聖人はそんな性質に従って生活をある程度斉《ととの》えるかも知れないし、神秘思想家は忘我より戻り絶対的実体との接触の直接的体験とこの経験が語る唯一の満足を与える善とについてどもりがちに報告するかも知れない。しかし大抵自然はあの世的性質よりも強力である。普通の人は形而上学者の立証を認め、聖人の前ではへり下り、神秘思想家の報告は理解するとは公言しないにせよ信用するかも知れないが、しかし自分自身の身体が深く根を張り、からみついているこの世界の中に大変実質的で魅力のある何かを見出して来たのは明らかであり、たとえ経験が夢を打ち砕き、老齢になり人生の香りがいささか抜け落ちてしまっても、人はすべての欲求がかなえられ事物への強い関心は永遠に弱まることのないような、来たるべきよりよき「この世」についての或るヴィジョンの中に慰めを求めて来た。ついでに述べるがこれらの事実は、すくなくとも形式的にはあの世的な哲学が広く受け入れられ公式的には支配的であるような社会の一般的な性格と色合いがこういう情況の影響を受けないということを意味するのではない。中世ヨーロッパまたはそれ以前のそしてそれ以後のインドの有様、その有様がヨーロッパの民族主義の害悪に染まって行く姿、はその充分な反証である。あの世的な性質が何かの形で一般的に信じられているところでは、社会一般の価値観は主としてあの世的な性質により形成され知的努力の主なテーマや目的はそこから特徴を得て来る。その社会の「この世的な」人間は、俗世の物質の追求を程度の差はあるが徹底的に真心から止め、普通の人が喜んでとらわれている世俗の身すぎ世すぎから解脱している少数派を通例尊敬しているし、普通には養わなければならない。しかもよくある逆説であり、現代インドや中世ヨーロッパでよく示されることであるが、この世の事を司る主な権力はこの世から身を引いた人々の手に入ったり、押しつけられたりしがちなのである。あの世的な哲学者が支配者にされたり、支配者の隠れた支配者、神秘家または聖人がこの上なく強力で、時としては抜け目ない政治家となる。この世の仕事の成功にとって、その仕事から感情面で大いに解脱していること位有利なことは恐らくないのであろう。

しかしあの世的な性質の社会的、政治的影響は、内容もあり興味あるテーマではあるが、ここでは問題にしない。ただあの世的性質も実際には常にこの世と折合わねばならなかったし、しばしば自らの原則とは縁のない目的に至る道具の役目をしたという事を忘れないためには問題にするが。我々の主題に関係があるものとして更に考察すべきものは、人間の感じ方と考え方としてのあの世的な性質と特にその根拠すなわち「合理化」を提供する哲学的動機とであろう。あの世的性質は様々な程度に存在するであろうことは明らかで、歴史的にはそのように存在して来たし、ある特定の思想の領域において部分的に応用されるかも知れないし、奇妙な矛盾するようなコンテクストの中にその傾向を見せるかも知れない。善の性質についての対応する理論より、それ故あの世的な道徳および宗教的精神より完全に切り離されていると時折思われる純粋に形而上学的なあの世的性質がある。恐らくこのことの一番奇妙な例はハミルトン[*1]とマンスル[*2]の影響を受けてハーバート・スペンサー[*3]が綜合哲学の前書きに書いた不可知なものについての見当外れの数章において見られる。さらに普通の思想と経験の世界にはいくつかのはっきりした特徴すなわちカテゴリーがあり、これらはこの世界の「実在」または価値の否定をもたらしかねない。この世界は形而上学的に批難されるかも知れないが、その理由は、単にこの世界が時間的な性質を持ち永遠に不完全であること、この世界の構成要素のすべてが一見して相対的でどの要素も思惟によって名づけられるような自足した明瞭さを欠いていること、世界は断片的で不完全で存在理由を明白に必然的に持たないつまらない存在のでたらめの集合にすぎないと見えること、我々の世界理解は五感という欺瞞的な器官を通じてなされ、五感はそれ自体においてもまたそれに基づきそれが与える条件によって規定される推論の構成においてすら主観性という疑惑から免れられないこと、世界が複雑であり思索的理性につきまとう統一性への渇望に従わないこと、または——それ程推論をしない人の場合には——世界が実在する「感じ」がなくなる経験を時々し、——

我々から落ちゆくもの、消えゆくもの
いまだ実現されざる世界をさまよう
ものの持つ全くの不安――

それゆえ真実の存在は、魂がいこえる世界は、とにかく「こういうものすべて」以外のものであるにちがいないという確信がそのような人には圧倒的になるということなのである。これらの理由のどれ一つをとってみても真にあの世的な存在論をうみ出すであろう。何故ならその各々は「この」世界のある一つの真に独特で構成的な性格に目を注ぐからである。しかしこれらの動機の只一つまたは二、三のものだけが作用する時には、形而上学的意味において完全なあの世的性質とでも呼ばれ得るものは生じなくて、自然な経験で知られる世界の他の性質は先程の批難からは免れる。価値の領域においても「この」世界は、あの世的な道徳家や宗教的指導者の書物の頁を満たしているおきまりの不満の一つまたはすべてを根拠として悪であるまたは無価値であるとして片付けられるかも知れず、そのわけは世界の展開は世界を全体として把握しようとすると想像力に対し響きと怒りに満ちてはいるが無意味でしまりがなく退屈な芝居――同じ話の無意味な繰り返しであるか、いずれともなく始まり無限の時間の中で進行して来たのにそれにふさわしいクライマックスには到達せず理解可能の目的に近付きもしない、限りない変化のお話――として姿を現わすからであるか、それとも時間の中で生じ時間の中の目的に結びつけられたすべての欲求は経験によれば不満の果しない再生を惹き起すだけであると知られているし、またその欲求のたどる過程の不可解なはかなさに必然的にあずかっていると理解されるからである。またはかなりの数の人の中に、真の神秘家の忘我の境地に達することが出来ない人の中にも事物の相互の外在性や自分自身が切り離されて制限されていることに対して繰り返される感情的な反乱や自意識の負担から逃げ出し「私が私だということを忘れ」すべての分裂感と違和感とが超越されるような一体感の中に自らを忘れたい欲求があるからである。完全なあの世的性質はこれらの動機のすべてを含みこの世をあらゆる点において批判するものであろう。それはウパニシャッドの或るものの中に、ヴェーダーンタ派の体系の中に、『意志と表象としての世界』の中の——皮肉にもショーペンハウアーの実生活と個人的気質とは縁遠い——ヴェーダーンタ派的で仏教的な傾向の中に一番よく例示されている。初期仏教は一種の実践的あの世的性質であるがその消極性の故にまたこの世界の空しさと無価値さを主張しながらそれに代るべきものの積極的実在と積極的価値を曖昧さなしに主張しない故に完全にはあの世的性質に至らない。現代においてあの世的性質を観察するものは果して仏教がこの点において次のような奇妙な事実を暴露してしまったのではないかといぶかるかも知れない。すなわち偉大な哲学者と神学者の多くは非実在の崇拝を教えて来たのだ。もっともその非実在は我々が考え得る総ての具体的なものの特徴である個々の欠点と限界——相対性、内的な論理的矛盾、思考と欲求にとって究極性の欠如——から非実在が免れていることを強調することによりもっと「実在する」ように、感情的にはもっと満足をもたらすように思わされているのであるが。ここでこの大きな疑問に答えようとするのは我々の目的に必要ではない。確かな事はこのような哲学者達は自分達はまさにこれとは正反対の事をしているのだと常に信じて来た。

しかし完全にせよ部分的にせよ、いかなるあの世的性質も逃げ出すべき「この世界」があるという事実を理解出来ないようだ。ましてそのような世界の存在を正当化したり説明することは出来ないし、また自ら否定する経験的存在の個別の特徴や有様が存在することを正当化したり説明することは出来ない。故にそれが当然行なうことはヴェーダーンタ派におけるように迷妄説という手を使うことであろう。しかし現実経験の性格を「迷妄」、全くの非存在と呼ぶことは、大変強力な形而上学的情念を持つ一種の詩ではあるが哲学的には明らかに極端な形のナンセンスである。そういう性格は、それを経験する人の意識の外部の客観的な秩序の中に存在しないすなわち対応物を持たないという意味では「非実在」であるかも知れない。しかし自分の中でそういう性格の存在を経験したり他人の中にそれがあると仮定したり、超越されるべき不完全な点、克服されるべき悪としてはっきりとこのような性格を指摘する一方で、それが絶対的に非実在であるということは、同じ立場を否定し同時に認めることとなのは明らかである。崇高に見えようとも自己矛盾は自己矛盾である。故に迷妄説という絶望的なごまかしをしないようなあの世的な哲学は、この世界を、説明不能の神秘、存在してはならぬのだがともかく否定し難く存在している不満足な理解出来ない悪しきものとして、存在論上の欠点はあるにもかかわらず投げてはいないようである。こういう当惑は全面的なあの世的性質においても部分的なものにおいても同様に明らかである。「実在の」という讃辞を与えるのを拒絶しようとするのは、たとえ我々の知っている経験のはかなさ、継続性と流動性とに対してであるにせよ、我々の経験する存在はすべて継続的であり流動的であり、そのような存在は、始めの仮説に従えば、永遠なものであり常に目標に達しているものとは対立するものであるということは依然として事実なのである。

西洋思想におけるプラトンの二重の役割が最もよく理解されるのはあの世的性質とこの世的性質とのこの主要な対立を考慮する時である。今日プラトン哲学の本質を述べようとすると不幸にも二つの別々の問題に対して学殖深い専門家の間の意見の根本的な対立にたちまちつきあたる。第一の問題は、対話篇の多くの中に、または一つの中にせよ見出される教義はプラトン自身が持っていたものであるのかであり、第二は、誰が創始したにせよ、これらの教義は実際にはどんなものであるのかである。高名な専門家の間に意見の対立があるようなものは知ることが出来ないのだとすれば、哲学の深い問題についてのプラトン自身の教えについて我々は殆ど何も知っていないということになる。作家としてのプラトンの性格のせいで対話篇は他の哲学者の著作よりも学問的論争をはるかに産み易い沃野であるのは当然である。推論のドラマ風の枠組、議論の肝腎な頂点で自らも「神秘的」と認める比喩的な表現法を導入する傾向、ソクラテスの対話に行き渡る皮肉、とり上げられる問題の本質的な論理的難しさ、対話篇の中で或るものの議論が他のものの議論と一見相容れないこと、プラトンの理論の或るものについてのアリストテレスの説明とプラトン自身の作品から得られるものとの間の不一致——以上のことがらすべては解釈の相違の余地を多く与えるし、特に、現代の解釈家にとって自分達の好む教義の表現またはすくなくともおぼろげな輪郭を見易くしている。私はこの講演では解釈や個々の作者の知的伝記というような論議に入ることはできるだけ避けたい。しかしプラトン主義について語りながら、プラトンの書いたものの研究に生涯の大部分を捧げて来た学者の研究の結論にある不一致について考慮しないことは、直接関係のある問題を避けることと無論思われよう。ここで簡単に触れなければならない論点は、対話篇そのものが誰によるというのではなくその中にある思想がどんなものにせよ誰のものかという点についてである。イデア説が姿をあらわさない初期の対話篇のいくつかの例外をのぞいてプラトンはソクラテスの教えをはるかに超える自分自身の形而上学的教義を提示しているのだという長い間受け入れられていた見方はドイツの極めて高名なプラトン学者コンスタンチン・リッター[1]によっていまだに事実だとされており、彼は最近の著作で「誰もこのことは疑わない」と読者に請け合っている。しかし実際には最近の英国のプラトン学者の間にはソクラテスや対話篇の他の登場人物の口から出て来る観念や議論をプラトン自身ではなくこれらの人物のものとする、全般的ではないにせよ際立った傾向がある。もしバーネットの議論が正しいとすればイデア説全体はソクラテスに帰せられるべきであり、ソクラテスの最終的な哲学の実質についてプラトンがソクラテスを主要な話し手とする対話篇の中で、ひとまわり大きくしたボズウェル[*4]よろしく、単に客観的で歴史的に信頼出来る報告をしているに過ぎなかったのだ。バーネットによればプラトンがその説を受け入れたかは疑問である。彼が自分自身の独特で独創的な意見を説き始めた時には既にその説を退けていたし、正真のプラトンの教えはイデアではなくてむしろ主として「彼の初期の作品では殆ど何の役も演じない、またすくなくとも神話的な形でだけ役を演じたもの、すなわち神と霊魂」とに関心を持ち、神と霊魂は今や「全く簡単に神話的イメージは一切抜きで[2]」扱われていることは確かである。つまり善のイデアではなくて『ティマイオス』と『法律』の人格化された神がプラトン自身の哲学の至高のテーマである。そして『ティマイオス』の中の創造の話は、はるかに微妙な形而上学的観念を比喩的で通俗的な言葉で表現している神話としてではなく、主に、文字通りに受け取られるべきである（と意味しているようだ）。そして一人の偉大な権威がこのように、その中ではソクラテスがいまだに議論の重荷を支えているプラトン中期の対話篇の中で注目すべき理論を恐らくプラトンのものではないと見なすのに対し、もう一人の権威A・E・テイラー教授は後期の対話篇の中でもっとも重要なものを同様に扱う。たとえば「『パイドン』と『共和国』の教義がプラトンにより自分自身のものとして教えられた」ということを、我々が「証拠もなく断定する権利はない」という点ではバーネットに実質的に同意しながら、テイラーは「独特にプラトン的教義の啓示を『ティマイオス』の中に探し求めるのも誤り[3]」であると更に言っている。その中で説かれている理論は、この対話篇が持つ名前の人物、すなわち南イタリアの哲学者でもっと以前の医学者でエムペドクレスと同時代人でエムペドクレスの生物学的観念を「ピタゴラスの宗教と数学」(4)に融合しようとした人物、の理論である――またはプラトンによってそう思われていた。実際これがテイラーの博学の書『ティマイオス注解』(5)の主要テーマである。もし我々が両方の結論を受け入れれば、通例プラトンの哲学として見なされて来たものの大きな部分は彼から奪いさられ、他のもっと初期の思想家に与えられ、対話篇の殆どは主としてプラトン以前の思想の歴史への貢献として理解されることになる。このことからプラトン自身(彼の現存の著作において)は、偉大な独創的な哲学者というよりはむしろ主として他人の哲学の歴史家と見なされなければならないということになろう。

このような見解は立派な学殖と強力な議論によって擁護されているが私は受け入れ難いと言わざるを得ず、その難点はイデア説の様々の相を提示する対話篇に関して特に大きい。プラトンが自分の昔の先生に対する尊敬の念からだけで、作家としての成熟した自分の生活の大きな部分を、明らかに熱意と比類なき雄弁を以て(これらはソクラテス自身のものでないことはかなり確かである)自分が教え込もうとも思わないし真実と信じもしない教義を説くことに捧げたというのは私には心理的にありそうにもないことに思われる。しかし我々には心理的公算以上の証拠もある。第一はアリストテレスの証言であり、彼がこの件について無知であったとは到底ありそうもないし、このことがらをゆがめて報告する動機はなかった。そして彼は率直にまたしばしば、ソクラテスは道徳哲学の問題だけに没頭し、「事物の一般的性格」は全然かえりみなかったし、プラトンがイデアという名称と観念を導入した――つまりプラトンがソクラテス的倫理と定義の論理を一つの形而上学に変えたことの責任者なのである[6]――と報じている。もう一つの証拠は奇妙になおざりにされているプラトンの著作の中にある。なるほどその真偽は時々問題にされては来たが最近のプラトン学者でそれを疑う人はあまりない。恐らく生涯の終り近くに書かれた第七の書簡の中でプラトンは自分の政治活動の釈明のみならず自分の哲学の基本の要約をしている。[7]ここには説かれている教義の所属を疑わしくするような劇的対話、遊びの入ったアイロニイ、神話はない。プラトンは自ら、そしてこの上なく真面目に語っている。そしてその教義は本質的には『パイドロス』と『共和国』の六、七巻の教義である。それはイデア説で率直な神秘主義に頂点では達している。プラトンは言い放つのであるが、彼の一番深く「もっとも真剣な」確信は「言語に内在する弱点のために」言葉によって適切に表現され得ないし、それゆえ確信を他の人に書き物や言葉によって真に伝えようと試みなかったし試みもしないであろう。この確信は、厳しい生活と知性の陶冶《とうや》とによって準備のなった魂の中で啓示によってのみ獲得される。しかし「ある正しい論証があって」確信の方向へ進み何故確信はそれ自体では言い難いものでなければならないかを明らかにする。その論証が示すことは、理性的知識の真の対象すなわちそれだけが本当である実在は、事物――円およびすべての形、すべての物体、すべての生物、魂のすべての情、善と美と正義――の不易であるということである。これらの本質は、本質の感覚的な現われであるはかない物とか、本質についての我々の思考とすら決して同一ではない。また本質の性質は言葉による定義によっては輪郭で示され得るだけである。ゆえにプラトンの哲学的遺言は、イデア説のもっとも純粋な神話的な形での再確認——以前の著書の中で「何度も説いた」のはまさにこのことなのであるという宣言——にほかならない(8)。

以上のまた他の理由で、プラトンがプラトン主義の創始者ではなかったという見方は説得力に欠けると思うが、現代の解説者は、その見方に賛成する学者の意見もすこぶる重要性を持っていることを認識する必要がある。ゆえに我々に関係する観念の歴史でプラトンの演じた役割について私が言うことはプラトンではなく彼に先行した人々にあてはまるということになるかも知れない。しかし我々の目的にとってはこの差はそれほど重要ではない。ここで我々の扱うプラトンは対話篇の著者であり、その言葉が自分自身の観念を表現したかしないにかかわらず以後の世紀を通じて西洋思想に深い影響を与えて来たそのプラトンなのである。新プラトン派の人々、スコラ哲学者、ルネッサンスおよび啓蒙時代およびローマン主義時代の哲学者と詩人は不幸にも恐らくは最近の古典学者の理論は知らなかったであろう。彼等にとってはプラトン主義は、彼等の知っていた対話篇に含まれていた概念と論証の全体のことであり、彼等にとっては単一のそして概して首尾一貫した思想体系——学殖において劣ることのない当代の解釈者の何人かもそう見ているのであるが——であった。

さてこのプラトンが、言うまでもなく、輸入された東洋的あの世的性質とは異なる西洋の哲学および宗教における土着のあの世的傾向の歴史上の主な源泉である。イング首席司祭[*5]が言っているように、プラトンを通して「この目に見える世界は単にその色あせた写しに過ぎないような、目に見えない永遠の世界という観念は西洋に永続的な足場を得たのである。……この呼びかけは一旦耳に入るとヨーロッパでは長い間にわたって忘れられていることは決してなかった」[(9)]。そして人間にとっての最高の善は自分をどうにかしてそのような世界へ移すことにあるのだという信念が永続的に育てあげられるのは彼の作品によってであるとつけ加えておこう。彼の後継者達が確かにプラトン「から」学んだあの世的性質が彼「によって」教えられた――または対話篇の中に見出される――ということは実際別の問題であり、学者の意見の異なるところである。リッターは熱心に主張する、すなわちイデア説全体の中には彼のいわゆる「途方もない実体観」は全然ないと。イデア説の根本的論点は、事実と価値についての判断は内省のしかるべき筋道を踏んで得られた場合には客観的妥当性を有し(「プラトンのイデアは、正しく形成された概念はすべて客観的実在にしっかりした根拠を持つという簡単な思想の表現である」[(10)])それゆえ我々はあるがままの事物の知識にそれらのものについての我々の知覚とは独立に達し得るということに過ぎない。プラトンが語る、真の「表象」に客観的に対応するものとは勿論普遍的特質のことであり種類を示す名前に相当する。だからといってこのことは「超越的イデア界の教義」[(11)]すなわちそれ自体で存在し、この世界でイデアを体現している物とは関係ないイデアの世界を意味はしない。イデアは単語が常に普遍的なものを示すので普遍的なものである。

そして真の知識は、主として「すべての表象はその内容として個々の現象ではなくて普遍的関係を含む[12]」という意味でイデアについての知識である。一般概念は分類という行為の結果である。そして分類はもし「それが純粋に主観的ではなくて分類されるものの持つ客観的関係に根拠を持つ」のであれば、またもし自然、すなわち存在する物の集合体で我々が一つの名前を与えているものの中で現に一緒に生じる諸性質の複合を一緒に提示し、「経験によって別々に与えられた要素を結ばれていないのに空想により一緒に結びつけてしまったもの[13]」は一緒に提示しなければ正しいのである。疑いもなく「『饗宴』『共和国』および『パイドロス』のプラトン的神話とそれに類した詩的比喩」はプラトンがイデアによりこれ以上のことを実際に意味したことを暗示する。しかしこれらの部分は幻想画である。本気に受け取られるのはプラトンの意図ではない。そして現代の読者に対して、プラトンが「科学的探究によって秩序正しく到達した結論と同じ意義があるものとしてそれらを考えるという、よくあるがひどい誤りをしないようにとどんなに強く警告しても過ぎることはない[14]」。

プラトンの教え――またはその中で一番強調され一番特徴的であるもの――についての以上のような説明はそれをとなえる人の偉大な学識にもかかわらず本質的に誤っているように私には思われる。それはイデア説についてのアリストテレスの説明が単にいくらかではなく実質において主要な点において偽りであるという、公算のきわめて少ない仮定に一部分依存している。さてアリストテレスは哲学的に愚かな人物ではなかったし、二十年の間アカデメイアでプラトンの生徒であり同僚であった。そしてアリストテレスが書いた時には、彼の解釈が全般的に正しいか自分自身の知識に依って判断のつく人々がまだ大勢生存していた。なるほど彼は自分自身の哲学と彼の師の哲学との間の相違点を最大限に主張する気持であった。生徒というものはとかくそうである。しかし彼がプラトンの中心的教義の性質を完全に誤り伝えたとは信じ難い。またプラトンの教義をそのように手加減したり単純化することは無理をしない限り、対話篇の或るもの自体とも相容れないし第七の書簡の証拠とは絶対に矛盾する。そういうことは、ある学派の現代の哲学者にとって「幻想的」と思えることは、紀元前五世紀のギリシャの哲学者に真実であるとは到底思われた筈がないとの独断的な仮定に立つ場合にのみ考えられることだ。しかもそのためには我々は、『パイドン』(15)の中でソクラテスと総ての話し手が最高度の確実さを以て論理的に立証し得ると同意している結論がソクラテスとプラトンの両者にとって単なる詩的な飛躍に過ぎなかったと信じなければならないし、またプラトンにおける神話や比喩の殆ど全部をどちらでもよい修辞上のお飾りに過ぎないとして片付けなければならない。なるほどプラトン自身それらは文字通り受け入れるべきではないと警告してはいる。しかしそう言ったからと言ってそれらが真剣に受けとめられるべきではないとか、プラトンが真であり重要であるけれども「物質によって形づくられている言葉によって」は伝え難いと考えるテーゼの比喩的な暗示ではないと言っているのとは同じではない。『共和国』において特にそうであるが、彼が比喩で語り始めるのは、彼が議論の頂点または彼にとって明白に最も確かで重要な概念に到達した時である。彼がそうするのは、自分でも説明しているとおり、彼の思考のこのような究極的な到達点においては普通の言語は役に立たないからである。真理は鏡にぼんやり映るように、感覚的類似物を通して影のように示されるのみである。しかし最高知である哲学は、変化するものに関係せず、またこれらの物とその変化を支配する共存と連続とに関する恒常的な一般法則すらも扱わないし、また数学の真理だけを扱うのでもなくて、自然界がそのおぼろげな歪んだ影にすぎないところの純粋な英知的実体の超越的領域を対象としているのであると彼が言っていること――このことは、もし我々がプラトンのもっとも独特な力の入った言葉の全体を無視してよいという気持になって始めて否定出来ることなのだ。しかしリッターのような著名な専門家の意見と異なる私の意見は軽率で独断的に思われて当然であるから、ショーリィ教授の重きをなす判断によって私の意見を支えることが出来るのは嬉しい。「実体と見なされるイデアは、常識の立場からすればその教義が明らかに不合理であることを充分に認識した上で熟慮ののち受け入れられたプラトンの物自体（Ding an sich）なのである[16]」。「プラトンの恐れを知らぬ一貫した実在論は常識にとっては非常にいやなものであるから現在の批評家はそれを彼の思想の子供っぽさとは言わないまでも素朴さの証拠と受けとるか、またはそんなことをプラトンが本気で言ったはずはなくて彼のより円熟した作品ではそのような教義は放棄または修正したに違いないといって、この逆説の言訳をするかのどちらかである。このような解釈はすべて、プラトンにこの解決法を思いつかせ、しがみつかせた形而上学の真の問題の性質および歴史的条件をつかみそこなったことより発している」[17]。

しかしプラトンの形而上学が事物の自然な種類のすべてに対応する多数の永遠のイデアを扱っている限りは、その形而上学のあの世的性質は明らかに特殊で限定された種類のものである。感覚で知られる世界はプラトンにとっては決して単なる幻想や単なる悪ではなかった。そしてこの世と同じくもう一つの世界も多数のものから成立していた。それからあのより高い領域に移された時にも、永遠にお互い同士からはへだてられイデアとも異なる多数の個々の魂があった。この段階においては体系はこのように一元論的な形而上学的情念からは比較的に免れているが、恐らくは他のどの体系よりも永遠を目ざす形而上学的情念に富んでいた。イデア界はこの世を全く否定したものであるよりはむしろこの世界の讃えられ脱時間化された写しであった。感覚の対象物のイデアは、不変で肉体的知覚器官を通しては認識されないと考えられていても、まだその対象物の凝固した効力のない片割れに過ぎない――しかもその際に対象物の或る性格はぼんやりとされてしまっている。自然の持つ豊富な質的多様性はいささかも省略されていないし、またとにかく省略されるべきではないのだ。すなわち単純な感覚的な性質、自然界の物の間に存在する非時間的関係、このような性質および関係の複雑な配列そしてこの配列が我々の経験する事物の定義になるのだが、それから以上に加えて正義、節制および美というような道徳的および審美的性質すべてを指すのであるが。そしてこれらはすべて存在のもう一つの領域に単に投げ込まれ、そこではその各々が消滅や変化より免れていると考えられること、その永遠に不変という点では人間の計画と努力がその各々に無関係であること、この二つの理由により各々は審美的にはよりよく楽しまれることになるであろう。それは到達されるべき目標を示さない。それに関しては「為す」べきことは一切ない。結局それを観照することはジェイムズの句を借りれば「道徳の休暇」をとることである。しかし観照されるものは我々の知っている世界の或る永遠の相の下に（sub quadam specie aeternitatis）見られた成分より成り立っている。そして時々プラトンにあってはそのように見られても観照の楽しい題材ではない本質は不当にも除外されているのであろう。プラトン自身はなるほどイデアの世界を道徳の休暇をとる場所としては用いなかった。彼はイデア界を地上の目的の手段とすることと、そこから具体的な道徳的および政治的教訓を引き出すこととに専心していた。そのために彼はサンタヤーナ氏に批難されている。サンタヤーナ氏はプラトンが「霊的生活」の性質を知らぬとしている。なぜなら時間の中の活動的生物である我々の生活を夢中にさせる感覚的のみならず道徳的な価値観から「酔をさます」、私心を去った本質の観照が「霊的生活」には充分なのであるから。「純粋な存在は無限であり、その本質がすべての本質を含んでいる。では何故それが個々の命令を発したり激しい道徳家であったりするのか」。こういう批評によりサンタヤーナ氏は思うにプラトンの中の真の矛盾を指摘している。もっともそれが結構な矛盾であるという風にも、サンタヤーナ氏はそう思わないらしいが、私は思う。

『共和国』においてプラトンがイデアのイデアを導入し、他のイデアはこのイデアから何かはっきりしないやり方で由来すると考えられているように思われた時に始めてプラトンは西洋におけるあの世的性質の父としてはっきり立ち現われる——もっとも疑いもなくパルメニデスがその曾祖父であったが。他の場合と同じくプラトンの歴史的な影響の性質について疑問の余地はない。完全に他者であり表現できない「唯一のもの」、新プラトン派の哲学者の絶対者は確かに、彼等にとっても後の中世および現代のユダヤ教や回教やキリスト教の中の彼等の模倣者にとってもプラトンの「善のイデア」の一つの解釈であった。この点においても前と同じでプラトン研究の現代の専門家はプラトンの教義から出て来たものがプラトンの教義に含まれていたのだと意見が一致してはいない。リッターは、イデア説を「幻想的でひどく自然を無視した」傾向より解放しようとする熱心さにふさわしく、「善のイデア」は「善の状態」と同義語だと考え、この二つの表現は「善」という語が連想させる概念が「単に我々自身の思考の幻想的産物ではなくて独立した客観的真実を有している」ということだけを意味すると考えている。そしてこの命題は言い方を変えれば「現実の世界は、我々がそれを善であると呼び、その中では善が支配的であると見なす根拠があるように事実つくられている」とも表現できる。つまり善のイデアについてプラトンが主張していることは、「世界で存在するものすべておよび生起するものすべての中の理性的な神の力の支配[18]」である。こう言うことは善がイデアのイデアであるという教義の意味を、この世界の時間の中での進展が好意ある摂理によって支配されているとの楽観的な信念に還元するものである。そしてこの信念は同時に奇妙にも道徳的判断の客観的妥当性の主張と混同されたりその主張の基礎とみなされたりする。プラトンがこういう信念を両方持っていたこと、後者は彼の最も持続的で基本的な確信の一つであったことは否定出来ない。しかしこの簡単な教義がプラトンが善のイデアについての奇妙で神託のような言葉で伝えようとしたものすべてであると思うことは、彼の言葉の中で最も際立った最も独特なものを考慮しないということになる。プラトンの教えのこの部分を言わば自然化しようとする（今大いに流行の）以上のような傾向すべてに反対してプラトン自身の言葉があまりにも声高く語っている。

なぜならこのイデアについてのプラトンの観念については『共和国』が或ることがらを確かに充分にはっきりさせている。第一に、このイデアは彼にとっては——またはプラトンの描くソクラテスにとっては——すべての現実の中で最も疑うことができないものであること。第二には、それはイデアすなわち本質——程度の差はあれその性質を分有する個々の変化する存在とは区別される「善そのもの」[19]——であり、それゆえにそれはすべてのイデアに共通の性質を持っていて、その性質の中で最も根本的なものは永遠性と不変性であること。第三には、それが「この」世界とは正反対であり、それを認識するためには、知覚力は

> 魂全体とともに生起するものより離れて存在するものとその最もすばらしい部分[20]との観照に耐え得るように向きを変えられなければならない。これがまさに善なのだ。

ということ。第四に、それの真の性質は普通の言語の形式で言い難く、それは「表現し難い美」であり、他の思考の対象に適用されるカテゴリーの中で一番普遍的なものにも文字通りには含まれ得ないし、「現実性」――すなわち他の物が実在性を持つという意味の実在性――「とは全然同一ではなくて、それは威厳と力において実在を超越する」[21]ということ。第五に、善の形相は欲求の普遍的対象、すなわちすべての霊魂を自らに引きつけるものであるし、この世の生活にあってさえ人間の主たる善はこの絶対的な本質的な善の観照にほかならないこと。なるほど観照の生活を送ることが出来るようになった者も国家の支配者になるためにはその生活を棄てねばならなくなるが、このことはそういう人にとっては他の人々のために自らの最高の幸福を一時的に犠牲にすることである。善のイデアをかいま見た者は「よろこんで人間の事どもにたずさわることはなくむしろ上の世界の事にこそ思いをはせたがるであろう[22]」。この世の事においてはそういう人は初めはとても不格好であろう。この世のことはかつてかいま見た神性なものの観照とはかくも異なるのである。善の真の知識はプラトンにとっては確かにたとえ最高度のものにせよ自然法や実際的な英知についての単なる知識ではなかった。この真の知識は、単に「移り行く物に対するこの上なく鋭い目を持ちその物に先立ち、従いまたともなうすべてのものを実によく記憶し」それゆえ「次に何が起るかを一番よく予見することが出来る[23]」人々によっては所有されない。

昔も現代もプラトンの解釈者達は、絶対的善というこの観念は彼にとっては神の観念と同一であったかどうかについて果しなく論じて来た。このように簡単に述べてしまうと、この疑問は無意味になってしまう。何故なら神という言葉は究極的には多義であるからだ。しかしそれがスコラ学派の人が完全なるもの（ens perfectissimum）と呼んだもの、存在の秩序の頂点、究極的で唯一の完全に満足を与える観照と崇拝の対象を表現していると考えられれば、善のイデアはプラトンの神であったことには殆ど疑いは有り得ない。またそれがアリストテレスの神、それから中世の哲学的神学の殆どの、近代のプラトン的な詩人や哲学者の殆どすべての神の一要素または様相になったことにも疑いはない。プラトンにおいては、彼の後継者達もそうであるが、意識のある生命と至福感の純化された形態についてのある漠然とした観念がこのあの世的な絶対者の観念にも恐らくは存在したであろう[24]が、これ以上はそのような神の属性は厳密にはこの世の属性の否定によってのみ表現できた。自然界の経験に現われる物のいかなる性質、関係または種類を次から次へと取り上げて、ウパニシャッドの聖人のように「真の実在はこのようではないし、あのようでもない」と言えよう。そしてただこうつけ加えるのだ、それははるかによりよい何かなのだと。しかしプラトンが彼の哲学のあの世的傾向の頂点に達したのは彼自身の独特の弁証法——たとえばヴェーダーンタ派の一元論に示されるものとは全然違う——によってであった。彼の絶対者は善のイデアであった、そして「善」という語は彼にとっては、ギリシャ思想においては殆どそうであるが、とりわけ本質的には否定的ではあるが或るはっきりした、特徴を意味していた。このことはソクラテスから発したほとんどすべてのギリシャの道徳哲学の流派において――他人が与えることの出来るものは何も必要とせずまた欲しなかった理想的なキニク派の人ディオゲネスの気質の中に、エピクロス派の平静の中に、ストア派の無感動の中に――明らかになっている。人間の普通の経験においても「善」の本質は自己充足、個人の外側にあるものへのすべての依存からの脱却にある。そして「善なるもの」が最高の実在の本質とされる時にも、その言葉は同じことを意味し、ただ今度はそれが絶対的な無条件の意味を持つことが違うだけである。プラトンは『ピレブス』の中で「善なるものは、それを所有する者はつねにあらゆる点で完全な充足をし他の何物も必要としない[25]」と言っている。「快楽と精神とが善そのものであるという主張は」この対話の論議の中で「両者とも自己充足（*αὐτάρκεια*）と妥当性と完全性とが欠けているという根拠で退けられている[26]」。個々の善がすべていくらかは分有している性質とは今述べたようなものであり、絶対的な存在を他のすべてのものから区別する属性とは充分にそのようなものである。

さて善のイデアについてのこのような弁証法の中には暗黙にではあるが奇妙な結果があきらかに存在し、西洋の宗教思想を二千年以上も支配することになり、もはや支配的ではないにしても依然として強力である。もし「神」という時に――他の多くの一見相容れないものでもあるが――最高度の善でありまたは永遠に最高度に善を所有する存在を意味するならば、そしてもし「善」が絶対的自己充足であるならば、そしてもしすべての不完全な有限な時間的な存在は、神的な本質とは同一視され得ないとするならば、そういう存在は――すなわち時間の中で感知し得る宇宙全体およびどんな意味でも真に自己充足していない意識のある存在（人間）すべての存在は――実在に何等の美点をもつけ加えることは出来ないということが明らかに結論として出て来る。善の充足性は神において達成されてしまっているのであり、「被造物」は何もつけ加えないのだ。それは神の立場からは価値が無い。被造物が存在しなくても宇宙の価値は下がらないであろう。確かにプラトン自身はっきりと口に出してこういうような結論を引き出してはいないし、引き出さぬという事実に疑いなく意味がある。しかし彼の学説のこの部分が明瞭に意味するところの中に我々は、神は宇宙を必要としないし、宇宙と宇宙で起ることすべてに対しては無関心であるという何度も繰り返された哲学的神学者の定理の第一の源を認めなければならない。プラトンの善のイデアの持つこの意味はアリストテレスの神学においてたちまち表面に出て来た。彼は『エウデモス倫理学』の中で「自足している者は、他人の奉仕、他人の愛情または社会生活を必要としない。何故なら一人で生きて行けるから。このことは神の場合特に明らかである。神は何も必要としない故に、明らかに神は友人を必要とすることは有り得ないし望みもしないであろう(27)」と言う。後代の千もの例から一つ先取りして引用してみれば、植民地時代のアメリカでジョナサン・エドワーズ[*6]が「神に何らかの欠乏、不足および変化があることを意味したり、創造主が自らの完全さや幸福に関していくらかでも被造物に依存することを意味するような、世界創造における神の最終目的についての観念は理性にとってなじまない。なぜならば、神は無限に永遠に不変に独立に栄光をたもち完全であり、被造物を必要としないし、それから利するところもないし、それから受けとるものもないし、他の存在によって傷つけられることもないし、自ら栄光と至福を損なったり苦痛を受けることも有り得ないことは聖書と理性により明白なのだ[28]」と宣言する時に、彼は先ほどのプラトン的でもあるしアリストテレス的でもある傾向を繰り返し述べているのだと考えられよう。この永遠に静かで無感動の絶対者は「怒れる神の手中にある罪人」についての説教に出て来るサディスチックな神の中にその姿を見出すのはいささか困難なことは明らかであるが、エドワーズは一つの名前の下に多くの神を持っていたという点で殆どの偉大な神学者と変ってはいなかった。プラトン的伝統の中のこの要素が持続したのは疑いもなく、この要素は宗教的経験の当然の様相の一つに対応しているという事実のせいである。明らかに一つの形の宗教的想像力と感情、そしてそれにともなう一種の神学的弁証法があって、それらは静観の最高の対象が自然世界から完全に離れており、対象を礼拝する者達に対しても無関心であるという確信によってのみ満足され得る。こういう考え方の活力は、多くの点で極端にモダーンでとてもそんな考え方はしないだろうと思われる作家の表現の中に見出される。C・E・M・ジョウドは最近こう言っている、「芸術的意識と知的意識はその対象の他者性によって高められることはあっても低められることはない。この事はより強く宗教意識にあてはまる。永遠であり完全であると考えられながら、変化する不完全な世界や、そこに住む変化し不完全な人間や、または宇宙に活力を与える原理と関係を結ぶような神は、崇拝される諸性質が減ってしまう。善や美のように、神も、もし存在するならば非人間的価値を有するものでなければならず、その意義は神に憧れる人間とまさに似ていないということになければならない。神は人間により知られるかもしれず、人間が進化し発達するにつれ神はますます知られるようになるかもしれない、……しかし神自身はそのような期待によっては動かされない。……神は自分を目ざす人間の動きを知らない。……明白なことであるが神は、もし我々の崇拝にふさわしい対象であるためには、神を拝する世界によって汚されずにいなければならない(29)」。これが善のイデアについてのプラトンの説――の中に疑問の余地なく表現されてはいないにせよ――から間もなく発展した形のあの世的性質の特徴の現代的で精確な表現である。

さてもしプラトンがここで止まったならば西洋思想の実質的歴史は疑いもなく変ったものになっていたであろう。彼の歴史的影響について最も注目すべき――しかしそれ程注目されない――事実は、彼が単にヨーロッパのあの世的性質に特徴的な形式、言葉および弁証法を与えたのみならず、まさに正反対の傾向――特に健康な種類のこの世的性質――にも特徴的な形式、言葉および弁証法を与えたということである。何故ならば彼自身の哲学はあの世的方向で頂点に達するやいなやその進路を逆転したからだ。普通の思考の範疇のすべてに無縁であり外部のものを一切必要としないような純粋な完全なものであるイデアのイデアという観念に到達すると、彼はただちにこの超越的で絶対的な存在の中にこの宇宙の存在を必要とする論理的な根拠を見出し、およそ考えられるあらゆる種類の有限な不完全な物質的なものの存在の必要性と価値を主張するところまで行ってしまう。プラトンは明らかに、この宇宙の中の物の存在とその物の種々の有様と不完全の度合の根拠または説明を暗示さえもしなくて、流転は永遠なるものにつきまとう全く無意味で余分なものであるとするような哲学には不満であった。そしてもし感覚に映る宇宙の存在の理由が見つかるとしたらプラトンにとってはそれは必ず英知界の中に、自己充足した唯一の存在の性質の中に見つけられる筈であった。悪いものとはいわないまでも、それ程善でないものは、完全さの本質に含まれるように、善のイデアより由来するものとして理解されなければならない。すべての欲求の目標である神はまたそれを望む人間の源なのである。

　プラトンの説のこのような重要な転換は、善のイデアの「他者性」がしつこく表明されている『共和国』の同じ個所において初めて明らかになる。[30] 善は「(我々によって) 知られるすべての事物に対して、知られることの原因であるばかりではなく、またその事物の生起と実在性」――事物の持つ実在性でプラトンにあっては我々が考察して来た通り善の実在性とは全く違うのでその両者に同一の名称を彼は用いたくないような実在性――の「原因でもある」。ここの変化は疑いもなく唐突であいまいで理解出来ない。しかしプラトンの心中にあるその意味と根拠とは、――ジョウェット[*7]が言った通り大抵の現代の読者には「最も解しがたくなじめないもの」であるにもかかわらず――二千年にわたりプラトンの著作のうちでも群を抜いて影響力のあったあの後期の対話篇の一つの個所にもっと充分に示されているのがわかるであろう。『ティマイオス』の中でプラトンは「絶対者」のより高い領域より、彼の心が気分のせいでそして恐らく初期に熱心に舞上がって後にした、より低い世界への帰還の旅をはっきり行なっている[31]。この対話篇はことさら神話的であり、それゆえその重大な哲学的内容を詩的イメージから切り離すことが必要であるのは事実である。どこにそういう線を引くべきかを決定するのは必ずしも容易ではなく、アカデメイアの二代目から現代に至るまで、どこで詩が終り哲学が始まるのかという問題について意見の相違がずっとあるようだ。こういう混み入った論争の殆どに、幸運にも我々は首をつっこまなくてもよい。我々の関心は、我々が知る限りでは始めて西洋の哲学観念群にこの対話篇が導入した二つの密接に関係し合う観念にのみある。第一は、なぜ永遠なるイデア界、さらには唯一最高のイデアのほかに、生成の世界があるのかという問に対する答である。第二は、感覚に映じ時間のある世界を構成する存在の種類の数をいかなる原理が決定するのかという問に対する答である。二番目の問の答はプラトン――とにかくこの対話篇の中で大いに弁じる哲学者――にとっては第一の問に対する答の中に含まれているのだ。

この二つの問は普通には哲学者がもはや口にしない問である。もっとも恐らく現代の一番大胆な思索的精神の持主である物理学者の何人かは二番目の問に対する一種の解答を出そうとしたことがあるが。半世紀以上も前にT・H・グリーン[*8]が[32]「宇宙全体が何故このようであるのかという問はいかなる形においても……解答不能である」と言っている。十八世紀後半に至るまでのヨーロッパ思想におけるプラトン的傾向とそれ以後の哲学との間の一般的な対照でこのことくらい重要なものは殆どない。なぜならそのような問は必然的に解答不能であるか無意味であると認めることは、我々に判断出来る限りにおいてこの宇宙は結局非合理的であることを意味し、その存在は勿論それが現在の広がりとその構成物の示すような多様性を有すること、およびそれが経験科学が発見する基本法則の大いに奇妙な組み合わせに従っていること——以上の事実は了解可能の説明はつかないし、現状とは全く反対であってもかまわないような単なる盲目的な事実であるということを意味することになる。もしそうだとすれば宇宙の構成は気まぐれであり偶発事である。しかしプラトンは後のギリシャ、中世、近代初期の哲学にこういう問は出されることが出来るし出すべきだという大きな前提——これには一度ならず異議が唱えられた——を伝えた。そして彼は後代でそう問う人々に長らく受け入れられて来た解答を与えた。今から我々が検討する歴史はそういうわけで自分の住む宇宙を自分の知性に合理的に見えるようにしようとする西洋人の長い努力の歴史の一部である。

第一の問の答は簡単な疑いもなく比喩的な言葉で与えられ、この言葉が後代の無数の哲学者と詩人によって繰り返されることになった。宇宙の始めの話をする前に「宇宙を創ったものが生成と宇宙をつくった原因を述べよう」とティマイオスは言う。その理由は「彼が善であり、善であるものにあっては他の何物に対しても羨望の念が起らない。羨望がないので彼は万物ができるだけ自分に似ることを望んだのだ。故にこのことがとりわけ生成と宇宙との最高の創造原理であるとして賢者より受け入れるのは全く正しいであろう」[33]ということである。この文章は何を意味するのか——または何を意味するものと後代のプラトン主義者によって考えられたか。ここで善であるとされている存在は名目的には、この対話篇が語る世界創造の神話の主人公である擬人化された世界創造者である。しかしもし我々がこの対話篇の教説が『共和国』のそれと相容れるものだと仮定するならば——『ティマイオス』は『共和国』を補うものとされているが——この神話の細かい点とデミウルゴスに与えられている特徴と活動との殆どは文字通りに受け取ることは出来ないし、古代および現代のプラトン主義者によってもそうは受け取られなかった。『共和国』においてはすべての存在の根拠と源は我々が見た通り善のイデアそのものである。それゆえ『ティマイオス』に出て来る創造主はそのイデアの詩的な擬人化に過ぎないとか——新プラトン主義者が解釈したように——流出（emanatio）すなわちそれを通じて絶対で完全な一者の世界創造の機能が行使される従属的な神であると主張されてきた。このいずれよりも確からしいのは、プラトンの思想の中のもともと異なった二つの傾向がここで融合され、その結果生じた観念が大いに比喩的に表現されたという見解である。プラトンは彼の哲学の中に、超感覚的で永続的な、しかしこれ以外の点では、その概念が歴史的な起源を異にするように、全く性質の異なる二つの種類の存在、つまりイデアと霊魂とを有していた。イデアは純粋思惟の永遠の対象であり、霊魂は永遠であり、意識があり、思考する存在であった。そして前者は普遍者すなわち本質であるし後者は個別者であるから両者は容易に統一は出来なかった。しかし究極においてプラトンがこの両者の系列中の最高位のものがとにかく同一であると考えるに至ったことはすくなくとも確からしい推測であるし、彼の文章の個別の個所によって裏づけも出来る。もしそうならば「最善の霊魂」としての『ティマイオス』のデミウルゴスは、「それ自体善きもの」の属性を充分に有していると考えられる。たとえデミウルゴスの性格づけの大部分が比喩的であるにせよ。以上の三つの解釈の中のいずれかを、もし我々がプラトンの説が何らかの統一と一貫性を持つのだと仮定するならば、採用しなければならない。

いずれにせよ先ほどの引用個所は我々に、その実在がこの宇宙の存在を説明する超宇宙的な存在は「善」であったと語っている。そして我々は、プラトン主義者にとっては何ものもまたいささかでも、もし自己充足していなければ、善なる語により表わされる性質または本質には与ってはいないのだということを忘れてはならない。『ティマイオス』それ自身において、創造された宇宙の秀れていることも、それなりに、一種の相対的な物理的な自己充足に存するとされている。物質的な宇宙は「その能動的および受動的な過程のすべてがそれ自体の中でそれ自身の原因によって生じるように造られた。なぜならそれを造ったものが、それが他の物を必要とするよりはむしろ自己充足している方がよいであろうと考えたからである[34]」。プラトンのこの原則によれば「最善なる霊魂」も、もしそれ自身の存在や卓越や幸福のために自身以外の何かを必要とするようでは、明らかに最善ではないことになってしまうだろう。しかしこの宇宙の存在の理由を我々に語ろうとする時にプラトンは「善」の本質的意味をまさに逆転する。一つには疑いもなく彼はこの語の現代用法におけるようにギリシャ語においても有した二重の意味を利用している。しかしこの様な転移をする際に彼の用いる比喩は、彼が二つの意味を妥協させたり、実際一方の意味からもう一方の意味を引き出そうと努めていたことも暗示している。永遠に目標に達しており、その完成度が増減の余地のない自己充足せる存在はそれ自体以外のものを羨むことはありえない。そしてそれの実在はそれ以外のものの実在がそれぞれに存在、種類および卓越において〔それの実在に〕似ていることの妨げにはならない。それどころか、このものが自分以外のものを産み出すのでなければ、このものは完全さの一つの積極的な要素を欠くであろうし、そのもののまさに定義が暗示する程には完全ではないことになろう。そしてこのようにプラトンは、永遠ではなく、超感覚的ではなく、完全ではさらにない多くのものの存在は本質的に望ましいという決定的な断定を暗黙のうちに行ない、あの世的な絶対者の中に、善のイデアそのものの中にその絶対者が単独では存在出来ない根拠を見出す。自己充足している完全さという観念が大胆な論理的転換によって——はじめの意味を全然失わずに——自己を超越する豊饒さの観念に換えられたのであった。超時間的で非物質的な唯一者は、時間的で物質的で極度に多様で変化に富む宇宙のダイナミックな源であるのみならず論理的根拠となった。すべての善はそれ自身をまき散らす（Omne bonum est diffusivam sui）——この文句は中世に言われたのであるが——という命題は初めてここに形而上学の公理として姿を現わす。このような逆転によって、ヨーロッパの哲学と神学の中に、数世紀にわたって歴史に残る最も特徴的な内的な葛藤と論理的にも感情的にも対立する傾向の多くをひき起すような観念の結合が導入された。すなわち一者の中にある（すくなくとも）二つの神、それ以外のもののなしには完全ではあり得ず本質的に不完全であるが故にそれ自体では完全でない神的な完全、変化を必要とし変化の中にあらわれる不変、その性質が〔絶対者の〕性質とは異なりその存在と永遠の変化とが〔絶対者の〕不変の実体と相反するものにすくなくとも含意と因果律とによって結びついているので本当は絶対ではない絶対者――以上のような観念が導入された。プラトンがこういう観念に到達した弁証法は多くの現代人の耳には説得力に乏しく本質的に言葉の上だけのものに思われるかも知れないし、その結論は矛盾に過ぎなく思われよう。しかしもし我々が、まさにこのような二重性を帯びた弁証法が古代においてよりも強力に中世および近代において多くの世代の思想を支配して来たという事実を無視するならば、西洋における爾後の観念の歴史の大きな重要な部分を理解しないことになろう。

この宇宙は何種類の時間的で不完全な物を含まねばならないだろうかという第二の質問に対しても同様な答え方が出て来る。可能な種類すべて。「最も善き魂」はおよそ存在し得るものには決して存在の与え惜しみはせず「すべてのものができるだけ自分に似ることを望んだ」。ここで言う「すべてのもの」はプラトンにとっては一貫してイデアのすべての可視的な対応物を意味することが出来た。そして『パルメニデス』（一三〇c、e）の中で若きソクラテスにパルメニデスが言うように、イデア界には矮小だったり滑稽だったり嫌悪すべき物すら含めてあらゆる種類の物の本質がある。なるほど『ティマイオス』の中ではプラトンは主に「生ける物」すなわち「動物」について語るが、すくなくともこれらのものに関しては観念上の可能性のすべてが現実性に必然的に完全に転化することを主張する。彼は「宇宙が単に部分的であるイデアに似せて作られたと考えられては」ならないと言う。「なぜなら不完全なものは美しくはないからである。むしろ我々は宇宙は、個物も種類も含めて動物全部がその部分となっている全体の完全なる姿であると考えねばならない。なぜなら宇宙のモデルはそれ自体の中に、ちょうどこの宇宙が我々と他のすべての目に見える被造物を含むように、すべての物の英知的形相を含んでいる。なぜならば神は、この宇宙が英知的存在の中で最も美しくまた完全であるものに似ることを望み、似た性質の（すなわち時間的で感覚に写る）他のすべての生きている存在を自らのうちに含むような一つの可視的な生きている存在をつくり上げた」。『ティマイオス』の中に、英知界には個別なものの、とにかく殆ど特殊化された普遍的なもの、差異となる性質の数のせいでこの上もなく個別なものに似てしまうようなもののイデアが存在するのだと思わせるような個所がある。プラトンは言う、「他の生ける物（すなわちその形相）は個別にも種としても」完全な永遠なモデルの「部分であり、このモデルに宇宙はとりわけ似ている」[35]。プラトンが（宇宙）創造は一つしかありえないと論じるのは、創造された宇宙がイデア界の余すところのない複製であるからだ。宇宙は「他のすべての英知的存在」の写しを含んでおり、だからモデルの中にはそれに似せてもう一つの世界が形成されるべきものは、いわば残されていないのである。そこで神話形式で、事物の継続的な創造の話が語られる。あらゆる種類の不死のものが産み出された後にデミウルゴスは、死すべきものがまだ創造されていないことに気づく。これではいけない。もし宇宙にこういうものが欠けていると、宇宙は欠陥があることになる、「なぜなら完全になるためにはあらゆる種類の生物を含まねばならないのに、含まないことになるからだ」。ゆえに「全体が真実に完全になる」ために創造者は、すでに創造されている神々に、死すべき存在を神々に似せて産み出す仕事を委託した。このようにして「宇宙は、死すべき生けるもの、不死の生けるものとにより完全に充たされ」それにより「英知的なるもののイメージであり――最も偉大で、美しく、最も完全で――いわば感知し得る神」となった。つまりプラトンのいうデミウルゴスは、世間にはあらゆる人が必要だという――単に普遍的な寛容だけではなく多様性を容認する気質が表現される通俗的な言いまわしでもある――原則に文字通り忠実に行動したのだ。

何種類の存在を宇宙は含むに違いないかという問に対する答に、プラトンがこのような神学的形態をたとえ与えなかったとしても、他の根拠で彼は同一の結論に達したに違いない。なぜならば、もう一つの異なった結論は、イデアの全体の中でごく限られたものだけが感覚の世界に複製を持つということの承認であったろう。しかしそんなことは彼にとっては奇妙で異例な事に思われたに違いないと考えても誤りではなかろう。もしいくつかの永遠なる本質が時間の中に対応物を持つならば、総ての本質がそうするであろうし、また具体的な存在として自らを表現することがイデアの性質であるということが前提となった。もしそうでないとすると、二つの世界の関係は理解出来ぬものになったであろうし、宇宙の、さらには本質の領域そのものも偶然で恣意的なものと思われたであろう。そしてそのように想定することはプラトンの思考とは全く反するものであった。

観念の可能性が現実に転化する際には「全部」であるというこの奇妙で意味深い定理が、この定理と共に通例連想され普通にはその中に含まれていると考えられている二つの観念とともに、この講演の主題となる。このことは、私の知るところでは、適切な名称によっては示されたことはないし、[36] 名前がないために様々な文脈や異なった名称で表われると、その同一性が歴史家の目にとまらないことがしばしばであった。私はこれを充満の原理と呼ぶが、この名称が、プラトンの前提と同一の前提から出て来ながらしかも彼が引き出すより広い結論をも意味するように、用いるであろう。すなわち宇宙は、生き物の考えられる種の多様性の範囲は極めつくされた、種の充満したもの (plenum formarum) というテーゼだけを意味するのではなくて、存在の真の可能性は実現されずにはいないとか、創造の範囲と豊かさは存在の可能性と同じく大きく「完全」で無尽の源の創造力と一致するとか、世界は多くのものを含めばそれだけよいのだという仮定から出て来るいかなる結論をも意味するように用いるであろう。この原理の後世の冒険や同盟を展望するまえに、この原理をプラトンが述べた際に、それに含蓄された二つのことに注目しなければならない。

(1) プラトン主義の特徴であるとして我々が見た、形而上学的傾向の二元性の中に、本来のプラトン的価値観の転換が含蓄されていた。もっともこのことについても充全な結果は遅まきに出て来たのではあるが。感覚世界なしには英知世界は不完全であると宣告されではないであろうから、彼は神的であるという点で自然が補わない神は「善」ではないという結論になってしまう。このような命題によって『共和国』の洞穴の比喩も成立しないことが含蓄される。プラトン自身はこのことに気づかずじまいだったが。論理を無視すれば別ではあるが感覚に映じる世界はもはや善と真とから二重にへだてられた実質のない影の姿のむなしいちらつきであるとは述べられなくなった。太陽自身が洞穴と火と動く姿と影とそれを見る者を生み出しただけではなく、そうすることにより太陽は地上のいかなる目もじっと見つめることの出来ないあの純粋な輝きに劣らず本質的な——一見もっと秀れた——性質を示したのだ。影にとって太陽が必要であるように知性の天の太陽にとって影はおとらず必要であったし、そして影の存在は質において太陽とは反対であり存在において別ではあったが、太陽の完全さの極致をもたらすものでもあった。含蓄されることは、本質の全領域は形態化されない限りはその意味と価値に不可欠なものを欠いているということだった。そして論理的には、こういう考えから洞穴の寓意がまさに逆転させられているその後の観念への距離は決して遠くなく、イデアの世界は、今や実質のないもの、具体的に実現された時にのみ価値を持つ単なる意匠、存在という恩恵が与えられるまで一種の世界に先立つ影の王国の中で精妙で乏しき存在を続ける「可能態」の秩序となる。では何故人間の精神は観照のためにせよ楽しみのためにせよ、これらのそっけない抽象的な不変のイデアにかかずらうのであるか、何故、人間の精神は純粋に個別的な感覚的な存在を目前にしながら、またそれ自身が同様なより豊富な形の存在に加わっているものでありながら、影についてあれこれとこだわるのか、と問うことも出来るであろう。しかし、たとえプラトン的根本秩序の逆転がこれ程まで行なわれないにせよ、『ティマイオス』のこの部分の論理の中に、穴居人の相手にすべきものは洞穴の中の影であるという確信を支持するものを見出すことは結果的には容易なこととなった。なぜならば、もし彼が自分に割当てられたおぼろげな場所を後にして外部の日当りのよい野原に向かうと、充満の原理が総ての場所は満たされるべきだと要求しているのに、全体の秩序の或る場所を空にするという点で普遍的大義に反した行動をすることになるのだ(と論じることが出来たし、また後に論じられた)。

(2) しかも善の拡張性と豊富さとは、プラトンが明らかに含蓄することでもあるが、神話の中の人間味のある創造主の自由で恣意的選択の結果ではない。弁証法的な必然である。善のイデアは必然的な実在である。それはその本質が含蓄するところのもの以上ではあり得ない。それゆえ、それは自らの性質の故に必然的に有限な存在を産み出さざるを得ない。これらの種類の数は同様に論理的に始めから決まっている。絶対者は、モデルすなわちイデアの総体が、具体的な存在に転換されているような完全な世界を創り出せなければ絶対者ではなくなるであろう。あらゆる感知される物は、それが——ともかくその種が——存在せざるを得ないし、まさにその物でなければならない故に存在するということになる。こういう含蓄された意味は、なるほど、プラトンによっては充分には引き出されなかったが、『ティマイオス』の全篇に行き渡っているので、彼は後世の形而上学と神学とに最も永続的な、難しい、論議を呼ぶ、問題を遺したのだ。充満の原理は潜在的に、スピノーザの『エチカ』の中で最終的に体系化され実際に応用された一種の絶対的宇宙決定論を含んでいた。絶対者の完全さは本質的属性、絶対者のイデアに内在する性質でなければならない。そして他のすべてのものの存在と属性とはこの完全さより、なぜなら論理的にそれらの存在と属性とがこの完全さの中に含蓄されているので、由来するので、宇宙の中には偶然の余地はどこにもない。神の善——宗教の言葉であるが——は強制をもった善である。神はミルトンの言葉を借りれば「創造したりしない自由」はないし、ある種類の存在に存在の特権を与え他の存在にその特権を拒絶する自由もない。そしてこれらのものの各々が有する特性は、プラトン的原理に基づいて、そのものの永遠なるイデアに——そのものがそれの現実化である特徴的な、存在の可能性の中に——内在する以上、神も被造物も現にあるもの以外のものではありえなかったし、現に行なうこと以外のことをすることは考えられなかった。しかし、『ティマイオス』の基本観念は殆どの中世、近世初期の哲学にとって公理になったのではあるが、その観念の含蓄するものに対し永遠の抵抗が西洋の精神にずっとあったというのも周知である。この抵抗が表われている推論や、その動機はまだ論じる必要はない。

プラトン主義におけるこの逆転の過程はアリストテレスの体系にはない。彼はプラトンほどにはあの世的気質を持ってはいない。彼の神は何ものも産み出さない。時々ふと通俗的な言葉遣いをする場合を除いては彼は一貫して、神性の本質的属性としての自己充足の観念に執着している。そして彼は、この観念は、他のものを産み出す内的必然性が意味するような他のものへの依存をしりぞけるという風に考えている。なるほどこの不動の完全なるものがアリストテレスにとってはすべての運動の原因であり、不完全な存在すべての活動の（ここにアリストテレスの観念の中にある二重性があるのだが）原因であるようにも思われる。がそれは目的原因であるに過ぎない(37)。神が永遠なる自己観照において決まって得る幸福は、他のすべてのものがあこがれ、様々の程度に獲得しようとつとめる善なのである。しかし「不動の動因」は宇宙の根拠ではない。その性質と存在は、何故他のものが存在するか、何故それらのものの数がまさにそれだけなのか、何故それらのものの神的完全さからの転落のあり方や程度がこうも多様なのかは説明しない。故にそれは充満の原理の基礎を提供することは出来ない。そしてその原理はアリストテレスによって正式に『形而上学』の中でしりぞけられている。「可能であるものすべてが現実に存在する必要はない」、それから「可能性を持ったものが可能性を実現しないこともないとは言えない(38)」。

また一方では、宇宙の必然的な「充満」というプラトンの説と融合し、その中に論理的に含まれていると見なされるように運命づけられていたもう一つの観念——連続の観念——がアリストテレスにおいて出現するのを見る。なるほど彼は後になって言われる程には一般的に連続の法則を立てはしなかった。しかし後継者や特に中世後期の彼の崇拝者に連続の定義を与えた。「物が重なり共有する同一限界がある時にはそれらのものは連続という」[39]。すべての量——線、面、立体、運動、一般的に時間と空間——は連続でなくてはならず不連続であってはならないとアリストテレスは主張した[40]。質的相違によってものが一線にまたは連続的に系列をなしているのでもあるということを彼はそれ程はっきり主張したわけではないし、またものがたった一つの連続的な系列を構成しているとはさらに主張しなかった。しかし連続の原理が博物学に導入されたことは彼に責任がある。すべての有機体が形の上から一つの、優劣に従った系列に配列出来るとは実際彼は考えなかった。彼は明らかに——特に明察力がなくともわかることだが——生物は色々な点で互いに違っている——住む場所、外形、身体の構造、ある器官の有無または発達の程度、感受性および知力においてであるが——ことを見てとった。彼はまたこれらの多様なあり方には規則正しい相関性はないこと、ある一つの性質において他のものに対して「優等」であると考えられるものが別の点では劣等であるかも知れないことを見てとった。故に彼は、動物についてさえも一つの絶対的な分類法を形成しようとはつとめなかった。しかし被造物を何らかの決定因としての属性に照らして分類すると種類の線的な系列をつくり出してしまった。そしてそのような系列は、或る種類のものの性質は次の種類のものの性質との間に明瞭な境界を示すよりはむしろ徐々に移行していることを示す傾向があることを彼は観察した。自然は我々の持つ明瞭な境界線への渇望に順応することを拒む。自然は、無理に分類しようとすれば一度に二つの種類に入れざるをえないような形態が存在するぼんやりした領域を好む。そしてこの感知できないほど微細な段階的変化は、通俗的には深い、はっきり区

別される対照があると考えられる所においてこそ特に明瞭になる。例えば自然は、

無生物より生物へと極めて徐々に移って行くのでその連続が境界を曖昧にする。そして両者に属する中間種がある。なぜなら植物が無生物の直後に来、植物は生命にあずかる度合により相互に異なる。(植物の)種類全体としてみれば、他の物と比較すれば明らかに生きているようだし、動物と比較すれば生きていないようだ。そしてこの植物から動物への移行は継続的である。何故ならある種の海洋生物は動物か植物か疑問がある。何故ならそれらの多くは岩にくっついていて岩から離すと死んでしまうからである。(41)

植虫の存在は数世紀にわたり、生物学における連続の原理の真理を示す限りなく繰り返されたお気に入りの例であった。しかしアリストテレスは、他の基準に基づいた分類の中でそのような連続の多数の例を見出した。たとえば動物を住む場所によって——このことは中世にとっては大いに重要な区別になるが——陸上の、空の、水の動物に区別出来るわけであるが、現実の種をすべてこのような区別のどれか一つに押し込むわけにはいかない。「あざらしは或る意味で水中に住む動物と陸上に住む動物を兼ねている」。そしてこうもりは「地上に住む動物と飛ぶ動物との中間であるから両方に属するともいずれにも属さないとも言える」。また哺乳類について全部が四本足か二本足のいずれかであるとは言えない。

二本足なのは人間だけであり、「人間と四本足の動物の両方の性質を有するのは猿であり」両方に属さないか両方に属しているからである。[42]

後の思想特に科学だけでなく日常の推論の論理に対するアリストテレスの影響の二つの面の間には本質的な対立があった。知的な習慣においては、非連続的な明確に定義されたクラス概念によって思考する習慣と、連続性とか無限に微妙な色合いによって或るものが他のものに移行するのだとか本質が重なり合ったりするのだとかいうように考えるから類の概念全体は、現実世界の流動性、いわば重なり合いには本当は適用できない思考上の人工物に思われて来てしまうのだというような思考の習慣との間に存在する相違ぐらい重要な相違はあまり無い。さてちょうどプラトンの作品が西洋哲学におけるあの世的なものならびにそれに対立するものの主要源であったように、アリストテレスの影響は二つの全く対立する種類の意識されたまたは意識されない論理を推奨した。彼は、思うに、明瞭な区別と厳密な分類の可能性を前提にした論理の代表であると実にしばしば見なされている。W・D・ロス氏は、アリストテレスの「固定された種属と分割不可能な種の理論」と呼ぶものに言及して、これはアリストテレスが主として「観察された事実に親しく夢中になること」によって得た結論であったと言っている。単に生物学的種においてのみならず幾何学的な形においても――「たとえば三角形を等角や二等辺や不等辺の三角形に分類することにおいて――彼は物の性質における厳密な分類の証拠を有したのである[43]」。しかしこのことはアリストテレスについては事の半分しか語っていないし、この半分が他の半面より重要かどうかは疑わしい。何故ならば彼が始めた分類の限界と危険と、それから言語にとっては不可欠で通常の知的活動にとっては実に便利なはっきりした区分に対する自然の不順応とを暗示したというのも同様に真であるからである。ロックやライプニッツやその後の百余の人々によって用いられた用語と例とはまさに、この観念のアリストテレスの表現を繰り返しているにすぎない。

プラトンの充満の原理から連続の原理は直接に演繹出来るであろう。もし二つの与えられた自然的な種の間に理論的に可能な中間的タイプがあるとすれば、そのタイプは実現されざるをえない――そして無限にそうなって行く。さもないと宇宙に隙間ができるだろうし、創造は不充分になろうし、このことは宇宙の源または創始者が『ティマイオス』でその形容詞が持つ意味では「善い」のではないという認めることのできない結論を暗黙に意味することになるだろう。

プラトンの対話篇の中に時折イデアはそしてそれゆえにイデアの感覚の世界における対応物は、すべてが同様な形而上学的位または卓越性を有しているわけではないという暗示がある。しかし単に現実存在だけではなくて本質も階層的に秩序づけられているということの観念はプラトンにおいては単に漠然たる傾向にとどまり明確に述べられた説ではなかった。自然な分類の可能な体系の数多いことをアリストテレスは認めていたのにかかわらず、後代の博物学者や哲学者に（すくなくとも）すべての動物を「完成」の度合いに従って単一の段階づけられた自然の梯子に配列するという着想を主として暗示したのは彼であった。この梯子の基準としては彼は時には誕生の際の子供が到達している発達程度を採用した。そこで、人間を頂点とし植虫を最下位とする十一の一般的な段階が出て来ると彼は考えた(44)。『生命論』において有機体全部のもう一つの階層的な配列が暗示され、それがそれ以後の哲学と博物学にもっと大きな影響を及ぼす運命になった。この配列は有機物が所有する「魂の力」に基づいていて、その力は植物の限界である栄養を与える力から始まり人間「および多分人間にまさるもう一つの種」の特徴である理性の力におよび各々が梯子における下位のものの能力すべてを含み、その上でそれ自身の区別の目途になる能力を有している(45)。両系列ともアリストテレスがやった限りでは、只少数の大きな綱目よりなっている系列を与え、それらの綱目を更にこまかく分類したものは必ずしも似たような系列化をされ得なかった。しかしアリストテレスの形而上学と宇宙論の中にはすべてのものを秀れた順に単一の序列に配列することを許すように適用され得るようなはるかに具体性に欠ける概念があった。神を除き、すべてのものはある程度の「欠乏」を含んでいる。第一に、すべてのものの種に特有な性質すなわち本質の中に、存在の一定の情況においては実現されない「可能性」がある。それからすべてのものは、それに特有な欠乏の程度の故に、性質上達し得ない秀れた水準の存在がある。故に「個物すべては単なる可能性によっておかされている程度に応じて格づけされる(46)」。存在論的梯子というこの曖昧な観念が、アリストテレスが既に暗示した動物学的および心理学的な階層組織というもっと理解し易い概念と結びつくことになっていた。そしてこのようにして私が単線的な格づけと呼ぼうとするものが自然に存在する形態の系列の充満と質的連続性という仮定につけ加えられた。

その結果は、中世を通じ十八世紀後半に至るまで多くの哲学者、殆どの科学者そして実に殆どの教育のある人々が疑わずに受け入れることになった宇宙の構造の概念、すなわち巨大なまたは——連続の原理の厳格ではあるが殆ど厳密に適用されることのない論理によれば——無限の数、階層的秩序に配列され、下はほとんど非存在すれすれの極めて乏しい存在物から「あらゆる段階」を通って完全を極めたもの(ens perfectissimum)——すなわち、もっと正統的な言い方によれば、それと絶対者との間の相違は無限だと考えられているところの最高度に可能な被造物——にまで至る鎖の環から成り立っていて、その環の各々が直ぐ上のものと直ぐ下のものと「可能な限り小さい」程度の相違によってへだてられているような、「存在の大いなる連鎖」という宇宙観であった。また先まわりすることになるが、こういう観念を表わす二、三の近代の詩行を多くの中から引用させて欲しい。十七世紀に充満の原理と連続の原理は、ジョージ・ハーバートの彼らしい大胆な、混淆的な比喩で表現されている。

被造物は飛躍せず、あなたの客人すべて
空席なく坐し、欠けるものなき宴を表わす。
蛙は魚と四つ足の獣とを結び、こうもりは鳥とけだものを。

海綿は感覚あるものとなきものと、鉱物は土と植物とを。(47)

ポープは次の世紀に小学生でも知っていると思われる句の中で、二つの手際のよいカプレットで充満と連続の原理を要約することにより楽天主義の彼の——すなわち普通の——論拠の主な前提を表明している。

無限なる英知は、可能な体系の中の
最善なるものを創らざるべからずと認める以上、
……すべては充たされ、さもなくば統一はたもてず、
上昇するものは正しき順序に従う。*9

ここから出て来る、事物すべての見取り図より、ポープは十八世紀精神によって大いに大切にされた教訓——それについては後に触れる——を引き出した。

存在の巨大なる連鎖よ、神より始まり、
霊妙なる性質、人間的性質、天使、人間、
けだもの、鳥、魚、虫、目に見えぬもの、
目がねも及ばぬもの、無限より汝へ、

汝より無に至る。より秀れしものに我等が
迫る以上、劣れるものは我等にせまる。
さもなくば、創られし宇宙に空虚が生じ、
一段破れ、大いなる階段は崩れ落ちよう。
自然の鎖より輪を一つ打ち落とせば、
十分の一、千分の一の輪にかかわらず
鎖もこわれ落ちよう。[*10]

系列の一つの環をそのように取り除くことの結果は、ポープがさらに述べるのであるが、宇宙秩序の全面的崩壊であろう。「充全」であるのを止める以上、いかなる意味でも宇宙は「統一的」ではなかろう。余りにもよく知られている個所を引っ張り出したのも主に『人間論』もまた一つにはプラトンの脚注の一つであることを想起してもらいたいからだ。『四季』の中でジェイムズ・トムソン[*11]は、このテーマについてそれほど触れない。「誰か見たか」と彼はたずねる――いささかくどく、何故なら当時の知識人は皆知っていたのであるから。

誰か見たか
存在の偉大な鎖が、無限な完全なるものより

荒涼たる深淵である無の瀬戸際まで降り行くを、
そこより驚きし心は、おののきて、後ずさりするを。

しかし存在の連鎖は、勿論、単に以上のような詩的な大言のたねを提供するという運命を持っていたのではなかった。単に専門的な形而上学のみならず諸科学において、それ——またはそこからそれが造り上げられて来たいくつかの原理の集合——は重大な歴史的な結果を持つようになった。そこで、例えば、分類学の歴史の研究はルネッサンスの生物学において漸次移行と連続の原理が果した決定的役割を指摘している。

（アリストテレスの）これらの主張によって博物学の始めより将来長きにわたって権威を持つことになる原則が確立された。すなわち、生物が規則正しく段階づけられた類似性によって互いに結びつけられているという原則である。……このようにしてアリストテレスの科学からは二つの観念——大いに異なって仕上げられ、事実かなりゆるく互いに結びついている——がルネッサンスの博物学によって遺産として受け入れられた。一つは存在の階層的秩序であり、すなわちキリスト教神学が新プラトン主義に従ってしばしば、宇宙の本質的に思弁的な解釈のテーマにした哲学上のドグマであった。……もう一つは自然物間の移行は感知できない程で殆ど連続的であるという公理であった。後者は、形而上学的には前者ほど重要性はないように見えるが、自然学者にとっては実際に感覚の対象となるものの検討を通じてすくなくとも表面的には容易な実証を許すという一大利点があった。しかもこのことは、同時にスコラ哲学の教えからこの原則に理性的な必然性を与えてしまうように思われる公理を引き出すことも可能にした。その公理とは世界の秩序正しい配列の中にあっては形態の間には隙間も散らばりもないということである。[48]

観念のこの複合体の成分はプラトンとアリストテレスより由来したのだが、それらが統一的な一般的な事物の枠組として充分に組織化されて始めて出現するのは新プラトン主義においてである。流出理論の弁証法は本質的には『ティマイオス』のすでに引用した個所をみがきあげ、拡張したものである。つまりそれは、連続性と漸次移行の原理がはっきりと融合されている、充満の原理の必然的妥当性を引き出そうという試みである。プロティノスにおいてはプラトンにおけるよりも一層明白にであるが、その多様性と不完全さにもかかわらずこの世界の存在の必然性が結論されるのは、厳密にあの世的で充分に自己充足した絶対者の性質からである。

一なるものは、何も求めず、所有せず、必要としないから完全である。そして完全であるから、それはあふれ出す。そしてそのあふれる豊かさが他の一つのものを創った。[49]……いかなるものもそれ自身の完全性に達すると、それ自体にとどまることは出来なくて何か他のものを産み出すことを我々は知る。選択する能力を有するもののみならず本来選択が不可能なもの、さらには無生物も自分自身を出来るだけ放出するのである。故に火は熱を放出し、雪は冷たさを放出し薬は他のものに働きかける。……しからば完成の極にあるものと最高の善とが、あたかも物惜しみしたり無力であるかのように、それ自体がものすべての力のもとでありながら、自己の中に閉じこもることが出来ようか。……故にそれから何かが産み出されざるを得ない[50]。

一なるものから多がこのように産まれることは、下降する系列の中に実現されずにとどまっている可能な種類の存在がある限り終ることはない。各々の本質は「それよりも低い何かを生み出す」だろうし、「言いようもない」産出力に「我々は休止や物惜しみによる限界があるとは言えない。それは永遠に前進し可能性の究極的な限界に達して始めて止むであろう。物すべては、自らよりすべてのものに放出しいかなるものをも見放さないあの力の無限性によって存在するようになったのだ。何故ならば、自らの可能の限り善なるものの性質にものがあずかることを妨げることができるものは何もなかったからだ[51]」。

この下降の過程の第一段階は、英知界に属し時間と感覚とには関係はない。しかし永遠の本質の中の第三のものである宇宙霊魂が自然の直接の親である。何故ならそれも「自らの中にとどまる」ことが出来なくて「自らを産出したものをまず振り返って見るときに、それによって充分に満たされるのである」――すなわち第二の本質すなわち理性《ヌース》*12の実質を構成するイデアすべてをいわば植え付けられる――「それから反対の方向に進み自らの映像を産み出す」すなわち「感覚があり繁殖する性質のもの」(動物と植物)を産み出す。故に「宇宙は、巨大な長さを持つように引き延ばされ、その中では各部分はいずれも系列の中での部署があり、各部分はすべて異なりしかも全体は連続で、先に立つものは決して後から来るものに完全に吸収されることはない一種の生命体である」(52)。

存在の梯子は、それゆえに、善なるものの所有する膨張と自己超越の原理によって暗黙のうちに意味されるように、新プラトン主義の宇宙論の不可欠な観念となった。たとえば五世紀前半にマクロビウスが[*13]、キケロの作品の一つに対する注解というかくれみの下に、プロティノスの説の多くをラテン語で圧縮して出す時に、彼はその観念を、恐らくはその観念が中世に伝達された時に主な手段の一つになったのではないかと思われる、簡潔な文章の中で要約している。そして彼は二つの比喩――鎖と一つながりの鏡――を用い、これらがこの観念の比喩的表現として数世紀にわたって繰り返し出て来ることになった。

最高の神より精神が生じ、精神より魂が生じそして魂がこんどはそれに続くすべてのものを創り、それらすべてに生命を吹き込んだのであるから、そしてこの一つの輝きがすべてを照らし、そして一つの顔が一列に並べられた多くの鏡に映るように、もの一つ一つに映されるのであるから、そしてものすべては連続して続き、連らなりの最低限に至るのであるから、注意深く観察するものは、最高の神から最後のかすに至るまで相互に結ばれ断続のない、部分の連結したものを発見するであろう。そしてこれこそホメロスの（言う）黄金の鎖であり、神はそれを天から地上へ掛けたとホメロスは言う。[53]

低い程度の存在、また「可能な」ものすべてが宇宙霊魂によって直接に、絶対者によって究極的に産み出されることは、後でわかるが、新プラトン主義者によっては論理的な必然であると考えられた。疑いもなくプロティノスは「必然」という語を、また事実いかなるはっきりした内容の語も一なるものに適用したくはなかった。思考の最高対象に関しては、そのような述語は、ちょうどその反対の自由とか偶然と同じように、肯定されかつ否定されなければならないのだ。しかし、このような特有の言い抜けはあるものの、新プラトン派の弁証法の全体的な傾向は、キリスト教神学の歴史の中で大きな役割を果すことになっていた、気まぐれな意志および存在の可能性の中から気まぐれに限定される選択という観念には反対である。絶対者も宇宙霊魂も我々の考えるところでは、もしそれらが、第二の本質である普遍的理性《ヌース》によって永遠に観照されるイデアの体系の論理的性格によってのみ限定される程度に生産的でなければ、新プラトン主義の最も基本的な原理に基づいて、存在する、すなわち各々の程度に従って「善」であると私が見なさなければならぬものではなくなるであろう。プロティノスは問う、「万物の間に不平等があるのは万物にそれぞれの運命を分け与えた存在の単なる意志によるのであるか」。彼は答える、「そうであるのは万物の性質に従って必然的なのだ」[54]。

最高から最低まで、およそ考えられるすべての形の存在を実現することの形而上学的必然性と本質的価値とをこのように仮定することの中に、弁神論の根拠が暗黙のうちにあったのは明らかだ。そしてプロティノスとプロクロスの書いたものの中に、十八世紀にキングやライプニッツやポープそれから多数の群小作家が新しく流行させるようになるキャッチフレーズや考え方が既に充分に表現されているのを見出す。ヴォルテールがその中に『カンディード』における自分のアイロニィのテーマを見出した楽天主義の公式自体は、プロティノス的であった。そしてこの宇宙が可能な宇宙の中で最善であると考える根拠としてプロティノスが持ち出すのは、この宇宙が「充満している」ということである。「地上全体は多様な、不死および死すべき生物で満ちているし、天に至るまで満ちみちている」。宇宙はもっと善くつくられたかも知れないと思うものは、最善なる宇宙は可能な悪すべてを——すなわち善の考えられるすべての有限な程度の欠乏、これが「悪」という語に与えられる唯一の意味であるとプロティノスは断定するのであるが、それを——含まねばならないことを理解しないから、そう思うのだ。

宇宙の性質を咎めるものは、自分が何をしているのか、自分の高慢がどこに自分を引きずって行くのかを知らぬものだ。その理由は、人間は第一、第二、第三……そして連続的に最後に至るまで連続するような継続的段階があるのを知らないからだ。…

…我々は、すべてが善くなることを要求すべきではないし、そんな事は不可能だからといってせっかちにも不平を言ってはならない。(55)

種の相違は優劣の相違と階層秩序の中の位の相違とに必然的に等しいものとして扱われている。

多様な形態がある以上、或るものがより善くない限り、或るものが劣ることが出来ようか。また或るものが劣っていない限り、或るものがより善いことがあろうか。……宇宙からより劣れるものを除こうとする者は、摂理そのものを除こうとする者である。(56)

悪と呼ばれるものを理性に従って創り出したのは（宇宙）理性《ヌース》である。何故ならそれは万物が（同様に）善であることは望まなかったからである。……故に理性《ヌース》は神だけではなく第一に神々、次に精神、第二の自然、それから人間、動物という風に連続して創った――羨みからではなく、理性《ヌース》の合理的性質が知的な多様性を含むから。しかし我々は、絵のことをよく知らないために、絵の中の色彩が全部美しくはないからといって、その絵かきを――彼はそれぞれの部分にそこにふさわしい色彩を与えたことがわからなくて――責める人達に似ている。そして最もよく治められている都市は、市民が皆平等な都市ではない。それとも我々は、悲劇の中に英雄だけでなく、不正確に話す奴隷や百姓が出て来るといって悲劇に文句を言う者のようだ。しかしこれらの低級な人物を除くことは全体の美を損うであろうし、彼等のおかげで悲劇は完全（文字通りには充満）になる。[57]

そうならば理性的な宇宙は、――そして絶対者の性質によって意味されるような宇宙は――特有な限定によって被造物間の差異が明示されることより生じる、不完全さのあらゆる段階を示さなければならない。故に人間が受け取っている以上の平等を要求するのは不合理だ。ある動物に角があるからといって、動物すべてに角があるべしと要求するみたいなものだ。[58] 人間とは、空席にしておくわけにはいかないから、段階の中の一つの場所をたまたま占めている被造物にすぎない。

同じ原則をプロティノスは、理性のない（故に罪のない）動物の苦しみという問題を扱う時にも、主として利用する。彼は、「動物の間でも人間の間でも永遠の戦いが休息なしに休戦なしに烈しく行なわれている[59]」のをよく承知しているが、彼は、このことは全体の善のためには「必要」である、何故ならば全体の善とは主に「部分の多様性」から成り立っているからだと心安らかに確信している。「或る動物が他の動物に食べられたにしても、その動物が全然生存しなかったのよりはよいのである」。その動物は、そういう条件での み生を受けることが出来たのだというこの場合の暗黙の前提は、動物一般に当てはまる必然性ではなくて、その「本性」が食べられることであるような論理的に可能な動物より成り立つ特殊な種類に当てはまることは明らかである。そういう動物は全体を成立させるのに必要なのだ。肉食動物とその犠牲となるものの存在は、その性質が「あらゆるものを造りそしてすべてを有り方において多様化する」ことであるあの宇宙生命の豊富さにとって不可欠なのだ。プロティノスはつけ加える、一般に闘争は特殊例であり多様性の必然的な包含物である。「極大にされた相違が対立である」。そして相違を含み、産み出すこと、「他を産み出すこと」が創造的な宇宙霊魂のまさに本質なのだから、「それはこういうことを必然的に最大限に行なうであろうし、故に、対立に至らぬ程度に違うものだけではなく、互いに対立するものを産み出すであろう。そうあって始めて宇宙霊魂の完成が実現されるのである[60]」。

しかしプロティノスは、この世のものの数、または英知界のものに対応する数が文字通り無限であるとは言いたがらない。殆どのギリシャ哲学者に似て、彼は無限という概念に美学上の嫌悪を感じる。彼はそれを無限定と区別出来ないからだ。物の総和についてそれが無限であると言えば、それが明瞭な数学的性格を全然持っていないと言うのと同じである。完全である、言い換えればそれ自身の潜在的な存在を充分に獲得したものは明確な境界を欠くことはない。無限数という概念は、そのうえ、自己矛盾している。プロティノスは言い古された議論を繰り返して言う、それは「数の性質そのものに反している」と。また一方では彼は感覚世界の数的要素の原形である数のイデアがいずれかの有限の数をあてはめたものであることは認められない。何故ならば我々はそのような数よりも大きな数を常に考えることが出来るが、英知界においては神の知性によって「考えられているものより大きい数を考えることは」その数がすでに完全であるから「不可能である」。「その数にとっては、それによってそれが増されるようなどんな数も欠けていないし、欠けることもありえない」(61)。このようにプロティノスの立場は本質的に曖昧であり、存在するものの数は有限であり同時にどの有限数よりも大きいというのだ。彼以外の多くの者がまさにこれと同じ言い抜けをするのを我々は今後とも見るであろう。しかし、有限にせよそうでないにせよ、宇宙はとにかくプロティノスにとっては彼の全然不変というわけではないが通例の教えにおいては、「充満」しているので可能な種類で宇宙に欠けているものはないとなっている。

第三講　存在の連鎖と中世思想における内的対立

新プラトン主義から充満の原理は、それの前提となったりそれに由来したりする観念の一組と共に、中世キリスト教圏の神学と宇宙論とを形成した先入見のあの複合体の中へと移った。とりわけ二人の人物が古い材料より成るこの新しい複合体の公式を決定した――アウグスチヌスと、聖パウロの弟子でアテナイの人ディオニュシオス[*1]の作品として通用したあの奇妙な誤って帰せられた一連の作品群または信仰心厚い偽作の群の氏名不詳の五世紀の作者とである。両者の神学において充満の原理の影響は明らかである。故にアウグスチヌスは、その中に「神はどうして、万物を創った時に、平等に創らなかったか」という古くからの疑問に対する答えを見出して、この問題についてのプロティノスの議論を六語よりなる警句に還元した。すべてが平等ならばすべてが存在しないであろう（non essent omnia, si essent aequalia）。「何故ならば宇宙を構成している物の種類の多様性が――第一、第二、等々と最低の段階のつくられたものに至るまで――存在しないであろうから」。ここでの暗黙の前提は、再び明らかに、文字通りすべての――すなわちすべての可能な――

物は存在すべきだということである。もっと目立つのはディオニュシオス偽書にある充満の原理である。これが「愛」または「善」という神的属性についての彼の観念の本質をなしている。「愛」と「善」は擬人観的な言葉であるが彼にあっては、中世神学にあってはしばしばそうらしいが、通例は憐れみでも人間苦の軽減でもなくて、人間の感情と似た感情を真に所有しているとは考えられることのない絶対者の計り知れない無尽蔵の生産エネルギーおよび豊饒さを意味する。言い換えれば中世の著者にあっては、神の「愛」は神の贖いの働きとか摂理の働きではなくてむしろ創造的なまたは生産的な働きより主として成り立っている。それは（トマス・アクィナスがアレオパゴスの裁判人[*2]より借りた全く新プラトン主義的言葉によると）「神が子孫なしにすなわち被造物を創らずに、自分の中に留まることを許さない[1]」ような属性である。それは、言わばそれを始めに受けるものが感覚ある現実の被造物または既に存在している道徳的行為者ではなくて、現実に存在するという恩恵を渇望しているものと比喩的に考えられるプラトン的なイデアであるような愛である。

善なるものにあふれんばかりに以前より存在し、すべてのものに善をもたらす愛は、万物を産み出す超豊富さにふさわしく創造へと動いた。……善なるものは、存在することにより万物にその善を及ぼす。なぜなら、ちょうど太陽が、選択したり考えたりすることによらないで、単に存在することにより万物を照らすように、善なるものの

……単にその存在により万物の上にその善の光を送るのであるから。(2)

ここでは在天の愛の深い父という原始的なキリスト教的概念は流出の弁証法の表現に変えられている。そしてこのように絶対者に帰せられている、有限なものを産み出す内的必然性は、絶対者自身の無限の「超豊富さ」と必然的に比例するものとして、それゆえ暗黙のうちに、必然的にすべての可能なものに及んでいるものとして表現されていることに注目すべきである。

ダンテが、ずっと後に、アレオパゴスの裁判人のこの件りを、マクロビウスの書いたこともであるが、反復し、大抵の神学者のしたように『ティマイオス』の中のプラトンの言葉を繰り返す。すなわち、善は羨むことがあり得ない、故に自らを伝えずにはいられない。

おのれから一切の羨望を取り除く神の善は
まるで火のようにおのれの中で燃え、永遠の美を
火花のように外部にまき散らすのである。(3)

ダンテが、永遠の価値（l'Eterno Valor）の必然的に自らをまき散らすエネルギーというこの概念の暗黙の意味を細かく説明するのは、天使の階層秩序の存在の説明においてである。この一つの秩序に属する存在についてさえ、創られたものの数は無限であるか、また

は有限な知性が思いつくいかなる数よりも大きいかである。

天使は数がきわめて多いのだから、
人間の言葉も思想もとうていそこへ
達することができないであろう。
御身がもしダニエルによって啓示されたことを
考えるなら、彼の数千という言葉のうちに
確かな数がおおわれているのを見るであろう。……
見よ、いま永遠の力の高さと広さとを、
それはこのものが自分のためにかくも、
多くの鏡を作ってそれらの中に砕けるが、
一たるを失わないことはその初めのごとくである。(4)

しかし、他の個所ではっきり言われているように、神の善の中に在る産出のこの必然性は無限の天使の創造に限られているのではない。それは不死のもののみならず死すべきものにも及ぶのであり、その源泉よりの存在の流出は、段階的に下降し可能性のすべての段階に及ぶ。

すべて滅びぬものもまた滅びうるものも
みな愛によってわれらの主の生み給うた
かの観念の光輝にほかならない。
……あの活気ある光は、自ら永遠に
一体として残りながら、その善[*3]の力で
おのれの光線をさながら鏡にうつすがごとく
九つの天使の合唱の中に集めるからだ。
またこの天使の合唱から次々と天を下って
ついに最も劣った可能性におよんだその力は
しだいに弱り短い生命しかもたない者を作った。(5)

これは、充満の原理のかなりはっきりとした表現である。何故ならば最も劣った可能性(ultime potenze)すら現実存在の特権を拒むことが出来ないとすれば、段階の上位の可能性はまして拒絶出来ないからだ。そして、ダンテが従い、ここで前提としている種類の哲学に従えば、可能なものの全系列が創造に先行している。創造は、神の「善」が実現を確保している、「充満」した宇宙を目ざす永遠に決まっている計画である。

しかしこれらの個所において、たとえそれがアレオパゴスの裁判人と他の多くの権威はそれ程ないにしても尊敬されている哲学者が言ったことの詩的な表現に過ぎないにしても、

ダンテは異端にすれすれだった。実際、中世の作家が充満の原理を異端に近づかずに用いることは不可能だった。なぜなら、その概念は、キリスト教にとり込まれた時に、別の源から引き出され、その概念を文字通りに解釈することを禁じるような、大変異なった原理と調和されねばならなかったからだ。その概念をその必然的な意味と思われるものにまで押し進めることは何らかの神学上のおとし穴に落ちることであった。観念のこの対立は、実際は、中世も終りに近くなって、恣意的で知り難い神の意志だけが価値のすべての差異の唯一の根拠であると考える、スコトゥス学派、[*4]オッカム[*5]および他の人々によって代表される極端な反合理主義者にとっては生じなかった。物が、神が単にそう望むことによって善とされ、神が望まないことによって悪すなわち善でないとされるのであるという前提に立てば、「善であること」の属性が暗黙に意味することについて推論することからは全然しめ出されることになろう。宇宙は、創造者が宇宙に入れておきたいと思ったものを含んだ。しかしどのような被造物を、いくつ、ということは、このような考え方によれば、経験とか啓示によれば別であるが、判断するすべは全然無かった。しかし神を「善」と呼ぶ時に何かを意味する必要を感じた者とプラトン的な伝統を受けつぎ、物の究極的な非合理という信条に嫌悪を持った者とには、充満の原理は不可避的に押しかけて来た。もっとも対立する前提やそれ自身よりも強力な必要に直面する結果になったのであったが。神の善とは創造性、すなわち可能的なものに現実性という贈物を与えることだと認められる以上、完全なるもの (ens perfectissimum) が本質的に善でないということは理に合わないし不信心でもあった。それでいて、このことを認めることは、一見スコトゥス学派の極端さの反対の極端に走ることになり、すべての現実を、基本のイデアの必然的性質から必然的に演繹されたものとして見なすことであった。故に、神の選択の自由は、ダンテが危険にも主張する寸前まで来たこと、すなわち、創造力の現実の行使は必然的に可能性の全領域におよぶということを否定することによって主張されなければならなかった。

アウグスチヌス以後からずっと、これらの二つの弁証法的動機の対立から生じる内的緊張が中世哲学に明らかである。アベラール[*6]が神の「善」の説の受け入れられていた意味の中に暗黙のうちに含まれている、充分理由の原理と充満の原理の結果を首尾一貫して追求しようとしたため、十二世紀にこの争点は表面に出、鋭くなってしまった。アベラールはこれらの前提は決定論的楽天主義に至ることを明らかに見てとった。宇宙は、もし「善」で理性的な宇宙根拠が時間の中に表われたものだとすれば最善の宇宙でなくてはならない。そうしてそれ故に宇宙の特徴と部分のどれ一つをとってみても偶然なものはなく、物すべてはまさに現在あるがままになければならなかった。この結論がショッキングに思われるかも知れぬことはアベラールの認識するところであり、この結論を採ることを始めはためらうが、最終的には彼の立場について読者に疑問はもたせない。

我々は、神が実際に創ったよりも多くのもの、より良きものを創ることが可能であったかどうか、研究してみなければならない。……このことを認めるにせよ否定するにせよ我々は、いずれかの選択の結果としての結論が好ましくなく思われるので多くの難点に出会うであろう。何故なら、もし我々が神は事実よりも多くまたはすくなく創ることが出来たのだと仮定すると……我々は彼の最高の善を極めてけなすことになるようなことを言うであろう。あきらかなことであるが、善は善なるものしか作らない。しかし出来たにもかかわらず神が作らなかった善きものがあるならば、または作られるべき或るものを創らずにいたのならば、誰が神はしっと深く不正だと推論しないであろうか――特に何かを創ることは神にとっては何の手間もかからないことであるのだから。……故にプラトンのあの真実な論議が出て来、神は、創ってしまった宇宙よりも善い宇宙はどうしても創れなかったのだと彼は証明する（『ティマイオス』三〇cを引用）。……神は、我々にはその根拠は隠されているにせよ、何か理性的で最高に善である根拠がない限り何もしないし何も省略しない。プラトンのあのもう一つの文章にあるように、「作られるものは何でも或る必然的な原因によって作られる。何故なら何ものもそれに先行する然るべき原因と理由がないかぎり存在しないからである」。故に、またアウグスチヌスの議論がある。それにより彼は、宇宙に有るものすべては神の摂理により作られ処理され、偶然によるものは一切無いことを証明する（Quaestiones LXXXIII, 26を引用）。かくのごとく神はなすことすべてにおいて善を考えているので、自分自身の意志によるよりはむしろ個物の中にある善の価値により個物を作る気持になったのだと言われる。……このことはジェロームが言うことと一致している。「なぜならば神はこのことを、そうしたいと意志したからするのではなくて、それが善であるからそうしようと意志するのだ」。

では、「私はこのことを意志する、故に命じる、意志は理性に代るべし」(hoc volo, sic jubeo, sit pro ratione voluntas) というような態度は神にではなく、自分の心の気まぐれな欲望に負けている人間に帰せられるべきだとアベラールは言う。このこと——さらに私が省略するもっと多くのこと——から考えて、アベラールは結論する、神は或る時に実際にしたりしなかったりすること以外のことを、したりしないでおくことは、またそのことが実際に行なわれた時と方法以外の時と方法で行なうことは本質的に不可能であると。(6)

このようにアベラールは、五世紀も先んじて、プラトンの前提からスピノーザの結論の最も特徴的なものを引き出していたのだ。言いかえれば、その前提から正しい結論を引き出していたのだ。(7) アベラールの説の十七世紀のユダヤ人哲学者との親近性は、アベラールが「最近なされた」と言っている異議に対する彼の答の性格を見るとさらによく理解される。つまり、その異議の内容は、

神がなしたことに対して感謝する必要はないことになるだろう。なぜなら神はそれをせざるをえないのであるし、意志によるよりはむしろ必然によってするのであるからというのだ。この異議は全く軽薄である。なぜならこの場合には彼の性質、すなわち

善性より生じる或る必然性は、彼の意志より離れてはいないし、また、神が自分の意志に反して何かするように強制されるかのごとく、強制について語ることも出来ない。……彼の善は大変大きく彼の意志は完全なので自分のなすべきことをいやいやながらではなく自発的にするのであるから、そのような性質の故に神は一層完全に愛されるべきであるし、このような善が偶然にではなく本質的に不動に彼のものである故に神は一層讃えられるべきである。

以上のことすべてより、十七、八世紀に広く行きわたることになった楽天主義のいつもの論拠が出て来る。すなわち、可能な宇宙の中で最善のこの宇宙の善は悪の不在の中にではなくむしろその存在の中にある。すなわち、悪を必要とする、アベラールのいわゆる理性的な多様性（rationabilis varietas）の実現の中に存在する。このような見解に賛成するものとして、我々が既に知っているように、彼は大変高い権威を引用することが出来た。

善悪ともに万物は、この上なく完全な計画より出て来、これ以上ふさわしくは生起することは出来ないように、生起し相互に適している。故にアウグスチヌスは言う。神は善であるから、もし悪があることが善でなければ、悪はないであろうに。善きものが存在すべしと意志するのと同じ理由によって、すなわち、その存在が適している（conveniens）ので、彼は悪しきものが存在するようにも意志する、……これらのすべては全体として神のさらに大いなる栄光に資する。なぜならば、絵は、もしそれ自体ではみにくい色彩が含まれていれば、単調で一色である場合よりも、しばしばもっと美しく賞讃に価いするように、悪を混入することによって、宇宙はより美しくより賞讃に価いするようになる(8)。

しかし、この議論の前提は、最も正統的な神学者によっても殆ど否定されることはできなかったが、その結論は承認されることができなかった。アベラールは不用意にも、ほとんど誰でもが受け入れていた原理の、決定論的な、道徳律廃棄論的な意味を明らかにしてしまったのである。クレルヴォーのベルナルドゥス*7によってアベラールが批難された異端説の一つは、アベラールが、「神は悪を抑止すべきではない、なぜならば彼の好意により、生じるすべてのものは、最善の方法で生じるのであるから(9)」と教えたということである。そしてペトルス・ロンバルドゥス*8は、数世紀にわたり神学生の主要教科書になった有名な概論『命題集』(*Liber Sententiarum*)の中で、以上の点についてのアベラールの推論を批難し奇妙な反論を出した。宇宙がこれ以上よくはなりえぬ程に善であると主張することは、「被造物を創造主と同じとする」ことであり、完全ということは、創造主についてのみ主張されるのが正しい。しかし、もし宇宙が不完全であるということが承認されれば、実現されない存在と善との可能性があり、「神は、創ったものとは別の物とよりよい物とを創りえたであろうにということになる(10)」。それ以来、文字通りの楽天主義または充満の原理またはこの両者の基礎である充分理由の原理を受け入れることは認められないこととなった。

しかし、中世の支配的哲学は、これらの原理を持てあましてしまったが、それらなしでやって行くことも出来なかった。そしてその哲学の特徴的な前提の間の対立は、アベラールの時に明からさまの討論の形をとったのであるが、個々の思想家の心の中の傾向の内的対立という形で表われ続けた。このことはスコラ学派の最大の人物がこれ等の問題について述べたことのいくつかを見直してみれば一番よくわかる。そうすることにより、我々は、伝統的説の中の内的緊張が彼に与えた当惑とそのため止むなく彼が行なった巧妙ではあるが空しい論理的な言い逃れとを見るであろう。

トマス・アクィナスは、まず第一に、充満の原理を曖昧さなしに無条件に肯定しているようだ。

誰でも、そのもの自体のために意欲し愛するものの完全さを望む。なぜなら我々がそれ自体のために愛するものが、可能なかぎり増やされることを我々は望む。しかし神は自分の本質をそれ自体のために意欲し愛する。さてその本質はそれ自身では増やすことは出来ないで、多くのものによって分有されるその似姿になってのみ増やされうる。故に、神は自分自身の完全さを意欲し愛する。……しかも、神は自分自身を意欲する際に自分の中にあるものすべてを意欲する。しかしすべてのものは、或る方法でその原形（rationes）によって神の中にあらかじめ存在する。故に神は、自らを意欲する際に他のものを意欲する。……また意志は理解に従う。しかし神は、主として自らを理解する際に他のものすべてを理解し、故に、主として自らを意欲する際に他のものすべてを意欲する。(11)

さてこのことは、『対異教徒大全』についての最近の解説者がいうように、「それ自体としてみれば、神は可能であると理解するものすべての存在を意欲し、また神は自分の外にあるものの存在を必然的に意欲するから、それらのものを必然的に創る、と論じているように思われる」(12)。先の引用文はこういう意味を持つのかも知れないし、アクィナスが他の場所で受け入れている前提と一貫させてみれば、これ以外のことを意味することは有りえない。すべての可能なものは、スピノーザの言葉によれば、「無限の知性に属し」実際その知性の本質に属す。ゆえに真なる可能物の総和以下のものは神の意志すなわち創造的行為の目的とはなりえないであろう。しかしトマスは、勿論、このことを認められない。彼は絶対意志の自由を肯定する必要に迫られている。「神の意志がものの原因であり、神は或る人々が判断するように自然の必然によってではなく、意志によって行為するのだと言う必要がある」(13)（necesse est dicere voluntatem Dei esse causam rerum, et Deum agere per voluntatem, non per necessitatem naturae, ut quidam existimaverunt）。故に創造は、イデアの中より選ぶことに限定されなければならない。神の選択行為より「善さ」を除かないで必然性を取り除くためには、トマスは、第一に、絶対的必然性と仮設的必然性との間に区別立て——これは、殆ど確かに、ライプニッツとヴォルフにおける類似の区別立ての源であるが——を導入した。すなわち神の意志は、常に善なるものを選ぶが、しかしそれを「意志の善性に必然であるからではなく、意志自身の善性にふさわしい」として選ぶのである。これは吟味にたえぬ区別立てであり、より大きな善以外のものを選ぶことは、トマスの原則に従えば、神の本質の観念と意志の観念の両者を、否定することになろう。そしてとにかく、この議論は、より大きな善が、この場合可能なものの最大の和を意味するのであるが、実際には選ばれていることを認めている。トマスは、故に、もう一つの高度に独特な推論を更にするが、その結果は単に以前に述べた結論の否定であった。

善は、そのようなものとして理解される時に、意志の適切な目的となるから、意志は、知性によって考えられ、その中で善の観念が充たされるいかなる対象にもしがみつくかも知れない。故に、たとえいかなるものの存在も善であり、その非存在は悪であるが、或るものの非存在すらも、必然性によってではなく、そのものの非存在にまつわる或る善の故に、意志の対象となるかも知れない。なぜならば、ほかの或るものの非存在によったにせよ、ものが存在することは善であるから。故に、意志がその性質上、あっては欲しくないと望めない唯一の善は、その非存在が善の観念を全く破壊するような善である。故に意志は、その性質上、神を別とすれば、いかなるものの非存在をも意欲することが出来る。しかし、神にあっては、意志する能力の完全さに応じて意志がある。何故なら神にあってはものはすべて例外なく完全な形で存在するから。故に、神は自分自身を除いていかなるものの非存在をも意欲出来るし、それゆえに、自分自身以外の他のものを必然的に意欲するのではない。(14)

故に、神の知性は無限に可能なものを考えられるが、神の意志はそれら全部を意欲するのではない。そして、有限なものの存在は、故に、必然的ではなく、その数は任意である。

しかし、偉大なスコラ学者が自分の別のそして同様にはっきりと主張された前提の危険な結果を避けようと、より所にする議論は、彼の体系の最も基本的な原則の或るものとも、またそれ自身とも矛盾していることは明らかである。この議論は、可能な限り、いかなるものの存在も本質的に善であり、神の意志は常に善を意欲し、そしてそれでいて神の意志の完全性は、或る可能な、それゆえに善なるものの非存在を神の意志が意欲することを許す(または要求する)ことを主張している。故に、その後でアクィナスは再び、絶対者はもし善であり理性的であるとすれば、彼の能力に応じて多様性を産み出すに違いない――つまり或るものが論理的に不可能だという場合に制限は受けるにせよ、無限に、という意味であるが――というテーゼにもどって来ても驚くにはあたらない。オリゲネス*9は、自分の魂の先在説に関連して、神の善はすべての人間を同様に霊的で理性的に作ったことで第一の創造の際に示されたのであり、彼等の間に現存する不平等は選択の自由の異なった用い方の結果であると主張していた。アクィナスは、この意見は明らかに誤っていると宣言する。「創造における最善のものは、宇宙の完全さであり、それはものの秩序ある多様性から成り立つ。……故に人間の多様性は功績より生じるのではなく、第一に神によって意図されていた」。このために出された証明は、そのきわめてスコラ学的方法と内在する革命的な意味との対照の故に一層きわだったものである。

どの行為者も、結果において自分自身に似たものを、結果が受け入れられる限りにおいて、ひき起そうとするから、行為者が完全であればあるほど、このことも完全にする。しかし神は、最も完全な行為者である。故に、被造物の中に自らに似た姿を、創造された自然にふさわしい限りにおいて、きわめて完全にひき起すことは神にふさわしい。しかし、被造物は、一種類の被造物に限定されている限り、神の完全な似姿には到達出来ない。なぜなら、原因が結果を上まわるので、単純にそして一つのものとして原因の中にあるものが、結果においては複雑で多様なあり方をするからである。……多様性は、それ故に、それぞれの分に応じて物の中に神の完全な姿が見出されるために、創造において必要であった。……（また）もしその力が種々の結果に及ぶような行為者が、それらの結果の一つだけを産み出すようなことがあれば、彼の能力は、多くを作る時ほどには完全に現実化されたのではないことになろう。しかし能動的な力を現実化することにより、結果は行為者に似たものになって行く。故に神の似姿は、もし一つの程度の結果しかないようなことがあれば、完全ではないであろう。……（また）種の善は、形相が素材にまさるように、個のものの善を超える。故に種の増加は、一つの種に属する個々のものの増加よりも、宇宙の善を増すことになる。故に、宇宙の完全さのためには、多数の個々のものだけではなく様々の種類とそれ故に様々な程度のものが必要である。(15)

以上を読んだ人には、どんなに批判力がなくても、ここにおいて再び、天使的博士[*10]は、論理を無視することによってのみ、無条件な形で充満の原理を受け入れることを避けているのを明らかに見てとるであろう。何故ならば、彼は、正統的な神学者の誰でもがするように、神の力は単に「多様な」ではなく無限の結果に及ぶと考えていたからである。「すべての可能な」と言わずに「多数の」と言うことは、前提が単に許したのみならず必要とした結論よりの明らかな退却であった。

それゆえ、ここに、またはトマス・アクィナスの他の作品の中の同じ様な個所に、恐らく弁神論[*11]においてキングやライプニッツによって後になって用いられることになった議論のおよその源、十八世紀の作家に引き取られ大変な意味を持つようになった一種の価値論の源がある。——すなわち存在の多様性そのものに内在的な最高の価値があるというテーゼ、階段における高低にかかわりなく、宇宙で多くの本質が現実化されればされるだけよいのだという前提。もし世界が善きものと悪しきもの（善に欠けるという意味での）より成り立っていないとすれば、その時は、とトマスは言う。

善の可能な段階すべてが満たされることはないであろうし、いかなる被造物も、別のものにまさることによって、神に似ることはなくなるであろう。故に、もしそれによって物が不同であり不平等であるあの秩序が欠けていると、最高の美は創造より失われてしまうであろう。……もし物の中に全くの平等があるならば、ただ一種類の創造された善のみが存在するであろうし、そのようなことは創造の完全さよりの堕落であろう。善に及ばない可能性を物より全く除くことは神の摂理には含まれない。しかし、このように善に及ばないことが有り得るものは、時々善に及ばないであろう。そしてそのように善を欠くことが悪である。

このように、偉大なスコラ哲学者は、「悪が存在しないような宇宙は、実際の宇宙程は善くない」という明らかに危険なテーゼを前にしてもためらわない。彼は宣言する、「天使は石より善いのだから、二つの天使は一つの天使と一つの石とにまさる」と言う者は、誤って推論する者である。「天使は、絶対的に考慮されれば、石よりも善いが、二つの性質は只一つの性質にまさる。故に天使と他の物を含む宇宙は、天使のみを含んでいる宇宙よりも善い。宇宙の完全さは、その中の性質の多様性に比例して――そしてその多様性により善の様々の段階が満たされるのであるが――本質的に達成されるのであり、一つの性質の個物の増加によってではない」[16]。

以上のことすべてから、トマスの体系の最新の立派な研究の著者のように、トマスが「神への同化という最高の善」[17]を人間が実現することが「宇宙の唯一の存在理由」であると考えているとはとても言えないことは明らかである。宇宙はそれ自身の存在理由である、すなわち、イデアの現実化である「物の秩序ある多様性」はそれ自体で目的、つまり単に人間の救いの手段ではないような目的であり、物が互いに違うこと、さらにはその源とも違うこととがなくなるというような意味においては、被造物が何かと同化することとは本質的に相容れない、というのが偉大なドミニコ派の哲学者の教えの同様に本質的な部分である。

ライオンのろばに対するやり口の——ライオンの創造者の——新プラトン主義的な正当化が様々な十八世紀の著作へ伝わった主な媒介は、恐らく、ここに見出されよう。「ライオンの命は、ろばが殺されなかったら、保たれないであろう」「つくられたものが、それぞれの性質に従って行動することを許さないとすれば神の統治の合理性と相容れないであろう。しかしつくられたものが、そのように振舞うという事実によって、世界に破壊と悪が出て来る。何故ならば物は、その相互の反対だとか対立によって互いに壊し合っているからである」。道徳的な悪を犯すことが出来ないものの対立や苦しみという悪は、「神の摂理が支配しているものから取り除くことが神の摂理にふさわしくない」ような悪でもあった。

悪を必要なものとして説明してしまおうとするこれらの試みは、すべて、楽天主義を暗黙のうちに意味することは明らかである。最善の宇宙の一要素としての或る「悪」の論理的必然性を証明すると思われるものは、もし宇宙が実際に最善でありまたそうであるに違いないと仮定されないと、無意味になってしまうであろう。しかし、ここで、もう一度、トマスは、疑いもなくアベラールの運命を思い出して、立場を変える。そして再び、我々は、偉大な知性が偽のまたは見当外れの区別立てによって、自分自身の原則より出て来る結果を避けようとして、結局は明らかに自己矛盾に陥るという痛ましい見世物《スペクタクル》を目撃する。トマスは、アベラールの疑問「神は造ったものよりもよきものを造り得るかどうか」(utrum Deus possit meliora facere ea quae facit) に直接対決すると、先ず、自分が退ける筈の意見の論拠を(受け入れられている教義や権威に基づいて)正直に活発に述べる。この質問に肯定的に答えることは、神は為すことすべてを「最も強力に知的に」(potentissime et sapientissime) 為すということを否定するのとほとんど同じことに思われた。そして、勿論、そんな事は許されないことであった。そして再び我々は、『ティマイオス』の議論の何度も繰り返された反響の一つを聞く。「もし神が物を実際に創ったのよりよく創ることができ、それでいてそうしようとしなかったとしたならば、彼は羨みの心があったのである。しかし羨みは神には全く無縁であった」。しかしこれらの考慮に対し、トマスは、一連の区別立てによって答える。或る種に属する個物は、その種の「本質」より善いことはあり得ない。故にある数の二乗は、その数よりは大きくはあり得ない。なぜならば、もしそうならば、それは二乗ではなくて何か別の数であろうから。こういうことは本当の問題点に全く無関係なことは明白である。一見してこれよりは妥当なのは、行為者の行動の仕方（modus ex parte facientis）に関して用いられる時の「よりよい」という言葉と、なされたり生産されるものの性格（modus ex parte facti）に関して用いられる時の「よりよい」という言葉との間に差異をつけることである。前者の意味では「神は、実際にしたよりもよいやり方では何も出来ない」と主張されなければならないし、後者の意味では、その反対が主張されなければならない。すなわち「神は、自ら作ったものに、与えて来た以上のあり方（modus essendi）を、それらの偶有性に関する限り、あたえることが出来るであろう」と。しかし、この区別は、スコトゥス学派の人には可能にせよ、トマスの最も大切にしている信念とはなじまないものであった。この区別は、行為の「善」は、神の場合にはとにかく、なされたり意図される事の客観的性格とは全く関連がないことを暗黙のうちに意味した。最後に、この精妙なる博士の巧妙さをもってしても、三つの文章から成り立っていて、三つ目の文章が第一の文章の正式な否定であるような推論から、博士を救い出すのには不充分であった。

これらのことが想定されると、神が物に与えた最高に適した秩序、そして宇宙の善とはこの秩序であるが、この秩序の故に宇宙は現在よりもよくあり得ないと主張されなければならない。もしこれらの物のどの一つでもが、単独で、よりよくなり得るとすれば、全体の秩序を構成する釣合いは損われるであろう。……しかしながら神は、造ったよりも多くの物を造り得るだろうし、造ったものに他の物を加えることも出来るし、そしてこの別の宇宙はよりよいであろう。(18)

充満の原理へ注意深く、動揺しながらも紛うかたなく接近した上で、トマス・アクィナスは、連続の原理の全く明瞭な主張をつけ加えた。アルベルトゥス・マグヌスは、*12『動物について』(*De Animalibus*)を書き、既に「自然は、動物の種類を、その中間の何物かをつくらずに、離れたものにはしない。何故なら自然は、媒介によらざれば(nisi per medium)、極端から極端へとは移らないからである」(19)と言っていた。故にトマスは、自然が我々に見せる「素晴らしい、存在のつながり(connexio rerum)」について述べている。「より高い種に属する最低のものは、次に低い種の最高のものと接する(contingere)と知られている」。アリストテレスより借りられた植虫のおきまりの例が引用されているが、この観念をトマスが、もっぱら応用しようとするのは、精神と肉体との関係においてである。物質的なものは、その最高位において、すなわち人間にあって、精神的なものにと移行する。人間の構造は、「同程度に、二つの種類の性格を有している。何故なら、それは身体の上に位する種の最低のもの、すなわち人間の魂に達するから。そして魂は、一連の知的存在の一番下に位し、故に物質的なものと非物質的なものとの境界線だと言われている(20)」。故に連続の原理の圧力は、中世においてさえも、肉体と精神との鋭い伝統的な二元論を克服しないにせよ、柔らげる傾向があった。その原理の強調は、例えばニコラウス・クサヌス[*13]のように、最高の名声を有した後代の神学的著作者において、しばしば繰り返された。

物はすべて、いかに異なっていても、結びついている。物の種の中には、共通点で会うように高い物と低い物との間には連結がある。そのような秩序は、種の間にあって、宇宙が単一で完全で連続的であるために、一つの種の最高のものが、次に高い種の最低のものと一致することを確保する。(21)

天使の存在の、神学的ではなく、通常の「哲学的」論拠は、存在の連鎖の必然的な充満と連続という仮定に依存した。人間によって代表される等級の上に有限の存在の可能性が明らかにあり、もしそのような存在が現実に無いとすれば、連鎖に環が欠けていることになろう。天使の実在は、このように、もし超自然的な啓示が我々に納得させなくとも、自然的理性によりア・プリオリに知られ得るであろう。(22) このことは——先まわりして言うと——何世紀にもわたって、天使の存在への信仰の論拠として言われ続けた。トーマス・ブラウン卿[*14]は、『医者の宗教』の中で「そんなにも多くの学ある人々が形而上学を忘れ、被造物の梯子を壊し、天使の存在を疑うに至るとは私にとっては謎である……」と言っている。十八世紀の中頃になっても、詩人ヤング[*15]は、連続の原理の中に、人間の魂の不死と純粋に永遠に肉体を持たぬ被造物の存在との証拠を見出す。

自然をよく見よ。すべてきちんとした段々だ。
その梯子は何と細かい段々により延び行くことか。
各々の中間の性質は、各々の極端においてその上のものとその下のものにつながる。
……しかし上に向かって継ぎ目ない鎖はいかにして肉体なき領域に至るまで保てるか。
死の支配なき至福の領域に至るまで。
半ば不死の半ば死すべきもの、土よりなり
エーテルよりなるもの、永遠なる人間の魂、
それを認めざれば、人間において鎖は止む。
割れ目は大きく、連結はもはやなし。
理性は抑止され、次の一歩は支えなし。
よじ登らんと欲し、自然の計画より理性はころげ落ちる。(23)

しかしヤングの時代には、合理的な秩序の中には、欠けた環はありえないという仮定は、主に、全く違った方向に向けられ、大いに異なった結果をもたらすことになった。しかし充満の原理より出て来るこの結論は大変根強いものであったので一八五〇年代にヴィクトル・ユゴーがまだ雄弁にこの結論をみがき上げているのに出会う。

驚くべき山の斜面の上に立ち
錯雑した物音を発する大乱戦の如く、
影の底より暗き被造物の群が登り来るを汝は見る。
岩は遠く動物は近い。
高くそびえ、生ける頂上の如く汝は見える。
非論理的なものが我等を欺き、
汝の眼にする梯子が崩れると信じるか、
感覚が高みにより照明されている汝よ、
光明に向かい、ゆっくりと一段ずつ登る
被造物が深淵の上、人間において止まると信じるか。言ってくれ。

存在の非論理性を意味するような、このような仮定は認められない。梯子は人間より高い
無数の段階を通って続いて行く。

高きも低きも際も真中も満たし、
深淵に至り神のうちに消える。(24)

『神学大全』の著者にもどると、充満の原理と連続の原理についての彼の立場は、今、要約され得よう。彼は、両方を自分に役立つ時にはいつでも自由に前提として利用する。しかし彼は、これらの原理が彼を、可能なものの領域と現実的なものの領域との間の完全なる対応関係、そしてこれの意味する宇宙的決定論を認めてしまうという異端に引きずり込もうとすると思われるや、微妙ではあるが、いつわりの、または、関係ない区別立てをして、これらの前提より出て来る結論を避ける。そして正統的中世哲学は、根本的に反理性的なタイプを別とすれば、すべてこれと同じ立場にあった。首尾一貫した立場はただ二つしか無かった。一つはドゥンス・スコトゥスの立場とブルーノとスピノーザによって後に代表された立場である。このディレンマの一つの角を避ける哲学者は——宇宙創造は非合理的気まぐれであると認めることに代わる唯一つの案として、神の本質的な「善」を主張し、これが意味する充満の原理を受け入れた者は、——自分自身の明白な前提に対する賢明な不注意によってのみ、ディレンマのもう一つの角を避けることができた。

キリスト教スコラ哲学者の例により示して来たような、充満の原理よりの推論は、勿論、彼等の独占物ではなかった。回教やユダヤ教の中世哲学者の書いたものの中に、それに類似するものがあった。たとえばアヴェロエス[*16]は書いている。

何故、神は一種類以上の植物的魂と動物的魂とを創造したのか。その理由はこれらの種のほとんどの存在は、完全さの原理に基づいているからだ。ある動物と植物は人間のためにのみ、またはお互いのために存在していることが理解される。しかし他のものについては、こうは言えない、たとえば人間にとって有害な野生の動物については[25]。

しかし、そうしばしば表には出ないが、さらに重要な内的な矛盾が、中世思想とそれ以前の新プラトン主義にあったが、その矛盾は、充満の原理と受け入れられている仮定のうちの或るものとの連合にやはり由来していた。それは善についての二つの相容れない概念の間の対立であった。殆どすべての西洋の哲学者が千年以上にわたり同意したことであるが、人間にとっての最終的な善は、神の性質に同化すること、または近似することにあった。その仕方が真似または観想または採り入れと呼ばれるにせよ。故に神の属性についての教義はまた、そして意義のあることだが、究極価値の性質についての理論であり、そして神の概念は同時に人間生活の目的の定義でもあった。絶対的存在は、自然界のいかなる被造物とも全く似ていないのに、全てのものの第一の範(primum exemplar omnium)であった。しかし人間がこのように自分自身の充足をその中に見出すことになった神は、指摘されて来たように、一つの神ではなく二つであった。彼は善(the Good)のイデアであった。しかし彼は善であること(the Goodness)のイデアでもあった。そして後者の属性は名目的には前者から弁証法的に引き出されたのではあるが、これほど対立的な二つの観念はない位だ。前者は、統一、自己充足、静けさの理想であり、後者は多様性、自己超越、豊饒さの理想である。ペトルス・ラムス[*17]の言葉によると、前者は、「すべての労働、行動、成就を全然逃げはしないが嫌ったり軽蔑したりする神」(Deus omnis laboris, actionis, confectionis non modo fugiens sed fastidiens et despiciens)であった。もう一つは、『ティマイオス』と流出の理論との神であった。一つの神は、「上への道」の到達点であり、有限な魂が被造物すべてを後にしてその中にのみ休息が見出せる不動の完全なものに戻って行く過程の終点であった。もう一つの神は、存在が可能性のすべての段階を経て最低のものにまで流れ落ちるあの降下の過程の源であり生かすエネルギーであった。これらの二つの概念を調和させることの単に論理上の困難さについては既に暗示されてはいる。しかし思考の究極的な対象については、論理的な困難さは中世の精神を大いには困らせなかった。「反対の一致」(coincidentia oppositorum)、絶対者において極端が会うという観念は、新プラトン主義におけるように殆どすべての中世神学の本質的な部分であった。イング首席司祭が「霊的世界における概念の流動と相互浸透」と微妙に呼んだもの、またはもっと簡単に言って、神について語る際には自己矛盾に陥ることが許され、さらには必然なのだということが、充分に認められていた原則であった。もっともこの原則の恩恵は神学上の論敵には通常及ばなかったが。そのような原則の適用が心の中に残すいささかのわだかまりは、一見して矛盾している言葉は「より高い意味」(sensus eminentior)——すなわちそれらの言葉は普通の意味を持たないし、人間の精神が理解しうるような意味を持たない——において用いられているのだという説明によって軽減され得たし、スコラ学者の神学者によっては通例軽減された。しかし我々が今問題にする中世思想内の内的緊張は、同一精神が抱く二つの思弁的観念間の矛盾にとどまらなかった。二つの実行上の理想の間の矛盾でもあった。「多」より「一」への飛翔、この世と全く対照的なものとして定義される完全なものの追求が、多様性を喜んだり、「一」から「多」の流出に現われたりする善たること（Goodness）を真似することと効果的に調和できるすべはなかった。一つの計画は、「被造物への執着」から一切離れることを要求し、分割できない神的本質の没我的観想に極まる。もう一つの計画は、もし公式化されたならば、人々に対し有限ながらも神の創造的情熱に参加し、物の多様性、宇宙の充満が達成される過程に意識的に協力するよう呼びかけたであろう。また創造物の素晴らしさを見たり、その無限の変化の詳細をたどったりする無私の喜びの中に至福を見出したであろう。活動的生活を瞑想的生活の上に置いたであろう。そして、恐らくは、感覚世界の「秩序ある変化」を愛し写しそして増す創造的芸術家の活動を神に最も似た人間生活のあり方として考えたであろう。

しかし中世初期においては、こういう含みは、受け入れられていた教義体系の一方に明らかに含まれていたが、実効はなかった。先の二つの価値理論は具体的に調和できなかったので、中世キリスト教哲学は、その前の新プラトン主義のように、二つのうちの一つを選ばざるを得なくなり、勿論前者を選んだ。（すくなくとも完徳の勧めにおいて）教会の倫理的教えを決定し、ルネッサンスに至るまでそしてカトリックのみならずプロテスタントの正統神学においてはルネッサンス以降にもヨーロッパ思想を支配した、人間の主な目的にまつわる諸前提を形成したのは善のイデアであって、自己を超越し生産的な善なるものの概念ではなかった。「上への道」のみが、たとえ人間の追求の目的である善を永遠に完全に有している神が言わば彼の主要な善を「下への道」の中に見出したと考えられたとしても――アレオパゴスの裁判人の奇妙な意味深い表現によれば、「善さと愛とにだまされすべてにまさる高みからすべての中の存在にまで降りてしまった」としても――人間が善を求める方向であった。すべての有限な物があこがれ、人間が意識して目ざす完成は、自らのうちに留まらず、本質的に留まり得なかった「統一」に戻り留まることであった。

　ここにあらゆる物に共通な愛があり
　万物[*18]は善の終点へ帰らんことを求める、
　自身の生じ来たった源泉へ
　再び愛に依って帰り行くにあらでは
　永生を享け得ないが故に。(26)

もっともこの「太陽と他の星を動かす愛」(amor che muove il sole e l'altre stelle)は、天地に多数の物を産み出すことにおいて自らを現わす愛を否定または逆転させたものであった。トーマス・ブラウン卿は、最近の作家が言ったことだが、いつもながらのスコラ学派の仮定を繰り返しているのにすぎなかった。例えば「物は統一より離れるにつれ不完全さと醜さに近づく。何故ならば、物は単純性の中に完全さを見、神へのもっとも近いものと考えるからである」[27]と書くような場合に。

しかし充満の原理の中に暗黙のうちに含まれている価値体系は、このように中世の哲学と宗教において殆ど未開拓のままであったが、全然表現されないでいるには、受け入れられていた伝統のあまりにも本質的な部分であった。これと善に関する反対の観念との間の対立は、最も正統的な神学者の書いたものの中でさえ明らかになった。故にアウグスチヌスは「像の美しさについて」(De pulchritudine simulacrorum) という奇妙な章の中で、「神の最高の芸術」はそれが無から創り出したものの多様性の中に表現されているのに対し、人間の芸術の劣性は、例えば人体というような自然物のこの多様性 (numerositas) を再現する限度のある能力に現われていると述べている。そうならば、アウグスチヌスは、充満の原理より一種の美学理論を引き出そうとしているように思われる。芸術の機能は、創られた世界のこの多様性を可能なかぎり写すこととまたは対応することだと彼は暗示する。そしてこの議論は暗黙のうちに、これこそ真の「神の真似び」(imitatio dei) であり、それ故とりわけ宗教行為であると意味しているのは明らかである。しかし、ここで聖人は、自らを抑制し彼の教説の禁欲的であの世的側面に強引に立戻る。「そのような (芸術) 作品をつくる者が高く評価されたり作品を喜ぶ者が評価されるべきだというのではない。何故なら、魂がこのようにより小さき物——魂が肉体の手段を通じ作る形を備えたもの——に夢中になる時には、魂はそこからまさにこういう能力を引き出しているあの最高の英知者に夢中になることがそれだけすくなくなるからである」[28]。このようにアウグスチヌスは、創造主としての神を真似してはならない、或る程度人間も持っている或る神的能力は用いられてはならない、「善なるもの」(Goodness)の神的属性がそこにだけ現われる創造された世界を楽しんではならない、という首尾一貫しない結論に至らざるを得なかった。中世後期の芸術開花期にあって、そのような態度は、公式には棄てられなかったが、明らかにますます不適になった。そして我々はダンテが、十四世紀の正統的で神秘的な詩人だったら当然するに違いないことだが、むしろ芸術家の仕事と神の創造の仕事との親近性について語っているのに既に気がつく。アリストテレスによれば芸術は自然の真似であるから、そして自然は神の完全さの表現であるから、「芸術は言わば神の孫である」[29](vostra arte a Dio quasi è Nipote)ということになる。ルネッサンスにおいて、中世観念のこの側面は当然の地位を充分に受けた。「神と詩人以外に創造者の名に価いするものはない」と誇し気にタッソー*19は言う。そしてジョルダーノ・ブルーノは、「神々が様々な物の様々な表われと、すべての才能の様々な結実を喜ぶ。何故ならば、神々は、存在する物すべてとそれらを表現したものすべてを、存在物が存在するよう配慮し、表現されたものが表現されるよう命じ許可を与えることを喜ぶのと同様に喜ぶ[30]」と書いている。

その倫理的意味では、「神の真似び」の二つの概念の含蓄の間の矛盾は明らかにトマス・アクィナスの中に認められる。彼はしばしば「被造物は、単に善いのみならず他の物の善の為に行為できれば、単にそれ自体で善い時よりも神により近く似る」、何故ならば神の善なることは「あふれる」からであると言っている。「被造物が多数あり不平等である」のがよいのは中でもこの理由によるのである。もしすべてがあらゆる点で同等なら、「他のために行為することは」誰にもできないであろう。[31] しかし結局は、勿論、トマスにとってもアウグスチヌスにとっても同様に、人間の真の完成は、善を伝達する相手である被造物への関心に在るのではない。善を伝達出来ない相手である神を静観することに個人の全意識が至福のうちに吸収されることに在るのだ。

もし我々が典型的な十七世紀プラトン主義者を考えると、我々は神の、それ故に善の二つの同様にプラトン的概念の間の同じ矛盾がいまだに、そしてもっと鋭い形で残っているのを見るであろう。ベマートンのジョン・ノリス[*20]（一六五七―一七一一年）は、絶対であり完全である存在の観念に含まれている永遠の自己充足と永久に続く自己放散とを殆ど同じ愛着を以て述べている。一方では神は、「その幸福がそれ自身の領域の中で達成され、自分自身の自己充足に基づき自らを支え、自分自身の目的であり中心であるような普遍的な豊饒さ」である。しかし一方では、

神の性質は、観念においても概念においても、それゆえ真実と事実において、絶対にして無限の完全さを含む。そして故に、完全さの一つとして愛情深く伝達好きな性質を含む。神の性質の至高の卓越性は、神が単に伝達好きであることを示すだけではなく全ての存在の中で最も伝達好きであり自己放散的であることも示す。何故なら、

絶対的に無限に完全である存在には、あらゆる種類の、そして同様にあらゆる程度の卓越性が必然的に含まれていなければならないからだ。……神の性質のこの素晴らしい伝達好きな性質は、ポルピュリオス[*21]の存在の梯子によって典型的に表現され神秘的に説明される。

そして従ってノリスは、『創造の讃美』の中で『ティマイオス』のテーマを楽しく敬虔に飾る。

愛が、穏かな愛が神の豊かな胸の扉を開き、
眠れるイデアを目覚ました。
目覚め、自らの美をイデアは示した。
神は自らよりの永遠の姿の
美しき調和の形を
見て微笑んだ。
神はそれを善く美しと見、生まれたばかりの計画を祝した。
存在の種よ、美しき胸に可能な物すべての形相を宿すもの
起きて豊饒の力を示しなさい(32)。

故にノリスは、イデア界の複製であり、現実存在によって更に権威が高められた宇宙、このようにその造り主の「お気に入りの大事な卓越性」を示し創り主の賞讃に価いする宇宙が人間にとって喜びの対象として相応しくないというのは何故なのか理解しにくかった。

もし被造物の美しさと多様性がそれを創った神の承認を受ける程だとすれば、被造物は我々の愛を求めないことがあろうか。神を喜ばすようなものは人間を満たすと考えられるし、創造主が喜ぶものにおいては、被造物は充分に安らぎ従ってもよいと考えられる。このようにしきりと考えると、私は、神の創造物の中には、もし充分に集められ楽しまれるならば私の愛の活動全体を占め、私の魂の重さ全部をかけるべきだけの善が存在すると時に思うに至ったことがある。

しかしここでも最終的にはあの世的な気分が勝つ。被造物は人間を満足させない。

私が経験を反省し自分の性質の欲求と被造物の善さとを比較すると、神の被造物は楽しみ賞讃するのに価いするものの、人間の魂をしっかりと結びつけるものではないと結論せざるを得ない。……いささかの食物は被造物も与えようが、完全な満足、欲望の休止ということになると「それは私には出来ないと海が言い、それは私には出来ないと深淵が言う」。この目的のためには、神がかつて創りまた創るであろうものは、すべて不充分であり、あの賢明なる予言者の法の如き言葉、空の空、すべて空なり、に含まれてしまう。

またノリスはここで立止まらない。有限な物の中には我々の求める善の部分すらあってはならなくて、天上の美こそが人間の愛の究極的のみならず唯一の対象であると言い切っている。

我々の愛でこういう方向に流れない部分は、すべて必然的に不釣合いで不満足な対象にのみ向く。故に我々の幸福を完成するためには、我々の情念を満足させ得る物が我々の情念を引きつけることが必要だ。……ちょうど、目は他のものより光を愛するばかりではなく、他の何ものも喜ばないように。

ノリスは、これは疑いなく、この世では実行不可能の完徳の勧めであると認める。「このことは、永遠の理解に夢中になり神の美の栄光に恍惚としているために他の対象に向く力がないような確信を有する人々の特権であり幸福である」。しかし我々は、この世界においても、あの世的な善にこうして夢中になることに近づくことは出来よう。そうして我々がそれに近いことをすればするほど、「我々の出会う失望と不満はすくなくなろう」(33)。

これらの引用文中では全く矛盾しているように見えるプラトンの遺産の二つの要素の間

にあっていささか仲裁しようとする一つのありふれた手だてが勿論あった。プラトン自身によっては『饗宴』の中で、そしてプロティノスによって提案され、異教、キリスト教の別なく、そのあの世的性質が余りきびしかったり性急であったりはしない聖人や神秘主義者には常に大切であった手段であるが。(伝統的な前提の一方に従えば)いかなる被造物にも真の価値は帰せられるものではないが、それにもかかわらず、至高の善への道は普通には、またさらには必然的に段階的であると仮定され、そして存在の梯子という比喩の流行がそのような考え方を尚一層自然なものとした。それを伝わって神の生命があふれ落ちて行く被造物の段階づけられた系列は、自足した完全な神の生命への人間の上昇の段階をなしているとも考えられよう。故に、「賢明なる予言者の法の如き言葉」を全部受け入れられない哲学者達は、『失楽園』に出て来るアダムの教師の天使のように、「上への道」の段階的であることの必然性と

中心より周辺へとかけられ、それにのり、
つくられし物を観照しつつ
一歩一歩神へと我々がよじ登る
自然の梯子[22]

とについて語った。何故ならば、こうすれば、すくなくとも暫定的な、手段としての価値

が、真の善はすべて超感覚的で超自然的秩序に属すと言われるにせよ、自然物の中に認められよう。人間は、被造物の各々を、存在の大いなる斜面の上でその次に上位の物へ至る手段として用いる限り、自らの精神が被造物にかかわり喜びを見出しても不都合はないであろう。あの世俗的な仕事、自然科学の研究を正当化するためには、普通この考えに訴えた。『天球の回転について』(*De revolutionibus orbium*) の始めに書いてある天文学の讃美においてさえも、科学者の苦労は、この梯子を登って行く方法として述べられている。その仕事に従事する最終的理由は——注目すべきことだが、創造主としての神の作品に関係しているのではなくて、もっともそういう考慮も書いてあるが——「我々は、車に乗っているように、そういう労苦によって最高善の観照に導かれて行く(34)」ということである。しかし明らかに、人間の上昇の梯子としての被造物という観念は、本当は、価値理論としての充満の原理の含む意味と、プラトン主義的哲学およびキリスト教神学のあの世的側面とを調和させなかった。なぜなら第一に、上昇過程と下降過程の対比は言葉の上のものに過ぎなかった。人間が至福へ昇って行く梯子として考えられた存在の梯子は、文字通りには、自然物の系列として考えられた存在の梯子と同一の段階より成り立ってはいない。思うに、人間の救済の真の手段として、まず人間は、知的な観照にせよ美的な享受にせよ、思いをマクロビウスのいわゆる「存在のかす」に致し、その後に僅かずつの転移によりこれらを後にし、段階的により複雑な植物の形態を通り、これらより「植虫」に至り、それより貝類に至り、これらから魚類に至り、これらより高等動物に至り、という風に中世の博物学が考えた自然の階層秩序を丁寧に通過し最後に天使のそれぞれの段階を通過すべしとは誰も真剣には提案したことはない。僅少の差による段階づけという概念は、宇宙的な存在の連鎖の本質ではあるが、結局は人間を出来るだけ速く最終的な超感覚的至福へ、または地上の生活の条件が許す限りそれに近く、連れて来ることを目的とする計画には殆ど適していなかった。もしそんな完成が目的であったとしても、段階的な接近が最良であるとは明らかでなかった。せいぜいそんな段階的なやり方は人間の弱さに対する譲歩――ごくいやいやながらで、しかも可能ならば全然避けるべき危険な譲歩――としてのみ、首尾を一貫させれば、見なされることが出来た。そして最後に、「被造物の観照によって神へ上昇する」という計画は、可能な限り多様に不完全な物が単に存在するということに、充満の原理が意味するような内在的な価値は認めなかった。完成への階段の段々と考えられたので、低い段階の物は、階段の段の持つ役割、蹴とばされ超越される役割しかなかった。そしてそのような考えは、これらの段階の各々がそれ自体で大変良い物であるから神自身が神性と合理性とにより段階の一つ一つを創るよう、言わば、圧力を感じたという前提とは殆ど共通点がなかった。

以上のような見方を説明するものとして、一つの例だけで充分であると思う。私はその例を、時代的には中世ではないが哲学において中世的である書物――反宗教改革の有名な敬虔な書物で、極めて攻撃的で恐るべき神学上の論客でありながら神秘主義者である人物の手になる書物――より採ろう。ベラルミノ枢機卿[*23]（一五四二―一六二一年）の『被造物の梯子による精神の神への上昇』(*De ascensione mentis in Deum per scalas creaturarum*)という論文は、おそらくこの概念の近代における最も詳細な表現であり、それは、神の属性の理論における充満の原理の重要性と、人間にとっての主要な善の理論からそういう重要性を除外してしまうこととの間の例の矛盾を明らかに示す。最初に被造物は、それを通してのみ有限な精神に神の姿が見える屈折レンズとして表現される。絶対的な単純性を除外しない多様性は我々に理解出来ないから、神の本質の完全さを理解しようとするならば、その本質は我々にとっては明確な部分に分解されなければならない。

神は、人間が被造物を通じて神を幾分か知ることを望んだが、どんな被造物も一つでは創造主の無限の完全さをふさわしく表現できないので、神は被造物を増やし、その各々に或る程度の善と完全さを与え、我々が一つの最も単純で完全な本質の中に無限の完全さを含む創造主の善と完全さとをいささかでも理解できるよう計らった。

故に我々が、神的理性の本質である無限の(しかも単純性を損じない)多様性を認識するようになるのは、ベラルミノの言うところでは、存在する物の多様性の考察においてである。

被造物の数多きことは、それだけでも素晴らしきことであり、一なる神の様々な形を有する完全さの証拠であるが、さらに驚くべきものは、その多数の中に現われる変化であり、このことにより我々はより容易に神の知識に到達する。なぜならば一つの印章が全く同一の形を多く押すことは難しくはないが、殆ど無限に形を変えることは、これは神が創造の際に行なったことであるが、このことはまさしく神業であり賞讃に価いする。私は、誰もが極めて多様であると同意する種や属は通り越す。我が魂よ、今こそ心眼を、すべての物のイデアがそこに存在し、この殆ど無限の多様性がそこから無限の泉から湧くように流れ出る神へ向けよ。なぜなら神は、もし極めて卓越した方法で被造物のイデアすなわち形を御自身の最も深いところにしまっておいたのでなければ、被造物にあのような無限の形を刻印しなかったであろうに。

しかしすべてこういうことが指し示すように思われる結論は引き出されず、むしろ反対の結論が出される。すなわち、人間がせっせとしなければならないことは、科学的研究によって自然または人間性の詳細の複雑さや豊富さを描き出すことでも、それらの無尽蔵の多様性を芸術に表現することを通じあの「最も賞讃すべき神の業」を真似することでもないのである。人間の関心はいまだに「一なるもの」であり「多」ではない。なぜなら「被造物の間に分配されている様々な物は全くより高い方法では神において統一されていることがわかる」[35]からだ。この偉大なイエズス会の討論家は、クレルヴォーのベルナルドゥスのような厳しい禁欲家ではないし、「霊的な人間は、完全なる超脱と忘我を目ざし、可能な限り被造物の知識も姿も——まるで被造物は存在しないかのように——記憶に留まらなくなるようにする」よう命じた十字架のヨハネ[*24]のような反宗教改革の神秘主義者によって代表される極端にも走らないであろう。ベラルミノは、「地上にいる限りは、被造物より得る慰めのすべてを自分より取り除くよう命じられてはいない」とは認めている。しかし被造物の主な役目は、それら自身のはかなさと不充分さとを我々に思い起させることであるか、それとも神の超感覚的な属性の感覚的な象徴としての役を果し、その結果「神以外の物すべては空しく精神を悩ますものであり、そしてこれらは存在もせず、ただ存在するように見えるだけで慰めは与えず苦悩のみを与える」ということを示す。「被造物の梯子を登ること」は、結局、漸進的な「この世の軽蔑」(contemptus mundi)の別名に他ならない。

先に引用したベラルミノの文章の中には、一種の幻想説、すなわち複数性および個別化はすべて単なる非実在の仮象に過ぎないという説の主張が見られよう。幻想説の言葉遣いを思わず用いてしまう誘惑は、新プラトン主義的またはカトリック的形而上学からは縁の遠いものであったことはない。一つには、あの世的なまたは神秘思想的気分は、それが背を向けるこの世界を単なる虚構であると見なすことによって表現されるし、また一つには、そのように考えれば私が今まで話して来たあの内的な論理的矛盾を軽減するからである。もし、有限な物の多様性が存在することを否定するという自己矛盾しているが安易な便法を採るならば、一撃にして問題すべては消滅する。「一なるもの」以外には実在しないのであるから、説明されるべきことはないのだ。しかしこのやり方は、キリスト教神学が採り上げることの出来る、困難回避の方法ではなかった。ということは、実際には、新プラトン主義またはカトリック哲学のあの世的性質がそれ自体ヴェーダーンタ派や他のインドの体系のそれよりも程度が極端ではないということではない。プロティノス、アウグスチヌス、偽アレオパゴスの裁判人、ドゥンス・スコトゥスまたはトマス・アクィナスの精神でも、その教義のそちらの側面だけに向けられている時には、真実の実在と唯一の正銘の善のあの世的性格——我々が今経験したり、我々の論理的思考が概念としてとらえられる存在のすべての性質をあの世的性格は除外していること——を主張する点では彼等の中の誰でもが神秘主義的ウパニシャッドに出て来る聖人またはシャンカラと同じ位徹底している[36]。相違は単に、西洋の教説が本質的に二重性を有するというのに過ぎない。一方を主張し、またその正反対のことも主張するということである。この二つの要素の二番目のものは、ユダヤ的な源によってもプラトン主義的源泉によってもその実質は固く取り入れられていた。『ティマイオス』と新プラトン主義的弁証法の影響は、主にディオニュシオス偽書によって媒介され、創世記の権威と結びついて、中世神学者に個々の存在物よりなる実際の宇宙の実際の生成を肯定させたり神性を自己拡張的な創造的なエネルギーと同一視させたりした。故に宇宙不在説の言葉は、ベラルミノのようにこのような伝統によく根ざした作者に表われる場合には、あまり額面通りに受け取られてはならない。それは、この二面的な教義の一側面を極端に表現したものに過ぎず、たとえ首尾一貫しないにせよ、もう一つの側面によって補われるものと了解されている。

前提より成り立つ伝統的なこの複合体の中の二つの傾向の間にある長い間抑えられて来た対立は、ルネッサンスの作家の中では、発展して二つの相争う原理より成る明らかな二元論になり、一つの原理は善でもう一つは悪であるが、両者共に神の性質そのものの中に必然的に内在し、故に人間性の中にも存在するということになった。そしてプラトン主義的、ユダヤ的またはキリスト教的源泉より由来する諸観念の近代初期の再結合のあるものにおいては、普通の中世の好みが逆転していることは意味深い。より高い価値は、不動の動因、一なるものが分裂せずそれ自身の自己充足において永遠に休息している状態には与えられず、むしろ成ること、運動、多様化に表現される休みのない「活動原理」に与えられた。故にロバート・フラッド[*25]（一五七四―一六三七年）はベルナルディノ・テレシオ[*26]の哲学とカバラ[*27]から出て来たらしい二元論を展開してこう言っている。神の本質において

潜在的または暗い原理は、本質的に、光の現実的な流出の始まりに反対であるように、それら〔暗い原理と光の原理〕は各々二つの子供をすなわち状態において相反し、性質において全く対立する敵対物を顕示した、すなわちこの世にもたらした。そしてその二つの活動力は冷と熱である。……なぜならば暗い無、すなわちみにくい深淵の性質は、当然休むことであり活動することではない。そしてその理由は、それの欲求が中心の彼方に運動も行為もないのであるから中心に親しむことであり、光の精神また

は、意欲する独特の性質の神がするように、周辺に向かって拡散することではない。この理由で暗い原理は、本能的に休息と静けさとを要求し、こういう性質がそれ自身の状態の本質的な力をすなわち冷を、その性質が運動と行動である熱、すなわち敵、の攻撃に抵抗すべき代表者として選ばれているので、産み出す。……そこで冷は、熱の攻撃により目覚まされかき立てられなければ、動かないで、眠そうな母である暗黒と欠如に侍するように思われる。この母の子が固定と休みであり中心において眠り中心にすがりつき、故に周辺は見たがらない。そして実際、冷は、神の力より出て来、それに従う本質的行為である。そしてこの性質より冷は、その光を周辺より自分の中へと引き寄せるのである。

そうだとすると、「欠如、死、空虚、奇形の母」であり、「濃厚化、凝縮、固着、不動、重さ、休み、暗さ、禁欲、欠如、知覚を失うこと、等々の動力因[37]」であるのは感覚的に冷に表わされた神の本質のこの性質である。無論、フラッドは、「本質と性質における一つの統一より、そのように対立的な性質の二つの枝、すなわち（誤りとみにくさと争いと欠如と死との座である）暗黒と、（真理と美と愛と位置を示す）光とが生じ芽を出して来ることは驚くべきことであり人智を越えたことである」と認めざるを得ない気がしている。「マニ教徒が二つの永遠の原理が在るとあんなに固く信じた」のも不思議ではない。そしてフラッドは、キリスト教徒としてもプラトン主義者としても、全ての存在が単一の単純なそして完全な本質より由来するという説を捨てることは出来ないのに、それにもかかわらず自分の考える神の二つの属性は、または我々がそうであると考えざるを得ないものは、実際的には神と悪魔とほとんど同じ役割を有していることを意識して不安である。ここで我々が問題にするのは、神の中にある悪魔という役割が、自己充足または自己封じ込めという、その影響が存在の不動の中心を求めるという、物の中にある傾向に明示される属性によって担われていることである。そしてこれが「闇とみにくさとが光と生命の子等およびその美しき子孫すべてに与える、あの不和をもたらす、欠如をもたらす憎むべき情念」[38]なのだ。神が自らより出て行き「恵み深き流出の結果」の中に住む時にこそ、いわば神の善性が表現される。[39] 故に「充満」は、「真空の恐怖」を力説するフラッドの神聖な語の一つである。

ヨブは、真空、空虚および闇は同一なもの、すなわち真空、空虚または空である、なぜなら充満また充実はすべて神の現実の性質より由来するからである、と論じている。……神の啓示の以前には空虚で空であった地上は今や神の光と物を増やす恩寵で充満している。そこで大地はもはや空虚、すなわち本質的なものに欠けているのではなく肥沃で豊饒になった。そして神の火と神のこわれることのない精神によって満たされた。ソロモンによれば聖霊が地の表を秩序で満たした。……そしてパウロによれば、キリストは万物を満たした。このことから我々は、充満はすべて神的な行為に由来し、空虚はそれとは反対に、形相を与える生命が水より欠如する際に、生じることを認識するであろう。そしてこれが、真空や空虚が自然におけるそのように恐ろしいことだとされているわけである。万物は生来の欲求または情念によって、生かされることを熱望する故に、永遠の流出の全くの欠乏は、被造物にとっては耐えられないものであるから、存在を全く奪われることはどの自然物にとっても忌むべきことだ。(40)

このようにフラッドにあっては、「悪の原理」は、すべての欲望が成就する完全さの性質を伝統的な哲学が表現するのと正に同じ言葉によって定義されている。

ここで汝の転回はすべてとまり、
あらゆる静けさと平和がある。
汝は、休息の生まれる場所、中心に来たのだ。
一なるものが多様性になる
今こそ、変化はもうないし必要もない。(41)

フラッドにとって「休息の生まれる場所」は暗黒と死の住みかであったし、「中心に精通している」存在はすべての善の否定である。それでいて彼は、プラトン主義とキリスト教の伝統の中で無理に結びつけられていた二つの要素の一つをその論理的結論にまで押しすすめたに過ぎない。

この対立のもう一つの形態が見られる。いかなる存在にとっても善は、紀元前五世紀のギリシャ哲学から継承された普通に認められている原理によれば、その固有の「性質」を実現することである。故にこの上なく極端なあの世的性質の論拠ですらも、この意味での「性質への適応」ということで形の上では述べるのが習慣であった。しかしこのことの具体的意味は、善が自己充足と同一視される例の弁証法から全く由来した。理性的なものとしての人間は、絶対的な、最終的な、無限な善を所有すること、すなわち神の完全と至福と完全に結合すること、神の完全と至福に思弁的理性を類似させること[42] (assimilatio intellectus speculativi) とにおいてのみ、自分の性質を実現出来るのだと宣言された。固有に人間的な善の観念をこのように性質を変えてしまうことは、もしこの点において後の時代においてそうであるように充満の原理の論理が適用されたとしたならば、不可能であったであろう。

本質的に相容れない観念の長く続いた結合の三つの相を検討して来たのであるが、この結合の意義は、今、もっと一般的な言葉で述べられよう。西洋の宗教道徳哲学の歴史の中で最も重要で際立ったことは、後のプラトン主義と教会の公認の哲学とがあの世的性質を、たとえ、通例は文字通りや無条件でないにせよ、実質的な楽天主義と結びつけたという事実である。両者共、この宇宙は逃がれるべき本質的に悪しき物であること、そのような属性を持つこの宇宙の存在は大きな善であり、宇宙の創造において神の属性のうちの最も神的なものが示されたのであること、という二つの相容れないテーゼに、同様にしがみついている。時間内の、感覚的な、分裂した宇宙について、首尾一貫したあの世的哲学は、人間の考えと情念とをそこからそらそうとして、三つの説のどれか一つを持ち出すであろう。我々が見て来たようにこういうかも知れない。そのような宇宙が存在するという信念は全くの幻想であると。また、宇宙の実在は否定しないでおいて、宇宙は存在すべきではなかった、永遠な完全な一なるもの以外のいかなるものの創造も説明不可能な全くの災難であったと宣言するかも知れない。または原始仏教のように、宇宙の始原、存在理由、または形而上学的地位というような思弁的問題、さらには目ざすべき目標の実際的な性質ですら論じることは拒絶して、人々に時間内の感覚的存在は全くの悪であると説得し、人々にそこよりの解脱の方法を示すことに、その全精力を向けるかも知れない[43]。しかしそのような哲学は、厭世主義のこれらの三つの形の一つを選ばざるを得ない[44]。西洋宗教思想の一時期に——マニ教とグノシス主義[*28]的キリスト教異端説の中に——これらの立場の二つ目のものに向かう強い傾向が明らかになった。もしこの傾向が勝利を収めていたならば、我々が見て来た矛盾のどれも生じなかったであろう。そうして神の生活の乱されぬ平和の中より、うめきもがく被造物、分裂した、時間内の、体を有する物よりなる宇宙の出現は、根源的で本質的な下降であると見なされたであろうし、このことに関係したと考えられるいかなるデミウルゴスも根源的で本質的な悪魔であると見なされたであろう。最初の四世紀間に異教のプラトン主義者とキリスト教神学者の両方によって受け入れられていた前提の中に、この種の或る結果を必然的にするように思われたかも知れない点がどの程度あったかは明らかである。プロティノスがグノシス主義の気質と教義を拒絶したことと、もっと劇的にはアウグスチヌスのマニ教よりの回宗に具体的に示されるような、豊饒なる矛盾を受け入れる決定の意義は、近代に至るまで、実にその全貌においては十八世紀に至るまで、明らかにならなかった。しかし中世を通して、公式の教義は主としてあの世的ではあったが、本質的にこの世的な哲学のある種の根がすくなくとも生きながらえていた。すなわち、神の性質の中には、すなわちイデアの世界の中には、真実の本質的な多数性があること、さらには「存在は善である」すなわち普遍的なものに具体的な現実性をつけ加えることや超感覚的可能性を感覚的現実性に転じることは価値の喪失ではなく増大であること、実に、善の本質は多様性の最大の現実化であること、時間内の感覚的経験の世界はそれ故に善であり神的なものの至高の表現であること、というような前提が生きながらえた。

第四講　充満の原理と新しい宇宙観

空間にある物質宇宙の大きさと一般的な配列についての中世的観念から現代的観念への移行の原因としては、最も重要で決定的な役割を演じたのは、コペルニクスの仮説でもなく、その後二世紀にわたる科学的な天文学の素晴らしい業績でもない。十八世紀の初めには教育のある人々が一般に持つようになっていた宇宙観において、新しい宇宙像を古い宇宙像より大いに変ったものとする特徴は、また想像力に一番影響を与え宇宙における人間の地位についての広く行きわたっていた観念や伝統的な宗教的信念や宗教的感情を修正した特徴は、導入され最終的には一般的に受け入れられたが、天文学者の実際の発見や技術的な推論のせいではなくて、中世思想において、前章で示したように、強力であり持続的でありながら常に抑圧され流産してしまった元来プラトン的な形而上学的先入観の影響のせいなのだ。このことを明らかにするのには、宗教的および道徳的な意味——これが人間は世界内でどの程度違和感なしに生存できるか、自分の地位と役割をどう考えるかを決定するのだが——を持ったりまたは中世の精神にとって持つと思われた、古い宇宙観の諸側面を考察することが先ず必要である。

中世の宇宙は小さなもので、その中で地球が比較的大きなものとして目に映っていたと想像することは誤りである。プトレマイオス[*1]の体系における距離は、現在の天文学者の用いる何億光年に較べれば僅かではあるが、想像力に尺度を提供する地上的な広さの割り合いからいえば僅かではない。プトレマイオス自身も、大空と比較すれば地球は単なる点にすぎないと言っている。マイモニデス[*2]も十二世紀末近く『困惑せる人々への導き』の中で

> 我々自身について正しい評価を下すためには天や星についてなされた調査の結果を考慮すべきである。地球の中央より土星の天球層[*3]の頂点への距離は、人が一日に四十リーグ（約三マイル）歩くと仮定しても、一年を三六五日として約八千七百年の旅程（約一億二千五百マイル）である。……この広大な恐るべき距離を考えても見よ、聖書が「神は天の高きところにいるのではないか、星を見なさい、何と高いではないか」と言うのはこのことを指すのだ。……しかしこのような大きな距離は最小のものにすぎない。なぜなら地球の中心から恒星の天球層の凹面側への距離はそれ以下では有り得ないし恐らくはその何倍かであろうから。……また恒星の天球層について言うと、その厚さはすくなくともその層に含まれる星と同じであり、その星の各々は地球の量の九十倍はあるに相違ないし、その天球層自体ははるかに地球より厚いかも知れない。他の天球層すべてに日周運動を与える第九天球層の規模はわかってはいない。

そこには星が無いのでその大きさを計る手段が無いからである。故に、これらの天球の大きさ、その数の多さを考えても見よ。そして地球が恒星の天球層に比較すれば一点に過ぎないとすれば、創造された宇宙全体に対する人類の比はどんなものであろうか。そうだとすればこれ等の物が自分のために存在するとか自分の役に立つべきはずであるなどと我々が考えることができるであろうか。(1)

と書いている。ロジャー・ベーコン[*4]は物の大きさ(rerum magnitudo)についてあくなき熱意を以て語る。「目に見える星の最小のものも地球より大きく、星の最小のものは天に比べれば実際は大きさがない。……プトレマイオスによれば、恒星は天の大きさの故に信じ難い速さにもかかわらず三万六千年かけてもその周期を完結できない。だのに三年以内で地球を歩いて一周することができる」(2)。この主題は十六世紀の反コペルニクス派の人々にとってはお気に入りであった。たとえばデュ・バルタス[*5]はこの主題をこうも言っている(私は『一週間』のシルベスター訳、一五九二年、から引用する)。

水晶の天空に散りばめられ、頭上に
輝く星のいと小さきものも、
(もし星学者が信じられるものなら)
大地全体の十八倍という。……

王が策略と戦争とによって
丸い地球全体を征服したとしても
見よ、栄光に満ちた労苦の報いを、
針の先、ちり、小さき物を得る、
（すべてを所有するとも）無に似る。(3)

しかし中世の宇宙は、人間と地球に比較すると、このように巨大ではあったが、明確に限定されていた。だから本質的には心に思い浮かべることが出来る。またその宇宙の遠近法はいかに雄大であろうとも想像力にとって全く面くらってしまうようなものではなかった。十五世紀の人は城壁で囲まれた町に住んだように、まだ城壁で囲まれた宇宙に住んでいたのだ。そして――中世の町や他の中世のものとは異なり――この宇宙体系は古典主義的芸術作品の本質をなす性質を備えていた。実に、中世で一番古典主義的なものは宇宙だったと言えよう。人々はゴチック風な教会で礼拝することを望んだが、天の構成はゴチック風ではなかった。無理もない、それはギリシャの建造物だったのだから。世界は、明瞭で理解可能な統一的な構成と、明確な形のみならず、宇宙を構成する単体のすべてが持っている、最も単純で完全な形と思われるものを有していた。宇宙はきちんとしていて輪郭はすっきりしていた。その内的構成の単純さも、観測された天文学上の事実のせいで、望ましいほどには完全ではないことが一層はっきり認められて来てはいたものの、詩的な宇宙案内者の第一人者はややこしい詳細事には注意を向けなかったし、非天文学的精神はそんな詳細事にはわずらわされなかったであろう。

空間に関する古い宇宙像は、自分の重要性と威厳について高度の感覚を人間に与えるのに特に適していたと従来しばしば言われて来た。前コペルニクス的天文学が持つと考えられたこのような意味を重視した作家もある[4]。人間が宇宙の中心を占め、彼の住む惑星の周囲を広大な人の住まぬ天球層が従順に回転していたのだと言う[5]。しかし中世の精神にとっての天動説の実際の傾向は、まさにその反対であった。なぜなら宇宙の中心は決して名誉ある場所ではなくて、むしろ天上界から一番遠ざかり被造物の底であり、そこはかすや卑しい元素が沈澱するところであった。実際の中心は、まさに地獄であり、空間感覚からすれば、中世の宇宙は文字通り悪魔中心であった。また月の軌道の下の全域は、勿論、月のかなたの輝ける腐敗を知らぬ天に比較しては全く劣っていたのだ。故に、モンテーニュは、いまだに古い天文学を奉じて、人間の住み処を「宇宙の汚物と泥沼、宇宙の最悪、最低にして一番生気のない部分、家の最低階」と常に評した。そして彼は問うた、そんな場所に生まれつき「三種類の動物の中の最低のもの」（すなわち陸上動物）と同棲する被造物が、ではなぜ想像力の中で「自分を月の軌道の上位に置いたり天を足下に引きずり降したり」するのであろうか。「青空の素晴らしき動きと、頭上をこのように堂々と回転して行く灯火の永遠の光とが人間の便宜のために確立されたのだし、この先ずっとそうであり続ける[6]」のだと人間は「いかなる権威にもとづき」断定できるのだろうかとモンテーニュは問

う。ジョン・ウィルキンズ[*6]は一六四〇年に、コペルニクス説に反対してまだ持ち出される議論の一つとして、

地球は、宇宙のどの部分よりも汚れて卑しい物質より成立し、それ故に最悪の場所である中心になければならず、あのより純な、腐敗を知らない物体、すなわち天より一番遠くに置かれている故に我等の住む地球は汚れているのだ。[7]

ということを根拠にした議論を挙げている。このような個所からも、天動説の宇宙観は人間の昂揚よりも屈辱に役立ったことと、コペルニクスの説は、一つには、人間の住み処にあまりにも立派な高尚な地位を与えすぎたという根拠で反対を受けたのだということが充分に明らかである。

羽根のない二足動物の中に、自己の宇宙的な意味や自分の行為の重要性についての高ぶった感覚を現に生み出し易い他の要素が中世キリスト教の体系の中に勿論存在した。しかしこれらは天動説とは関係が無かったし、天動説が棄てられても生き延びることができ、ほとんど影響を受けなかった。地球に宇宙の中の独特の地位と神の特別の関心を与えたものは、空間における地球の位置ではなくて、地球だけにその最終的な運命が決定していない理性的存在が土着しているという事実であった。もし地球が腐敗の唯一の領域だとしても、それはまた生成の唯一の領域でもあった。ここだけで新しい魂が生まれ、永遠の運命

はまだ決定されていず、ある意味では創造主自身の計画の完遂も問題になっていた。では、もし宇宙のこのうす暗くむさくるしい地下室が（一つの例外を除けば）人間が住み得る最も卑しい場所だとしても、それはまた、真に劇的でわくわくするようなすべてのことの起っている場所でもあった。故に神の自足と不動心との説とは大いに矛盾するものではあるが、人事は神自身の無限の関心の対象であると考えられた。だからメソポタミアの素朴な一夫婦のたった一回の無理からぬ愚行のせいで、神の三位の一つが肉体と化し、生き、人間を救うために地上で死ぬことになった。歴史を通じ天使は人間に絶えず奉仕して来たのに対し、反逆せる天使は人間の破壊を計って同様に熱心であって来た。ザングヴィル[*7]の小説中の人物は、「私がシニョレリ[*8]作の『地獄への転落』を見ていた時に、私は、我々の祖先は何と生き生きと生を楽しんだことであろうか、個々の魂が何と重要であったことかと考えていた。とにかく天と地獄の大軍がその魂の帰属をめぐり合戦するのだから。生の意義についての何と強烈な意識であろうか」と言っている。この観念が中世の信仰者にとって実際の喜びを与えたかは疑問の余地もある。実に強大で、それぞれ厳しい勢力の奪い合いの対象になることは、自分自身の場合に抗争が最終的にどう決着するかについての当然の心配を別にしても、並の感性的人間にとっては快適な立場ではなかった。しかしある種の人種的な自尊心を助長し正当化するような立場であったことは疑いない。しかしこのことも、地球だけが半ば物質的で半ば霊的な自由な被造物——存在の連鎖の真中の環——より成り立つ種属を含み、その忠誠心をめぐり天国と地獄の軍勢が相戦うのだということを意味する限りにおいてのみ当時の宇宙形状誌に関係した。

こういうわけで古い宇宙形状誌の中で詩的に宗教的に重要な部分はコペルニクスの理論によりほとんど影響を受けなかった。コペルニクスにとって太陽系と宇宙は依然として同一であった。彼の宇宙は、地球中心ではないが、依然として中心があり、形は依然として球形で、自身とすべてを結ぶ（se ipsam et omnia continens）一番外側の天球層によって依然としてしっかりと仕切られていた。(8) 知覚される宇宙全体がこのように限定され押し込められている限り、人間の住む惑星が、その空間的位置はどうであろうとも、いまだに独特な生物学的、道徳的、宗教的な地位を与えられている限り、中世の宇宙論の美的および実際的な特質は残ったのだ。天動説の放棄が意味するこの種の一つの変化は、既に述べたところから明らかであるが、しばしば新天文学のせいにされていたものの反対であった。人間を万物の中心から移すことは、人間を低い地位から移すことであった。またそれは、中心の位置はとくに堕落した位置であるというアリストテレスの観念と、生成の起る月の下の世界と不死不変の天との間の対立のすべてとを否定することをも意味した。しかしこの対立はすでに何人かの中世の人間によって批判されていた。たとえばコペルニクスより一世紀も前にニコラウス・クサヌスは、地球が宇宙の中で一番卑しい部分であるという断定を拒否している。彼は言う、我々は、死と腐敗が地球に限定されているのか知らないし、天を二つの部分に分け、それぞれが本質的に違う種類の物によって占められているとすることは根拠がないのだ。(9) たまたまコペルニクス的なこのような考えも、十六世紀の或る人々にとってはいまだに驚くべき革命的な事であるように思われたが、新奇ではなかった。伝統的観念にとって一番深刻な打撃はコペルニクスの推論によってではなくて、一五七二年にティコ・ブラーエ[*9]がカシオペア座に新星を発見したことによって与えられた。その星は、

天地創造以来
不変なりと、世間が信じた天への
見なれぬ新しい訪問者

であった。この時にコペルニクス理論は、ほとんど進んではいず、ティコ自身によっても受け入れられてはいなかった。故にこの理論が、空間の宇宙を性質と権威において全然異なる二つの領域に分割することを止めさせるのに貢献したとは言えない。

地球中心的ではない方法で天を配列する方法の方が、プトレマイオス的配列よりもキリスト教神学によく調和すると考える方が実際辻褄が合っていた。そしてこういう考えは、新しい仮説に対する——というよりはその仮説を修正した重要な説に対する——ケプラー[*10]の強力な支持を取りつけるのに、どんな純粋な天文学的理由にも劣らず、貢献した。なぜならコペルニクスの理論は「見かけ（の運動）」の原因になる運動は太陽、惑星および恒星の天球層ではなく地球にあるのだとしたものの、この説は勿論太陽中心説ではなかった。

宇宙の中心は地球の軌道の中心であった。太陽は、その位置に一番近かったがその位置は占めなかったし、惑星の軌道面は太陽を通らなかった。故に、ドライアー[*11]が指摘しているように、コペルニクスはいまだに「地球に対し彼の新しい体系において全く例外的な地位を与えなければいけないと感じた」ので、ドライアーがいささか誤解を招く言い方で言うように、「地球は新しい体系においても古い体系中とほとんど同様に重要な天体であった（事実は、今まで見た通り、旧体系における地球の位置は重要なものではなかったということであるが）」。厳密に言えば太陽中心説は、コペルニクスではなくてケプラーに由来する。アリストテレスの説にもかかわらず、中世形而上学において神の観念が中心を占めたことと、中世宇宙論において最高天が周辺的地位を占めたこととの間に或る種の不整合が想像力にとって存在したことは疑いがなくて、この新体系の、ケプラーの目に映じた主な長所は、それがこの不整合を除去したことである。すなわち知覚可能な宇宙の中心部に、神もっと正確に言えば三位一体の第一位の物質的象徴であると一番自然に考えられる天体――「すべての中で一番秀れている」と認められる天体、すべての光と色と熱との源、「もし至高の神が物質的住み処を喜び祝福された天使と住む場所を選ぶとすればそこのみが神にふさわしいと我々が判断するもの」(10)――を置いたのだ。こういう太陽中心説の神学的論拠がケプラーにとって魅力があったのは、とくに彼は神をアリストテレス風に他の存在の運動と努力の、自足した不動の目的因としてではなく、主として産み出し自己をまき散らすエネルギーとして考えていたからである(11)ということは、我々が論じている一般的な主題に無関係ではない。ケプラーの宇宙形状誌すらもどんなにか本質的に中世的であったかは、彼が天文学と神学との平行関係を更に押し進めたやり方と、まさに太陽中心説によって彼が、宇宙がプトレマイオスの体系の中でそうであったようにはっきり限定され囲まれていると考える新しい根拠を見出すことができたという事実とから理解できる。もし太陽が父なる神の対応物ならば、ケプラーによれば恒星の天球層は明らかに子の対応物であり惑星の中間領域は聖霊に対応させられる。(12)外側の天球層の機能は、「不透明な照らされた壁のように、太陽の光を反射し増幅すること」である。それは「宇宙の皮膚ともシャツ」(mundi cutis sive tunica)とも描写されることができ、太陽の産み出す内的熱が無限の拡散によって失われるのを妨げるのだ。こうなると神学との平行関係はいささか苦しいようである。天体間の距離について言えば、ケプラーは、(太陽中心説にもとづく仮説によって)この説がそれ以前の天文学者が探したが見つけられなかったような調和的な体系を示していることを証明したと公言した。宇宙は美的な要件に従うべきだと確信し、典型的な中世の精神にふさわしく宇宙に対し本質的に古典主義的な好みを持っていたので、彼には、当時知られていた六個の惑星の軌道間の距離が正確な比例の規則に対応しないとは信じられなかった。単純な算術的な比例関係は適用はできなかったが、彼はとうとう予測どおり「神は、宇宙を創造し天を計画する時に、ピタゴラスとプラトンの時代から有名なように五個の規則正しい幾何学的立体を考えていたし、また彼が天体の数と比例関係と天体の運動の比例関係を定めたのは天体の性質に合うようにであった(13)」という輝かしい発見に到達した。この点においてケプラーもまた彼なりに充分理由の原理[12]に依存していたことが見られよう。彼には疑えないことだったが、創造主は以上の比例関係を与えたり、惑星の数を六個と、それゆえ間隔は五つと決定する際には何か恣意的ではない原則によって導かれたのに違いない。五個の規則正しい固体のみがあり得たのだ。そしてイデア界のこの必然性が天体の数の限定に移行され得るのだとすれば事物の一般的体系は美的な秩序のみならず合理的根拠をも持っていると見なすことができた。遂にケプラーが惑星運動の第三法則を発見したのは、このような全く空想的な仮説の実証を求めてであった。

コペルニクスの説は、なるほど普通の人に対して平凡な頭脳の或る生まれつきの習慣の困難な矯正——太陽系の運動について普通に思い浮かべる限りでは、普通の人には今に至るも充分にはできないような矯正——を要求した。新しい仮説は、五感の証言と対立するように思われたのみならず、相対性——場所と運動の概念の全く相対的な意義——の忌むべき観念を暗示するものをもすくなくとも含んでいた。しかし哲学的に進んでいた者にとっては、このことには本質的に新しく非正統的な点はなかった。五感の欺瞞性は、ためになるお話のよくあるテーマであったし、新しい天文学は、このテーマにとって新鮮な歓迎すべき説明例を提供し、そしてそれを十七世紀のこのテーマの提唱者は利用した。観測者に対する見かけの運動の相対性という通念について言えば、それは結局すべての天文学者にとって当然なことであったに違いない。そしてコペルニクスはこれ以上のことは意味しなかった。位置と運動の——測定できる位置と運動であってもその——相対性についての更に徹底した説の意味することは、恒星の現在不動の天球層が絶対的な座標として——コペルニクス自身の言によれば、「すべての他の物の位置と運動がそれに帰せられる宇宙の場所(14)」(universi locus, ad quem motus et positio caeterorum omnium conferatur)として——役立つ間は、避けることができた。

神学上の正統説に対するコペルニクス説の主な侮辱は、後者と伝統的な宇宙像の哲学的要素との間の基本的な矛盾を生じたことではなくて、キリスト教が他の宗教には見られない程にその教義に取り込んで来た純粋に歴史上の命題の集合の或る部分とコペルニクス説とが折り合わないらしいということだった。たとえば主の昇天の話は、コペルニクス的宇宙の図の中に適合し難いのは明らかであり、新しい仮説に対する教会内の反対者が、霊感を得て謬《あやま》ることのないとされている〔聖書を〕書いた人達が当然のこととして太陽が地球のまわりを回転することや素朴な常識に由来する天文学の仮定を前提としていたことを明らかに示している聖書中の多数の章句を指摘するのは雑作ないことであった。しかし、巧妙さと解釈上のいささかの自由裁量とにより、このような問題点は、ある程度は辻褄の合うように解決され得るものであり早晩解決された。とにかくキリスト教の教義の歴史的な内容について見ても、もっと全般的で深い問題を惹き起したのは純粋にコペルニクスの新説ではなかった。

十六世紀に普及し十七世紀末にはかなり一般的に受け入れられるようになった宇宙形状

誌についての真に革命的な命題の数は五つであり、そのどれもコペルニクスまたはケプラーの純粋に天文学的な体系に必然的には伴わなかった。近代的世界観の歴史の研究にあっては常に、また個々の作家の位置を説明する際には常に、問題間の相違を見失わないことが不可欠である。五つの比較的重要な新しいことは、(1)我々の太陽系内の他の惑星に感覚を有し理性を備えた生物が住んでいるという仮定、(2)中世宇宙の外壁が、外側の水晶球にせよ有限の恒星界にせよ、打ち砕かれ、恒星が広大で不規則な距離に散ってしまったこと、(3)恒星は我々の太陽と同じであり、その全部またはほとんどがそれ自身の惑星系に取り巻かれているという観念、(4)こういう他の太陽系の惑星にも意識ある住民がいるという仮説、(5)空間において宇宙が現に無限でありその中に含まれる太陽の数も無限であるという主張、であった。

これらの第一は――勿論第四はもっとであるが――人間の生活と地球の歴史とから、中世の観念体系が与えコペルニクスが残しておいてくれた独自の重要性と意義とを奪った。居住可能の世界が複数あるという理論は、キリスト教信仰に含まれた歴史の瑣末事についてではなくてキリスト教信仰の中心的教義について難問を提起した。神の受肉とキリストによる救いという感動的なドラマ全体は、人の住む世界は一つだと前提していると明らかに思われた。もしこの前提が放棄されるとすれば、先の教義は、たとえ維持されるとしても、どう考えられるべきだろうか。我々は、後にトーマス・ペイン*13が問うたことだが、「無数にある被造物界のどの世界にも一人のイヴと一つのリンゴと一匹の蛇と一人の救世主がいると思うべき⑮」であろうか。三位一体の第二の位格は、無数の惑星で順に人間の姿をとったのであろうか、それとも宇宙の我々の部分のみに救いの必要な道徳的存在がいるのだろうか。こういう難問は十七世紀初期には認められていたが当時の神学者達によって重要視されたようにも思われない。カムパネラ[*14]は一六二二年の『ガリレオの弁護』(*Apologia pro Galilaeo*)の中で先の難問に言及しており、この点についての彼の見解は一六三八年にウィルキンズが英語で要約した。もし他の住民が人間だとすれば、

彼等はアダムの罪に汚されていることは不可能と彼は考える。しかし多分彼等は、彼等自身の何か罪を持っていて、そのために我々と同じような惨めな目に合う事になろうし、そこから彼等は我々と同じ手段で救われるのかも知れない。すなわちキリストの死によって⑯。

二番目と三番目の命題——これが想像力にとって持つ潜在的な重要性は過大に評価し過ぎるということはないのだが——によれば、宇宙はいかなる中心も持たなくなってしまった。宇宙は、合理的と認められる計画に基づかなくて分散された孤立した多数の体系にばらされてしまった。宇宙は、形であることをやめ、想像もつかない遠い空間のあちらこちらに不規則に散らばった世界の不定形の集合になった。地球中心説から太陽中心説への変化などは太陽中心説から無中心説への変化に比すれば大したことはなかった。ベーコン[*15]は

言った、「天体についての第一の疑問は、一つの体系があるのか、すなわち宇宙は全体として球を構成し中心を持つのかどうか、または地球や星という個々の天体は体系や共通の中心は持たず、自らの根しか持たないのであろうかという事である」[17]。これらの諸体系の数と延長との無限大がさらに仮定された時、宇宙は想像力だけではなく理性自身をも当惑させるような傾向があった。なぜなら数や量の無限大の観念が現実に適用される時に生じる数学的二律背反が今や新しい関係と重要性を持つようになった。

コペルニクスやケプラーの宇宙説は、こういう五つの著しい影響の大きい新説を必ずしも意味しないし、前者は、後者を受け入れなかった十六、七世紀の天文学者や著述家の或る者によって奉じられていた——またその逆も真なり——と私は言ってきた。しかし地球中心説の放棄が或る人々にとっては先の徹底的な仮説をより真実らしくさせるように思われなかったというのは歴史的に真実ではない。故にベーコンは、少々ためらいながらも反コペルニクス的であったが、「地球が動くと認めれば、太陽が中心である体系を組み立てるよりは、組織は無くて散らばった天体しかないと考える方がより自然だろう[18]」と言った。しかしベーコンは、このことを「コペルニクスの体系の中に見出される多くの大きな不都合な点」の一つとして主張するようである。が、それは、コペルニクス説の反対者による推論、明らかにこじつけの推論であった。

我々の属する体系を太陽中心に考えることは、その体系中の他の惑星も居住されているという仮定をいささかもっともらしくするものだと考えられたのも事実である。一つの点について地球を他の天体と同列に置くことによって、太陽中心の見方は、類似点がたとえば意識を持つ生物の存在というような他の点にまで及ぶ可能性を暗示した。よく行なわれた論証としてバートン[*16]の言い分（一六二一年）を挙げてみよう。

地球の運動という彼等のこの説を認めることについて。もし地球が動くとすれば、惑星であり月の中の者や他の惑星の住民を月や惑星が我々を照らすように照らすであろう。しかしガリレオやケプラーその他の者が示すように地球は光るのであり、それ故に月に限らず他の惑星も居住されている。……故に私は言う、地球とそれら〔火星、金星等〕は同様に惑星であり、同様に居住されており、宇宙の共通中心である太陽の周囲をまわっている。ヌブリゲンシスが天から落ちて来たと言った緑の子供二人はそこから来たのかも知れない[19]。

しかしそんな推論は類推によるいい加減なものであり、それ自身では、他のもっと強力な理由で既にそういう結論に傾いている人以外はほとんど納得させられなかった。そして事実、コペルニクス以前にその結論に達した人もあったが、太陽中心説から推論されたものではなかった。

意味深く驚くべき新説は、コペルニクス説に依存していなかったばかりではなく、そのどれをとっても十九世紀以前には現在我々が科学的であると呼ぶような証明によって支えられてはいなかった。そしてその中の三つは未だに不確定である。第二と第三の一部分は天文学的実証不可能というわけではなかったが、コペルニクス以後の三世紀に用いられた方法によっては立証不可能であった。恒星は凡そ太陽から等距離の所で太陽を中心に持つはっきり区切られた領域に集まっているのか、空間の至る所に様々な間隔で散らばっているのかは、多数の恒星の地球よりの距離が計られるようになるまでは決定できなかった。しかし星の視差の測定は一八三八年[20]になって初めて成功したのだし、写真による距離測定法は知られてはいなかった。太陽中心説を受け入れることは実は、総ての星の遠さはプトレマイオスを信奉した天文学者が想定したよりはずっと大きいのだということを意味した。なぜなら視差の検出ができると思われるようにした基線を与えたのは地球の軌道運動であったからだ。当時高度に洗練された方法だと考えられていたものによって視差が一つも発見されなかったので、もっとも近い星の距離、そして恐らくは大きさは計算出来ないほど大きいのだということになった。しかし一方では、視差を確定しようと何度も失敗したことが太陽中心説そのものに反対するもっともらしい論拠の役を一世紀以上も果した。

だから新しい宇宙観の重要な特徴は、現在科学的と呼ぶような観測を根拠とする新しい仮説にはほとんど由来しなかった。主として哲学的、神学的前提より導かれた。つまりそれらは、充満の原理が生物の種類の数という生物学的問題にではなく、星の宇宙の大きさとか空間に生命と感覚が分布している程度というような天文学的問題に適用された時の、充満の原理の明らかな系であった。神は、もし論理的に可能な存在に、そのような現実存在が可能な場所で、現実に存在する特権を拒絶したならば——もし、すくなくとも、首尾一貫しないが好都合にも時々言われるように、そういうものの存在は他の存在するものにむしろ害をなすであろうというような否定的な根拠が無いとすれば——神は、『ティマイオス』の言葉を借りれば、「ねたんでいる」ことになるであろうと思われた。創造力は、仮説によれば、無限であり、そしてその現われは故に無限であるべきであり、物質がある所ではどこにでも生命があってはならない理由はないように思われた。さて我々が見て来たように、こういう前提は、この前提からその含蓄する意味のすべてを引き出したくはない正統的神学者の書いたものの中においてさえ中世を通じてよく見られた。そして世界および居住されている体系が無数にあるということがこれらの含蓄されている意味の中の一つであるという主張は正統派の人によって通例拒絶はされたが同様によく知られていた。宇宙は無限でなければならない、なぜなら神の全能性は神が仕事を止めない（ab opere cessare）ことを要請するからであるという議論はアウグスチヌスにより『神の国』（一〇章五節）で論じられている。しかし勿論彼は反対である。中世キリスト教哲学者達がアウグスチヌスの著作によく通じていたことを考えると、この命題は彼等すべてにおなじみであったに違いない。これを受け入れる傾向は十五世紀には目立って来ていた。ユダヤ人哲学者クレスカス[*17]の『主の光』（*Or Adonai*）（一四一〇年）の中に、『天体論』でアリストテレスが「宇宙は一つしかない」——すなわち中心を同じくするいくつかの天球層よりなり、その中に地球がある一つの体系しかない——ことを証明しようとした論拠に対する反論が示されている。「多くの宇宙の存在の可能性を否定するために言われることはすべて『空で風を捕えようとすること』である」。クレスカスの素晴らしい選集の中で編者のH・A・ウォルフソン[21]教授は、クレスカスは「宇宙がいくつ存在し得るかは明白には言わない。ただ『多くの宇宙』の存在を主張するのみだ。しかし我々は、アリストテレスが大きさが無限個あることを否定したのを彼が受け入れなかったり無限の空間について論じたことを知っているのでクレスカスの多くの宇宙の数は無限に至ると推論しても大丈夫であろう」と述べている。同じ世紀も後のことだが同様の命題が偉大なキリスト教形而上学者によって示された。ニコラウス・クサヌス枢機卿——中世後期の最も明晰な精神を持つとは言えないにしても最も難解な哲学的精神を持つ人の一人である——は、神学者が神の「広大さ」の説を表現するために時々用いた逆説的な比喩を物質的宇宙に当てはめた。『知ある無知』(*De docta ignorantia*)(一四四〇年)の中でクサヌスは、宇宙は、その「中心が周と一致するような」球であると言った。それ程逆説的でないにせよ彼は言う。

宇宙は周をもたない。なぜなら、もし宇宙が中心と周をもつならば宇宙の外部に或る物と場所とが存在することになろう。だがこのことは真理ではない。それゆえ、有体的な中心と有体的な周の内部に宇宙が閉じこめられることは不可能であるが故に、その中心と周とが神であるところの宇宙は理解できない。またこの宇宙は無限ではあり得ないが有限であるとは考えることができない。なぜならその内部に宇宙を閉じ込めることができるような限界がないからである。それゆえ、中心でありえないところの地球が全く運動しないことはあり得ない。……そして宇宙に中心が無いのと同じように諸恒星の天球層も他のものの天球層も宇宙の周ではない。

静止した、中心にある地球という信念は、見かけの運動の相対性を認識できないのに由来するのみである。すなわち

この地球がじつは運動していることは明白である、そうは思われないけれども。というのは、固定点に比較してのみ我々は運動を知覚する。流れの中のボートの人が土手も見られず水が流れているのを知らなければ、ボートが動いているのをどうして理解するであろうか。ゆえに、人が地球上にいるにせよ、太陽の上にいるにせよ、他の星の上にいるにせよ、彼には、自分の占めている場所は動かざる中心であり、他の物すべてが運動しているように思われるということになるのだ[22]。

右に引用した個所は、十七世紀の著述家によってよく引用され、後世の著述家の先に述べたような二つの命題を予見するものと見なされ、それゆえこの命題は枢機卿の考えを予め正当化していたように思われた。それだけとり出して見れば、そうした先取りであった。しかしクサヌスの精神は、天文学の問題よりも一種の神秘神学の方に関心があった。中心

にある地球の代わりに置きたかったのは太陽ではなくて神であった。彼のみが「宇宙と天球層と地球との中心であり、同時に万物の無限の周でもある」。そして恒星の天球層によって区切られた有限の宇宙という概念は排しても、クサヌスは、そのような想像上の境界面の外側に他の太陽や惑星より成りたつ無限の宇宙を明確に主張したわけではなくて、物質的で量的な宇宙の不可知性についての確信と、そのことから再び神の観念に行きつく必然性についての確信を持っただけだ。先の個所は、言わば副産物として新しい天文学的命題を説明はするが、その本質的な目的は、彼のお気に入りの哲学上の主張を説明すること、我々が知らないということを知られればならないとする知ある無知を証明することであった。思索が示すように思われるどのような二律背反も彼の役に立った。それは反対の一致の歓迎すべきもう一つの例であった。そしてクサヌスが手当り次第に議論を利用して、「中心」と「周」との概念は宇宙に適用されると明晰で判明な意味を持たないことを証明しようとしたのは、まさに反対の一致を例証するためであった。こうしてジョルダーノ・ブルーノのようにクサヌスは自分の命題を「ひそひそと」述べたなどとは言えないのは、その発言が大胆極まるものであったからなのであるが、彼の発言はしまいにはあまりにもつかまえどころがないように解釈されたり、全く違った形の命題に従属させられたので、アリストテレス的な、プトレマイオス的な概念の放棄に向かって大きな影響は持たなかった。彼は現にそういう概念を後の著作においても用い続けた。彼の言う所によれば、神の知恵が「地球を真中に置き、それを重くし、宇宙の中心で動くようにした」[23]。しかしこの宇宙は、太陽系のことを指しているに過ぎないようにも思われる。

もっと具体的ではっきりしているのは、他の天体の住民の存在についてのクサヌスの主張である。彼は、他の場合にも我々が見て来たこと、すなわち一般論としては充満の原理と充分理由の原理を拒否しながら、個別の場合にはこれらを前提して平気で議論するという中世著述家の傾向をよく示している。「神の仕事のいかなるものも理由はない」(opera-rum Dei nulla est ratio) と彼は言い切る。何故地球が地球であり、人が人であるかという理由は、それらを創ったものがそう意欲したのだという以外には何もない[24]。勿論このことは、論理的には、現に存在するものについてはア・プリオリな知識は不可能であることを意味する。だがクサヌスは、普通に考えられるように「天と星のあまたの空間が空虚である」とは考えられないことだと自信を以て論じる。単に太陽と月とについてだけではなく他の星の領域についても

住民のないものはなく、この宇宙を形成している個々の部分的宇宙の数は星の数が無数——多くの万物を創造したものにとっては無数ではなかろうが——であるのと同様に大きいと仮定する[25]。

同様の結論が、存在の連鎖の環のすべてはどこかで存在するという仮定から出て来る。「神から、異なった程度の高貴さを持つものが出て来るのであらゆる場所に住民はいる」

と彼は書いている。「地球は恐らく」他の天体に住むものより「卑小なものによって住まわれているのであろう」。もっともこの地球上とその地域に見出される理知的なものより高貴で完全なものが存在できるとは思われないが。だとすれば「他の星の住民は、たとえ種は別にせよ」同じ属としての性質を持つであろう。それ以外のものについては、「我々に全然知られていない」——もっともクサヌスは、その性質に関しては、住民の住む天体の性質より引き出した臆測をしているが。

このように新天文学の論理的根拠は、中世思想の中に溶解された形で存在した、宇宙についての現代的観念の多くの要素の中にあった。そして中世の終りにその要素は凝結の兆しを見せはじめていた。十六世紀の始めに、太陽系と住民の住む星が複数であり、星の数は無限であり、宇宙の空間的広がりは無限であるという理論は、すでにありふれた話題であった。故にパリンゲニウスは、〔コペルニクスの〕『天球の回転について』の刊行の十年ほど以前に、多くの学校で教科書に用いられた大いに人気のあった詩の中で

或る人々は星の各々が地球であると
言えると信じる

と記し、彼自身も天空の他の領域には人間よりはるかに秀れた生物が存在するに違いない、なぜなら「神の無限の力」がこんなにもとるにたらない惨めなものを創っただけで尽きて

しまったとは考えられないからであると論じている。「天は砂漠であり住人を持たず神は我々と、かくも貧しく惨めで馬鹿げた動物のみを支配すると言うのは不敬なことではなかろうか」とこの詩人は問う。「全能なる創造者は、我々より秀れたものを創造する知識と能力と意志を持っていたことは確かである。……彼が多くのものを創れば創るだけ、もっと高貴なものを創れば創るだけ、宇宙の美と神の力はまばゆく輝くのである」[26]。星の数が正確に無限かどうかについてはパリンゲニウスはプロティノスが存在の連鎖の階層の数を扱った時以来おきまりの逃げ口上を用いる。すなわち、

誰も理解できないほど多数である。[27]

ここでもまた論拠は、第一原因の潜在的生産能力が無限だと仮定されていることから、現実的結果も必然的に無数になるという推論である。最近の興味ある発見が示すように、英国の天文学者トーマス・ディグズは十六世紀にではあるがこの後、コペルニクスについての解説（ほとんど自由な翻訳）を行なって、それに恒星の天球層は、「無数の光（天体に飾られ高度は無限に延びていて」無限であるという主張をつけくわえた[28]。ディグズは太陽系についてコペルニクス的構造よりこの結論を特に引き出そうとしたのではない。この結論の理由として彼が述べているものは、これこそが「偉大な神の栄光ある宮廷」についての相応わしい考え方であり、「神の無限の目に見えない業をこれらの目に見える御業

により推測し、神の無限の能力と壮大さにとっては、質と量とにおいて総てを越えるそのような無限の場所が好もしい(29)」からなのであるということだけである。

故に新しい宇宙形状誌の要素はいくつかの場所で以前にも表現されたことはあったのであるが、中心のない、無限の、無数の住民のいる宇宙の説の主要な代表者と見なされるべきなのはジョルダーノ・ブルーノ[*18]である。なぜなら彼は、その説を西ヨーロッパの至るところで福音伝道者の熱情を以て説いたのみならず、この説が大衆によって受け入れられるようになるための論拠もはじめて充分に述べたからである。そして彼がこの問題について関心を持ったのはコペルニクスの新説のせいであったかも知れないし、またその偉大さを讃えて止まなかったのであるが、彼が独特の確信に達したのはコペルニクスの理論の意味について思索したり天体観測をしたからではなかったことは確実である。こういう確信は彼にとっては、主にそして殆ど全部が、充満の原理または、この原理が依存している仮説、すなわち充分理由の原理より演繹されたのだ。『ティマイオス』、(ブルーノにとっては「哲学者の中の君主」であった)プロティノス、スコラ哲学者達が彼の理論の主な源であって、『天球の回転について』ではなかった。彼は、アベラールの哲学を受け継ぎ、同様な推論を天文学の分野にまで拡げたのだと考えられよう。彼の前提は、根底においては、ダンテが天使が実際無数にあることと存在のすべての可能性の現実化を論考した時の前提と同じであるが、その前提が、神が現実の存在を与えたに違いないと考えられる潜在的な星の体系の数という問題に及ぼされたのである。つまりブルーノは、近代の宇宙観の先ぶれであり首唱者であると思われる彼の教えの特質においてこそ、もっとも徹底して、プラトン的な形而上学と中世神学の或る要素の継承者である。「無限個の世界」ということは、なるほど、デモクリトスやエピクロス派[*19]の人々の主張の一つであったことはよく知られているが、このことはこの理論にとってはむしろ妨げになった。十七世紀にこの理論が勝利を得たのは、デモクリトスの前提なんかよりもっと正統的な前提からこの理論が引き出されるということのせいであった。

ブルーノの議論の本質的性格は、一五八六年頃に書かれた『巨大さについて』(*De Immenso*) の散文の個所に恐らく最も明瞭に簡潔に表われていよう。ここで彼は、空間にある星の体系の数が無限であることは、誰もが認める共通原理から直接に明らかに引き出せると主張する。なぜならば「神の本質は無限であり」、その可能性の程度 (modus possendi) は存在の程度 (modus essendi) に応じ、その活動性 (modus operandi) は可能性の程度に応じること、宇宙の根拠が有すると以上のように証明されている無限の可能性 (potentia infinita) は、無限が可能でなければ (nisi sit possibile infinitum)、存在出来ないことは自明であるからである。同様に議論の余地のないことは、絶対存在は全く単一であり、「それにおいては存在、能力、行為、意志……は同一である」ということだ。つまり可能性と現実性とは神にあっては同一であり時間内の秩序においても同じ拡がりを持つ。故にあらゆる可能な形で存在物と宇宙は無限に存在する筈である。「無限の原因が有限の結果の原因であると我々が言う時、我々は無限の原因を侮辱するのであり、それは有限の結果に対しては能動因という名前も関係も持たない」故に、もっと具体的に言えば、物質の量が有限であるべきだとか、天空の伝統的な境界の彼方には、何にもない空間——現実化されない可能な存在の深淵が口を開いている——しかない筈であるということは不可能である。その存在がこのように証明された無限個の宇宙の中で、或るものは我々の宇宙よりも壮大で地球人より秀れた住民がいると、ブルーノは別のところで言っている[30]。本質的には同じ推論が、それ程正式には述べられてはいない個所で、その推論の源が、ブルーノが彼以前の著述家のきまり文句や比喩を繰り返すことによって一層はっきりする。

神の潜在力が怠けているとなぜまたどうして考えられようか。自らを無数のものに伝え、無限に自らを注ぐことができる神の善がけちであると言えようか。……無限の空間の中に自らを拡げる（そういう言い方が許されるならば）ことのできる神の中心が、ねたみ心でもあるかのように、不毛であるはずがあろうか。無限の能力が抑圧されたり、無限の宇宙の存在の可能性がうばわれたり、神の姿——それと同じように無限の鏡に反映されるべき姿——の完全性が損われたりすることがあるべきであろうか。……なぜ我々は、そんなに不合理にみちたことや、宗教、信仰、道徳、法の為には一切ならないで哲学のそんなにも多くの原理を破壊するようなことを主張するべきであろうか[31]。

別の個所では、証明が充分理由の原理にもっと直接的にはっきりと基礎づけられている。もし地球によって占められている場所が占められるべき理由があったとすれば、そしてそう考えざるを得ないのだが、そうだとすれば同様に占められることの出来る場所はすべて占められるべきであるという理由は一層多くあった。そして空間の性質の中には、そのような場所の数を限定するものは何もない。一般に、「ある有限の善、ある限定された完成が存在すべき理由があるかぎり、無限の善が存在すべきもっと大きな理由がある。なぜなら、有限の善は、その存在がふさわしく理にかなっているから存在するのに対し、無限の善は絶対的必然性を以て存在する」。なるほど「無限の善」という観念は厳密には形態のない完全さにだけ適用されることができるが、しかし「絶対的に単一で分割されない第一原理の中に含意されている無限が、自らの無限で終りのない影であり、無数の宇宙を含むことができるこのものの中に顕わになるのを妨げるものがあるであろうか」。だからと言って単に空間的な広がりと物理的な大きさがそれ自体で、第一原因の完全さの表現となるような「威厳」を持つというわけではないとブルーノはここで言う。可能なものすべての配列のための空間を確保するために無数の宇宙がなくてはならないのは、存在の全階層の現実化の必然性の故にである。「自然物と形を有する種類のものの卓越性は」そうしないと充分には明らかにはできない。「なぜなら無限の卓越性は無数の個物の中で表現されるほうが或る有限の数の個物の中で表現されるよりはずっとよいからである。……無形の神的な卓越性が必然的に有形なものとして表現される時の完全さの度合いが無数である故に、無限の個物、たとえば我々の神的な母である大地がその一つであるような偉大な生きたもの、がなければならない(32)」。

ここで我々はふたたび楽天主義の通例の論拠に出会う。「一定の序列で配列され密に結ばれた多くの部分よりなるものは完全である」故に、「自然の中に最善ではないものがあるからとか、いくつかの種に怪物が見出されるからといって偉大なる建築家の巨大なる建造物をけなすのは許せないことである。なぜなら小さなもの、とるにたらぬもの、卑小なるものは、いずれも全体の光輝を補足するのに役立つから(33)」。「系列の中の自らの場所にあって全体との関連において善でないような存在の段階」はありえない。

これらのことすべての有する決定論的意味は明瞭に認められ、四世紀以上も前にアベラールによってなされたように引き出されている。神は不変であり、神においては可能性と行為とが同一であるから、

彼の行為には偶然はなくて、決定的で確かな原因より必ず決定的で確かな結果が生じる。それゆえ彼は、彼が(現に)あるよう以外にはあることができず、彼が持っている可能性以外の可能性を持つことはできず、現に意志するもの以外のものを意志することはできず、彼が為すこと以外のことは何もしないのである。なぜならば可能的なものと現実的なものとの差異は変化するものにとってのみ妥当するから(34)。

ブルーノの哲学の他の面には、我々はここでは関心はないが、彼の説に明らかに現われているのは中世思想の中でも充満の原理と充分理由の原理や神の「善」の観念とに関係づけられるような特徴だけではないことを指摘して誤解を招かぬようにするのがよいであろう。伝統的な合成物の中のこの要素は一貫して自由に発展させられてきたにせよ、それとは全く合わない他の成分も同様に強調されている。ゆえに、たとえば、ブルーノの絶対者は、一方では本質的に生成的であり造化の多様な豊富さの中に明示されながら、同時に超越的で自己充足的で分割不能で超時間的で言語に絶し不可解で、その属性はすべて我々の知る世界のそれの否定であり、我々の理解するところでは、自己矛盾をするようなものですらある。神についての一般的な中世的観念の本質的に矛盾した性質は、トマス・アクィナスのような著述家においては存在はするのだが賢明にも目立たないようにされ最小限に扱われているが、ブルーノにおいては、これ見よがしに見せびらかされる。彼にとっては、彼特有の気分においては、逆説が大きければその説はよいのだ。

唯一の完全な最善な存在は、……自らをその中に含まない。なぜならそれは自らよりすくなくはないから。……それは言葉ではないような形で言葉であり、形ではないような形で形であり、物質ではないような形で物質である。……その無限の連続において、〔単位としての〕時間は日と変らず、日は年と、年は世紀と、世紀は瞬間と変らない。……人間であるからといって蟻である以上に無限の姿に近づくことはできないし、星であろうとも人間以上に無限に似ることはできない。……なぜなら無限においては、このような差異はとるにたらないからであるし、これらのことについて私が言うことは、物が個別なものとして存在するための他のすべての差異に関しても意味するつもりである。……無限においては中心は周囲と違わないので、宇宙はすべて中心であり、それとも宇宙の中心はあらゆる場所にあり、中心と異なるものとしての周囲はどこにもない、それとも反対に周囲はどこにもあって中心はどこにもないと言っても大丈夫である。[35]

つまりブルーノも、プロティノスや他のスコラ哲学者のように、その性質と働きとをどんな知力も両立させることのできない二つの神をすくなくとも持っていた。そして時々、この矛盾の圧力が彼にとってさえ耐えかねるようになると、ブルーノは殆ど無世界論の誘惑に屈伏しそうになる。この論は、前から言われてきたことだが、プラトンの伝統に属する哲学者のいずれにも縁遠いものでは決してなかったが。「多様性を構成するものすべて、生成、腐敗、変化よりなるものすべては、物ではなく存在ではなくて、一つであったりする存在の状態である。……物における多様性を構成するものは何にせよ、存在するものではなく物そのもの (la cosa) ではなく、感覚に映じる外観にすぎない。……相違と数を構成するものはすべて全くの偶有性、全くの姿、全くの構成である[36]」。こういうことは、もちろんここで我々が問題にしているブルーノの説の側面——絶対的な本質の中に、可能な物すべてが最大限の多様性において真実に存在する必然性があるという説——には全く反するものである。同様に、たとえば『英雄的な怒り』(*Eroici furori*)において示されるように、あの世的な反自然主義的傾向は続いている。つまり彼は中世哲学にあった諸々の偏見のほとんどすべての面を代表している。しかし彼は、これらの偏見の各々の意味を、それら全体の不調和とともに、かつてないほどはっきりさせた。なぜならその各々をその範囲内で大胆な厳しい論理をもって、またそれと他のものとの間に調和が欠けていることに対しては結構にも無関心に、展開したからである。そしてその結果の一つは、物理的宇宙の中世的像の破壊——それとともにその像と不可分に結びつけられている多くの他のものの破壊——を意味する結論の、厳密に伝統的で中世的な前提より出て来る、証拠と思われるものであった。

ブルーノ自身の、それからつぎの世代の三人の最大の天文学者——ティコ・ブラーエ、ケプラー、ガリレオ——は、皆すくなくとも表向きには宇宙の無限と「複数性」を斥けていた。しかし彼等は皆、新しい五つのテーゼの一つ——太陽系の中に居住される惑星が複数あるということ[37]——は多かれ少なかれはっきり受け入れた。かなり確実なことだが、ガリレオは実際の信念においてブルーノ的な見解に傾いていた。彼は『宇宙についての二つの主要学説についての対話』の中で「宇宙が有限で明確な形を持つと証明した者はまだない[38]」と強調している。しかしこの対話の中の彼の代弁者はアリストテレス的な対話者に向かって、実際は宇宙は、「有限で形は球形で故に中心を持つ[39]」と正式に認めている。しかし、月に住民がいると仮定して、彼等は地球上の住民と似ているか違うかという疑問が出された時に、ガリレオは、充満の原理の彼の精神に対する影響をはっきり裏切る。彼は指摘する、我々はこの問題を決定する「確実な観測」をしていない。そして天文学者としては、単にそれが論理的に可能であるというだけで、ある物が存在すると主張はできないと。しかし、もし「我々に知られているものと同じものが月の上で産み出されているか違うものが産み出されているかに関して彼の第一の直観と純粋な自然理性が彼に何を教えるか」と問われるならば、「それらは全く違うものであり我々には全く想像できぬもの」と答えざるを得ないと彼はつけくわえている。なぜならこのことは「自然の豊富さと自然の創造者と支配者の全能の性質によって要求されている[40]」ように彼に思われるからである。故に、同様の前提からブルーノが引き出したもっと大きなテーゼをガリレオが公然と擁護しなかったのは、何もこの種の考慮に基づいたすべての結論をガリレオが原則的に拒絶したからではなかった。

しかし宇宙についての観念の、これらのより深い意味を持った新しい点が伝統的宗教の中のある特有な傾向を補強するのに、まさしく適していたということに注目しなければならない。たとえば、キリスト教の倫理主義者の主要テーマの一つは謙虚の美徳であった。第一の罪であり、我々のすべての悲しみの源である高慢は、いかに非難しても足りないものであった。中世または近代初期の著述家は、このテーマについて語る時、自分の言わんとする教訓を示すために、(我々はモンテーニュがそうするのを見たのだが)この宇宙論的な事実と思われていたものを利用することができた。つまり全被造物の中での人間のほとんど中心的な、それ故ほとんど最低の場所を。すでに言ったことであるが、謙虚さのこのような天文学的理由を新しい天文学は破壊した。しかし宇宙が計れないほど広大だという説、まして無限であるという説が、その代替物を提供した。もし宇宙における人間の地位がもはや特に貶しめられたものでないとしても、とにかく人間の卑小さはかつてなく明らかになった。人間に、自然の一部分としてのみ見られる限りにおいての人間の表現出来ない程の無価値さをこのように気づかせることは、彼が神と共に謙虚に歩む心構えをさせるかも知れなかったし、直ぐわかることであるが、宇宙形状誌におけるもっと極端な新しいテーゼがこのように信仰心の啓発に適応したことは、十七世紀の比較的正統的な部分においてそれらのテーゼをより受け入れ易いものにするのに明らかに力があった。疑いもなく主として他の根拠でそれらのテーゼを抱いた者も、宗教的啓発にとってそれらが持つ価値を必ず指摘した。

十七世紀が五十年経過した後も、コペルニクスの説だけでなくブルーノの説も当代の最も影響力ある哲学者の支持を受けるという利点を持った。殉教の趣味のないデカルトは、ガリレオの有罪宣告に留意し、コペルニクスの体系を弁護する時には、その体系を既知の事実にはどの体系よりよく一致はするが、だからといって真実であると考えられるには及ばないような「つくりばなし」または単なる「仮説」と呼ぶように常に気をくばった。しかし彼の論議の論理的帰結や彼の実際の意見については彼の書物を読む者は疑いを持ち得なかった[41]。しかしデカルトは、もっと大きな異端説と思われたかも知れず、また、要心深く彼が指摘していることだが、実際「クサの枢機卿や他の何人かの学識者」が「この点について教会に批難されずに[42]」受け入れたこと——すなわち（宇宙を）包む天球層を斥け住人のいる宇宙の無限を主張すること——については先程の留保さえしていない。恒星は太陽から様々な距離のところにあり、一番近い恒星と土星の軌道との間の距離は、地球の軌道の直径よりは計り知れぬほど大きいのだという結論に対して、デカルトは一見天文学的理由を述べているが、これらの理由でさえも彼の心の中では充満の原理と整合していることにより補強されていることは明らかであるし、我々には見えない無数の他の星や太陽系の存在に関する彼のそれ以上の保証も主にこの前提に基づいている。これを「信じることの方が、創造主の力は不完全だからそのような星は存在するはずがないと想定するよりもずっとふさわしいことである[43]」。つまり他に証拠が無い時代に我々の推論の出発点になる前提は、我々が判断できる限りでは存在し得るものは存在するということだ。無限の数の宇宙を産み出すことは創造主にとっては可能であった。そしてそのような事柄に関して常に受け入れるべき原則は、その可能性は現実化されたのであるということである。

　我々は、神の力と善の無限であることを眼前に常に思い浮かべるよう努め、彼の業が偉大過ぎるとか美し過ぎるとか完全過ぎると思い誤るのではないかと心配しないよう努めなければならない。それどころか（神の業に）限界（これについては我々は確かな知識を持たない）があると想像し、創造主の偉大さと力について我々が不充分にしか感じていないように思われてはいけないので心すべきである。(44)

新しい宇宙形状誌のこれらの説よりデカルトは充分に教育的で決して珍奇ではない道徳的で宗教的な教訓を引き出した。以前の理論がモンテーニュに与えたように、これらの説は彼に、多くの神学者が素朴にも人間のおごりの心におもねってきた手段であった人間中心の目的論を斥ける根拠を与えた。「万物を創造する際に神は人間のことだけを考えていて万物が人間のためにつくられたということはありそうもないことだ。……現在世界に存在し、または以前には存在し現在では存在しなくなったものが無限にあり、それらのもので人間に見られたこともなく役立ったこともないものがあることを疑うことはできない(45)」。モンテーニュが「おごり」を批難した時、その動機はあの世的ではなかった。大げさな、うぬぼれた、てらった事すべてに体質的な反感を深く持ち、人間存在の喜劇について透徹した感覚を有していたから、彼は人間のうぬぼれのあぶくに穴をあけ、人間を自然の中の抜群ではないが不適でもなく、順応しさえすれば、楽しくないわけでもない地位に置くことを楽しみとした。ところがデカルトは、自分の天文学的概念を我々の自尊心の矯正剤として全く別の気持で用いた。彼は、なかんずく極端なまたはブルーノ的な形をとった新しい宇宙形状誌的概念と、つまりは伝統的な宗教感情の中の基本的なもの、すなわち、あの世的な性質との間の隠れた親近性（すでに指摘したが）を示している。一六四六年にエリザベート王女[*20]に手紙を書き、人生を送る際に我々を導くべき知識の四原則を挙げているが、その三番目は、宇宙は無限であるということである。このことについての瞑想は我々に謙虚さを教え、「我々の愛着をこの世の物から引き離す」のに役立つ。「何故なら、もし人が天の彼方には想像上の空間しか存在しないとか、天のすべては地球のためにのみ造られていて、地球は人間のために造られていると思い込もうものならば、その結果は、この地球が我々の主な住居であるとか、この世の生活が我々に達し得る最上のものと考えるに至ったり、また、我々が真に所有する完全なものを認識するかわりに、自分を他の被造物より高くするために、実際にはそれらにはない不完全な点が他の被造物にはあると言ったりすることになろう(46)」。

十七世紀の後半に宇宙が複数で無限であるという理論が急速に受け入れられるようになったのは、ブルーノの書いたものの直接的な影響にではなくむしろデカルトの哲学学説の流行に負うものであろう。学のある者でさえ新しい宇宙形状誌の先駆者を忘れデカルトにその功をすべて帰してしまうことが完全に可能であったことは、一六九三年にオックスフォードで新しい天文学についてアディソン[*21]が行なったラテン語の講演から判断がつこう。彼は言う、「古代の気まぐれが頭上に設定したガラスの天球層を破壊し、アリストテレス的宇宙の狭い場所や水晶の壁の中に閉じ込められることをもはやいさぎよしとしなかったのは[47]」デカルトであったと。

英国ではヘンリー・モア[*22]が、しばらくの間、宇宙の数が無限という説の熱烈な弁護者となった。この理論を彼が採り入れたのはデカルトという最近の例にいくばくかは負っているようだ。もっともプロティノスとスコラ哲学者の著作に夢中であったモアは、彼の議論の根拠を与えるものとしてこれらの著作以外の源は必要としなかったが。宇宙についての新しい概念が実に単純に直接に、よく知られた正統的な中世的伝統から引き出され得たことは、ブルーノの推論と同様に、この議論のモアの詩的表現の中に明瞭に示されている。

　　もし神が全能で
この全能の神がどこにも存在するのならば、
どこについても容易に力強い美徳を
万物に吹き込めるのだ、……
全能の力を我々が損い、
空虚な空間が彼の働きを締め出すと言わぬ限り、……
この貴重で甘美な霊的な露を
神はあらゆる場所に滴下し
空虚な場所のすべてに投下し、
広く口を開けている乾いた場所を液で満たした。

無限にあふれる善意がすべての所に満ちた。
ただちに神は無限個の宇宙に出来るだけ
上手に、また被造物に受け入れられる限り
このことを行なった。無限の物は
無限個の宇宙に与えざるを得ないから。
各宇宙の中心は太陽で
明るい光と温める熱を持ち
太陽の輝く王冠の周囲を惑星がめぐり
ろうそくの火の周囲の蛾のようだ。
これら全体が一つの宇宙と我は思う。
またこのような宇宙が無数にあることの、
神という名の限りなき善は、
単なる善を最高神にする
我にあっては全く充分な理由なのだ。(48)

モアの弟子のグランヴィル*23は、散文――韻文ほど適切な媒体でなかろうが――で再びこの論を述べ一つの文にしてしまった。「善は無限であると主張しながら、それが為すことをしようと意図することが有限であることは矛盾である」しかし同じ結論は他の根拠で正当化できる。

しかり、聖書は、私の議論の力となる点を証明している。すなわち神は万物を善として創った。……神は、自身の広大さに合うように宇宙を創り、自らの力と偉大さとの結果を自分自身のいるところすべてで、すなわち無限の空間と時間において産み出した方が、自分の全能の力を限定して無限の空虚な広がりの中の只一つの小さな点における仕事だけをしたり、ほんの先頃行為を始めたのだとするよりは、ずっと素晴らしく壮大なことである。故に宇宙が遅くなって創造されたとか有限であるということは、疑いない真実と矛盾するようである。(49)

パスカルにおいては我々は、コペルニクスの仮説の拒絶とブルーノの仮説の明白な主張との奇妙な結合を見ることができる。太陽系のプトレマイオス的構造とコペルニクス的構造とティコ・ブラーエ的構造のいずれにもパスカルは決めかねていた。三者いずれも、説明する筈の見かけには合っていた。「では、誤る危険なしに誰が、これらの理論の一つを支持して他の理論に偏見を抱くなどということができようか(50)」。それでいてパスカルほど宇宙の無限の広大さという考えに取りつかれていた者はないし、そのことについて雄弁に語った者もない。この点では、彼はブルーノ以上でありながら、(大部分は)まさに反対の動機と体質によってである。ブルーノにおいては物の延長、数、多様性の無限の観念は、強烈な美的な讃嘆と喜びを惹き起す。彼は、自分の詳述する対象の広大さと共に情緒的に広がって行くようである。このことが宗教的な鑽仰の気分に移って行くが、それは通例、知覚される宇宙に顕示された創造的エネルギーの中にその対象を見出すような本質的には宇宙に対する信仰心である。同じ事は、大筋においてはヘンリー・モアにも言える。しかしパスカルの想像力にとっては「創造された無限」(infini créé)の想念は人を浮き立たせるものではなく抑えつけるものであり、彼は、デカルト以上に、無限について語るが、なぜならそれが人間を卑小にし謙虚にし、人間の理解力を当惑させるからである。自然についての知識において——『パンセ』の中のあの有名な憂鬱な雄弁を持つ断章の趣旨がそうなのだが——人間は自己卑下の根拠しか見つからない。なぜなら知識が主に彼に示すことは「存在するものと人間との間の不釣合い」なのだから。

宇宙を照らす永遠のランプのように置かれたあの煌々と輝くものを人間は見るとよい。この天体が進む広大な軌道に比しては地球は只の点に過ぎないことを忘れてはならない。そしてこの軌道自身天空に回転する星々の軌道に比しては針先の大きさに過ぎないことを考慮して驚くべきである。しかし我々の視力は、この点で止まるにしても想像力は更に遠くへ行くべきだ。知力は、自然がそれに認識の対象を与えるのがいやになる以前に認識作用がいやになってしまうものだ。目に見えるこの宇宙全体は、自然の大いなる懐の中の目に見えぬ一点に過ぎない。我々の持ついかなる観念も自然には及ばない。我々は、およそ想像し得る距離のかなたまで想像をふくらましてみるが無駄である。事物の実際に比すれば、我々の心は原子を想像しているに過ぎない。自然は中心がどこにでもあり周囲はどこにもない無限大の球である。最後に、それは神の全能の性質の主要な知覚し得る明示である。故に我々の想像力は、それの思考することにおいて、自らを忘却すべきである。……人間は、自分のことを自然のこんな辺鄙な一隅に迷い込んだ者として考えるべきで、閉じ込められたこの狭い獄舎――つまり宇宙――から地球、王国、都市そして自分自身を正しく評価するよう学ぶべきだ。無限大の只中にあっては、人間とは何か(51)。

人間にこのように自己を卑下させることは、なるほどパスカルの目的の一側面にしか過ぎない。自己評価がいつも極端から極端へと揺れる人類に接する際の彼の簡単なやり方は、パスカルの言うところによれば「もし人間が自慢すれば、私は彼のうぬぼれをくじき、彼が卑下すれば彼を賞める。そして常に彼に反対して、しまいには自分は理解し難い怪物であると理解するに至らしめるのだ(52)」というのだ。であるから物理的宇宙の無限についての考察は、表面上は、人間性の二律背反、「人間の惨めさと壮大さ」を形成する対立するテーゼの一つの方を支えるものでしかない。それを補足する考慮は、いかに広大で強力にせよ理性のない物質に対して――最も移ろい易く力のない思想であっても――「思想」の持つ優越せる尊厳についての考慮である。「存在するすべての物体、天空、星、地球と地上の王国は、いと小さき精神より価値がない。何故なら精神は、それと自らを意識しているが、それらは何も意識していないからだ」。「空間により私は、単なる一点として宇宙の中に含まれ呑み込まれてしまうが、思考により私はそれを含んでしまう」[53]。しかしここで止めることは、二律背反のより陽気な側を結局は勝たすことになってしまうだろう。しかもパスカルにはそんな気持はないのに。「すべての人間の尊厳は思考にあり」また「思考は性質上賞讃すべき無比なものである」が、人間にあってその実際の作用において間抜けなものである。すなわち「見さげはてたものであるとするには、それ（思考）は奇妙な欠点を持っている筈であろうが、余りにも欠点を持っているので、これほどばかばかしいものはない」[54]。そして宇宙が無限という仮定は、人間の最も高貴な能力の空しさを人間に示すことにより、人間を卑しめる手段をもう一度与える。思考の当然の働きと願望は理解することであるが、無限の存在は必然的に理解できないものである。「こういう無限のものを考察したことがないので、人々は、自分と自然との間になんらかの釣合いがあるかのように、自然の探究に無謀にも着手した」。しかし自然界の巨大さに一度真に直面したあとでは、彼等は必然的に「事物の始めと終りを知ることについての永遠の絶望」の中に投げ込まれるに違いない。自然な知的能力を用いることによって彼等は確実で堅固な知識(assurance et fermeté)に達することはできないということだけを確信するであろう。「このことが認識されれば、思うに、人間は、自然が人間を置いた地位にそれぞれ、安住するであろう。我々の運命に与えられたこの中間の地位は、（無限大と無という）両極端より同様に離れているので、人間は事物についてもうすこしよく理解するということがどれほどの意味を持つというのだ」。パスカルにとってこのことは単に、無限の宇宙は大きすぎて我々が徹底的に探究することはできないということではない。もっともこのこと自身、彼が言うところでは、「その部分はいずれも、全体を知らずには部分を知ることができず部分を知らずには全体を知ることはできないように、相互に結びついている[55]」ので、宇宙のどの部分も一つとり出しては真に理解され得ないことを意味するのであるが。さらに難しい点は、実在の述語に真になり得ると我々が知っている、無限大の数とか無限の大きさという観念そのものが我々の思惟を解決不能の二律背反に引きずりこむ。「我々は無限が存在することを知っている。そして我々はその性質は知らない」。故に、「数が有限であるというのは誤りであることを知っている。故に数的な無限が存在することは真である。しかし、それが何であるか我々は知らない。それが奇数であるというのは誤りであり、それが偶数であるというのは誤りである。しかもそれは数であり、すべての数は奇数であるか偶数である」。単なる自然を考察する際に、このように謎や不可解なことの中にほうり込まれるので、反省的な精神は、宗教の中でそういうことにぶっつかっても驚いたり反抗したりはしない。神は自然界の無限に似ている、すなわち「彼が何であるかは知らないが彼が存在することは知ることができる」ような存在である。――ただし彼についての或る実際的な知識を得る超自然的な手段が我々に与えられれば別であるが[56]。

宇宙が無限という仮説のパスカルの利用法は、しかし、悪意があるとは言わないまでも恣意的である。それが自分の気分に適する時に、人間のうぬぼれを叱るという自分の目的に適うかぎりにおいて、それを利用する。しかし、これらの無限の宇宙が住まわれているという――彼の時代にはありふれていて、普通には先ほどの仮定の系だとみなされている――仮定は、彼らしいことだが、無視する。ブルーノのような人にも、壁で区切られた宇宙と考えたケプラーのような人にとっても、この地球上の人類は、友にことかかない。もっとも他の天体に住む隣人達と交信する術は不幸にして持たないけれども。この二人や当時の多くの著述家は、意識を持った生命が至る所にいるという喜ばしい感じを持って、楽しく宇宙空間の極まるところまで望遠することができた。しかしパスカルは、人間を、不毛な軌道を無限に移動する、思考も知力もなく、人間に似たものはその中に一つも持たない無限の量の無機物の中にいる一人ぼっちなものとして考えた。「この無限の空間の永遠の沈黙は私を恐れさす」。しかし、もしパスカルが別の考えを持ち、宇宙の複数性の理論の意味するところを真剣に考えたとしたら、彼は、自然界における孤独感よりも困った難問に直面したであろうに。なぜならば、単なる自然の姿が産み出した悲観論と懐疑論から彼が逃げ込んだ宗教的信念の知的基盤は、（賭の論は別とすれば）ユダヤ教とキリスト教の歴史を通しての超自然的な啓示の真実性とその歴史が記録されている書類の真実性とに対する信念にほとんど全部根ざしている。その信念は、既に示された理由によって、理性を備えそして恐らくは罪深い他の無数の種属が無限の空間の至るところに存在するという仮定に合わせるのには少々難しかったであろう。

パスカルは、他の著述家の誰にもまして充満の原理の歴史の或る皮肉な面を明らかにする。すでに見たように、その原理は、この世的な宗教感情と道徳気質と私が呼んできたものに主になりがちだし、それに気性も合っていた。なぜならそれは、知覚される宇宙の真の実在と形而上学的必然性を意味し、そのような宇宙の創造のうちに神的な完全さを現実に増強することを見出した。そして数世紀もの間、楽天主義の主な論拠の役を果した。しかし、それは宇宙を文字通り無限にするように思われたので、その結果は、指摘された通り、あの世的な性質に奉仕させられることもできた。そしてパスカルが摑まえたのは、その概念の天文学的な応用のこの可能性であった。またこの原理は根本においては、様々な例に既に出て来たように、一種の合理主義の表われであった。それは、実在の性質中には本質的に合理性があり、具体的に存在するあらゆるものの充分な根拠が知覚できる宇宙の中にあるのだという確信を表現していた。しかしそれは、量的または数的な無限大の現実の存在を意味するものとして解釈された時に、それは、至る所で逆説や矛盾だらけで、実在を人間の理性とは本質的に縁のないものとむしろしてしまうように思われた。このように充分理由の原理をその究極的な結果にまで追っかけていった人々は、パスカルの結論は、その結論の前提にある仮説を破壊するものであると気がついた。であるから、こういう人は、パスカルの見るところでは「従順なキリスト教徒」(chrétien soumis) になる見込みが最もある材料である「申し分のない懐疑論者」(pyrrhonien accompli) に容易に回宗させられた。

十七世紀の最後の二十五年間において新しい宇宙形状誌の思想の勝利は急速であった。そして十八世紀の最初の十年または二十年経つと、太陽系についてのコペルニクスの理論だけでなく、他の居住されている惑星や宇宙の複数説に対する信念もまた大いに正統的な人々に依っても普通に受け入れられたように思われる。フォントネルの[*24]『宇宙の複数性についての対話』(*Entretiens sur la pluralité des mondes*)(一六八六年)は、疑いもなく、他のいかなる作品にもましてこういう観念を知識階級一般に拡めるのに力があった。いかなる書物のスタイルもそのテーマの深刻さにこれほど不釣合いな軽妙さを持つものはなかった。疑いもなく、通俗化を目ざす書としての『対話』の成功は、この事実に大いに由来した。この書物の英国における流行もフランスにほとんど劣らなかった。[57]最初の英訳が二年以内に出版され、この訳や他の訳が次の世紀に凡そ十二版を重ねた。太陽系の他の惑星に「住民」(この語は知能を備えた存在を通常意味するようであるが)が存在することと、すべての恒星は住まわれている惑星系の中心であるという仮説とのフォントネルの論拠は主に四つである。いくぶんか彼は、単純な類推にもとづく論証に依存するが、この論証のもっともらしさは多分それが同一の原因(と仮定されるもの)より同一の結果へと推論することに似ていたからであろう。こういう論証を要約して彼は言う。「二つの物が見えるものすべての点で同一ならば、信じないためのよほどの理由がない限り、その二つの物は見えないものに関しても互いに似ていることは可能であると承認される」。さてこれが——フォントネルは「可能である」と「ありそうである」とをやや安易にすり変えて議論を続ける――「私が用いた推論法である。月は地球に似ているから住まわれているし、他の惑星は月に似ているから住まわれている」[58]。月の住人に関してはフォントネルは必ずしも本気ではないのが事実である。月に大気がないので月に住むことは疑わしいことは彼は認識しているが、この理論を最終的に、単に侯爵夫人[*25]を喜ばせるために採用する。太陽系の他の惑星に関しては、彼の議論は真剣に述べられ、同様の論拠で、他の太陽も恐らく惑星を周囲に従えていて、それらも生命の住み処であろうと主張する。勿論これは最低の類推による論証であり真実の証明能力はない。時としてはフォントネルは、自分の推論のこの部分は「何故そうではないのか」と問い、証明の義務を相手に押しつけてしまうことと殆ど変りはないことに気づく。第二の論証法は、地球上の自然から他の場所のありそうな状態を類推することである。我々は自分の観察と顕微鏡が最近示すところから、自然は総ての物質に生物を充満させる傾向があるので「砂一粒一粒」が数百万の生物を維持するのを知る。「では、ここでは過度に実りある自然が何故他の惑星ではそんなに不毛であろうか」。しかしこのことは、同一のモデルを単に増加することであると断定されてはならない。「自然は繰り返しを憎む」し、住まわれた宇宙の各々における自然の産物を多様化する。この差異は距離と共に増大する。「なぜなら月の住人と地球の住人を見れば、彼等の方が地球の住人と土星の住人よりは近しい隣人であるから」[59]。

しかしこの論証は、既に伝統になっており、本質的には充分理由の原理の応用であるような他の二つの考慮に依存している。その第一は、もし我々が宇宙の広さについての天文学の結論を受け入れ、その上でこの広さのごく小さな部分にだけ生物がいるのだと想像したとすれば、自然を創ったものは非合理的な無駄をしたり機会をむざむざ見逃しているると結論しなければならないということを出発点にしている。最後に、万物の源である絶対者の無限と（豊饒さという意味での）善との神学的教義から引き出される殆ど決定的な推定がある。つまりフォントネルは、序文の中で「自然がその作品の中に入れたに違いない無限の多様性の観念は全篇を支配している」そしてこの考えは「いかなる哲学者によっても論駁され得ない」のだと言っている。引き出された結論は、フォントネルも認めるが、蓋然的なものに過ぎない。しかしこの結論は、アレクサンダー大王が以前に存在した蓋然性と大体同じ種類の蓋然性を持っているのだ。どちらも立証は不可能である。しかし我々の知っていること総てはこの推定にとって有利な材料であり、不利なものは何もない。

そのような事柄において望み得るすべての証拠がある。すなわち惑星が人の住む地球に全く似ていること、惑星がそれ以外の目的で創られていると考えることが不可能であること、自然の豊饒さと気前のよさ、太陽から遠い惑星に衛星を与えたことに見られるように、惑星の住民の必要に自然がした配慮。

宇宙の複数性に対する信念が想像力に対して及ぼした影響についてフォントネルは、ふざけた調子で触れる。侯爵夫人は、哲学者が彼女に示した世界の有様は「恐しい」と抗議する。哲学者は落胆しない。

奥様、恐しいですって（と私は言った）。私は大変快適だと思います。天が星のくっついた青い小さなアーチだった時には、宇宙は窮屈で狭く思われました。空気がなくて息がつまりそうでした。しかし今では宇宙は高さにおいても幅においても拡大され千の渦巻きが含まれています。私は前よりは楽に呼吸し始めていますし、宇宙は以前に比して比較にならぬほど素晴らしくなったと思います(60)。

しかし、勿論、これは全くの審美的な慰めである。そしてそれも形の単純さ、わかり易さ、完全さよりも大きさと多様性を尊重する趣味を持つ人にとってのみである。人間の活動的性質に対する宇宙拡大の影響は、フォントネルは認めるが、気を滅入らせるようなものだ。それは、人間の業績すべてを無限小の価値しか持たぬように見せるので、無為を正当化する根拠を提供した。侯爵夫人は結論する、「白状しますが、そのように多数の宇宙の真中にいては、私達はどこにいるのかも殆ど理解できません。私としては、地球がひどく小さく思われ始めましたのでこれからは何にも頓着しなくなるだろうと信じます。私達が偉くなろうとそんなにも望んだり、いつも何かたくらんだり、苦しめあったりするのは、きっと私達がこれらの渦巻きが何なのか知らないからです。しかし今では、私の新しい知識が私の怠惰をいく分か正当化するでしょうし、もし誰かが私ののんきさを責めたりしたら、私は言ってやりますわ。ああ、もしあなたが恒星が何であるか知ったとしたら、とね」。

十八世紀の多くの英国人そして恐らく殆どの牧師は、天文学上の一般的な概念を主にウィリアム・ダーラムの『天文神学、すなわち天体の展望による神の存在と属性との証明』(*Astro-Theology, or a Demonstration of the Being and Attributes of God from a Survey of the Heavens*)(一七一五年)より得た。[*26] この書は王室の後援の下に出版され、著者はウィンザーの聖堂参事会会員であり、ボイル記念講演の講師であり、王立協会の会員であった。故にこの書物は、神学と科学との当時の正統思想によって公的に承認されている立場を代表しているものであろう。ダーラムは、「新学説」という名の下に注意深くコペルニクスの説と区別している無限説をとる宇宙形状誌をはっきりと支持している。新学説は、

> 太陽系に関してはコペルニクス説と同じである。……しかしコペルニクスの仮説は、恒星のある天空が宇宙の限界であり、その中心である太陽から等距離にあるものと想定するのに反し、「新学説」は太陽と惑星より成立する系が、我々が存在するものの他にも、多く存在すると想定する。すなわち恒星は皆一種の太陽であり、我々の太陽系の場合のように、惑星によって囲まれている。……無数である恒星の数程多く太陽系が存在する公算が大きい。

そしてダーラムは、(月をも含めて)太陽系内の総ての惑星と、他の無数の太陽系の中の

惑星全部は、「住むのに適し適切な住民が配置されている場所」であると考える。この「新学説」はどれよりも合理的で確からしいと考え、この意見の第一の主なる根拠は、よくある神学的な根拠である。

〔この学説は〕どれよりも重要であり、無限の創造主にふさわしい。創造主の能力と英知とは、限りないのであるから、一つの太陽系だけではなく多くの太陽系を創造するために恐らく尽力したであろう。一つの太陽系よりも、無数の太陽系の方が神の栄光を増し彼の属性をもっと証明するのであるから、我々が光栄にも居住する太陽系の他に多くの太陽系があるかも知れないのは、可能であるし公算もある。(61)

そして「新学説」より得られる教訓は、中世の著述家と初期の反コペルニクス的な人々がプトレマイオスの学説から得たものと正に同一であった。

天体の途方もない大きさと多さと、それらの或るものが有する我々よりも遥かに高貴な具足やお供の者を考慮すると、この世を過度に尊んだり、この世とこの世の富、名誉や快楽に心を奪われないようになるであろう。宇宙に比すれば地球は点であり取るに足りないものである。そして天体の大部分、すなわち恒星の中にあっては見えさえしない球なのだ。そしてもし大きさやお供が惑星に権威を与えるのだとすれば土星や天王星が優先権を主張しよう。またもし全体系の中で最も素晴らしき球、光と熱の源、中心への近さが惑星に名誉と権威を与えるのだとすれば水星と金星とがその権威を主張するであろう。であるから我々の世界が全体系中の劣れる部分の一つだとすれば、それをなぜ無闇に求めるべきなのであろうか(62)。

しかし、ダーラムは、「天上の状態」の主な利点の一つは天体観測または探険上のよりよい利点であるという愉快な説を示す。

生来我々は新しいものを喜び、他国を見ようとし大きな苦労をし危険な航海をする。天体についての新発見を耳にし大いに喜び、望遠鏡によりこれらの素晴らしき天体を見る。だとすれば死後の幸福な魂は宇宙の最遠の領域を見渡し、そこの立派な天体とその高貴な付加物をより近くから眺め、どれだけ大きな喜びを感ずることであろうか(63)。

十八世紀の初頭に同様な仮説が最も立派で正統的な人々の間で流布されていたことのもう一つの証拠は、リチァード・ブラックモー[*27]の『天地創造』(*Creation*)(一七一二年)の中に見られる。ブラックモーは、十八世紀の詩人の中で最も馬鹿にされた。彼は風刺作家以外に不幸にもデニス[*28]とポープの敵意を自らの上に招いてしまった。しかし彼の『天地創造』は、今では大抵の読者に退屈な説教的な詩の時代のうちでも最も退屈で説教的な詩であると思われるが、同時代の多くの人々と十八世紀の人々には大いに賞讃された。アディソンは、(『スペクテイター』誌三三九号)「この詩は良き意図の下に企てられ、立派に書かれているので、英国詩の中でも最も有用で高貴な作品の一つと見なされなければならない。読者は、哲学の深所が詩的な魅力のすべてにより生き生きとしているのを知り、またかくも美しく豊富な想像力の中に推論の堅実さと強さを見て喜ばずにはいられない」と言っている。デニスでさえも『天地創造』を「その韻律法の美しさにおいてはルクレティウス[*29]にも匹敵し、その推論の堅実さと強固さとにおいては彼を無限に越えている哲学詩」であると言った。ジョンソン博士[*30]は、それをポープの哲学的な詩と比較しポープの詩が劣るとしている。だとすれば、『天地創造』は流行と当時の評判という点では世紀の重要な哲学的詩の一つである。

ブラックモーは、少々ぐらつくようにも見えるが全体的にはコペルニクスの説を受け入れる。しかし宇宙の複数性については疑わない。

……………

しかもかくも多くの宇宙と、広大な天空の平原を含む強力な体系は、全体を構成する千分の一にしてその全体は劣らず立派で同様に多数の宇宙を含むのだ。

これらの輝く宇宙と、天文学者が管を以て
探究する更に多くのもの、
広大な広野のごとき天空に見失われ
世の人が決して見ることのない数百万は
太陽であり中心でありその秀れた支配に
様々な大きさの惑星が従うのだ。[64]

そして彼は、ミルトンが四十年以前に斥けた根拠に大体基づいて、これらの他の天体が住まわれていることを疑うのは不可能と考える。

忠実な自然の配慮を考え
無尽の精力を尊敬する時
天球の各々はそれにふさわしき
生物の種属を支えると言えよう。
すべての星、あの光の領域は
夜に輝くためにのみ、まばたきにより
我らの目を楽しませるためにのみ
遠方にかかげられたのか。……

あれらの輝く帝国は空しく創られているのか[65]。
地球は全体の「賤しい部分」に過ぎなくて、他の部分の或るものの住民は、
この賤しき世界の住民にまさるに違いない。
そして彼等は様々な惑星に適合する以上
互いに異なるに違いなく
程度の違う完成度を持つに違いない。

宇宙は無限であり、住まわれている天体は一つに限られてはいないという仮説が、十八世紀の普通の正統的で平凡な精神の中に恐らくは主に惹き起したであろう種類の宗教的思想や感情は、ヤングの『夜想』(*Night Thoughts*)(一七四五年)の最終章「第九夜」の中に一番よく表現されているであろう。その同時代の流行と影響力と後代のそれとの間の対照においてこの詩に匹敵するものはすくない。第九夜は他の八つの夜を補償するものであり、それらは『対立』と名づけられているが第九夜は『慰め』と題されている。第九章は他の章とは異なる意味での夜想より成立っている。夜は、主に、ヤングの詩神にとっては適した時であった。なぜなら夜はゆううつで、死、墓そしてあの世の想念に適していて、悲しい思い出を喚起するものであるから。しかし今や夜は、星空が我々に示され天文学者

の仕事が始まる時なのだ。

無数の世界を、日中は驕れる羨み深き
昼の星かげに隠された世界を
見せる

のは夜なのだ。故に、この詩は、主に、天文学に関する一連の宗教的瞑想より成立っている。

主として殆どの人がこの頃には受け入れていたという理由で、ヤングは無数の宇宙ということを受け入れたことには疑いないが、そのことは明らかに詩人および宗教的教化の書の作者としての彼にとっては特別な魅力があった。無数の宇宙ということは、ヤングと彼の読者が好んだ、昂揚した、言葉数の多い、叫ぶような修辞に——セインツベリー[*31]が『夜想』について、「超人的な肺活量を持った役者がさらに超人的な持久力を持った観衆に向けて語る途方もない独白」と述べる時に示すような趣味に——適したものであった。そしてそのことは畏敬と信心の源を被造物の世界の物理的な大きさについてよく語ることの中に求めるような種類の宗教心に適していた。神はナイアガラの瀑布よりも大きいという命題を詳述するのに説教全体を費したアメリカの説教者と一脈相通じている。ヤングは、神を雷や旋風の中にではなく小さな静かな声〔良心のこと〕の中に見出すことを期待する人間ではなかった。彼は、常に自分が呼びかけている若きロレンゾウ[32]——彼の夜の仕事は天体観測でもないし墓の間での瞑想でもないと作者はほのめかすが——の道徳的回心を、宇宙の広大さの壮観によって彼の想像力を圧倒することにより、時としては人間の卑小さを、時としてはそのような広大な想念にひたり得る存在としての人間に開かれている可能性を彼に意識させることにより、惹き起せるかも知れないと信じていたように思われる。また彼は、空間的、物理的無限を想うことにより、人間の理解力を卑しいものとし、それ故にキリスト教神学の「秘儀」を人間の理解力がよりよく受け入れさせる手段を見出す。その曖昧な言葉の一つの意味においてであるが、ヤングには宇宙に対してはっきりとしたローマン主義的な趣味の表現がある。すなわち、

困惑させるもののみが満足させ
驚倒させるもののみが真実なのだ。

以上のことがヤングに無限宇宙説を受け入れさせたいくつかの動機であるようにも思われるが、彼自身もまた、ずっと前にブルーノによって説かれ今では必ず持ち出される証拠となっていたのと同じような根拠で論議をすすめ無限宇宙説を正当化している。

この偉大な建造物はどこで終るのか。

被造物の郊外はどこで始まるのか。
その狭間と胸壁が非存在の谷間、
「無」の奇妙な住居を覗き込む
城壁はどこ。エホバは空間のいかなる
場所にて、弛んだ（測量）縄と秤りとを
下におき、世界の重さをはかるを止め
無限を計るのを止めたか言ってくれ。

問題が難しいことはヤングも認める。しかし被造物が空間で限りがあると認めるのは「もっと難しい」。それが無限だと信じる方がより「正しい推測」なのだ。

もしそれが誤りだとしても高貴な
根拠、いと高きものの高き考え
より由来する。しかしどんな誤りだというのか。
誰にそれが証拠立てられようか。
全能なるものに限界を与える者に。
神がなし得ること以上に人間は考えられるのか。
…………

一千の宇宙。さらに数百万あっても余地はある。
しかもいかなる空間において彼の偉大な命令が
行なわれぬというのか。

ヤングは、ここで自分は有限説のミルトンによる詩的表現に直接的で詩的な反撃を加えていると信じていた内的証拠がある。

太陽系以外にも無数の知的な住民の種属が存在することはヤングにとっては同じく疑いの余地のないことに思われた。その論拠は主に被造物の充満という例の仮説と、自然の創造者が物質の或る部分を人間に依って住まわれないままにしておくことによって物質を無駄にしてしまったことはありえないということとに由来する（この点においても『失楽園』第八巻百行―百六行への批判的な明白な言及がある）。

壮大なるほら穴よ、たっぷりとしたドームよ、
お前は神に応わしい住み処として設計されたのか、
さにあらず。そのような思想のみが
お前のあり様を損うのだ。お前の高さを
低め、深さを浅くし、広がりを狭め、
全体を卑しめ、宇宙を太陽系儀にしてしまう。

……なぜならおよそこの様な壮大な
物質を見た以上は、精神が、そして精神のためのみに非生物は創造されているのだが、
物質よりもけちけち分配されているのだと想像することができようか。
……かくして天空は、大きさによって天球が
地球にまさるごとく、人類にはるかに
まさる無数の者達のいることを我等に語る。

以上のようなわけで、文学的影響の奇妙な混乱とその結果としての観念の混乱の結果として一つの空想的な観念を暗示するものが出て来た。その観念は約十年後にカントが詳述することになるのであるが、中心、またはとにかく地球よりの距離に比例して存在物の種類に格差があるということである。詩人は空間を通して想像上の旅をし、同時にこれを存在の梯子を上に登ることであると考える。

私は目覚め、目覚めつつ夜の輝ける階段を
天球層から天球層へと登る。同時に誘惑しまた助け、
すなわち彼の目を誘惑し、壮大な思想を助け、
万物の目的に達するに至るために自然が置いた階段を。

十八世紀の中頃と後半においても、このような宇宙論上の教説は、観測上の根拠に基づいてではなくて例のプラトン的およびブルーノ的な根拠に基づいて当時の最も著名な人物の何人かによって擁護されたことに注目しなければならない。例えばJ・H・ラムバート[*33]は、光度測定による星の大きさと距離の決定における先駆者として科学的天文学の歴史において高い地位を占めるが、しかし（一七六一年に）他の宇宙も住まわれているに違いないと確信を以て結論したのは全く充満の原理によってであった。

宇宙の至る所で被造物の中に生命と活動、思想と欲求が見出されるのでなければ宇宙は、無限に活動的な創造主の結果であり得ようか。私は、宇宙の完全が類似物の連続的で無尽の多様性に存するのだと考えながら、それでいて無限に完全な全体の部分が存在しない空虚な個所を宇宙の中に残すことが出来ようか。そのような間隙を認めることは私にはできない。総ての太陽系を居住可能の地球で満たすことに関しては、それらの運行に与えられた素晴らしい秩序が許す限り、ためらわない。……このことを疑ったり全く否定する者は、自分の眼しか立証の手段として認めないし、だから一般原則と強い確信より出て来る証明を聞き入れようとはしないから、理解力が限られている。(66)

しかしこの限られた知性の持ち主の存在すらも、ラムバートの暗示するところでは、宇宙の一般計画に調和したものなのだ。世界を完成するためにはあらゆる種類の人々、愚者ですらも必要であるから。しかし宇宙の空間的な無限の拡がりをラムバートは認められない。時間においては、無限に続くと考えられなければならないが、宇宙の空間的な無限は、現実化された無限数という認めることのできない観念を含むように彼には思われた。

その頃カントは、例のプラトン的根拠に基づいて、宇宙の無限と世界の数の無限とを論証しようとしていた。「天地創造行為は無限なる存在の能力に比例すると考え」なくてはならない以上、「それにはいかなる限界もあり得ない。……神が創造力の無限に小さな部分のみを活動させると述べること――真に途方もない数の自然と世界とのあの貯蔵庫が永遠に利用されず不活発で閉ざされていると考えること――は不合理であろう。被造界総体が量を超越したあの力〔神〕について証言することができるためには、その総体を必然的な相において示すことがもっと合理的ではなかろうか、またよりよい表現を用いれば、もっと必然的ではあるまいか(67)」。そして空間と時間との連続と無限という二律背反の中に形而上学的観念論の確実だと思われる証明を――彼以前にも他の人がやったように――後で見出すことになるこの哲学者は、この時点では充満の原理に対するそのような異議をいささか軽蔑を込め簡単に片附けてしまう。「数も限度もない無限の集合は不可能だと考える故に、この観念に困難を覚える方々」に対し、カントは、自分では決定的だと見なしているらしい疑問を提する。未来は確かに変化の無限の連続である。それについての観念は、その全体が神の理解力に瞬時に存在するに違いない。故に、その様な観念は論理的に不可能であること、すなわち自己矛盾を含むことはあり得ない。しかし継起的な無限を同時に表象することが、——充分に包括的な知性にとって——本質的に不可能でないとすれば、同時的な無限——すなわち空間における宇宙の無限——という観念には、一体論理的に不可能な点が有り得ようか。そうだとすれば宇宙の無限は可能なのだから、また必然でもあるのだ。

カントは『純粋理性批判』の中で二律背反を述べるようになった時には忘れてしまったように思われる一つの論理上のジレンマをここでは忘れないでいる。たとえ、すべての出来事と同じように未来の出来事が観念論哲学によって純粋に心的であると言われようとも、それらの数は有限であるか無限であるかのいずれかであるに違いない。もし無限ならば、そして個別を無限に総計したものは人間の想像力にとって単に不可能であるのみならず「表現不可能」で、どんな精神によっても一緒に考えられることが本質的に不可能であるとするならば、宇宙の全歴史を成立させている全事実を知っているような宇宙的精神は無いということになる。いわゆる神的精神も未来を全体として把握することはできないであろう。時間はあまりにも大き過ぎるのだ。数的無限は思考不能であり不条理であるというカントの後期の説のこのような結果にとって代るべき選択は、「時間がもはや存在しないであろう」時が未来に到来するであろうという観念、ある日の後にすべての変化、進行、継続が止み、事柄が生起する宇宙が終りになるという観念である。このことは、万物が全くの非実在に転じてしまうことを意味するか、それとも、——大変奇妙で困難な観念であるが、――その日の後には日付けも経験される長さも持たない存在が続くこと、永遠に不変の思考の対象が一つまたは多くの超時間的精神によって観照されることを意味するかである。後の時期においてカントは、二つの意味のどちらかを選ぶという困った選択が彼に立ち向かっているのを知っていたはずだ。なぜならば、かつてそれを事実上指摘したことがあるからだ。しかし二律背反の「解決」に際しては、それを完全に忘却しているように思われる。

しかし――一七五〇年代の彼の宇宙論的思索に話をもどせば――この点での彼の先駆者や同時代人の多くとは違って、カントは、「すべての惑星は住まわれているに違いないと主張する」ように充満の原理によって強制されているとは感じなかった。もっとも彼は、「このことをすべての惑星または実際ほとんどの惑星に関し否定することは不条理なことであろう」と直ちにつけ加えてはいるが。

自然の豊饒さの中には、そしてその中では世界や太陽系は全体に比較すれば単にほこりに過ぎないのであるが、空虚で住まわれていない領域があるかもしれない。そしてその領域は、自然の目的、すなわち理性を備えた存在の観照に、厳密に言えば、役立っていない。〔このことを疑うことは〕あたかも神の英知を根拠として、砂漠が地球表面の広域を占めることと、人間が住まない島が海にあることとを疑うようなものであろう。何故なら惑星は被造物全体に比すれば地球表面に比した場合の砂漠や島よりもずっと小さなものであるから。……もし自然が空間のあらゆる点で自らの富全部を示すような配慮をするならば、それは超豊富さではなくてむしろ貧しさの徴候ではなかろうか。[68]

カントは言う、自然法則は、生命が或る物理的条件の下においてのみ存在し得るようになっている。こういう条件がまだ発達していない天体には当然住まわれないであろう。「だからといって創造の卓越が損われることはない。なぜならば無限は、いかなる有限な部分を引いても減少しないような大きさなのだから」。ここでは量的な無限の観念の持つ矛盾が、二世紀にわたり充満の原理に基づいてきた議論に対して向けられているのだということが看られるであろう。カントもまた宇宙は無限でなければならないと考え、住まわれている世界の「数」も無限でなければならないと暗示しているが、以上のことからすべての惑星またはすべての太陽系が生物の住み処でなければならないということになるとは考えない。なぜなら無限の集合は、それから有限の部分が差引かれても依然として無限であるから。

西洋思想における宇宙形状誌的観念と道徳的宗教的感情との関係の歴史には、やや奇妙な矛盾がずっとあった。有限で地球中心の宇宙に当然ふさわしい気質は、宇宙が現にそのようなものとして考えられていた時代にはあまり表明されなくて、そのような考えが科学や哲学にとっては廃れてしまってからかなり経てしまった後に最大に現われた。この不整合には二つの主要な面がある。(1)理解力と想像力を当惑させ、パスカルのような或る種の精神にとっては人間の自然な希望、野心と努力を卑小で空しいものと思わせる時間と空間の無限は、それ自体であの世的な性質を産み出す傾向がある。思考と意識とは、自らが依るべきある種の窮極性を求め、この世にそれが見つからないとよそにそれを求める。ほとんどのインド宗教哲学の深いあの世的性格は、あの民族の想像力の或る種の数学的な壮大さ、その想像力が向かい合う眺望すべてがいやになる位に限りが無いこと——時間の中での眺望がとりわけそうなのだが——とに恐らくは無関係ではないのであろう。しかし形而上学的および実際的なあの世志向が数世紀にわたり宇宙論的有限説と共存していたし、そして一方では有限説が理論上放棄され始めた時に、超感覚的および超時間的な実在に対する人間の精神の関心もまた徐々に減少し、宗教自身がますますこの世的になったという変則がヨーロッパ思想の中には見出される。(2)中世と現代の宇宙形状誌の間にある尺度のこのような全般的相違は別とすれば、中世は、生まれかわらない状態の人間にはたとえどんなに低い地位を当てたにせよ、とにかく地上の歴史には特別な意義を与えた。似たような劇またはより重要な劇が、各々孤立して、他の天体の進路には影響を与えないで演じられる天体は他にはなかった。宇宙は場内のあちらこちらで同時に演し物を見せるようなサーカスではなかった。しかし、ふたたび、そのような先入観より生じると予期されたかもしれない気質は、中世思想の比較的小さな特徴であった。地球の住民が地上の出来事の動きに最大の関心を持ちはじめ、間もなく自分達自身の実際のまた潜在的な人間としての業績について――これらの全体といえども時間の無限の移り変りの中では瞬間的なエピソードに事実過ぎないし、計ることのできない理解を超えた宇宙の中の小さな島に過ぎないものを舞台にしているのだが――あたかも宇宙の運命総体が自分達に左右され自分達において完成されるかのごとく語り始めたのは、地球がその独占を失った「後」からであった。ホモ・サピエンスが宇宙という舞台のこの無限小な一隅で極めて偉そうに自己満足して右往左往したのは十三世紀ではなくて十九世紀であった。この矛盾の理由は、勿論、十九世紀においても十三世紀におけると同様に或る種の観念の連合が、受け入れられていた宇宙形状誌上の前提に大いに逆らって作用したという事実の中に見出される。これらの逆らって作用した要因の性質についてここではこれ以上調べる必要はない。新しい空間と時間の尺度と宇宙の構造との導入より当然生じたかも知れないある結果が実際には、すでに見たようにいささかの変動はあるにせよ遅まきに部分的に現われたことと、その衝撃の全体は恐らくはいまだ将来に属するだろうということに注目すれば充分であろう。

第五講　ライプニッツとスピノーザにおける充満と充分理由について

十七世紀の偉大な哲学体系の中では「存在の連鎖」の観念が最も顕著で決定的で浸透しているのはライプニッツの哲学である。彼にとって宇宙の本質的性格は充満、連続そして直線的段階づけである。連鎖は、神から始まり最低級の感覚を備えた生命体に至る階層的序列に配列し、どの二つも同様ではないが、その序列において直ぐ上のものと直ぐ下のものと最小な相違により異なるような単子《モナド》の総体より成立している。ライプニッツの形而上学は観念論、もっと正確に言えば汎心論の一形態であるから段階づけは形態によるよりはむしろ心理的に主に規定されている。単子が区別されるのは、それらをそれぞれ特徴づけている意識の度合い、それらが宇宙を「反映」すなわち「表象」する際の適切さと明瞭さの程度によるのだ。しかしながら物質世界もまた、よく確立された現象（phenomenon bene fundatum）、すなわちこれらの形態のないものが必然的に互いに自らを示し合う様態として、ライプニッツの体系の中では派生的でやや曖昧な、しかし不可欠な地位を占めている。そして彼は、通例ためらわずに、物理的実在論の普通の言葉を用い、物理学の問題をフィクションとしてではなく真実の問題として論じる。そして物質世界においてもまた例の三つの法則が成立し、自然の探究者によって経験的な研究に際し指導原則として用いられるべきである。この点の最良の表現は、彼の全集から通常省略され、その特別の重要性に対し彼の哲学の最近の研究家が注意を引いた、ライプニッツの手紙の中にある。(1)彼は書いている、

全体一緒になって宇宙を構成している総ての種類のものは、それらの本質的な段階づけを知っている神が持つ観念においては、非常に密に連なっているのでそれらの座標のどの二つをとってもその間に他の座標を割り込ますことは、そんなことをすれば無秩序と未完成を意味するだろうから、できないような単一の曲線〔グラフ〕の上の多くの座標に過ぎない。故に人間は動物に、動物は植物に、植物は化石に、化石は我々の感覚と想像力が全然生きてはいないと我々に表象するような物体に連なる。しかも、連続の法則は、一つのものの本質的属性が他のものの属性に近づく時には前者の全性質も後者のそれらに徐々に近づくことを要求するから、自然存在の種類全体は単一の連鎖を必然的に形成し、その中では様々な種類は環のように互いに密につながっているので感覚も想像力もどこで一つが終り他のものが始まるか正確には決定できない。いわば境界に近いところにいる種はいずれもどちらともとれ、隣接する種のいずれに割り当てられてもいいような性格を帯びているから。だからブダエウス*1が命名

したように植虫が存在しても何も奇怪ではない。それどころか、植虫が存在することの方が宇宙の秩序に調和したことなのだ。私の思考にとっては連続の原理の力はあまりにも強いので、そのようなものが発見されたと聞いても驚かないばかりか――栄養だとか生殖というかいくつかの性質において動物としても植物としても通用するかも知れず、そういうわけで、宇宙を満たしている異なった種類のものの完全で絶対的な分離という想定に基づいた現在の法則をひっくり返すような被造物――そんなものが発見されても、繰り返すが、私は驚かないばかりか実際にはそのような被造物があるに違いないし、博物学は、小さいために普通には見られなかったり地底や海底に隠されている無数の生物をさらに研究したあかつきには、いつかはそういうものを知るようになると確信している(2)。

以上は、しかしながら、ライプニッツの体系のよく知られた面である。この講演では、彼の説の研究者の間でも解釈の相違が生じて来ている、相互に関係のある問題のもっと特別でいささかより難しい集合について論じよう。これらの諸問題は、第一に、彼の哲学の中で充分理由の原理と彼が呼ぶ原理に対する充満の原理の関係、第二に、その結果彼が充満の原理に与える範囲、そして第三に、――この両者に含まれている問題であるが――彼は、スピノーザの哲学の特徴である絶対的論理的決定論から真に免れているのかということである。

充分理由の原理を述べるにあたりライプニッツは、自然科学および形而上学においてそのように大きな意味を彼が持たせている命題を扱うにしては哲学者として精密さと一貫性にいささか欠ける。時としてはその原理は、自然において原因は一種類だという普通の科学の原理に還元しないにせよそれを含むように思われる。しかしより多くの場合にそれは動力因よりもむしろ目的因に関係すると思われるような言葉によって表現されている。しかもそれは、目的論的自然観の一つの極端な主張として——事物の存在と性質と振舞いは、究極的にはそれらが役立って実現される価値によって説明されることが出来、我々は、科学の事実に関する真理を、宇宙が表現している根本的価値体系を発見することにより発見できるのだというテーゼと同じものとして——一般に理解されてきた。故にラッセル[*2]は、ライプニッツに関する書物において、「充分理由の法則は、実際に存在するものに適用されると、目的原因を主張することに還元されてしまう」と書いている。故に「実際の存在について推論するためには、他の存在物または単なる観念より推論するにせよ、善の観念が絶えず用いられなければならない」——これは、ラッセルが言うように、「善」の観念に他の観念が持たないような、現実の存在との関係を与える説である。[(3)]ライプニッツの意味のこのような要約は、原典よりのかなり多数の引用によって支持できるのではあるが、しかしこの問題についての彼のもっと基本的で特徴的な見解を示さないし、彼の哲学における「善」と「存在」の概念の関係についての転倒した観念を与える傾向がある。宇宙的な一般論としての充分理由の原理に対する彼の信念を生み出したと示される動機は主として、自然の中の目的原因論によって通例意味されること——つまり人間と他の意識を有するものの安楽、便宜、幸福、教化というような目的にきれいに適合すること——を発見したいという欲望ではなかった。ライプニッツは、あるものの理由は、神、人間または動物の主観的満足に貢献することというような普通の意味での「善」であるということを主張することよりも(全然主張する気がなかったと私は言うのではないが)むしろそのものはとにかく「何らかの」理由を持っている、そのものは論理的に究極的である何か他のものに「論理的に」根拠を持っているのだと主張することに関心があった。

なぜならライプニッツにとっても同時代の人々にとっても、世界の存在そのものと存在する世界の構造が途方もない偶発事以上の何かであるのかどうか、宇宙は存在しなかったり全然別の種類のものでもあったかも知れず、幸か不幸かたまたま存在し性質も現在のようなものであるのだというのかを知ることは、大いに重要であり必ずしも不可能ではなかった。どう見ても宇宙は、それ程重要ではない細かい点においてだけではなくてもっと一般的な性質においても、説明のつきかねる特質に過ぎないもので満ちている。このことは、我々が宇宙の純粋に数的および量的属性を考察する時に、特に明白になる。数列の中の一つの数は他の数より神聖であったり明らかに存在するのによりふさわしいことはない。それにもかかわらず、たとえば原子、惑星、太陽、細菌細胞または精神のすべての可能な数の中より、ある一つの数が、全く恣意的に選ばれたものが、偶然に実際に存在するようになったというのは真実であろうか。また、我々が自然の法則と呼ぶものそれ自身が物質の気まぐれに過ぎなくて、その物質が、論理的に考察すれば同様に可能である百万の中の一つのやり方で（すくなくともある程度の時間）説明はつかないがたまたま法則性らしきものを以て振舞うのだというのだろうか。勿論ライプニッツと彼の時代の哲学的遺産の中にはこの様な難問の程度を増したりこの難問の採る形態を決定するような要素があった。十七、八世紀の非唯物的な哲学者のほとんどは依然として存在の二つの領域という観点から考える習慣があった。彼らにとって本質、「本性」またはプラトン的なイデアの世界は、個々の時間内の存在物、物質的にせよ精神的にせよ、の世界と同様に、疑いもなく客観的に現存し考慮されるべきであった。前者は、「現実存在」はしなかったのではあるが、実際、その両者のうちでより根本的でより強固な実体であった。(4) なるほど厳格なプラトン的な実在論よりはむしろ概念論がイデアの地位についての普通に受け入れられていた説であり、たとえばライプニッツ自身も、本質の領域は、もし神の精神によって永遠に観照されるのでなければ、全然存在しないであろうと考えた。「すべての〔形而上学的〕実在は現実に存在する何ものかに基づいている。もし神がなければ幾何学の対象も存在しない」(5)。しかし勿論このことは、人間の精神にとって本質がよりすくなく独立し、よりすくなく実質的であるということを意味しなかった。そして神の精神においてさえ本質は一つ残らず（神自身のも含めて）、普遍的ではないにせよ有力な意見によれば、本質に対応する現実存在物に対し或る論理的な優先を有していた。そしてこの永遠なる秩序の中にのみ、完全な合理性と同一である必然性は見出された。それは、すべての究極的理由が在る場所、事実の唯一の最終的に満足を与える説明が探し求められるべき領域であった。一つの不明白な事実をもう一つの事実に単に帰するだけの「説明」は、——たとえ後者が時間の中で先行する出来事または存在物または我々が経験法則と呼ぶ一般化された事実の一つであったとしても——決して根底には触れなかった[6]。そうしてこのことは単に我々の限られた理解力がしばしば陥る情況であるだけではなく、客観世界の情況なのだと主張することはあらゆることの根本的な偶然性を主張することだと思われた。これに反して、もしものの存在または特性および振舞いが「ものの本性」に根を有している——すなわち或る本質の構造の中に、または本質相互間に行なわれる関係の不動の体系の中に含まれている[7]——のだと理解されれば、それ以上の追求は余計であるばかりか不可能になった。裸の事実が必然性にまでさかのぼって突きとめられ、もはや理解力にとって不明白ではなくなった。偶然の存在の偶有性と見えたものがその永遠の相の下で——すなわちイデアに内在する或る「永遠の真理」に由来するものとして、そしてその真理の反対は論理上の不条理なことであろうが——理解されたのである。十八世紀の著述家の典型的な文句によれば、「事物自身の性質の中の絶対的必然性が」たとえば幾何学的図形におけるように「それらがそうあることの根拠であり理由であると思われる時には、我々はこの根拠と理由で必然的に立ち止まらなければならない。事物の性質においてすべての理由の最終的なものである、この理由の理由は何であるかと問うことは不条理である[8]」。

　このように自らの前に絶えず実在の二つの面を置いておき、その一つにおいてのみ、理由を求める人間の知力が休めるようになるのだという哲学にとっては、「実在」しないかも知れないし、するかも知れない属性間の必然的な結びつきだけではなく具体的な存在自体を決定する根拠をイデアの領域の中のどこかにどうかして見出す必要は強かった。〔現実における〕存在という事実が本質の世界に在る必然性であるとどこかで示し得なければ、二つの世界は奇妙に無関係であり、両者を結ぶ橋はなく、存在物の全領域は不条理に引き渡されるように思われた。このようなことが十七、八世紀の哲学の争点であり、ライプニッツの充分理由の原理はいくつかの答の中の一つであった。そしてその原理は、後で見るように、本質においては『ティマイオス』の中で示されたテーマを発展させ精密にさせたものであった。ライプニッツ自身一七一五年の手紙の中で自分の哲学はある点ではプラトン主義を体系化しようとする試みであると言っている。

私は、青年時代からずっと、プラトンの倫理学に大いに満足して来たし、形而上学にも或る点では満足して来た。しかもこの二つは、数学と物理学のように相伴って行くものだ。もし誰かがプラトンを体系化すれば、その人は、人類に対して大貢献をすることになろう⑨し、この点において私がいささかの貢献らしきものをしたことは理解されるであろう。

しかしこの問題に対するライプニッツの答の意味と歴史的意義は、もし我々が彼の時代に流行していた他の解答の性質を思い起すならば、よりよく理解されるであろう。無ではなくて「なにか」が存在する——すなわち、どこかで〔現実における〕存在は本質の構成する論理的な体系から生じる必然的なことである——充分な理由があるに違いないことは、ライプニッツの説いた原理を拒絶した多くの人々によっても公理のように受け入れられていた。だから十八世紀初頭の三十年間に英国の哲学者の第一者として通用したサミュエル・クラーク[*3]は、「二つの同様に可能なことの中で、すなわち永遠の過去から『何か』または『無』のいずれかが実在してきたということの中で、そのいずれか一方が全く何物にも依らないで決定される」と思うことは「全くの矛盾」であると言った。つまり、現実に存在するものは何か「原因」があるに違いない。そして「或る外的な原因によって産み出されたということが、あらゆることに当てはまることはあり得ない」から、「そのものの性質自体の中に本来的にある絶対的な必然性によって現実に存在する」存在がどこかにあるに違いない。そして存在のこの必然性または内的理由は、

先行するに違いない。しかし時間の中ではそのような存在そのものの現実存在に、それ〔存在そのもの〕は永遠なものであるから、先行するのではなくて、我々の諸観念の自然的な秩序の中で、そのような存在を想像することに先行するに違いない。すなわち、この必然性は、そのような存在が現実存在するのだと我々が想像することに単に「由来する」のではなくて、……そのような存在は実在しないのだと思い込もうと

我々が努力する時にさえ、我々の意志には関係なく、先行するものとして我々に迫って来る。(なぜなら) 必然性とは、……その本質上絶対的な必然性は、その反対を想像することが全くの不可能であることまたは矛盾を意味してしまうことにほかならないから(10)。

その性質または本質がこのようにその現実存在を余儀なくさせる——それ故に我々の思考にとっては説明を与える——根拠は、勿論、神である。「もし誰かが、そのものが現実に存在しないと考えることがこのように明らかな矛盾であるような存在についての観念とは、いかなる種類の観念なのかと問うならば、私は、『それは、絶対的に永遠で無限で始原的で独立した最も単純な存在についての、我々が形成し得る、または(我々が思考を全然止めない限り) 根絶したり精神より取り除くことのできない第一の最も単純な観念である』と答える」。この場合現実存在を決定する理由がないとすれば、あらゆる種類の不条理が可能になる。第一原因が無限とは限らず有限になりかねないし、それは、「自然現象によれば第一原因が存在していることが証明されている場所において別に理由がなく現実存在するように別の場所では理由もなく現実存在しなくなる(11)」かも知れない。それどころか、もっとひどいことには、クラークの弟子が論じたことだが、神の本質の中に神の実在の充分な理由がなければ、神が或る日無に帰さないという理論的な保証が我々にはないことになる。

ものの現実存在が始めに原因も理由もなく決定されたとか、原因も理由もなく存在し続けると考えられ得る以上、ものの存在の変化が原因も理由もなく起るかも知れないことは明らかで確かである。だからもし第一原因が始原において原因も理由もなく存在したのだとすれば、それはその性質において移りやすく腐敗しているかも知れず自らの中にそれが存在を止めることの原因、根拠または理由を持っているかも知れない。(12)

今迄挙げたことは、存在がいかなる点でも必然性に基づいていない宇宙の地位――そのような地位をヴィクトル・ユゴーがずっと適切な言いまわしで「常に目前に迫りし終末、存在と非存在の間には何の変りもなく、るつぼへの復帰、今にも足を滑らせる可能性――宇宙とはこのような絶壁なのだ」と述べたのだが――は極度に不安定であろうということの神学的な言い方であった。

故に、一つの存在に関しては、クラークと当時の哲学者と神学者の多数は、スピノーザまたはライプニッツと同様に、現実存在には決定する理由が無いのだと認めることは嫌っていた。とにかく神の存在は偶然事ではあり得なかった。なるほどこのことを認めた者の多くは、クラークもその一人だが、同時に同様な弁証を含むアンセルムス*4の存在論的な論証に対していささかごまかすような異議を申し立てたが、「必然的存在」(ens necessarium)——すなわち、もしそのものが存在しなければ、その本質が本質としてはとどまり得ないというもの——があることを否定する腹がある者はごく少数派[13]だったようだ。しかし、そのような一つの例だけを認め、存在物より成立する宇宙の残り全部を、イデアの世界——または同様な概念の神学的表現であるが、神の理由——の中に何の支持点も持たぬものとして放っておくことは充分であろうか。この疑問に対しスピノーザの哲学は、(彼以前のアベラールとブルーノの哲学のように) 強い否定的な答をした。現実存在の事実の一つ一つはその根を永遠の秩序の中に、本質や本質の関係が持つ必然性の中に、持つのだし、同様にどの本質も存在物として開花せねばならない。すべての可能態の現実化は必然的であるとスピノーザが確言していることは彼の解説者のすべてにとって明白ではない。彼の体系のいくつかの論理的帰結と彼がはっきり言ったいくつかのことと、それは矛盾するように思われるのだ。彼が充満の原理を受け入れたと想像することは、すべてのものと出来事は同時に存在しなければならないという矛盾を含むであろうと言われてきている。何故ならそれらの存在の必然性は論理的な必然性であろうし、そうならば時間は関係はないことになろうから。平面の三角形が与えられるとその内角の和がいつの日か二直角に等しく「なる」ことが必然的であるとは我々は言わないしスピノーザの時代の数学者も言わなかった。同様に、宇宙は存在が可能なもののすべてを論理的な必然性に従って含むと主張する者は、ある個物は他の個物の後で存在するようになるとは認めることはできない。しかし現に個物は順次存在するようになるし、我々は、はっきりした保証なしに、この自明の理と相容れぬ説をスピノーザのものだとしてはならない。また彼は、我々は「非存在の様態の観念」、すなわち認識する知性と離れては存在を持たない個々の対象についての観念を持つことがあり得ると時々明言する。[14] それればかりではなくて、「定義は特定量のまたは一定数の個物を意味したり表現しているのではない」、つまり三角形の定義は三角形の「性質」だけを我々に知らせるだけで存在する三角形の数については何も意味していないと言い切っている。故に宇宙をいつにせよ構成する現実の個別のものはスピノーザにとっては、存在したかも知れないはるかに多くのものの中から非必然的に、それ故恣意的に選択されるものであると論じられる。しかし彼をこの様に解釈することは、私が思うには、全く不可能である。充分理由の原理は、彼の主張するところでは、存在にだけではなく非存在にも適用される。「何にせよすべてのものに関し、原因または理由がそのものの存在または非存在のために同様に設けられなければならない[15]」。そして「真に万物の原因は、神の本質を成すと考えられる限りにおいての神の知性[16]」である。この根本的な原因の中に、あるものが存在が可能でありながら存在しない理由があり得るだろうか。無いのは明らかである。およそ考えられる、すなわち自己矛盾しない、もので「無限の知性の対象にならないものはない」。そうならば、神はすべての本質を考えることが出来るし、また他の本質には存在は附着しないのに或る有限な本質には存在が附着するとすれば神も宇宙も合理的ではないことになろうし、また「我々が神の能力の範囲内にあると思惟するものは何でも必然的に現実存在する[17]」し、この能力は無限である（自己矛盾的なものを考えついたり造り出すことは不可能であるという点は別であるが）から、次の結論が出て来る。すなわち「神の性質の必然性から無限の在り方で無限の数の物が出て来る――すなわち無限の知性の領域に入り得るすべてのものが出て来る」[18]。事実スピノーザも或る個所では、充分理由の原理から直接に、原因としての神の存在からの論証に頼らずに――事実、神の存在自身も同じ原理から推論できるのだが――各々の属性の有限な様態で可能なものすべての必然的な現実存在を推論している。本質「三角形」は、それだけでは三角形の存在を意味しないが、三角形の存在は、「物質的宇宙全体の秩序より」（ex ordine universae naturae corporeae）出て来る。「なぜならこのことから、三角形が必然的に存在するということ、または三角形が今存在することは不可能であるということのいずれかが結論されるに違いない。これは自明である。その事から、物は、もしその存在を妨げる原因か理由が与えられなければ、必然的に存在すると結論される」。言い換えれば、「三角形」という部類は、（形に関しては）物体の一つの可能な種、「延長」の一様態である。そしてその種もその種に属する個物も、不可能とする理由が無ければ現実に存在するであろう。そしてそのような理由は、その存在が何らかの点で自己矛盾を含むという事実に他ならないであろう。同様にして神の必然的な存在は、「彼が存在することを妨げる原因または理由がない」という事実から簡単に証明され得る。なぜなら、「絶対的に無限で最高に完全なる存在に関して」彼の存在が矛盾を含むと「主張することは不条理」であろうから[19]。このようにスピノーザの中には神の存在についての二つの区別される論証がある。第一は、「その本質が存在を包含する」ものとしての自己原因（causa sui）の定義より簡単に出て来る存在論的な論証であり、この論証は神にのみあてはまる。なぜならその様な本質は一つしかない（と仮定される）からである。もう一つは、その存在が何かの論理的な不可能性によって除外されないものは「何でも」必然的に存在するということからの論証である。そしてこれはすべての本質にあてはまる。もっとも（スピノーザは仮定するが）「絶対的な無限」と「完全さ」という特性を有すると定義される本質は、本質的または非本質的な論理的障害によって存在を妨げられないことは明白なので、「神」なる本質はこの点については一つの独特の利点を有してはいるが。そしてこれらの二つの証明に充満の原理を推論する仕方が二つ対応する。第一の方法は間接的であり、その存在が存在論的論証に基づき既に独立して論証されている神の概念に基づいている。第二の論証法は、直接的であり、先の第二の証明において神自身の存在が証明された際の前提と同一の前提に依っている。

しかし、すくなくとも一人の学のある解釈者は、スピノーザは、考えられ得るものは既に現実に存在したことがあるか将来存在するであろうという意味においてのみ充満の原理を肯定したのだと提唱している。しかしこの解釈は、論理的に必然的なものが或る時は他の時よりもより必然的であるということはないという自明の理と矛盾するだけではなくて、『短論文』と『エチカ』の中でスピノーザにより明白に拒否されている。彼が言うには、「もし神が知性の中にあるすべてのものを創造してしまったら」、そしてそれ故に今や創造すべきものは何も残っていないとしたら、神は今や全能とは呼ばれ得ないと主張する人々は、誤っているのだ。それとは反対に我々は「神の全能性は、永遠の昔より示されて来たし、永久に同様な活動状態にとどまるであろう」と考えなければならないとスピノーザは言う[20]。神は、現在創造しつつある宇宙とは異なる宇宙をかつて或る時に創造したのだと想像することは不条理なことであろう。なぜならこの事は、彼の知性と意志とが当時は現在のそれらとは違っていたことを意味するであろうから。もし彼の創造がかつて不備または不完全であったとすれば、「神」もかつて不備または不完全であったろう。――このことは言葉の矛盾であろう。つまり「或るものではなく別のものを創造するように神が動かされるような原因」は、いかなる時にも有り得なかった。故に「神の至高の力または無限の性質により、ちょうど三角形の性質からその内角の和は二直角に等しいことが永遠の昔より永遠にわたり結論されるように、無限の様態で無限のもの――すなわちあらゆるもの――が必然的に流れ出て来たしまた常に同様な必然性を以て流れ出るであろう[21]」。可能なものすべてが常に現実存在するということは、神の性質に含蓄されている。

このように充満の原理は――いわば静的な形態で――スピノーザの説のまさに実質に内在している。宇宙原因の超時間的な不変性より時間内世界の必然的な「充満」と必然的な不変化性を彼は直接に論証する。しかしこの原理の矛盾は、他のどの哲学におけるよりもスピノーザの哲学において露わである。或る解釈者に私が述べたような誤解をさせたのは一つにはこの事実である。本質が持つ永遠の論理的必然性から時間内における存在についての結論に至る妥当な論証は事実ない。なぜなら時間自身その必然性とは異質なのだから。

時間は自然の非論理的な性質なのだ。或る本質について真なることは、それについてすべて一度に真である。しかし時間内世界について真なることは、すべて一度に真ではない。生成と変化そのものは、永遠の合理的な秩序にはどうしても適合しない。そのような秩序より、或るものは或る時に存在し他のものは後の時に存在するような秩序に移行することは飛躍でありもっとひどいことだ。しかしこのことが充満の原理により要求された――その原理が充分理由の原理に含蓄されるものと考えられた時に最も明らかに要求された。もしすべての真正の可能性の文字通りの実現が合理的世界にとって本質的だとすれば、永遠の昔よりすべてが同時に(totum simul)、あらゆるものとあらゆる人が存在して来たはずでありあらゆる出来事が起ったはずである。しかし自然は、「すべてが同時に」(totum simul)というようなものではない。スピノーザにおいてこの矛盾をより露わにするものは、彼の体系においては種の概念が、充満の原理を同様に奉じている他の多くの人々におけるようには、通例、役割を演じてはいない。しばしば解釈されたところでは、宇宙の「充満」は、もし存在のあらゆる種類が常に時間の秩序の中で例示されるならば、充分に実現された。個物ではなくて、種が自然の配慮する単位であった。しかし通常スピノーザは、神の属性すなわち無限の様態から、ある一定の時に、そして異なった時には異なった数で存在する個物へとたちまち飛躍してしまう。この意味では自然は一定ではないし、常に「充満」してはいないということは明らかであった。そしてそれ故にスピノーザは、充満の原理を主張する一方では、それの適用において不可避な目立つ矛盾に追い込まれた。

この難点をますます認識することが次の世紀の著述家にこの原則の根本的な再解釈をさせたことを我々は知るであろう。

スピノーザは、以上の様に、充満の原理を最も非妥協的な形で表現し厳密な論理的意味で必然的であると示した。すべてのものは、大抵の哲学者によって神が所有すると考えられた全く充分な存在理由を持った。しかし（ブルーノと違って）スピノーザは、充満の原理の十八世紀において最も影響を与えたあの側面はあまり重視しなかった。自分自身の説の中で彼を一番深く引きつけたのは、論理的に存在し得るものはすべて存在しなければならないし存在するであろうという考察ではなく、存在するものはすべて事物の永遠の論理的性質によって存在しなくてはならなかったし現在あるがままでなければならなかったという考察である。彼自身の道徳的気質に最も適していて、情念の苦しみから人々を解放するのに最も適しているように彼に思われたのは、彼の弁証法のこういう結果であり、また人生のあらゆる特質と浮沈についての（その反対を思惟することが究極的に不可能だという位の）全くの不可避感であった。必然性をこのように一般化することは、事物を目的論的に考える余地を無くしてしまった。何事も別の在り方で在り得たと考えられない以上、目的または好みを表現しているとか悪またはより小さな善が可能であるにもかかわらず善を選んでいるというようなことは何についても言えなかった。故にこういう区別さえも意味を失ってしまった。

本質の領域には存在理由が見出される点は一つしかないというもう一つの見解は、スピノーザの前にも後にも哲学および神学上の意見の大きな部分によって主張された。この意見によれば、「必然的存在」（ens necessarium）は事実存在するが、必然的に存在するものは、それ自身純粋意志、すなわち単に外部原因からだけではなく合理的な動機からも独立に選択する能力である。神の意志をたとえ理性の強制にしても従属させることは、その自由を、そして他のより小さきものに対する支配を否定することであろう。故に神の存在は、有限の存在物より成る宇宙が存在すべき必然性を含まなかった。この説のより極端で一貫した形では、何かを創造しようとする、他の存在物と存在の特権をわかち合おうとする一般的な傾向すらも神の本質に属するものではないと主張した。この主張は二つの歴史的根を持っていた。主にそれは、キリスト教圏の正統神学の一面、ただ一面に過ぎないが、を成している、責任のない意志の賛美の表現であった。それはまた、いわゆるキリスト教神学の遺産である、神についての二つの矛盾する例の概念より推論することもできた。もし神の本質が善のイデアと同一だとすれば、もし絶対的実在の他のものにはない属性が自足だとすれば、神は、たとえ世界を創造したのは「事実」だとしても、そうする理由を持つ筈はなかった。彼の本質の中には、不完全なものより成る宇宙を彼が存在させることが必然的または望ましきこととするものは何もなかった。故に創造行為は、それ自身全く原因がなく恣意的であり、それ故にそれが除外するものもまた含むものにおいてもそうなのだと考えられなければならない。ドゥンス・スコトゥスまたは彼の信奉者が言ったように「いずれの被造物も神の善には単に偶然の関係しかない。なぜならそれら（被造物）からは彼の善には、直線に点を加えても線が長くならないように、何ものもつけ加えられないから[22]」。

このように、神の存在の中の何かが神とは違うと考えられるものの存在または行為に左右されたり、良いにせよ悪いにせよすこしでも影響を受けると認めることぐらい神の観念に矛盾することはないということは、ギリシャおよび中世の哲学から公理として伝わって来た。人間の思想の歴史の中での多くの自己矛盾の勝利の中で、最も驚くべきものは、恐らく、自分に夢中になり自足した完全なもの——アリストテレスの神であるあの永遠の内向者——というこの概念が、時間内の創造者でありまた歴史のごたごたを通じて正義を促進する、忙しく介入する力というユダヤ的概念と、その本質が積極的な愛であり被造物の悲歎のすべてにあずかる神という原始キリスト教的概念とに融合したことであろう[23]。創造の概念に適用されると——創造がこの融合された諸説の中で我々に関係する側面なのであるが——神の自足の説は、我々が見たように、神の——すなわち最終的で絶対的な——見地よりすれば創造された宇宙は「根拠のない」余計なものであることを意味した。アウグスチヌスが既に言っていたように、被造物の存在は、「神を全然益しない善である」。そしてそれゆえに、何故神は創造を選んだのかという質問は、不敬であるだけでなく自己矛盾した質問である。なぜならそれは、他のすべてのものの原因である純粋意志のあの第一の行為の原因を探し求めるからだと彼はつけ加えて言った[24]。——純粋意志の他の行為の或るものは被造物の或るものを可能にしたのではあるが。アウグスチヌスと多くの継承者にとっては、神の自足というプラトン・アリストテレス的概念は、普遍的必然性の説に対する不可欠の防御壁になった。もし宇宙創造の行為が何かの動機によって決定されたり、神の本質の中にさえ何らかの原因を持っていたとしたら、その行為は自由ではなかったであろう。しかし、すでに自足した存在のいかなる行為も絶対に動機を持たないに違いないから、その自由さは疑うことはできなかった。この二つの観念の関係はアウグスチヌスによりすっきりとした連鎖推理にまとめられた。「欠乏の無いところには必要（然）は無く、何も無くなっていないところには欠乏はない。しかるに神においては何も無くなってはいない。故に何の必要（然）もない[25]」(ubi nulla indigentia, nulla necessitas; ubi nullus defectus, nulla indigentia; nullus autem defectus in Deo; ergo nulla necessitas.)。

このようにして哲学の伝統の二つの強力な要素――自足に対するプラトンとアリストテレスの讃美と存在構成における意志の至高性についてのアウグスチヌスの主張――は両者共に、必然的に存在するものが、他の存在を生成したのは、自らの自由の本質的に無動機な、説明不可能な、それ故偶然的な――そして実際に不適当な――行使によってであると意味すると推定され得た。そしてこの定理が色々な調子で間断なく十七・八世紀の哲学者と神学者によって語られた。特にデカルトはそれを主張した。神は「自分が創造したものを創造する時には全く無関心で」(tout-à-fait indifférent à créer les choses qu'il a créées) あったに違いない。

なぜならもし彼がものを予定する以前に何かの理由または何か善らしいものが先行したのだとすると、それが疑いもなく彼に最善なものを創造するよう強制したであろう。しかしその反対に、現にこの宇宙に存在するものは、彼が造ろうと決意した故に、それだから創世記にあるように「大いに善い」のである。つまりそれらのものの善の理由は、それらを造ろうと彼が意志したという事実なのである。(26)

デカルトにとっては、ものが絶対意志にこのように依存していることは単にものの存在にだけではなく本質または「本性」にまで及んだ。「三角形」の本質の中には、内角の和が二直角に等しいことを本質的に必然的にするものはないし、数の本性の中には二足す二が四になることを要求するものは何ものもない。我々に「永遠の真理」と見えるものは、実際には、「至高の立法者として永遠の昔よりその真理を定め確立して来た神の意志によってのみ決定されるのである(27)」。

すくなくとも存在に関する限りこれと同じ結論が英国国教会の正統神学の主要な古典の中でプラトン的な前提より引き出されている。ピアソン主教[*5]は『信仰個条の解説』(一六五九年)の中で

神は、外的な行為のすべてに関して絶対的に自由ですこしも必然性はない。……理解力が備っていて、それ故に意志を有する被造物は行為に際し、より偉大な力によって

強いられるのみならず無限なる善の提示するところによってもまた同様に必然的に決定されてしまう。しかるにこの必然性のいずれもが、全能なるもの以外にまたその上に在る力を想定したり、全くの自己充足のほかのまたそれ以上の真の幸福を想定しない限り、神の中にあるとは認められ得ない。実際、もし神が創造物に関して必然的な行為者だとすれば、被造物も神と同様に必然的な存在になってしまう。しかしながら存在の必然性は疑いもなく第一原因の特権である。(28)

これは、スピノーザの哲学——まだ刊行されていなかったが——のような哲学から脱出する唯一の道は、神は創造行為において何の理由も持たなかったしその行為からは何の満足も引き出すことは出来なかったと考えることであると言うのに等しかった。哲学的また宗教的な詩の中でのこのテーマの表現は、時としては、「心配のない神」というエピクロス派の概念を述べている古典の個所の繰り返しの趣きがある。例えばロンサール*6が異教とキリスト教が奇妙に混じたイメージを用いて「神である永遠」を讃め歌う時に、我々はアリストテレスもルクレティウスも思い出してしまう。

神々の中で第一なるものよ、心配もなく
この世で我々を苦しめる人の営みより遠く
独り満ち足り独り幸福にして

総てに富み、不死身にて君臨するものよ。(29)

しかしドラモンド・オブ・ホーソーンデン[*7]がロンサールの讃歌を英語で書き改め、キリスト教的プラトン主義のより精妙で一貫した詩に変えた時に、彼はこの個所は残しておいたが、自足の概念を創造の概念と並立することによってこの個所に念入りに手を加え更に新しい意味を与えた。

この宇宙の偉大な枠組を画策したからといって
喜び、否、完全性もあなたに来はしなかった。
太陽、月、星が落ち着かぬ競走を始める前に、
天の丸い顔が紫の霊に飾られる前に、
空に雲があり、雲が雨を涙のように流す前に、
海が地球を抱き、地が花を帯びる前に
あなたは楽しく生きていた。宇宙はあなたに
何も与えなかった。
すべてはあなたの内にあり、あなたは自足した。(30)

以上の様な観念がどうしても惹き起す、アウグスチヌスがたしなめた疑問(31)は十七世紀のプ

ラトン主義者、ジョン・ノリスにより明白に表現されている。神は、

……自分自身の中で簡明に祝福されていて
………………
不動の自己中心的な静止点である以上、
飽くことない祝福に充ちながら何故に
ただ楽しむことだけをしないのか
何故自己の状態に甘んじないのか
自由に、穏かに、のんびりと
賢明にして永遠なエピクロス派の人として
自らのためにのみ生きないのか。
何故、祝福に変りないのに
賞讃と名声の記念碑を建てようと
六日も働いたのか。(32)

この事柄については他の事柄についてと同様にミルトンは、相反する潮流に取りまかれた精神の興味ある例である。しかしこの詩人神学者が示す傾向は、主に神の行為の恣意性を主張することであった。時としては彼はデカルトの極端に唯名論的な説を拒絶すること

もあった。事物の本質や、本質間の本質的関係についての真実は、論理的にいかなる意志にも先行する。故に神といえどもそれらを変更することは出来ない。故に『キリスト教義』の中で彼は、「いかなる外部の影響よりも独立して、正しく行動する或る不動で内的な必然性が神の中で最も完全な自由と共存するかも知れなくて、これらの原理は両者共に神の性質の中で同一点を目ざすかも知れない」と言っている。ミルトンは明らかに感じたが、これは決定論に余りにも傾き過ぎている。なぜならすこし後で彼は実質的には反対の事を主張した。すなわち「神の行為は、それ自身が必然的であると認める」ことは出来なくて「神は必然的な存在を有するということだけが認められる。なぜなら聖書そのものが、神の命令とそれ故に彼の行為は、どのような種類のものであれ、完全に自由であると証言しているからだ[33]」。そして神の自足の考察は、ミルトンに神の創造力の行使が動機を欠いていることを特に強調させる。神は、他のものに現実の存在を与えることが善なのだという神学的意味では本質的に「善」ではない。彼の「善は、行為するかしないか自由であることだ[34]」。『キリスト教義』の中で

子供を産むことは繁殖の必要のない神の本質に属さない故に、子を産まないことも彼の本質の完全さに矛盾せずに神の力の範囲内のことであったことは疑いない[35]、

と言っているが、この見解は『失楽園』の中でも繰り返されている。

一ではあるが既に無限であり
全ての数を通じて絶対である
あなたは増殖する必要はない。

この詩行の意味、すなわち事物の性質の中には不完全な被造物の世界が存在すべき理由がないばかりか、それが存在すべきではない充分な理由があるように思われるということを、アダムは自分の創造主に神学のいくつかの点を手短かに説明する際に、殆どはっきりさせてしまう。

あなたは御自身だけで完全で
何の不足も有りません……
あなたは一人でありながら
人目を避ける時こそ自らのこよなき友となり
社交的な交際を求めない。(36)

これはアダムが置かれた情況で言うこととしてはいささか妙なことに思われるかも知れないが、詩の中で見れば劇的な動機を持っていることが判明する。なぜならこの予弁法的なアリストテレスよりの引用個所[37]は、アダムにとっては、自分自身は自足していない、それ故エデンで伴侶が要るという要求の礼儀正しい導入部の役目を果している。しかしこの個所について最も明瞭なことは、神学者ミルトンは彼の詩のこの時点で、自らに夢中になり何も生産しない神は、より少なくではなく可能ならばより多く神的であることと、いかなる被造物の存在にも必然性と理由はないということを再び断言する機会を捉えたのだということである。この主張に対するミルトンの熱意は、彼の神学がここでは彼の倫理的信条と道徳的気質と不調和であると思われる故に尚一層奇妙である[38]。最近の著述家が指摘しているように彼はピューリタンの厳格主義者ではなくて、多くの点でヒューマニスト的ルネッサンスの典型的な精神であり、感覚世界の輝きと多様性を楽しんだ。そして彼にとっては人間の優越は、神的属性の最も特徴的なものに関して神を真似することにあるのではなかった。そして人間が人間の善を達成するのは、禁欲的な克己、現世の軽蔑を深めること、または

父、子および兄弟の
親しき関係と全ての愛情

より身を退くことを通じ、神的な自足に近づいたり夢中になろうとする努力によってではない。実際「繁殖」は、緩慢に非本質的にそして（神の可能性に比しては）不充分にしか

繁殖しないと表現されている神によって人間に課された第一の義務であった。

我々の造り主は、増えよと命じ、
神と人との敵である悪魔にあらざれば
控えよと誰が命じようか。
……人間は数により一人だけの不完全を示し、
自らに似たるものを産み増やす。
統一において欠けるが故に
相互の愛といと深き厚意を要す。(39)

このようにミルトンの思想の中に、単にミルトンその人だけではなく彼の生きた歴史のこの時期の特徴をなす重要な内的緊張があった。しかし、ここでの我々の関心は、相互にぶっつかり合う観念の集合の中の一つの要素にだけ向けられている。

一世代後にフェヌロン*8が同じように熱心に昔からの同じ主題を詳説していた。攻撃すべき誤謬の主な代表者としてスピノーザを今や明確に念頭においていた。カンブレの大司教の認めるところでは、「或る存在にとっては生殖力がある方がそうでないよりもより完全に近い」と言えることは疑いない。しかしだからと言って神的完成は「現実の生産」を必要とするということにはならない。ある能力を所有することは、それを行使しなくても、それだけで充分である——これは奇妙な説であるが、全能の存在はまた必然的に全てを行なう存在だというスピノーザの論からの唯一の逃げ道として利用せざるを得なくなった説である。この神学的矛盾を含む説はフェヌロンにとっては、言語能力は人間を恐らくより完全にするであろうが、人間の完成度はその能力の使用には必ずしも比例しない、つまり「私がしゃべるよりも黙する方がより完全であるということがしばしばおこる」という否定し難い事実によってもっともらしくなったのであるが。このように考えれば、神の本質には、すべてを産み出すこと、それどころか何かを産み出すことを必然的にするようなものは何もない。「神は、自らがそうである秩序によって、自分が産み出せる最も完全なものを産み出すよう義務づけられているのだと言うくらい偽りのことはない」。また同様にして、有限の本質の側にも存在する理由となり得るものはない。

もし神が事物の本質を考慮すれば、その中には存在を決定するものは見出さない。ただ神にとってそれら（事物）が不可能でないということに気がつくだけだ。……故に彼がそれらの存在を見出すのは自分の積極的な意志の中においてである。なぜならそれらの本質について言えば、それ自体では存在の理由も原因も有していないからであり、それどころか、それはそれ自身の中に非存在を必然的に含む[40]。

これ以外のいかなる見方も、「被造物を、創造主にとり本質的なもの」、神の存在の不可欠の部分または面にしてしまうだろう。神は、「永遠に必然的に産み出す」ことになろうし、それ故に自由を——そして世界創造以前の長い休みを——失ってしまうであろうし、「最も完全なもの」(ens perfectissimum)は、永遠に絶対的に自足して宇宙の上に(離れて)有る神ではなくて、この基本的な生成の必然性の表現と考えられる有限なものの集合全体ということになってしまうであろう。(41)

ア・プリオリな神学の以上のような推論は、十七世紀と十八世紀の初めの人々にとっても疑いもなくいささか理解しにくかった。しかし同一の結論は、より経験的な根拠に基づいて弁護できた。神の本質の中に創造する固有の性質が有る無しにかかわらず——とにかく創造された宇宙の現実の広がりと個々の内容は創造主の選択の恣意性を証拠だてている。たとえば、サミュエル・クラークは、宇宙はスピノーザの説とは相容れない——つまり必然的ではない——事物で満ちているという主張をかなり長く展開している。

明らかに宇宙にある万物は想像も出来ない程恣意的であると思われる。……重力の法則も含め運動それ自身とその量と方向は全く恣意的であり、今の様子とは全く違ったものになったかも知れない。天体の数と運動はその物の性質の中にはいかなる必然性も持たない。……地球上のものは、何もかももっと恣意的であり、明らかに必然性の産物ではなくて意志の産物である。かくも多数の種の動植物にいかなる絶対的な必然性があろうか。(42)

そのような説にあっては、明らかに充満の原理は占めるべき場所がない（もっとも時としては、キング大監督がしたように、二つの原理は矛盾したまま結びつけられたが）。充満の原理は、経験によっても確証され得るものとされていたが、表向きは存在物の宇宙の構造についてある種の重要なア・プリオリな知識を与えることになっていた。しかし神の命令の恣意性を主張する反合理主義的神学は、科学的経験論にむしろ近い点があった。種の数、数の差の連続または非連続、物質の量と始原的分布、真空の存在と非存在というような事柄は全く恣意的であるから、それらに関する事実は、経験により確められるか未知のままにとどまるかのいずれかである。

故に神が絶対であり合理的強制からも免れていることを好んで詳説する哲学的詩人達が充満の原理とそれが含蓄するものを拒絶したのは当然であった。例えばドラモンド・オブ・ホーソーンデンは、神がそう選択しないために現実化されない無限の数のイデアがあるのだと明らかに述べている。『最も美しきものへの讃歌』の中で「真理」が天の王座の前に鏡を持って立っていると描かれていて、その鏡の中には、

かつてあったもの、あるもの、
あるであろうもの、すべてが輝き、
ここで、何かが造られる以前に、

あなたの力が時と協同して産み出したすべてを
あなたは承知していた。それのみか、
決して存在はしまいが、造ろうと思えば造れる
無限の数の事物も知っていた。

ミルトンも同様に、充分理由の原理に対すると同じように充満の原理にも反感を持っていて『失楽園』においてもキリスト教義論においても弁神論のために充満の原理を利用しない。自然の階層的秩序の観念は、なるほど欠けてはいないし、連続の法則も明らかに表現されている。万物は次のものから成立している。

様々な形態と、様々の程度の実体と、
生ける物にあっては、生命をも備えた
一つの始原的な物質。
しかし人間により近く置かれ、より近く
かしずくにつれ、より精製され、より霊的で
純粋になり、各々が独自の活動圏を与えられ
それぞれの種に応じた限界の中で肉体は霊へと上昇する。(43)
……花とその実、人間の滋養であり

徐々に段階に従い昇華し、活力にあこがれ
動物には生命と感覚を与え、知力には
想像力と悟性を与え、そこで魂は
理性を受ける。(44)

感覚に映る世界の壮大さと多様性について詩人が縷々と述べる個所もあり、散文の論文の中では、「存在物は善で非存在物は善ならず」というスコラ学派の公理を無条件に繰り返す。(45) しかし彼が採る全般的な見方は、可能な形相はすべて必然的に〔現実に〕存在する、また存在する傾向があるとすら考えることを彼に禁じた。それどころか、原初の創造行為は、単に遅れただけではなく極めて限定されていた。充満の観念の弁証法がミルトンの宇宙観を決定するところが(46)いかにすくなかったかということは、彼がトマス・アクィナスとダンテがきっぱり拒んだ、ジェロームとオリゲネスの説を採ったことではっきりわかる。この説によれば創造は始め「天上の本質」、霊的な性質に限定されていた。そして可能な被造物のこの最高級の多くのものの行動が失望を与えた後になってはじめて最高存在は、(その自足は、ここでは全く忘れられているように思われる)二回目の企図として、地球と人間その他の生物を含む「もう一つの世界」の創造によって――より低い種類の可能性の一定数を存在させることによって――「かの欠陥を直す」ことができることに思いついた。(47)

次の世代において充満の原理は、『創造』（一七一二年）の中でブラックモーにより退屈な韻文で攻撃された。

異なった姿と大きさの
別の動物が生じないであろうか。
可能性という大きな子宮の中には
決して実現されないかも知れぬものが多くある。
しかも異なった種類の多くのものを造っても
精神には矛盾は惹き起さない。……
これらの移り変る光景、これらの速い転換は、
必然性よりものが由来するのではなく、
その不安定な存在を精神と選択に負うと示す。(48)

そういうわけで、ライプニッツの充分理由の原理が歴史的に理解され得るのは、主に彼の先駆者や同時代人の以上の様な先入見や、神の知性の主要対象を構成している本質の論理的秩序に対する、有限の存在物よりなる世界の関係について彼等の抱いた対立する諸説との関連においてである。この原理は、何よりも先ず、スピノーザと、彼とこの他のほとんどあらゆる点で完全に意見の違う人々のほとんどとに共通な根本的な命題——その本質

が必然的に直接に現実存在を意味する存在がすくなくとも一つあるという命題――を確認したものであった。つまり例の存在論的論証は、ライプニッツにとっては充分理由の法則の一部分である。そしてこのことは十八世紀にはよく認識されていた事実である。我々が形而上学で（物理学とは違って）第一の問題として「何故無ではなしに何かが存在するのか。無の方が何かよりも単純で容易であるのに」と問う資格があるのは、その法則が妥当有効であるからだ。

さて宇宙の存在のこの充分理由は、経験的真実の連続の中には発見され得ない。……他のどんな理由も必要としない充分理由は、経験的事物の因果的連続の外にあるに違いなく、必然的なものであるに違いない。さもないと、そこで立ち止まることが出来る充分理由は我々にはないことになってしまう。(49)

そうだとすれば、ここでは「充分理由」とは本質に内在すると信じられる論理的必然性にほかならない。ライプニッツが神を「ものの最終的理由」(ultima ratio rerum) として語るのは特にこの意味においてである。

しかし、この原理はライプニッツにとっては更に、すべての有限のものの存在も同様に何らかの点で形相の合理的秩序と形相の意味に――よく使われた言い方をすれば、「天地創造以前に」神が所有していた可能なものの世界に――根拠づけられていることを意味した。ここではライプニッツはスピノーザとまだ一致しており、ライプニッツによればスピノーザが「神は無関心であり、絶対意志によって物事を命じるのだと主張する」[50]哲学者達に反対するのは全く正しいのだ。もし自然の中に、必ずしも合理的な根拠によって決定されない命令に由来するような事実が只一つでもあったら、宇宙はそのために「盲目の偶然」による物になってしまうだろう。[51]そして偶然は、実在を究極的に構成するものを叙述する範疇としては、信心深く神と呼ばれてみても哲学者にとっては満足できるものにはならない。ライプニッツの同時代の非常に多くの人々に見られる仮説、すなわち一般に存在物の数、それらの或る種類に属するものの数——原子の、単子の、または（同じ難点の純粋に神学的な形態であるが）選ばれし者の数——は可能なるものの中から選ばれた少数なものであるという仮説は、ライプニッツにとっては、もし特定の数に対する選択者の好みがそれ自身恣意的で全能なものの理由のない奇行だと仮定されるならば選択者を仮定してみても、依然としていやなものであった。

もし神の意志が、最善のものを（目ざす）という原理を持たないと、最悪の場合にはそれは悪に傾くか、それとも善悪には冷淡ということになんとなくなってしまい、偶然により導かれるであろう。しかし偶然によって作用する意志は宇宙の支配に関しては、神がなく、原子が集合しているのよりも価値があるものではなかろう。しかもたとえもし神は或る場合に或る点においてのみ偶然に身を任せるのだとしても、……

彼は、自己の選択の対象と同じく不完全になるであろうし、完全に信頼する価値はなくなるであろう。そういう場合に彼は、理由なく行為することになり宇宙の支配は、半ば偶然で半ば理由があるという或る種のゲームに似るであろう[52]。

この点すべてに関して、ライプニッツは、過去半世紀の間ケンブリッヂ・プラトン学派によって代表された神学におけるプラトン主義的合理主義の伝統を継続していたわけで、彼自身の説は多くの他の点でもその学派に似ていた。たとえば、ヘンリー・モアは、一六四七年に書いていた。

もし神は、あることが善だからではなく、自分が欲するから、
すべてのことを気ままに行ない
彼の行為には一定の尺度がないならば、
何を彼が意図しているか
知るすべがあろうか。……
我々の哀れな魂がここより去る時、
その幸福やその存在について
誰も確信出来なくなる、
もしも我々が、神の法則をこのように曲げ

意志が神を支配し、善は神の意志を支配しないと
軽率にも主張する奇妙な思想に
自由を与えるならば[53]。

決定する理由もなく行動すること、さらには行動することができるということが神または人間の権威を増すものと考える人が何故いるのかは、ライプニッツにとっては、彼のプラトン主義的先駆者達にとってもそうだったように、全く理解し難いことであった。「全宇宙内で一番理性的でなく、その強みは理性に反するという特権であるようなものを完全なるものとして示すことは矛盾である」。クラークやキングが第一原因にあるとした性格は、恐らく詩人によって「想像ででっちあげたドン・ファン的な人物」にあると言われかねないし、「空想的な人（homme romanesque）はそういう性格の表出をてらったり、自分はそんな性格を持っていると思い込みかねない。しかし、性癖や理由によったり、善悪について前もって想像したりすることにより達せられるのではないような選択は自然には決してないであろう[54]」。つまり無関心でいる自由は、「不可能であるし、そんなものがあろうものなら有害であろう」。

充分理由の原理のこの側面のライプニッツにとっての意味という問題を一応さしおいて、この原理に関する彼の信念の根拠を検討して見ると、先の引用文に見られるように、原因は、主に二つであるようだ。一つには彼はこの原理を心理学における一種の公理をなす命

題のように示している。ちょうど物理的出来事すべては動力因を有するように、意識的選択はすべて動機となる理由を持たねばならない。しかもこれらの理由は、選択された対象に内在すると思われる価値の中でなければならない。それからこの命題は、ライプニッツにとっては「永遠の真理」であり、「何らの原因、何らの決定の源もなしに自己を決定する力を持つものは矛盾を内包している。……そのような原因が存在することは、形而上学的に必然である」[55]。しかし根本においては、ライプニッツは、モアと同じく、高度に曖昧な言葉の一つの意味において実用的と呼ばれるかも知れない理由でこの原理を受け入れたのは明らかである。この原理を拒絶することから生ずる宇宙観は彼のような精神にとっては耐え難いものであった。気まぐれを――たとえどのようにうやうやしいタイトルで呼ばれようとも――宇宙の王座に就かせることを意味した。自然は、決定する理由を持たず、人間の中にある理性を侮辱し当惑させることを意味した。偶然の出来事がたとえ足がかりでも持つような宇宙は安定性も信頼性もないであろう。不確定性が全体に感染するであろう。何でも(自己矛盾的なものは多分別として)存在するかも知れず、何でも起るかも知れず、どの一つのものをとっても、それ自体で他のものより公算が多いということはないであろう。そのような仮説は、もし他に代りの説があれば、ライプニッツに受け入れられるものではなかった。しかも充分理由の原理は、もし彼が論理的に必然的な真理であると信じなかったにせよ、実質的には不可欠な公準であると彼には疑いもなく思われたであろう[56]。

理由がないと神には何事もできないという命題の一つのかなり具合の悪い結果があったことがちなみに指摘できよう。この難問はサミュエル・クラークがライプニッツとの論争において効果的に強調した。有名なビュリダンのろば[*9]は、仮定により、完全に理性的であったから、自分の鼻から等距離にある同じ程度に食欲をそそる同じ大きさの袋に入った乾草のどちらかを選ぶことができなかった。どちらかをより好むべき充分理由がなかったために、豊富の真中でこの賢い動物は餓死した。実質的にクラークが言ったことは、ライプニッツが創造主にまさにそのような非合理的なまでに過度の合理性を与えているということである。クラークが言うには、恐らくは全能者にも、どちらかを選ぶべき理由はなくとも二つのうちの一つを選ぶことが望ましいような状況に出合うことがあろう。そうならば、このような状況ではライプニッツが定立したような神は全然行動できないであろう。そのような状況があれば、この結果は彼の前提より出て来ざるを得ないことを否定できなかった。

全く同様な三つのものを何らかの序列で並べることはどうでもよいことなのだ。故に英知のないことはしない神によっては、それらは、いかなる序列にも決して並べられないであろう。

しかしライプニッツは、どんな宇宙においても、二つの選択肢の間にそんなに完全な価値の均衡は有り得ないとつけ加えている[57]。この主張は、明らかに証明し難いし、一見、真実らしくない。ライプニッツがこの窮地に立ったのは、充分理由の原理が彼に対して持っていた意味の一つである、意志についての我々が見たように過度に単純な殆ど機械的な概念のせいであった。考慮される一つの対象の中に他のもの以上に秀れた価値が無い場合には、知的な行為者は、力の均衡の中におかれた一つの物質と同じで動く力が無いであろう。しかし以上のことは、充分理由の原理の重要な本質ではなかった。ライプニッツがこの原理を、可能なものの間に実際の相違が「ある」場合に、現実に存在すべきより大きな理由を本質上持つ方のものが神により必然的に創造されるに違いないという命題に限定していたらもっと有利だったかも知れない。

今までのところライプニッツの議論によれば、彼はスピノーザの哲学の批判者に反対してスピノーザの味方のように思われる。第一の存在は論理的必然性により存在する。またそれから由来するすべてのものは、第一の存在の性質とそれら自身の性質の中に存在「理由」を持つことも必然である。そしてこのことは、すべてのものは、「神の性質の必然性より」(ex necessitate divinae naturae) 出て来ることと、現存の宇宙はスピノーザが提示したような体系――その最小の部分に至るまで論理的に必然であり、それにかわるものは無限の知性によって考えられもしなかったくらいである――である。しかしこのような結論からライプニッツは逃げ道を見つけたと公言している。他の多くの哲学者と同じで気質の上ではケーキを食べてしまってしかもまだ持っていたいと強く望み、彼は、自分の立場はスピノーザの宇宙的決定論からも、偶然の宇宙という理論——神学的、自然主義的またはエピクロス派的な形のいずれにおいても——からと同様に有効に区別できると考えた。そして充分理由の原理の彼の記述において独創的で際立ったことは、これらの両極端に反対する第三の可能な見地を示したことにほかならないことであると彼には思われた。

自分の立場をスピノーザの立場から区別しようとする彼の努力は二点に支えられていた。(a)スピノーザにおいては、神の理性は神の意志に選択を与えなかったし、実際、両者の区別は無かった。そのような考えは、ライプニッツにとっては、一つには他の著述家から既に引用された個所で示された理由と同じ理由で、けしからんものであった。彼もまた、すくなくとも時としては、単に、無限の数の自動的に自己実現していく本質より成り立つ知性だけではなく意志を持つと言われるかも知れない神を望んだ。そして彼にとっても、スピノーザの形而上学は道徳哲学の可能性を除外してしまうように思われた。しかし彼は、スピノーザ主義のこの特質を斥ける彼なりの特別な理由——彼が考えるところでは同時に問題の解決法を示す理由——をも持っていた。ライプニッツによれば、スピノーザは、存在は論理的な意味で可能なものだけではなく共可能なものに限定されなければならないこと、すなわち現実に存在するどのような宇宙も、単に自己と矛盾しないだけではなく他と互いに共存できるものから成立しなければならないことを理解しなかった。そして本質の世界では、すべての単純で明確な「性質」は矛盾なく地位が見つかるが、具体的存在物の世界を考察すると、すべての組み合わせが可能なわけではない。故に、現実存在に転化されるべき材料として考えられると本質は、セットになっていて各々のセットは或る本質を除外しているが一つの共存可能なグループを形成するすべての本質を含んでいる。ライプニッツの論じるところによれば、このことを念頭におけば、具体的存在物の世界が生じる前に、選択、すなわちこれらのセットの中から一つを選択すること、それと共に、このセットに属さないものすべてを除外すること、神学上から見れば、神の理性が天地創造の前に宇宙のモデルの多数——事実ライプニッツは無限の数と言っている——に直面し、そのうちのどれか一つ、ただ一つだけを創造できたということがあり得たかも知れないだけではなく、あったに違いないことが明らかになる。このように選択の行為が、存在する宇宙の観念そのものに論理的に必然的に含まれていると理解される。充満の原理はライプニッツにとっては、スピノーザのように絶対的な意味では妥当しないことになるようだ。すなわち「種の欠落は認められるかどうか」(utrum detur vacuum formarum) という疑問、可能ではあるが実際には存在しない種があるかどうかという疑問には肯定的に答えられなければならない。すなわち「神が選んだ一連の被造物と相容れないので、存在したこともないし将来存在することもないであろうような種が必然的にある(58)」。

この共可能性の観念を発見したことをライプニッツは大いに誇った。しかし共可能性の基準が何であるか我々が知らない限り、それは明確な意味を持たない。しかもこの点について彼は多くを語らず、しかも決して明瞭には語らない。すくなくとも一度、彼は、その基準を明瞭に述べることはできないと言ったことがある。

異なったものの非共可能性が何から生じ、異なった本質が互いに対立するのはどうして起るのかは、まだ知られていない。なぜなら純粋に明瞭な名辞は互いに両立するように思われるから。(59)

しかし説明のヒントがいくつか別の個所に見られる。そしてライプニッツにとっては共可能性の基準は、可能な宇宙はどんなものでも規則正しい法則に従うという仮定された必然性の中にあるのだという〔ラッセルの意見は、決定的ではないまでもいくらかは〔ライプニッツの〕著書の上から正当化できるのだ。もし、たとえば或る宇宙が運動を含むとすれば、不変の運動法則があるに違いない。或る可能な宇宙では二乗の反比例の法則がこういう法則の一つであろう。そうしてその宇宙では、他の可能な宇宙ではそうでないにせよ、ニュートンの公式に合わない物質の配列と運動は共可能性に欠けよう。故に、ラッセルの言葉によれば「いわゆる『法則の支配』がライプニッツの哲学では形而上学的に必然的になる」(60)。しかし、もしこれがライプニッツが意味するところだとしても、彼は、はっきりとそう言わないし詳細な応用や説明をしない。明白に思えることは、共可能性は、伝統的な哲学上の意味における可能性と異ならないということだ。単に可能性の特別な場合に過ぎない。共可能性についてのどの真理も偶然ではなく本質の論理的性質に内在する。つまり、各々の宇宙の構成と、その中のある一つの宇宙にのみ現実化の可能性が限られているというその限定とは、両者とも、形相の領域に永遠に存在する必然的なことがらなのであり、いくつもの宇宙の中の一つが存在の特権を受けるべく選ばれることに先行する。

(b)故に共可能性の概念をライプニッツが導入したことは、彼が時としてはそう考えたように思われたにもかかわらず、それ自体では彼の充分理由の原理をスピノーザの普遍的必然性と区別しなかった。それは単に「可能性」というおなじみの概念を洗練または精製したものに過ぎなくて、これならスピノーザも矛盾せず受け入れることができたであろうに。[61] 始めの問題、すなわち何かが、そうして何かが可能ならば何が、可能な宇宙の中から、一つの現実に存在する宇宙の選択を必然的にするのだろうかという問題は、依然残ってしまった。しかしここでライプニッツは、スピノーザ主義の致命的な難点から決定的に逃れると彼が称するもう一歩進めた区別を唱えた。神の意志は最も充分な理由により必然的に決定され、それ故に多くの可能な宇宙の中から最もよい一つを誤りなく選ぶに違いないと主張する際に、彼の説明するところによれば、彼はスピノーザの「乱暴な形而上学的必然性」ではなく「道徳的必然性」を主張しているのだ。なぜならその反対のこと、すなわち他の宇宙の一つを選ぶことは形而上学的意味では不可能ではないであろうから。矛盾を意味しないであろうから。充分理由の原理によれば、意志は「それがする選択に常により傾いているが、その選択をする必要にせまられてはいない。そういう選択をする必要がなく選択するであろう」。このようにして偶然性の残滓が宇宙にあるとされ、それとともに第一原因の意志の自由の余地が見出されるのだ。[62]

ここでライプニッツがしようとしている区別立てが論理的実体を伴わないのは明らかだ。この事実はあまりにも明瞭なので、ライプニッツ程の強力な思想家が自身それについて全く知らなかったとは信じられない。充分理由の原理の最も本質的なものすべてを放棄しないでは、彼は、充分な理由は意志を、その選択を必然的にしないで、「傾ける」のだと認めることはどうしてもできないであろう。まして無限な知性によって導かれると考えられる意志の場合においてはなおさらである。ライプニッツがしばしばそしてはっきりと述べている命題によれば、最善の宇宙以外の宇宙を選択することは神の本質とは非存在のように矛盾するであろう。たとえば読者に宇宙には偶然の余地があるのだと説得する個所の一つで彼は「賢者にあっては必然と義務は同義語である[63]」(chez le sage nécessaire et dû sont des choses équivalentes) と認めているのだから。「宇宙の造り主は」彼が「すべてのことを意志して行なう」ことと全く合致する意味においてのみ、「自由である」。この原則に基づいても実際の選択の反対は自己矛盾を含まないとライプニッツが言う時に、彼は二つのことを混同している。より劣った、存在しない宇宙の存在という単なる観念は、その仮定により、もし充分理由の原理から分離してそれだけで取り上げられるならば、矛盾を含まない。しかしそのような宇宙が存在するように選ばれることは不可能であった。なぜならこのことは、神の完全さと、意志に依る選択の観念と矛盾するであろうから。そして充分理由の原理は、意志に依る選択ということの一つの表現なのである。

またライプニッツには、神の意志は最善の宇宙を選ぶことを強いられはしないが、その宇宙の最善性は、選択者の自発的な好み、自由な評価行為によって与えられるのであると一貫して主張することも勿論できなかった。このような説に対し彼は一番烈しく反対であった。彼にとっては価値は純粋に客観的であり、評価は厳密に論理的な課程であった。本質または本質の集合が有する、存在を正当化する善性は、神によって、成程、知られはするが、意志に先行し意志を規制する本質的または形而上学的な領域に属する、本質や本質の集合に内在する性質の一つである。物の価値は、ちょうど整数が他の整数によって割切れることは、ある整数の観念の中に含まれているように、その物の観念に含まれている。(64)だとすれば、もし神が他の宇宙を最善であると公言したとすると、四は二の倍数ではないと主張したかのように絶対に自己矛盾をしてしまったであろう。つまり今まで述べた二つのことは同様に神には不可能であり、であるから、現に存在するものとは別の宇宙の存在は永遠の昔より不可能であった。

故に絶対的な論理的決定論は、スピノーザの形而上学についてと同様にライプニッツの形而上学の特徴である。もっとも何故かということはライプニッツの場合にはより複雑であり、また彼は、通俗的な著述の中では、教化的ではあるが誤解を招く言葉により——特に「必然的にさせる」理由と「誤りなく傾ける」理由というような、彼の他の説を参照すれば全く無意味な言葉の上の区別によって——曖昧にしないで、自分の推論の確かな殆ど明々白々な結果を公表する率直さと勇気を欠いてはいたが。彼の体系においては、充分理由の原理の真の意味は、存在するあらゆるものの存在、その属性、行動、関係は必然的な真理またはそのような真理の体系によって決定されるという命題に解消されてしまう。この公式が主張する宇宙の合理性は、スピノーザにおけると同様、幾何学の体系——十八世紀に考えられていたような幾何学の体系——の合理性と同種である。このことはライプニッツ自身により彼の短い論文の中で最重要な一つである『事物の根本的な起原』(*De rerum originatione radicali*)(一六九七年)の中で極めてはっきりと強調されている。

宇宙の万物は、単に幾何学的のみならず形而上学的な永遠の真理の法則、すなわち物質的のみならず形相的な必然性に従って生起することを我々は現に知る。そしてこのことは、何故宇宙が存在するか、何故こんな風に存在するかの既に説明された理由に関して一般的に真実であるのみならず、我々が詳細な点に及んでも、形而上学的法則は、全宇宙において不思議な風にあてはまる。……それ故に、本質と存在との両者が真である究極的な理由を、宇宙そのものより必然的に大きく、宇宙より秀れ先行する一つの存在の中に、我々は有する。(65)

同様な宇宙的な決定論が、この五十年以内に公開された彼の著述の中で極めて明瞭に表現されているライプニッツの論理学のテーゼの中で明らかである。このテーゼとは、偶然的真理はすべて究極的には、ア・プリオリなまたは必然的な真理に還元され得るということである。我々は、疑いもなく人間の理解力の限界のせいで、多くの場合この還元をすることが出来ない。必然的と偶然的との区別は、或る個別の真理が我々の精神に現われる現われ方にある真実で持続性のある差異を表現する。我々にとって偶然的と思われる判断でも、概念に無限に続く、それ故に有限な精神には不可能な分析を加えることによってのみ必然的である——すなわちその判断に含まれる概念の本質的意味すなわち「本性」の表現に過ぎない——と示され得る。しかし、我々は、個々の場合にはその必然性を直観的に理解できないにしても、必然性がそこに有ることと、一つの完全な直観すなわち「見て得る知識」(scientia visionis) において本性すべてとそれらの関係を徹底的に見る、神の精神によってその必然性は認識されることとを確信できる。究極的にはこのように必然性に還元できなければ、いかなる命題もライプニッツによれば全然真ではあり得ない。なぜなら命題の真理とは、直接または間接的に「その述部が主語に内在すること」[66]のみを意味することが出来、それ故主語はその述部なしにはそれ自身ではなくなるであろう。言い換えれば、どんな判断も、その反対が——充分に分析力があり充分に理解力がある知性にとって——自己矛盾でなければ、真ではない。そしてこの命題が充分理由の原理と同義であることが明白に述べられている。理由のないものはないという原始的な真実 (vérité primitive que rien n'est sans raison) は、「あらゆる真理は、その命題の名辞より導かれたア・プリオリな証拠を、このような分析を遂行することは我々の力に余ることではあるが、有する」という命題と同義である。[67] だとすれば、充分理由の原理は、単にその明瞭な含蓄ばかりではなくその形式上の定義の或るものによっても、ライプニッツにあっては、万物の永遠で殆ど幾何学的必然性のスピノーザ説と同義である(68)。

ライプニッツが彼の「充分理由」とスピノーザの「必然性」との間に何ら本質的な区別を確立し損ったという事実は、十八世紀において決して見逃されなかった。この事実は、ハレの神学者ヨアヒム・ランゲ[*10]により『控えめな探究』(*Modesta Disquisitio*)(一七二三年)の中で、またライプニッツの諸説の組織化と通俗化を行なったヴォルフ[*11]の哲学に反対する多くの著述の中で、長々と、そして完全に妥当な論拠によって指摘された。ランゲによれば、ヴォルフもライプニッツも「光が太陽から由来するように天地創造を神の性質から導き出し、創造を神と神の性質の部分にとって厳密に本質的である、すなわち必然的であるとしている」。何かが、ライプニッツの原理に基づいて、矛盾なしに、現在あるのとは別なものになり得る唯一の道は、現在存在しない別の宇宙における可能性としてであろう。現実の宇宙では、そして仮説によればこれこそ神が意志することができた唯一の宇宙であるが、あらゆるものは、あのユダヤ人哲学者(スピノーザ)の体系におけるのと同様な「宿命的な必然性」によって決定されている(69)。同様な意見が——恐らくこの場合には本当に非難を込めてではないが——後に『フランス大百科全書』のやや正統的ではない頁に見られる。ライプニッツが十八世紀中頃に持っていた大きな名声をこの作品は決定的に証言している。全書は言う、「彼のみが、プラトン、アリストテレス、アルキメデスが一緒になってギリシャにもたらしたと同じ程の名誉をドイツにもたらした(70)」。しかし全書は問う、ライプニッツとヴォルフの両氏は、どうやって充分理由の原理を宇宙の偶然性と調和させることができるか。偶然性は可能性の等しいバランスを意味する。しかし何がといって充分理由の原理ほどこういうバランスに反対なものがあろうか。だとすれば、宇宙は偶然によってではなく充分理由によって存在すると言わざるを得ない。そしてこのことは我々をスピノーザ主義の淵まで連れて行きかねない。確かに両哲学者は共にこのことは避けようと試みる。……しかし充分理由は偶然性を損わずにはいない。或る計画にその実現を要求する理由があればあるほど、その代案の可能性はますますすくなくなる――すなわち現実存在を要求することがますます出来なくなる。……神は創造された総ての単子の源であり、単子は絶えざるひらめきによって神より流出して来ている。……事物は現在ある以外のあり方は出来ない。[71]

この引用個所は、ライプニッツが――十八世紀には、哲学上の偉大な業績の一つと普通評価されていた――充分理由の原理を強調したことの一つのそして恐らく主要な傾向は、普遍的必然性の説を助成し、スピノーザの形而上学というライプニッツ自身をも恐ろしがらせたお化けに対する恐怖を減少させたことだったと明らかに示している。

しかし論理的必然性はライプニッツの宇宙ではスピノーザの宇宙においてそうであるように絶対的で浸透してはいるが、ライプニッツにとっては必然的であるものは価値の実現である、言い換えれば、充分理由の原理は、存在し得るのはたった一つだけだと宣言しながらもこの一つは考えられる最善なものである――スピノーザには見られない言い分である――とつけ加える点で二人の間には本質的な差があると言っても恐らくよいであろう。しかし、もし我々が、ライプニッツが個物または宇宙全体の存在の根拠と見なす「善」とは何かを考察するならば、先程の差異ですら一見そう思われたものよりも小さくて別なものであることを我々は理解するであろう。同時に我々は、充分理由の原理がまさに充満の原理にはっきりと転移して行くのを見るであろう。ライプニッツがしばしば明らかに言うことには、何かが何故現実に存在するか、つまりその本質が現実存在を要求し、他の本質が同様な要求をして妨げない限り現実存在を獲得する究極的な理由は一つしか有り得ない。そして現実の宇宙の持つ、他の抽象的に考えられる宇宙すべてに対する優越性は、この宇宙においては、本質の現実に存在しようとするこの傾向が他のいかなる宇宙よりも多く実現されている事実にある。現実存在への欲求[72] (exigentia existentiae) はすべての本質に内在する。本質のこの性質の中に言わば現実存在への或る種の傾向が無ければ、何も存在しないであろう (nisi in ipsa essentiae natura quaedam ad existendum inclinatio esset, nihil existeret)。単なる「可能なもの」は徒労の未完なものであり、故に「可能なものすべては、存在への努力 (conatus) により特徴づけられている」。そうして「現に存在している必然的なものに根拠づけられていれば存在するべく運命づけられていると言われよう」。なるほど、我々が見たように、可能的なものすべてが存在を獲得するわけではない。

なぜなら共可能性がそれらのあるものを除外するから。しかし、この限定はあるにしてもライプニッツは、あらゆる本質に存在論的証明の原則を適用しかねないところまで行く。彼はスピノーザよりももっとそうしそうになった。スピノーザの（唯一ではないにしろ）主な論証は、思い出されるであろうが、こんな風に進む。支持点（point d'appui）としての一つの直接に必然的な存在についての形相があると、他のすべての（可能性の限界内の）形相に対応する存在物の存在も同様に必然的である。[73] ライプニッツにあっては支持点は余計なものに思われる。通例彼は他の存在は神の存在に論理的に依存していることを注意深く語る一方で、各々の本質の中の存在への傾向の内在性をしばしば無条件に強調するので、どこに依存の実があるのか理解し難くなる。神が存在する必然性は、このような本質の種類に伴う属性の――極端な例にせよ――単なる一例に過ぎないように思われるであろう。神の本質の場合には、傾向の実現する確実さは、恐らく、神の本質は共可能性の要求より免れていることに由るに過ぎないであろう。神の本質は、いわば競争圏外の本質であり、現実の宇宙内での地位を求めて争うには及ばないのだ。[74] 他の本質の場合にはこの争いの結果は全くそれらの本質の性質によって決定され、神の属性によってではない。ライプニッツは、可能な宇宙の中から現実の宇宙が出現するのを、最大の重みを持つ潜在的存在を持つ宇宙が必然的に現実態に押し出されて来る殆ど機械的な過程の結果として表現することをためらわない。[75]

存在を要求する可能なもののすべての対立より、次のことが直ちに生じる。すなわちそれによってできるだけ多くの物が存在する物の系列がある。つまり可能なものの最大の系列である。……そしてちょうど我々が液体が自発的にそしてそれ自身の性質に従って球形になるのを見るように、そんなように宇宙の性質において、最大の容積（能力）を持つような系列が存在する。(76)

なるほどライプニッツは、この「最大の容積（能力）」という概念の二つの受け取り方の間で迷う。彼は、本質の間に階層関係を必然的に承認し、神を段階の頂点とする、単子を段階づけした尺度がその関係の表現である。そして、彼はしばしば、ある本質はそれぞれ異なった「完成度」の故に、他の本質よりも現実存在に対して大きな権利または強力な傾向を持つかも知れないと意味するように思われる。故に現実の宇宙の充満は、外延的であるより内包的である。それは構成要素の位、完成度により評価され単にそれらの数によるのではない。次の引用が先に述べた概念のこの受け取り方を示している。

神の選択の充分理由は、それぞれの宇宙の持つ適合性または完成度に有る。なぜなら各々の可能的なものは、それが芽として持つ完成の量に応じて現実存在を望む権利を持つからだ。(77)

しかし、ライプニッツは、疑いもなく、通俗的な著述では十八世紀の読者にはおなじみのこの種の言いまわしをよくするが、この言い方が示す見解は、彼にとって論理的に利用できるものではなく、事実、宇宙の実際の構成を彼が叙述する時には、完成されなかった。もし人間の本質が「芽として」わにの本質より何倍も完成の量を有するとしたら、また共可能性の規則が同一空間を二つの物体が占めることを禁じているとさらに仮定する（ライプニッツはそうするが）ならば、先の引用個所に従えば、人間だけを含みわにを含まぬ宇宙の方が両方を含む宇宙にまさるであろう、なぜならばわには人間の用に供せられるべき物質を要求したり空間を占めるであろうから、ということになるように思われる。しかしまさにこのような結論をライプニッツは引き出さないのだ。弁神論の著者として、わにを正当化することに彼の関心はあり、充分理由の原理は――共可能の範囲内でもう一度――これらの動物と存在の連鎖の可能な環は全部、最低のものに至るまで、存在することを要求していることを示さなければならない。だとすればこの主題についての彼の基礎理論とも言えるものは、現実存在を要求する本質間の同等の権利の理論である。「或る本質は現実に存在する傾向を持ち他のものは持たないと言うことは、理由を持たないものがあると言うことになる。なぜなら現実存在はすべての本質に同様に普遍的に関係しているからである」[78]。そしてこの宇宙の優越性は、その中で実現されている異なった本質の「数」――言いかえれば、種類の多様性――にあるのであって、それらの本質の形而上学的地位や質的卓越性にあるのではない。「完全さは形（文脈によれば形の数）または多様性にあるべきである。故に物質はあらゆる場所で均一ではなくて、様々な形をとり多様化するということになる。そうでないと可能な限りの多様性は実現されないであろう。……同様に、物が他と異なっていると考えられること（distincta cogitabilitas）の最大の可能性が生じることができるような系列が優勢を占めたという結果になる」[79]。「現宇宙は、最も豊富な構成をなす（qui forment le plus riche composé）、可能なものの集合である」[80]。ライプニッツはマルブランシュ[*12]に向かって書いている、「神は可能な限り最大数の物を造ると我々は言わざるを得ない」。そして自然の法則ができるだけ簡単なのはまさにこの理由による。そのような法則により神は、「一緒に置くことが可能な限り多数のものの余地を見つけることができた。もし神が他の法則を用いたとすれば、あたかも円い石で建造物を建てるようなものであったろう。丸い石は空間を占めるより占めない部分の方が多いのであるが」[81]。故に最も簡単な説明仮説がいつも好まれるという科学的な仮説も、——どうもその関連は理解し難いが——ライプニッツにとっては充満の原理の系と思われた。

故に、そのために、そしてそれ故に物が存在する「善」は単に現実存在そのもの——本質の現実化——である。そして万物の永遠の本性に従って止むなく現実存在する宇宙は、その中では「存在の量が可能な限り大きい」宇宙であった[82]。故に目的因についてのライプニッツの名目的な主張とスピノーザの否定とは消点に近づく。ライプニッツには、伝統的なやり方で、自然の中には計画があるとの証拠や、あらゆるものが他のものに「適合」[83]していて、特に人間を利するようになっている証拠とについて詳述する個所が勿論沢山ある。

しかし彼の説の最も系統的で総括的な要約の中で表現されている彼の基本的な見解は、各々の物は、主に他の物のためにではなく、最終的な善への手段としてではなく、むしろその物の本質は、すべての本質がそうだが、現実存在に対するそれ自身の、他に由らない権利を持っている故に、現実に存在するという見解であった。そしてこういうことが、(可能な限り) 論理的な必然性により実現され、この実現は、スピノーザが神の本性の必然性より (ex necessitate divinae naturae) 由来するものとして説いたものとは、単に共可能性の規則に内在する限界によってのみ異なるのであるから、この二つの議論の形而上学的な結果は依然として本質的には同じである。

それにもかかわらず、論理的実質においては同じ根本的な形而上学であったものの、ライプニッツ的表現とスピノーザ的表現との差異は、歴史的に重要であった。スピノーザが充満の原理の実現は、必然的であるので善とも悪とも呼び得ないと (表向きに) 主張したのに対し、ライプニッツは、その実現は必然的でありながらも最高に善でもあると主張した。そうすることによって彼は、(制限なしの) この原理に、現実構成についての説の地位 (制限つきの) のみならず価値に関する説の地位を与えた。スピノーザは、すでに見たように、宇宙の必然性の思想の方に、宇宙の充満の思想より関心があった。ライプニッツは、この弁証論の両面に真実の関心があった。しかしこの弁証論が彼を導いた宇宙的決定論をいささか恐れていた。その一方、彼は、宇宙的「充満」の観念に対しては生き生きした想像力に富み、感情のこもった満足を感じ、それを読者達に伝える傾向があった。

実在についての一般論として受け取られる時に充満の原理が受けねばならない制限は、ライプニッツの形而上学を自然科学の範囲内の問題に具体的に適用する際には、余り重要性があることにはならなかった。彼は、種の欠落（vacuum formarum）すなわちある可能的なものが現実に存在しないことが現にあることは主張はしていたが、それは、現に存在する宇宙を決定するような、形相の特別な系列の外側にあるような空虚であった。この宇宙内ではいかなる隙間も認められることはできなかった。ライプニッツには真空に対する恐怖（horror vacui）があり、それは自然にもあると確信していた。その内的な構造において宇宙は、充満せるもの（plenum）であり、連続の原理と、「自然は決して飛躍しない」という仮説とは、絶対の自信を以て幾何学から生物学および心理学へとすべての科学において適用されることができる。「もしそれを否定するなら、宇宙は断絶を含むことになろうし、そのことはまた充分理由の偉大な原理をひっくり返し、諸現象を説明する際に我々が奇蹟や純然たる偶然にたよらざるを得なくするであろう」。このことが意味することは、勿論、宇宙に現に存在する物の一般的な種類は明らかに可能でありかつ共可能でなくてはならない故に、また（ライプニッツがやや無批判に仮定することだが）その種類に属する種はすべて同様に可能でなくてはならない故に、そのような種が現実から欠けることは、可能的なものを現実存在より恣意的に、ということは偶然的に、除外すること――そんなことはライプニッツにとっては考えられないことであることは、これ以上説明するには及ばない――である。(84)

充満の原理と、その特別な形態としての連続の原理は、彼が物質の存在と物理的真空の可能性という二つの問題を検討する時に、そして後者の問題は彼の存命中に物理学者の間でまだ大いに論じられていた話題であるが、彼を困らせた。彼は、著述のある個所では、キング大監督がしたように、これらの原理から物理的実在論を演繹しそうになる。[85] 神は真の物質を創造したに違いない。何故なら、もしそうしなかったら、単に存在の実現されない可能性があるであろうばかりではなく、物の中の結合が欠けるであろう。「もし精神しかなければ精神はお互いの必要な関係がないであろうし、時と場所の秩序もないであろう」。この秩序が「物質と運動と運動法則とを要求する」。そしてもし物質があるとすれば、それは連続的でなければならない。物質があったかも知れないが現に存在しないような空なる場所は有り得ない。故に、ライプニッツは、物理的真空を信じる人を激しく攻撃した。しかし、一方では、空間は単に「共存の秩序」、実際には延長のないものが互いに感覚的に現われる形に過ぎないと結論するための、ここでは立ち入る必要のない[86]理由を彼は見つけた。そしてこれにより、普通の物理的な実在論によって考えられるような物質的な宇宙は見捨てられ、物体は既に述べた曖昧な地位に戻ってしまう。つまり、充満の原理は、ここでは、ライプニッツの思想の中で重要な役割を演じた他の弁証上の動機の或るものと対立し、この特定の点では、負けてしまう。[87] この見地から、彼が真空を信じる人々を依然として批判し続ける時に、それは、人々が空虚な空間がどこかにあると信じるからではなく、彼等が真の空間がともかく存在すると信じるからである。[88] 一方、物質がその表現であるような実在に関しては、真空の可能性の否定は文字通り当てはまる。自然は、どこでも生命に充ち、どの生命も或る程度の感覚を備えている。『単子論』の中でライプニッツは、「宇宙では何も休まず、何も不毛ではなく、何も死んではいない」と書き、また別の個所では、「もし真空があるとすれば、そこで他の物を損わずに何かが造られたかも知れない、不毛な休閑中の場所が残ってしまうことは明らかである。しかしそのような場所が残るというのは英知と矛盾する」[89]、「宇宙のどの一片の中にも無限の被造物から成り立つ世界が含まれている」[90]と書いている。

しかし既に概略を示した形而上学的議論が示すように、自然が飽くことなく欲するのは単なる量や数ではない。それが望むのは、本質的には最大限の多様性である。種や変種および相異なる個体を論理的可能性の限度まで増やすことである。「物質界の多様性の中に真空がないように、知的な被造物の中にも同様に多くの多様性がある」[91]。十八世紀に充満の原理のこの側面より引き出されたいくつかの注目すべき結論を後の講演で見ようと思う。

第六講　十八世紀における存在の連鎖および自然における人間の地位と役割

存在の連鎖としての宇宙の概念とこの概念の基礎となる諸原理——充満、連続、階層性——が最も広がり受け入れられたのは十八世紀であった。これは、はじめいささか奇妙に思われる。その発生をプラトンとアリストテレス、そしてその体系化を新プラトン主義者に負う観念の集合が、そんなに遅まきの結実を遂げたことは驚くべきことに思われるかも知れない——特に十八世紀の初めから大体四分の三世紀の間には、これらの仮定に敵意があるものが知的な流行の中には多くあったので。勿論アリストテレスの権威は失われて久しかった。スコラ哲学とその方法とは、「啓蒙」を自慢する者達の間では軽侮と嘲りの対象であった。思弁的なア・プリオリな形而上学に対する信仰は衰えつつあり、（厳密にベーコン的な方法はともかく）ベーコン的気質、忍耐強い経験的な探究は科学においては勝ちほこった行進を続け、教育のある人々一般の大多数の熱狂の対象であった。そして存在の連鎖の概念は、それを支える仮定と共に、経験より引き出される一般論ではないことは明らかであり、実際、自然の既知の事実と調和し難くもあった。

それにもかかわらず、あらゆる種類の著述家——科学者と哲学者、詩人と通俗的な随筆家、理神論者と正統的聖職者——が存在の連鎖についてこれほど語ったり、それと関係がある観念より成る一般的枠組をこれ程暗黙のうちに受け入れたり、それらの観念から潜在的な意味または明らかな意味をこれ程大胆に引き出した時代はいままでにない。アディソン、キング、ボリングブルック、ポープ、ハラー、トムソン、エイケンサイド、ビュフォン、ボネ、ゴールドスミス、ディドロ、カント、ラムバート、ヘルダー、シラー——これらの人々すべてとそれ程偉大ではない多くの著述家がこのテーマについて詳細に述べただけではなく、それから新しい、以前には避けられていた結論を引き出した。その一方ヴォルテールとジョンソンは、奇妙な戦友となって、この概念全体に対する攻撃の先頭に立った。「自然」という言葉に次ぎ、「存在の大連鎖」が十八世紀の聖なる言葉となり、十九世紀後半に「進化」というめでたい言葉が演じたのとやや似た役を演じた。

この概念が十八世紀に流行したのは恐らくギリシャや中世の哲学の直接の影響に主に由るというのではなかった。なぜならその名声と影響力がその後の五十年間に最大であった十七世紀後半の二人の哲学者によりこの概念は主張されていたからである。この昔からの命題を繰り返す際に、ロックはライプニッツほどは雄弁ではなかったが同様にはっきりしていた。

目に見える物質的宇宙のすべての中で、我々は割れ目も隙間も見ない。我々よりずっと下への下降はゆるい段階であり、一つ移っても前とはあまり変化のない継続した連続である。翼があり空中と無縁ではない魚がいるし、水中に住み血液が魚のように冷い鳥もいる。……鳥とけものの両方に非常に近いので両者の中間の動物もいる。両棲動物が陸上と水中動物とを結ぶ。……人魚や海人について秘かに報じられたことは言うまでもないことであるが。人間と呼ばれる或る人々と同じ位理性と知識を有する野獣もいる。動物界と植物界とは極めて親密に連絡しているので、動物界の最低のものと植物界の最高のものとを見れば、両者の間には大きな差異は認められないであろう。このようにして我々が、物質の中で最低で最も非有機的な部分に至ると、いくつかの種が連結し、ほとんど認め難い程度にしか異なってはいないことに、あらゆるところで気がつくであろう。そして創造主の無限の能力と英知とを考えて見ると、被造物の種もまた徐々に我々から神の無限の完成の方向に、その種が我々から下方へ徐々に下がるのが見えるように、上昇することが、宇宙の素晴らしい調和とこの建築家の偉大な計画と無限の善とにとってふさわしいと考える充分な理由がある。(1)

アディソンは『スペクテイター』の中で繰り返し言及することによって、プラトン主義的形而上学のこの側面を、哲学者や神学者の書いたものはひもとかない大衆にも親しませた。たとえば五一九号において。

無限の善には大変伝達性のある性質があるのであらゆる段階の知覚ある存在に現実存在を与えることを喜ぶように思われる。こういうことはしばしば一人で大いに楽しく行なった思索の結果なので、存在の梯子の中で我々自身の知識の範囲内にある部分を考察することによって、この思索を更に押し進めてみよう。触覚と味覚しかない動物がほかに沢山いる。……生命の世界が徐々に途方もなく多様な種を通じ進歩して始めてその感覚が完全に備わった被造物が出現するのを観察するのは素晴らしい。……もしこのあとで我々が巧妙さとか賢さというような様々の内的な完成または我々が本能と呼ぶものを調べてみると、それらも同様に気がつかない位に次から次へと上昇し、それらが位置している種に応じて更に改良されているのに気づく。自然におけるこの前進は大変徐々なのでより劣った種に属する一番完全なものはその直ぐ上の種の一番不完全なものにとても近づく。……また〔最高存在の〕善は生物の多数ということに劣らず多様性ということの中に見られる。もし神が只一種の動物を創ったとすれば、他の種は存在の楽しみを味わわなかったであろう。故に彼は天地創造の時にあらゆる段階の生物、あらゆる資格の存在を個々に指定した。自然の中の割れ目はすべて、植物から人間に至るまで、色々な種類の被造物によりふさがれ、これらの被造物は次から次へと上向きにおだやかに無理なく連なっているので、一つの種より他の種への小さな転移と逸脱とは殆ど知覚されない。そしてこの中間の場は極めてよく配慮され管理されているので、生命界のどこかに表われないような程度の知覚を有するものは殆

どない。(2)

国教会の牧師であるもう一人の著述家エドマンド・ロー[*1]は、創造物の「充満」についてのこの描写にあきたらず、アディソンを引用した後で、それぞれの種の中で共存できるかぎりなるべく多くの個体が産出されたに違いないとつけ加えた。

いかなる裂け目も空虚な所もなく、この存在の大連鎖の環は一つも欠けていないことを観察し、その理由を考えると、存在のあらゆる等級、綱、種はその性質が許したり神がよろしいと考える限り充満している公算は極めて大きいように思われる。各々の綱の中には、互いに不便や気づまりを起さないで共存できる限り多くのものがあるらしい。物の本性にある不可能性または何かより大きな（原文のまま）不都合だけが、神の能力の行使を抑制したり、祝福を享受し得る存在をますます多く神が造るのを妨げることができる。……すべてのものがその種としてはこの上なく完全で、すべての体系がそれ自体満ちて欠けたところがないと結論する充分な理由がある。(3)

以上の一般的な観念が多くの特別な表現をされたが、その中で、人間に関してこれらの観念より引き出された結論の或るものをこの講演では検討してみよう。すなわち、人間の地位、性質、そしてそれから引き出される倫理的な結論である。

（A） 存在の連鎖と自然における人間の地位。

我々は既に、宇宙の無限と居住される天体の複数性に対する信仰――それ自身主として充満の原理よりの推論である――が宇宙の体系内の人間の位置と意義についての人間の持つ概念に及ぼした影響を考察した。この信仰は、予期されたり想像されている程には人類の自負を低めはしなかった。しかし欠落がなく無限に細かい階段のある存在の梯子という概念の中には、人間の宇宙的意義と無比性についての自己の評価を確かに低める傾向がある他の四つの意味があった。そして十八世紀の哲学者と哲学上の観念の普及者がこのことについて詳述した。

(1) 存在の連鎖の全部の環が、主に他の環のためにではなく、それ自身のために、もっと正確には形態の連続が完結するために存在することが、そしてその完結を実現することが宇宙創造の際の神の主目的であったのだが、充満の原理によって意味されている。諸本質は尊厳が同等ではないが現実に存在する権利は合理的可能性の範囲内で有していた。それ故、ある種のものの真の存在理由は、それが他の種のものに対して持つ有効性の中に求めることは決してできなかったことはすでに見た通りである。しかしこの意味することは、人間に対して大いに気をよくさせる、十七および十八世紀にいまだに存続していた古くからの仮定に対立した。教化的作品を書いた人々によって大いに愛された「物理学的神学」は、正統派のものも理神論的なものも、意図においては神の存在の証明であった。しかし実際には人間を讃えることであった。何故ならそれは、他の被造物すべては人間のために存在するという仮定に主に基づいていたからである。「すべては人間のために創造されている」というのが、十八世紀の「哲学上の」産物のあんなに大部分を成す目的論的論議のあの長い系列の暗黙の前提であり同時に勝ちほこった結論である。そして人間の馬鹿さ加減を示す最も奇妙な記念碑の一つである。この点に関しては、この時代は中世にしばしば聞こえた節を繰り返す。スコラ哲学の主要な教科書は言明していた、

人間が神のために、つまり神に仕えるために造られているように、宇宙は人間のために、人間に仕えるために造られている。(4)

ベーコンは、このテーマを詳しく論じていた、

人間は、目的因を考えると、宇宙の中心であると見なされ得よう。何故ならもし人間が宇宙から取り去られるならば、残りはすべて目的も狙いもなく迷ってしまい……無に至るよう思われるだろう。なぜなら全宇宙は人間の奉仕のために一致して働き、人間がそこから用途と実を引き出せないものは何もない。……何故なら万物は自分の仕事ではなく人間の仕事をしているように思われるからである。(5)

十八世紀に大いに賞讃された十七世紀後半の新教徒の神学的作品の中にはこう書いてある。

もし宇宙の一番美しい部分の卓越性を構成するものは何かと仔細に検討すると、そういう部分は我々に関係する限りにおいてのみ、また我々の魂がそれらに価値を附加する限りにおいてのみ価値があること、それから人間の評価が岩や金属の主な価値を構成するものであること、人間の用と楽しみが植物、樹木および果実に価値を与えるということに我々は気付くであろう。(6)

フェヌロンは言う、「自然の中では植物だけではなく、動物も我々の用に供せられるために作られている」。食肉動物は例外のように思われるかも知れない。しかし「もしすべての国にちゃんと人々が住み法に従うならば、人を襲うような動物は無くなるだろう」。しかし野性的な動物も、一つには人間の身のこなしをよくしたり勇気を養う手段として、また一つには国際平和の維持の手段として人間の役に立つ。何故ならフェヌロンも「戦争の道徳的な代替物」を人間が必要としているという感じを持っていた。そしてこの必要を、遠隔地に「獰猛なる動物」の保護区を設け闘争傾向のはけ口の必要な人はそこへ行けばよいことにして満たすことを提案した。そうして人間が互いに殺し合う必要から解放されるために、他の種の戦闘的な被造物を殺されるように提供したという点で自然の恩恵は充分示されている。(7) このジャンルの傑作と見なされている*2『自然の研究』(*Études de la Nature*)(一七八四年)の中でサンピエールのベルナルダンは、創造主は「人間の幸福のみを目ざし、自然の法則はすべて我々の必要に応ずるよう企図されている(8)」と言った。

人間以外の被造物は人類の為の手段であるという仮説にだけではなく、――それほどはっきりとではないが――目的論的論証一般の前提に反対して、存在の連鎖の概念が持つ論理は強力に作用した。もっとも、人間のこの種のうぬぼれに対する抗議は他の考えによっても惹き起されたが。ガリレオはこう書いていた。「我々に対する配慮が神らしい仕事であり、それ以上には神の英知も能力も及ばないなどと考えるとしたら、我々は余りにも自分を買い被ることになる」[9]。ヘンリー・モアは、あきらかに充満の原理の影響を受けて公言した。

> 我々は、軽蔑すべきだと考える〔低級な動物〕のような害獣に対しても注意深い配慮がなされていることに、……あきれてはいけない。そんなことは慢心と無知、または、ある意味では万物が人間のために造られていると信じるよう奨励されているからといって動物は動物のためには全然つくられていないのだという高慢な仮定とから由来する。しかしこんなことを公言する者は神の本性や物事についての知識のない者だ。なぜなら、もし善良な人間が獣に対して慈悲深いなら、確かに善い神は気前がよく好意があり、生命と感覚を持つ被造物が喜び、そしてすこしでも喜ぶことができるのだということを楽しむものなのだから[10]。

しかしデカルトは、十七世紀においては、人間中心的な目的論のみならず科学における目的論的推論のあらゆる形態に対する一番の敵対者であった。他の点での異議もさることながら、彼はそのような議論は明白な事実と矛盾することを知った。

万物は人間のために創造され、神は創造に際して他の目的を有しないというのは全くありそうもないことである。……思うにそのような仮定は、物理学的問題を推論するのに不適である。なぜなら、人間によっては見られたことも理解されたこともなく、人間にとっては何の用にも立ったこともないものが無限に現在存在し、または今では存在しなくなったが、かつては存在したということを疑うことができないからである。(11)

実際十七世紀の大物哲学者の殆どは同じ事を言っている。物すべてが人間のために造られているわけではない(non omnia hominum causa fieri)という原則については、ライプニッツはスピノーザにはっきりと同意する。(12) 彼は言う、「我々は宇宙は人間のためにだけ造られてはいないと知っている」ので「宇宙には我々に快くないものもある」のは驚くべきことではないのだと。事実、キング大監督は、「地球が人間のために造られていて宇宙のためにではない」と思うのは「不条理」だと言った。「自慢と無知とによって盲目になった」ものは別だが誰もそんなことは想像もできない。キングは別としてすべての「聖職者」を敵にまわしてのボリングブルック*3の論争の主要目的は、『断章または随想の調書』(*Fragments, or Minutes of Essays*)においては、同様な立場であり、これから恐らくポープは『人間論』の第一の書簡の着想を得たのであろう。理神論著もこの点では正統派と完全に一致する。なるほどボリングブルックはすべての神知論的思弁と、神の秘かな助言に接しているという神学者の思い上がった言すべてを軽蔑していると公言している。そしてプラトンと、古今のプラトンの信奉者に対しては、特に烈しい軽蔑の念を持つ。しかし彼も結局は、自分も「全自然の創造者の計画」を全然知らないわけではないと黙って仮定している。全体としての宇宙の秩序の完全性が宇宙の真の存在理由とボリングブルックは確信している。「無限の英知者が幸福な被造物を創造すること以外の目的を持って人間」—―または連鎖の他の環——「を創造した」と信ずべき理由はない⑬。

この地球に住む感じのするどい住民は、劇中人物のように、様々な性格を持ち各場面で様々な目的の演技を割振られている。物質世界の様々な部分は、劇場の機械のように、演じる者のためではなく筋のためにこしらえてあるのだ。そして劇全体の秩序とまとまりは、もしもそのいずれかが変更を加えられると駄目になってしまうであろう⑭。

つまり宇宙はあらゆる可能的な形態の存在が各々の特性に従って自らを現わすために創造された。故に現代の著述家の一人が演劇的観点(point de vue spectaculaire)と呼ぶもの——宇宙が人間の必要や希望に応じるという信念からではなくて、見世物としての宇宙の無限の豊富さと多様性、宇宙が示す複雑でしばしば悲劇的なドラマの壮大なる広がりから生じる宇宙に対するローマン主義的な喜びと宇宙に対する敬虔さ——は十八世紀初期において決して知られていないものではなかった。(15) 多くの十八世紀著述家のこのお気に入りのテーマはゲーテによって『凝集』(*Athroismos*)(一八一九年)の中で極めて簡潔に要約されている。「どの動物もそれ自体で目的である」。

(2) 同種のもう一つの結論が存在の連鎖の中での人間の相対的な位置についての定説よりしばしば引き出された。このことについて普通言われることは、既に見たように、人間は連鎖の中の「中間の環」であるということである。このことは必ずしもまたは(私が思うには)通例、人間の上と下にある種類は数が同じということを意味しなかった。それどころか、ロックは「我々の下よりも上にずっと多くの種があると確信する理由がある。なぜなら我々は完成の度合いにおいて、最低の存在、無に最も近いものよりも神の無限の存在からずっと遠いからである(16)」と言っている。アディソンはこの論をもっと鋭く述べている。上方への「空間と余地」は無限であり全部充たされなければならないが下の方への段階の数は有限である。(17) このように人間は系列の中間ではなく下端にずっと近かった。人間は、単に感覚を持ったものから知的な存在形態への転移点を占めているという意味で「中間の環」であった。このことは人間を卑下させる人間観を示したであろうか、それとも人間の自尊心をくすぐるような人間観を示したであろうか。詩人ヤングにとっては、中間の立場という概念を文字通りに理解したので、人間はかなり高い自己評価をしてもよいよう

に思われた。人間は

存在の終りなき連鎖の中の、無より神への中点の際立った環

であった。しかしこの理論が割り当てた宇宙における人間の地位を考える人々の殆どにとっては、この理論は謙虚さを促すもう一つの理由であった。人間は天使よりもちょっと低いものとして造られたにせよ、天使の中の最低のもの、または他の霊的な存在より低く、人間の上に連続する階層は多数であり、人間の精神がこの事をよく考えると一種の人種的劣等感が生まれて当然だった。ウィリアム・ペティ卿[*4]は一六七七年に書いている。「被造物の階層を考えることの主な用は、人間は神に次ぐものだと一般に考えるが神の下に自分より秀れた数百万の被造物があるかも知れないことを人間に理解させることである」。なぜならこのことは、「恒星の領域には人間が最も汚い虫にまさる程度よりも、威厳と至らなさの感覚において人間に比較にならぬ程秀れた存在がいる(18)」ことを人間に示すからだ。一七一〇年に或る貴婦人は――このような人物が書いたということがこの考え方が当時としては完全にありふれたことだったたと示しているが――書いている。

……もし……第一原因より最も認識し難い結果へ、無限の創造者から創造物の最小のものへと達している存在の系列があるので、ちょうど我々の下に存在が無数にあって、

しまいには一点、分割し難い固物に達するように、我々の上方には無数の存在があって我々にまさること我々が最小の虫や植物にまさるようであり、その無数の存在に比較すれば、最高の天才も最大の理性の持主も最も啓発され不屈の知識の探究者も英知の学校では一年生にも入れないような子供に過ぎないと信じる根拠があるのだということを更に考慮すれば、我々は自分自身に対して軽蔑の心を持たざるを得ず、自らの尊大さに赤面せざるを得ず、我々の愚行のいくつかを反省して恥じいらざるを得ない。その本性の権威により崇高な位置へと高められ、創造された精神が最高善と持ち得る最も緊密な融合を遂げる輝ける天使達が我々を軽蔑を含んだ微笑を以て、しかし憐みの混じった軽蔑を以て眺めているのが見えるように思われる[19]。

アディソンは数年後このことを単に圧縮しただけである。「もし最も低いものから最高のものへと存在が段階的に上昇するという概念が空虚な想像ではないとすれば、ちょうど人間が合理的本性に最も近づく被造物を見下すように、天使は我々を見下すという公算があるのではなかろうか[20]」。哲学者フォルマイ*5は、はじめて「存在の梯子」という観念に接した時の同様の印象を語っている。

他のものより自分を高いとする根拠は無いし、慢心の動機をどこから得られようか。今までは、自分は神に造られたものの中では最も素晴らしきものの一つと自惚れてきたが、今ではその幻想の大きさに驚くのみだ。その梯子の最下端に近い所に自分を見出し、自慢できることと言えば理性のない被造物にちょっぴりまさるということだけである。そしてこのことだってきっとそうとは限らない。なぜなら私が持たないような長所を持ったものが沢山いるのであるから。それどころか私の上には多数のすぐれた天使が見えるのだ。[21]

勿論、人間にまさる天使の多くの階級を信じることには格別新しいことはなかった。引用された個所は、今までのところこの信仰の存続、その信仰が存在の連鎖という一般的秩序の中に有した公認された哲学的な基礎およびこの信仰の人間観に対する影響を示しているに過ぎない。しかしこの信仰は十八世紀になるともっと自然主義的な形をとりはじめた。これはボリングブルックのいくつかの文章に示されている。すなわち「ほとんど無から人間に至るまでの」連続的な存在の連鎖があるということは観察によって立証されると彼は想像した。そして彼が嘲笑ったスコラ哲学者と同様に彼も、経験的な証拠はこの点に関しては我々には欠けているが「我々には人間よりははるかにまさるが神よりは無限に劣るものまで連鎖が続いていると確信させる最も確度の高い理由を持っている」ことがわかった。しかし彼にとってはこれらのまさったものは天使の階層ではなくて、単に太陽系または他の系の天体の住人であった。連鎖の中に〔人間〕より高級な環が存在するという信仰の興味ある理由を彼は示す。そしてそれは充満の一般的な原理を補足するものである。すなわち、人間の知的能力はそんなにも明白に、有限な知性の最大の能力にさえはるかに及ばないという事実である。

我々は無数の世界と世界の体系がこの驚くべき全体、宇宙を構成していることを疑うことはできない。また太陽の周囲をめぐる惑星やまた他の無数の星の周囲をめぐる惑星がそれに適した生きたものによって住まわれていることも疑えないと思う。このことを念頭におけば、我々だけだとか理性を備えた存在の中で我々が一番だなどと想像するほど愚かで自惚れて生意気になれようか。気がふれて理性を失ってしまわない限り、我々の理性の不充分さを承知せざるを得ない我々が。むしろ我々は、顕微鏡が無くては、また顕微鏡があっても、小さくて見えない動物から始まって感覚と知力の段階が人間にまで上って来るように(人間においてはそれらは最高になるのではあるが依然として不完全である)人間から始まって、色々の形態の感覚、知力、理性を通じて、我々より遠いので、また知力の階層におけるその程度が我々の理解を超えているので我々には知ることができない存在にまで上昇して行く段階づけがあるのだと確信しないであろうか。この様な体系が、物質的な体系のみならず……神の心には神がそれを存在せしめる前に同様に存在していたに違いない。[22]

ボリングブルックも、不可知論を口にしながらも宇宙に対する信仰を持ちたかった。そして彼にとってこのことは、自然が人間より秀れた理性的な種類のものをどうにかして創造したという前提がないと不可能に思われた。しかし人間が自分の知力の欠陥をこぼすことは不合理である。この地球上には存在の梯子のごく小部分しかなくて、人間は全然理性がないというわけではないにせよ概して大変愚かなものでその梯子のある一点――地球上の他のものよりは確かに高いが最高位のものよりは計りがたい程下位の一点――を占めるものなのだ。もし人間がこのような限界を持っているにせよ、存在しなければ組織に穴が生じそれゆえ不完全となる。ポープはきびしい四行で同様に人間をけなす。

天使は、死すべき人間が自然の法則のすべてを
明らかにするのを最近見た時に、
地球上の者のそのような英知に驚いて、
我々が猿でも眺めるようにニュートンを指さした。(23)

同様な観念が後でカントによってもっと陽気に詳述された。

人間は、言わば存在の梯子の中段を占め、……両端から同程度離れている。天王星や土星に住む最も崇高な種類の理性的存在のことを考えることが人間の羨望を目覚ましたり劣等感により卑屈にさせたりしても、金星や水星に住む、人間性の完全さには

るかに及ばぬ低い等級のものに視線を向けることによって再び満足を得るであろう。(24)

しかしカントは、そう思ったのだが、惑星間において理性的なものがこのように不平等に分配されていることの物理的理由を発見していた。彼の哲学的発展のこの段階において彼は精神の機能がそれと関係のある物体の構造によって条件づけられているということは疑わなかった。「人間が観念や表象のすべてを、宇宙が彼の肉体を通じ彼に与える印象より得るのは確かである」。これらの印象を「比較し結合する能力」、「そしてこれが思考機能と呼ばれ得るのであるが、これすらも創造主が人間に結びつけた物質の構成に全面的に左右される(25)」。さて惑星の太陽からの距離が大きければ大きい程、惑星が受ける太陽のエネルギーと熱はすくなくなる。そして生命と知力とがもっと遠くの惑星上に存在するためには、そこでの生体が成立している物質は「より軽く稀薄で」なければならないし、有機体の生理学的構造は、動物も植物も、もっと微妙に複雑に組織されているに違いない。故に「その確率は完全な確実性に近い」ような次のような法則があるとカントは結論する。

考える性質を持つものの卓越、理解の素早さ、外界の印象より人間が得る概念の明瞭さと迫真性、こういう概念を結合する能力、そして最後に実際的な能力、つまり考えるものの完成の度合は、すべて、住む場所の太陽よりの遠さに比例して、より高級に、より完全に近づくようになる。(26)

であるから「人間の知の愚かしさ」、観念の混乱、極端な誤り易さ、道徳的な堕落――カントはこういうものをボリングブルックに劣らず意識しているが――は人間の精神が「粗く鈍い物質」に依存していることの必然的な結果である。しかし地球の軌道より外側の惑星のより幸福な住人達は、精神活動に対するこのような物理的障害より比較的免れている。

より高い天体に住むこれらの幸福なものの洞察力はどんなにか進んだ知識に到達することであろうか。理解が明晰になることが道徳的状態にどんなにかよい影響をもたらすことであろうか。……情念の嵐によってかき乱されることのない穏かな海のように神の姿を映し反射するそれらの考える存在の中に……神自身がその性質のどんなにか高貴な刻印を捺すことであろうか(27)。

このように途方もないが快い思弁についてあれこれ言うのは無駄である。しかし我々が検討しているプラトン主義の伝統の諸原理が十八世紀の最善の知性すらもどんなに捕えていたかを示すのに、これ以上よい例は見つからないだろう。既に見たようにカントは、すべての天体に意識を有する住人がいると主張する気持はなかったということを思いあわせると、この例は一層注目に値いする。しかしカントは、合理的に秩序づけられた宇宙では天体の殆どに住人がいるということ、生命と知性が一つの小さな惑星にはどうしても限定される筈がないこと、存在の梯子は人間の上方にずっと延びていることとを確信していた。彼もまた、人間みたいにお粗末な被造物は自然が造る最善のものには到底及ばないと考えて慰められるのだ。人間の住む必然的に劣った天体上の最も自慢する業績も天王星や土星に住むものは憐みを以て見下すのみだ。カントはポープの詩を言い換えて結論する。これらのより高い天体のより高級な住人は、我々がホッテントトか猿を見るように「ニュートンを見る」。

一七六四年にボネ[*6]は存在の連鎖の完全さという前提より他の天体に住むものについての解明の資料を同じように引き出して来る。全く同じ葉、動物、人間が二つとは無いことが自然法則であるから、惑星や太陽系についてもそうであるに違いない。

この世界の特質をなす色々な存在の取り合わせは、他の天体では恐らく見られないであろう。各々の天体は独特の組織、法則および生産物を有する。我々の地球に比すると非常に不完全でありその中には……生命を持たないものしかいないような天体も恐らくはあろう。これに反して他の天体は完成度がとても高く人間より秀れた種類の存在しかいないかも知れない。この後者の天体では岩石は有機物であり、植物は感覚を有し、動物は理性を持ち、人間は天使である。[28]

(3)　これはしかし伝統的神学が長い間強調してきた謙虚さの動機であった。教会は常に個人が神と共につつましく歩むことと、宇宙秩序の中で自分が自分の上の無数の被造物に劣ることとを承知していることとを常に命じていた。しかし教会は人間が目下の被造物の間を昂然として歩むよう奨励した。人間は、神的理性の知的な光にあずかるので最高級の動物からも無限に隔たっているのではないか。しかし——教会の偉大な神学者が教えた——連続の原理の意味を真剣に考慮すると、人間は一番隣りの種とは心理的にも肉体的にも無限小にしか異なっていないと考えられるという結論になる。奇妙なことは、この結論がこんなにも遅く引き出されたということだ。アディソンは、両方の世界の結び目（nexus utriusque mundi）、動物と知的なものとを結ぶ環としての立場に誇りの根拠を見ながらもこの主題についての考察を次のように結ぶ。

それゆえ一点においては天使や大天使と関係がありそして無限の完成の存在を父と見なし最高級の霊を兄弟と考えることができるものも別の点では腐敗に向かい「汝は我が父なり」と言い、うじ虫に向かい「汝は我が妹なり」と言えるのだ。

特に連続の原理より論証し、ボリングブルックは人間の行き過ぎたうぬぼれを低めようとせっせと努めた。もっとも人間をけなし過ぎる人もいるとは思ったが。なるほど人間は「この惑星の主な住民で他のものすべてにまさる」がしかし人間の優越性は程度の差、それもごく僅かな差に過ぎない。

理神論を奉じる哲学者および聖職者は口を揃えてそれ〔理性〕が人間を他と区別する神の賜物、人間を卓越させたり他の被造物に命令を与える権利を人間に与えるものと誇った。……人間は神の魂の一部であると思う人々があった。もっと謙虚な人もいて、人間は創造されたものであることは認める……けれども高級な存在で最高の存在を除けば人間にまさるものはないと認める人もある。……

これらの両極端の間に真理の存在する中間の点があって、求める者は見出すかも知れない。……彼は……人間の知力と色々な動物の知力との間に多くのそのような類似に気づくであろう。同様なまたは異なった種類の知的能力と身体的感覚が動物の全種に何らかの割合いで伝えられていると恐らくは考えるに至るであろう(29)。……

人間は本性によって、それゆえ自然の創造主の計画によって動物の全種類とつながりがあり、その中の或るものとは密な関係があるので、人間の知的能力と動物のそれとの差は、外観のようにはっきりはしないが実際には種の差異を構成するものであるが、これは小さく思われるであろうし、もし動物の行動を観察できるように動物の動機を知る手段が我々にあれば、恐らくはさらに小さく思われるであろう(30)。

ポープはこのような思索を韻文にした時に、ボリングブルックの中道の教化的側面を強調した。

被造物の広い領域が遠く拡がる限り
感覚の力と知力の梯子は上昇する。
生い茂った緑の無数の草の葉より
人類の無比なる種属へ上昇するを見よ。……
地をはう豚の本能は、半ばの理性を持つ象よ、
お前のものとは何と異なることか。
それと理性との間の垣根は実に微妙だ。
永久に隔て、しかも永久に近い。
想起と思索は実に結びついている。
感覚を思想より分けるのは何と薄い仕切りだ。
そして中間のものは結合を欲しつつも
克服し難い一線を越えない。
この正しい段階づけがなければ、
これらがあれらに、すべてが汝に従うか。
すべての力は汝によってのみ従えられ、
汝の理性とはこれらの能力をすべて含むものか。(31)

最後の数行でポープは伝統的な調子に戻ってはいるが、彼は別のところでは人間が「自然の状態」すなわち「神の支配」より逸脱したのは高慢の罪だとする。といっても聖書の話の中で人間を堕落させた高慢ではなくて、人間を他の動物より不当に離してしまった高慢なのだ。

その時、高慢も、それを増長させる術もなく、
人間は動物と共に歩き、日陰を共有した。
食卓も同じで寝床も同じだった。
殺して着物や食物を得ることはなかった。
こだまする森なる同一の神殿で
声あるものはすべて共通の神を讃えて歌った。(32)

ソウム・ジェニンズ[*7]は人間の間にある知性の多くの段階を語ることにより、連続の原理のこういう結果を軽減しようとした。最高級の動物と最低の人間との心理的差は殆ど知り難い一方、このいずれかのものと最も高い才能を授けられた人間との間にあっては段階は多く、距離は遠い。

我々の偉大な造物主の仕事を調べれば調べるほど彼の無限の力と英知の明瞭な印を

発見するであろうが、その中でもこの地球の有する素晴らしき存在の連鎖ほどの印はない。感覚のない土くれより一段一段と人間の最も輝ける天才へと昇って行き、その連鎖は充分に見えるが、それを構成する環は細かくて精妙につくられているので眼には見えない。これらの様々な存在が備えている様々な性質は、容易に認められるが、この連鎖を形成する諸性質の境界は交じっているので、どこで一方が終り他方が始まるのかわからない。……神的な構成者の完全なる英知が全体としては広域にわたり部分としては認識し難いこの段階を形成したやり方は次のようである。彼は常にその次の種の性質の最高級のものをその一つ上の種の持つ同じ性質の最下級のものと結びつける。これによって巧みな画家の色彩のように、性質は溶け合いほのかに移り変るので区別する一線はどこにも引けない。……動物は貝類という低いところに発して昆虫、魚、鳥、けだものという無数の種を通して理性の領域に至り、そこでは犬、猿、チンパンヂーにおいては理性は人間の持つ同様な性質の最低のものと密接に関連するので互いに区別がつけ難い。野蛮なホッテントットにある最低の段階より理性は、学問、科学に助けられ人間の理解力の様々な段階を通って、徐々に上昇しベーコンやニュートンに至って頂点に到達した(33)。

しかし、ジェニンズは更につけ加える、

他の地上の動物に対する人間の優越性などは、普遍的存在の巨大な計画に比べれば、私が今書きつけている紙の北端と南端との間の気候の差が太陽の距離と熱に関して言えば問題にならないように、問題にならないのだ。(34)

このような言葉は十八世紀の前半の、そういうことを言う著述家にとっても読者にとっても人間と梯子の上で人間の直ぐ次に来る動物との同族性を普通は意味しなかった。しかしそのような同族性に対する信仰は、人間の自己評価にとっては、その信仰が人間性の特質性を最小にし人間と他の地上動物すべてとの間の広い裂け目を否定するかぎりにおいて、重要である。そしてその裂け目は、その当時出はじめていた、種の変態の仮説を受け入れない十八世紀の多くの人々にとっては、連続の原理が橋渡ししていた。であるから生物学的進化論の影響にしばしば帰せられる結果の一つは、実際には、進化論の学説の確立と流布にずっと先立って、それとは全く独立に生じていた。

(4) しかし人間のより低い生物よりの分離がこのように殆ど知り難い程度の差異にまで縮小されたということにとどまらなかった。普通の意味で「中間の環」と人間を定義することは、人間の構造の独特の二重性と、そこから生じる人間の悲喜劇的な内的不和を特に強調することだった。人間は自らと調和していない存在であるという認識は、勿論、存在の連鎖の観念の影響に主として由来するものではなかった。プラトン主義の他の要素と、キリスト教における「肉」と「霊」とのパウロ的な根本的な対立とが人間性についてのこの二元論を西洋思想の支配的概念の一つにしていた。そしてこのことを教え込まれた無数の世代の道徳的経験がこの論を痛切に立証するように思われていた。しかし宇宙を構成する階段のついた梯子の上で人間に割り当てられた地位は、この概念に一層の鋭さと形而上学的必然性の様子とを与えた。その梯子のどこかに、単に動物的な連続が終り、「知的な」連続がおぼろげで原初的な起原を持つような存在があるに違いない。そして人間がそういう存在である。故に人間は、——偶然的に無邪気さを失ったり悪霊の邪悪な作為の結果ではなく、普遍的な事物の秩序のせいで——対立する欲望や傾向によって引き裂かれる。同時に存在の二つの部門の成員として人間は両者の間で動揺し、いずれにも安住しない。彼はこのように自然界で一種の独自性を持つが、不幸な独自性である。彼は、連鎖の中の環のどれとも違った意味で、奇妙な雑種の怪物であり、このことが人間にある悲壮な崇高さを与えるにせよ、このことはまた感情の不統一と首尾一貫せぬ行動と熱望と能力との間の不均衡とを惹き起し、そのため人間は滑稽になる。ポープが、引用するには余りにもよく知られ、引用しないでおくにはこの観念を余りにもあますところなく示している——ポープの詩の最善のスタイルの素晴らしい例でもある——詩行において提示するのは、梯子の二大部分を結合する環としての人間の地位のこの側面である。

中間地帯というこの地峡に置かれ
ぼんやり賢く、粗野にして偉大で

懐疑的であるには知識があり過ぎ
ストア的な自負を持つには弱さを持ち過ぎ、
中間にぶらさがる。行動か休息か迷い、
自らを神と見るか、けだものと見るか迷い
精神と肉体のいずれを重んずべきか迷い
死すべく生まれ、誤るべく推論し、……
思想と情念の全く混乱せる混沌、
自らに欺かれ、かつ迷いを覚まされ
半ば立ち半ば倒れるために創造され
万物の主であり、すべての餌食、
真実を判定する唯一のものにして、無限に誤り、
世界の栄光、道化、謎である。(35)

ハラー[*8]は、自分の種類を「聖ならざる、天使と家畜の中間よ」と呼びかけ、人間を同様な宇宙的な矛盾として示す。

汝は理性に輝き理性を用いない。

結局、英知の教えは汝にとって何の役に立つか。

それを理解するには弱過ぎ、それなしで過すためには高慢であり過ぎる
汝の衰える理解力は、誤るべく仕込まれ、
真理を認めながら真理を選ばない……
すべてに判断を下しつつ、何故か知らない、
誤謬が汝の助言であり、汝は誤謬にとらわれている。(36)

しかしながらこのスイスの詩人は、十八世紀の他の著述家が詳述しているのを我々が見て来た二つの互いに補足し合う、慰めをもたらすような感慨をつけ加える。我々の地球以外にもより幸福な住人がいる天体があり、とにかく人間の不完全さは、存在の階層組織の完全さにとって不可欠なものである。

一粒の砂のように広大な天に漂う
我らのこの地球は、恐らく悪の祖国であろう。
一方星々の中に更に立派な霊が住み
罪は常にここに、徳はかなたに勝ちほころう。
だがこの一点、その価値が小さく見える世界は、
偉大なる全体を完成せんとその役割を果す。(37)

十八世紀の思想の中には、中葉以後には特に、我々の主題とはずれるが、このような人間の自己卑下に反対し次の世紀の大きな特徴となる、人間の自己についての破滅的な幻想を準備し、またその幻想に対して我々の世紀が同じく破滅的に反逆したのであるが、そんな人間の幻想を準備する他の傾向もあった。しかし存在の連鎖という宇宙論的概念に要約される観念の複合体の巨大な影響は、今我々が扱う時代においては、主に人間に事物の秩序の中における自分の卑小性に適当に気づかせ必ずしも悪くはない謙遜さと自己不信を深める傾向があった。

（B）**倫理的および政治的結果。**その〔存在の連鎖の〕概念のこの、または他の面より、様々な実際的な道徳律が引き出され得たし、とにかく十八世紀には引き出された。

(1) 十八世紀の初期には道徳律の中で一番重要で特徴的なものは、不完徳の勧め——慎重な凡庸さの倫理——と言うことが出来るかも知れない。梯子の各々の段階が満たされなくてはならないし、段階の各々はそれを他と異ならしめる特別な限界によってそれである以上、人間の義務は自らの分を守り、越えようとしないこと——しかし越えようとする傾向が特徴なのだが——であった。ある段階の存在にとっての善とは、その類型に順応することと、その系列の中でのそれの位置またはそれの種の位置を決定する形相を表現することであった。故にそれを達成することが人間の職分であるような独特に人間的な優越——天使のまたは神の優越にも動物の優越とも混同されてはならない優越——があるに違いない。そして宇宙秩序において自分より上位の存在の属性を欲しがったり特徴的な活動を真似したりすることは秩序のより低い段階に下ることと同様に不道徳である。このような倫理の方法は、人間の現実の構造——人間の特徴をなす本能、欲望と生まれつきの能力——をよく考慮したり、人間の善を以上のものの釣合いのとれた実行可能な実現という観点より述べることになる。そして人間の地位はあまり高くはないし、動物的要素と知的要素の混合であるし、人間の中に後者はちょっぴりとそして最低のまたは殆ど最低の形態で存在するのであるから、人間にとって知恵の初めは自分の限界を忘れずに、しっかりと摑んでおくことであった。

この中間の環の倫理については、またポープが第一のではないにせよ主な使徒であった。

人の至福は（驕りがその至福を見つけられるものなら）
人間以上の行為や思考をすることではなく、
自らの本性と状態とが耐え得るもの以外の
肉体や魂の能力にはあずからぬことである。(38)

ルソーは、『エミール』の中でポープの説教をおうむ返しに言っている。

ああ、人間よ、お前の存在を自分の中に限定せよ、そうすれば惨めではなくなるだろう。存在の連鎖の中の、自然がお前に割り当てた地位にとどまれ、そうすれば何ものもお前がそこより立ち去るよう強要できないのだ。……人間は、自らのあり方に満足する時に強く、人間以上のものに自らを高めようとする時に弱いのだ。

この道徳的気質は、「驕り」に対するあの絶えざる非難の中にしばしば表現され、この非難はポープや当時の多くの著述家の特徴となっていた[39]。驕りは「秩序の法」すなわち段階づけに反する罪であり、「宇宙の原因〔神〕に逆らい」宇宙の体系そのものを乱そうとする試みである。

驕りに、推論する驕りに我々の誤りがある。
すべては自己の領域を捨て天空に飛び出す。
驕りは常に至福の住み処を狙い
人間は天使に、天使は神になろうとする。[*9]

従って人間は精神の広大な冒険はすべて忌み嫌うべきである。そんなことをする筈もないし能力も備っていないのだ。「謙虚さを道案内として科学の道を辿れ」。そうして虚栄、誤謬、学問の贅肉が除去された時に、

過去に役立ち未来にも役立つに違いない

残りの総和がいかに少ないか見よ。[*10]

ここでは存在の連鎖——そして「中間の環」としての人間——の概念は一種の合理主義的反知性主義となった。しかしこの概念はまた——倫理の基礎とされた時には——たとえばストア主義のように僭越な厳しい道徳理想をすべて非難する結果にも通じた。とりわけこの概念は、キリスト教的でプラトン的な伝統の特徴であったあのあの世的性格を公然と留保なしに拒絶することに通じた。「去れ、不可思議なものよ」とポープは軽蔑を込めて書く。

行きてプラトンと共に最高天へ飛翔せよ、
第一の善へ、第一の完全へ、第一の美へ、
はたまた彼の使徒が踏んだ迷路を踏み歩き、
感覚を忘れることを神の真似と呼べ。
東方の僧侶が目をまわしながら円形を歩み、
太陽の真似だと言って頭をめぐらすように。[*11]

この講演の初めで区別したプラトン主義の中の二つの流れがここで全く分離してしまい、一方が他方を克服してしまった。「上方への道」、被造物の梯子を通して神に至る精神の上昇という観念は放棄されてしまっている。しかし放棄の最も強力な動機でないにせよ、主な哲学的理由は、常にプラトン的伝統の同じ程度に特徴的であった充満の原理の中にあった。そしてその原理からのこのような演繹は、私が既に示したように、すくなくとも一貫しているしもっともなものであった。もし連鎖の中の可能な環すべてが宇宙で永遠に表現されなければならないとしたら、そしてもしこのような考察が宇宙論的な一般論から転じて道徳的な命令に変化するのだとすれば、神の真似は人間の仕事ではあり得ず、梯子をよじ登る努力は神の目的に反する反逆行為——自然に対する犯罪——であるに違いないということが当然結論されるように思われた。この様に推論する者にとって当然起るべきだった——しかし起らなかったらしい——疑問は、宇宙の完全さは永遠の原因〔神〕によって充分に保証されているのかどうか——もし必然的に宇宙は存在の切れ目のない連鎖であるとしたならば、その連鎖のいずれかの環はその地位を去り、それゆえに

全被造界に空虚な点を残し

そこでは、一段が欠け、大いなる梯子は壊れる[*12]

ことが有りそうなことかどうか——であった。

(2) 宇宙における人間の立場は平凡であるという仮説は、人間の知的才能に適用されると、当時のゆううつな、または強靭な精神の持ち主は見逃さなかったもうひとつの意味を

含んでいた、または含んでいると考えられても当然であった。その意味とは、血族関係とは言わぬにせよ、種類が他の動物にそんなに似ていてそんなに限界のある被造物は政治的な英知や美徳においてあまり高い水準に達することは必然的にできないであろうということと、だから人間の政治行動や社会構成においては大きな改善は望むべくもないということであった。ソウム・ジェニンズによれば、「人間の政治すべてに無数の欠陥が内在し」これらは「宇宙内での人間の地位の劣等性にのみ由来し、このことが人間を必然的に自然悪や道徳悪に曝し、同様な理由により政治的および宗教的悪にも曝すに違いない。そしてこの後者は前者の結果に過ぎない。秀れた存在は暴政や腐敗のない政治を自ら組織するか創造主より受けとるかも知れない。……しかし人間にはできない。なるほど神が人間をそのような立派な仲間の列に移すかも知れないが、人間が人間である間は無数の悪を免れない」――たとえば「すべての国民が政治の故に苦しんできた暴政、抑圧、暴力、腐敗、戦争、荒廃という悲しみに満ちていて、そのくせ人間の堕落のせいで人間の政治すべての本質の中に織り込まれていて、それなしではどんな政治も確立はおろか維持もできなくて、そのような堕落を完全さに変えない限り、つまり人間性を完全に変革しない限り防止できないような重荷」(40)がその無数の悪なのであるが。ジェニンズは結論する、故に良い政治形態は今までにあったことはないし将来も決してないであろう。勿論、或るものは他のものよりは良いであろう。しかし現存する秩序をきびしく糾弾しそれを根本的に変革しようと夢みるものはこの基本的真理――「これらの悪すべては物の本性と人間性より生じるのであって特定の人間の弱点や悪、またはそういう人間が特定の政治の中で勢力を持つことより生じるのではない。そういうことの程度は個人に依るかも知れないが、そういうものの存在は不変である」[41]——を忘れている。

存在の連鎖とそこでの人間の地位より導かれた同様な結論が宗教に関してもジェニンズによって述べられる。自然の光によっても啓示によっても人間は宗教的知識においては明晰さも確実さも大して得られそうにもない。

> 神は被造物に対し、被造物の本性や構造のせいで理解できないように神自身が配慮したような知識は与えることはできない。神はもぐらに天文学や、かきに音楽を教えることはできない。なぜなら神はこういう知識の獲得に必要な器官や能力を与えていないのであるから。……故に神よりの宗教は、無限の能力、英知、善より我々が期待するようなものでは決してなく、人間の無知や弱みに合うように程度が下がらなければならない。最も英知ある宇宙の立法者が子供部屋の法を制定するとすれば、それは子供じみた法である。それと同じく神が宗教を人間に啓示するとすれば、啓示者は神的であっても宗教は人間のものでなければならない……故に無数の欠点を免れない[42]。

充満と漸次移行の原理は、色々に用いられたが、このように政治の現状維持と既成宗教の一種の悲観的でぎこちない弁護論の役を果した。改革者の熱情に水をさすものであった。

人間は天使ではないし天使になるべく意図されてもいなかったのであるから、人間が天使であるかのように振舞うのを期待するのは止めよう。そうして政治の形態または機構を変えることによって、本質的に変革不可能な人間性の限界を取り払うなどと思うのは止めよう。なぜならそれは、他の種類の被造物のみならず人間を、宇宙を完成するために、必要とする宇宙の秩序に内在するものであるから。

しかしジェニンズの批判者の一人は、この前提は否定しないが、結論に矛盾があると考えた。その人によれば、ジェニンズの論証は「単なる言葉の上でのこじつけに過ぎない」。無論人間は「第一級の被造物のための政治や宗教」を期待することはできない。その意味では人間の政治も宗教も不完全であるに違いない。しかしこれらの点に関しても人間が相対的な完成――「そのために政治と宗教が設けられている一団の存在の目的に最も便宜的であるような政治と宗教[43]」――を実現できない理由はない。

この批判者は知らずに、充満の原理のこの適用や他の適用の或るものの中にある重要な暗黙の仮定を指摘した。これらの議論によれば、人間の能力や業績は、存在の梯子の中での人間の地位によって限定はされるものの、人間はそういう限界の彼方を見たり、――良きにつけ悪しきにつけ――限界にそしてそれ故に自身に不満を感じることが出来るのが人間の特性である。人間は、構造的に自分自身の本性と宇宙の性質の中で占める自分の地位に不満である。そしてこのことは聖人、神秘家、プラトン的またはストア的道徳家そして改革家がこもごも証明するところだ。しかしここでもまた充満の原理は自らと微妙に対立する。人間の自分の現在の構造と状況とに対するこの永遠の不満は、結局人間の種差、存在の梯子の上での人間の位置にふさわしい特徴の一つであるに違いない。もし人間の地位が不満を要求しないとしたら、人間はどうしてそれを持つようになったのであろうか。しかし、もしそれが必要とされたとしたら、それが非難されるのは矛盾している。そして可能な宇宙の中での最善のものの中のこの点において不満が存在することは、人間はすくなくとも永久に同じ地位を占めるよう意図されておらず、この梯子は、単に想像力によってだけではなく事実登られるべき文字通りの梯子なのだということを示すものとして受け取られるかも知れない。我々は、間もなく議論がこのように展開するのを見るであろう。しかし充満の原理のそれほど陽気ではない解釈者は、人間に固有で人間らしさを与える欠陥は、所有することができない完全さや構造的に達成不可能である美徳のヴィジョンを持つことが運命である被造物であることにほかならないと答えることができたことには疑いはない。なぜならこういう人間も可能な種類の被造物の一つであり、そうだとすれば充満した宇宙は、このイカルスの悲劇的な種属をも含んではならないのであろうか。実際このことは人間——同時に霊と肉との存在、純然たる動物と理性的なものとの中間の種——に伝統的に割り当てられている正に中間の地位の当然で不変な結果ではないであろうか。

(3) しかし存在の連鎖という宇宙論的概念の中に含まれる原理が社会的不満、特に平等主義的運動に反対して用いられる方法は一つにとどまらなかった。仮定によれば、宇宙は様々な体系の中で最上であり、他のどのような体系も同様な原理に基づいて構成されている限りにおいてのみ善である。そして宇宙を創造した無限の英知の目的は、不平等によって最大限の多様性を獲得することであった。そうだとすれば、人間社会は、その限界内で同様な欠陥を実現する傾向があって始めて良く構成されているのだということは明らかだ。勿論これが、しばしば誤って応用され少年少女を悩ませたポープの有名な言葉の主要点であった。

秩序が天の第一の法であり、このことが告白されれば
或る者は他の者より偉大であり、富んでおり
賢明であるし、またそうでなければならない(44)。

これは決してポープのトーリィ主義[*13]の何気ない句ではなかった。「秩序」すなわち階層的漸次移行が神的理性により至る所で要求されているということは『人間論』の楽観論の論拠の基本的な前提である。このように存在の連鎖の説は国教会の教義問答書の命令に形而上学的承認を与えた。すなわち各人は「神がその人をそこに呼び給うた人生の地位」――宇宙的梯子の中にせよ社会的梯子の上にせよ――「において自分の義務を果すよう真に努力すべきである」社会における自分の地位を去ろうと努める人は、また「秩序の法を倒錯すること」である。「故に、秩序を不完全と呼ぶを止めよ」。つまり平等を要求することは「自然に反している」。

この政治的社会的道徳を提示する点でポープは全然独創的ではなかった。ライプニッツも可能な宇宙の中での最善なものと可能な社会の中での最善なものとの間の平行関係を同様に指摘した。

境遇の不平等は悪と考えられるべきではない。ジャクロ氏がすべての物が同様に完全であることを望むような人々に対し、何故岩は葉によって飾られずありはくじゃくではないのかと問うのは正しい。もし平等があらゆるところで要求されるならば貧しい人は富める人に対して平等の要求を、従者は主人に平等の要求を突きつけるであろう。(45)

確かにこういう議論は、どちらの側からも利用できた。社会には地位の高低がなければならないと信じるために別に説得を必要としない人々にとっては、この前提は、創造における神の計画を人間に正当化するために援用され得た。エドマンド・ローが推論したのはこの後者の方法によってである。

万人が支配者で誰も家来ではないということは不可能である。この例からも、被造物がお互いに持つ関係は、無限の能力〔神〕に対してさえ制限を与えるかも知れないのだから、被造物が現在持っている性質を有する限り、現在そうであるのとは違った気質をある点について持つことは被造物にとって矛盾であるということや、同種のすべてのものが同様な便宜を与えられることはできないことが理解できる。(46)

大宇宙と社会的小宇宙との類推は、ソウム・ジェニンズによってもっと充分にそして素朴に表現された。

宇宙は、大きくてよく斉った、役のある者も奉公人も、家畜さえも互いに正しい従属をしているような家に似ている。各々はその地位に応じた権利と心づけを得ると同時に、正しい従属関係により、全体の壮大さと幸福に貢献する。(47)

この類推は、このように、社会の現秩序が快適な者の自己満足を正当化するのに役立ったが、十八世紀の政治思想においては比較的に小さな要因であったことは疑いない。このような保守的な弁護論を否定はしないが修正するようなもう一つの意味が、当時流布されていた宇宙構造にはあったことを忘れてはならない。なるほど従属は不可欠であったがそれは隷属なしの従属であった。我々が見た通り、どんな被造物の存在も単に梯子の上で上位にあるものの幸福のための手段ではなかった。各々は独立の存在理由を持っていた。結局はどれも皆同じく重要であった。それゆえ各々は上位のものより尊敬と思いやりを受ける権利と、自分自身の生活を送ったり、その地位にふさわしい「権利と心づけ」を得たり、機能を果したりするのに必要であろうものすべてを所有する権利を持っていた。存在の連鎖の概念の二重の面は——地位の高い者に満足を与えることの方が低い者を慰めることより依然として多いことは認めなければならないが——しかるべき質の韻文にちゃんと述べてある。

　英明な摂理は
様々な者に様々な役を与える。
いやしき奴隷、溝を掘る者も
汗して富者を養うゆえに有用であり、
富者の方では貯えを与え
働く貧者は快適に食べて行く。
富者は最低の奴隷も軽んじてはならない、
彼も同様に自然の連鎖の一環である。
働きは同じ目的に連なり
神の目的を両者とも行なうのだ。(48)

第七講　充満の原理と十八世紀楽天主義

十八世紀の楽天主義者に共通の論題は、悪名高きことであるが、現実の宇宙が可能的な宇宙の中の最善のものであるという命題であった。そしてこの事実は、「楽天主義」という語が通俗的な用法において帯びるようになった意味と相俟って、この説を奉じる人々はあふれるばかりに陽気で、人間の経験と人間性に対し馬鹿みたいに盲目で、およそ感覚を持つ生物のすべてに明白な苦痛、欲求不満および葛藤に不感症な人々であるという信念を産み出してしまった。しかし実際には、楽天主義者の信条の中には、我々が通例悪と呼ぶ事実に目をつぶったり軽視したりすることを楽天主義者に論理的に要求するものはなにもなかった。十八世紀の哲学上の楽天主義者は、悪の非現実性を主張するどころか、その必然性を立証するのに専念した。この宇宙が可能な宇宙の中で最善なものであると主張することは、この宇宙の絶対的な善については何も意味しないのである。形而上学的な見地から存在可能な他の宇宙はもっと悪いであろうということを意味するに過ぎない。楽天主義の推論が向けられたのは、現実の宇宙の中に人々が通例善と考えるものがどの位あるかを示すことよりもむしろ可能な宇宙――「創造以前に」神の精神が観想したと考えられており、またその必然性によって全能性にもかかわらず神の創造力が限定されたところの、可能であり共可能であるものすべての観念を含んでいるあの永遠なる論理的秩序――の中にどんなにすこししか善がないかを示すことに向けられていた。

事実、根底においては、楽天主義はマニ教的二元論と多くの共通点を持っていた。そしてベール[*1]がこの二元論を弁護したことに対し弁神論の多くが反論したのである。楽天主義といえども、ライプニッツが認めたように、二つの対立する「原理」があった。「悪の原理」は、神の意志の好意的な意図に奇妙な障害を課する神の理性に単に帰せられた。その存在と、善に対するその敵意を合理的には説明できない一種の異質の反神に由来するに違いないとベールが論じた諸悪は、楽天主義者によって事物の本性に内在する必然性に帰せられたが、こう考えることの方がより陽気な見方であるかどうかは疑わしかった。なぜなら時が満ちれば悪魔は押えつけられると思うことは可能であったし、啓示された宗教の真の信仰者はそうなるであろうと確信していたからである。ところが論理的必然性は永遠のものであり、そこから生じる悪は、それゆえ、永遠であるに違いないからである。このように十八世紀の楽天主義は、それが全く反対していたことになっていた二元論に近い点があっただけではなく、楽天主義の主唱者の議論は、時としては、悲観論者――当時かなりいたタイプであるが[(1)]――の議論に妙に似ていた。教訓は異なっていたが経験する具体的な事実についての見方はほとんど同じ時もあった。悪――そして多くの悪――が事実の一般的な構成に含まれているというのが楽天主義者の論点であったから、悪の総和の大きさ、人生における悪の深く広い浸透について、時には大いに語ることが目的に叶うことだと楽天主義者は時々考えた。たとえば、ソウム・ジェニンズは、十八世紀中葉の典型的な弁神論の一つの中で宇宙の構成の感嘆すべき合理性を我々に次のように説得しようとする。

苦痛の抽象的な性質の中には快楽を進めるような何かがあり、個人の苦しみは普遍的な幸福にとって絶対的に必要であると私は確信している。……自己または他のものの前もってのまたは事後の苦しみによって購われないような快楽または便宜が被造物によって獲得されたという例は一つとして提出できないと私は信じている。強大な帝国は繁栄と栄華の頂点に、どのような死人の山を越えて押し上げられ、その没落に際してはどのような荒廃の情景が現出するであろうか。繁栄する都市の便利さや楽しさは人間と動物のいかなる無限の苦役に負うものであり、またこれらの便宜がいかなる悪徳と惨めさをもたらすであろうか。——我々の種属保持に関する快楽の前後には無数の悩みがつきまとう。宴に先立ち様々な動物が殺され苦しめられ、宴の後では、動物を殺した者を復讐せんものと一皿ごとに病いが待ち受けるのだ。(2)

この暗い雄弁は、原理的には、楽天主義と完全に調和していて、その擁護者のすくなくとも一つの当然の傾向を明示している。なぜなら説明すべき悪が多くて怪物的であればあるほど、弁神論の著者がそれらを説明した時には、それだけ勝利が大きいのだから。

楽天主義のもっと素朴な表現のいくつかに見られる議論は、事実、無限に好意を持ちながら、善なる世界を形成しようと努力した際に「事物の本性に内在する必然性」によって悲劇的に妨げられ、当惑している創造主に対する憐れみの念を読者の中に産み出す傾向がある。人類の創造を考えた時に全能の神が置かれた——ソウム・ジェニンズは権威を以て我々にそう伝えるが——立場より哀れを誘うものが一体あるであろうか。

我々の難問は、全能者がいかに多くの困難な点と取り組まなければならないかを忘れることから生じている。この問題について言えば、神は、無垢を苦しめるか悪の原因となるかのいずれかを選ばざるを得ない。明らかに他の選択はない[3]。

つまり楽天主義者の書いたものは、ヴォルテールの「あなたは歎き悲しむ声で『万事うまく行っている』と叫んでいる」という言葉に充分な根拠を与えた。『リスボンの惨事について』におけるヴォルテールのこのような哲学者に対する不満の主なものは、しばしばそう考えられて来たのとは反対に、彼等が馬鹿みたいに陽気であるとか悪の現実性についての彼等の見方が皮相であるというのではなかった。彼の不満は、彼等のいうことがあまりにも気の滅入るようなことであり、彼等が我々の経験する現実の悪を宇宙の永続的組織に内在する必然的なものとして表現することによりもっと悪いもののように思わせてしまうことであった。

必然性のこの不変の法則を不安な
私の魂にこれ以上示さないでくれ

ヴォルテールにとっては説明のつかない悪の方が説明のつく悪よりも、その説明が、まさにその悪を避けることは永遠に不可能であったし、そのような他の悪を避けることは永遠に不可能であろうということを立証することに他ならない場合には、まだ耐え易いものに思われた(4)。この点については、彼自身の感情と、他の人々の感情の動きについての彼の仮定とは、スピノーザのそれとは正に反対であった。スピノーザは、何にせよそれがそうあるのとは別のあり方であることは不可能であったことを我々が一旦知れば耐えられるものになると信じていた。「すべてのことは精神が必然的であると知れば知るほど感情によってそれだけすくなく悩まれる(5)」(quatenus mens res omnes ut necessarias intelligit, eatenus minus ab affectibus patitur)。十八世紀の楽天主義の著述家のほとんどは宇宙的決定論においてスピノーザほど徹底的でも率直でもないが、彼等の与えた哲学的な慰めは根底ではスピノーザのと同一であった。それは本質的に知的な慰めであった。それが通例かもし出すことになっていた気分は、必然性が絶対的であり気まぐれによるのではないという確信に基づいた、または度が昂じると、万物の一般的組織の合理性をよりよく証明するためには地獄に落ちる——つまり、既に落ちている程度においてであるが——こともいとわぬ熱心さに基づいた、必然性には熟考した上で従おうという気分であった。物理的な悪にせよ、道徳的悪にせよ直面した時には、「よく熟考することは甘受することである」とポープは書いているし、また次のようにも言う。

汝自身の特質を知れ。汝が天に与えた
盲目と弱さの種類とそのしかるべき度合を。
甘受せよ。[*2]

楽天主義の著述家が、善が悪より生じることをしきりに証明しようとしたのは、勿論、事実であるが、彼等が絶対に証明しなければならなかったことは、善はそれ以外の方法では生じることが出来ないということだった。彼等が議論の頂点に達すると全体としての宇宙体系の完全さを雄弁に語ったことも事実ではあるが、この完全さは、その体系の有限な各部分の幸福や優越を意味するものでは決してなかった。それどころか楽天主義の通例の証拠の基本的で特徴的な前提は、全体の完全さはあらゆる程度の不完全さが部分の中に存在することに、左右される、いや存するのだという命題であった。ヴォルテールは、この議論を次のように要約しているが必ずしも不当ではない。

個別存在の不幸のこの宿命的な混沌の
中に総体の幸福を構成する。

楽天主義者の企ての本質は、宇宙の「善性」の証拠を、非哲学的な人には悪と見えたものの少なさの中にではなくむしろ多様性の中に見出そうとしたことであった。

以上のことすべては、十八世紀の弁神論の中では最も初期の、そして直接および間接的影響を考慮すると、恐らくは最も影響力のあったものの中に述べられている議論を論理の展開に即して分析することによって、一番よく示すことができる。それは当時デリーの主教であり後にダブリンの大監督になったウィリアム・キングの『悪の起原について』(*De origine mali*)(一七〇二年)である。ラテン語で書かれた原著は広く読まれたようには思われないが、一七三一年に、後にカーライルの主教になった英訳者エドマンド・ローがキングの遺稿の抜粋や「ベールや、人間の自由に関する哲学的考察の著者であるライプニッツおよびその他の人々の反論に対して原著者の原理を擁護するのに資するような」原著者の覚え書きを豊富に付け加えた英訳が出版された。[6] ローの生前この英訳は五版を重ね、広く読まれ話題になったように思われる。[7] ローは、当時のイギリス国教会の神学の「最も広教派的な立場」の代弁者として重要な人物であった。それに一七五〇年代と六〇年代にケンブリッジのピーターハウス学寮長およびナイトブリッジ道徳哲学教授であったという彼の学問上の権威が彼の影響力の範囲を拡げたことには疑いがない。[8]『人間論』の第一書簡の中での楽天主義の弁護の基礎となった、奇妙に一貫性を欠くように配列し直された諸概念をポープが直接にまたはボリングブルックを通じてキングの原著から引き出したことは殆ど疑いない。[9]なぜならポープがそれらの概念を源泉、すなわちプロティノスの『エニネアデス』から引き出したことはありそうなことではないからである。

キングがこの主題についての考察を始めるにあたり、ばら色の眼鏡をかけたとは決して言えない。彼は始めから、楽天主義的見方とは極めて相容れないと思われる事実全部を認める。すなわち「元素間の、動物間の、人間間の絶えざる戦い」や、「幼時より人間生活に常にまつわる」ところの「誤謬と悲惨と悪徳」や、悪者が栄え正しい者が苦しむことなどである。「惨めさの軍隊が人間生活を通じて行軍している」。しかもキングはミルトンの弁神論の驚くべき浅薄さから免れている。彼も意志の自由を仮定するが、この仮定は問題の小部分にしか触れることができないことを明瞭に看取している。すべての悪が「外的であったり、我々の選択によって得られる」とは限らない。その多くは自然そのものの構造より由来する。[10]ベールの二元論的な説は、「あらゆる種類の非難より神を放免する」という利点を持つ一方、哲学的に見れば「不条理な仮説」である。つまりキングは悪を人間の意志の不可解な倒錯や悪魔の策謀に――すくなくとも第一に、または、主として――帰してはいない。彼は悪の必然性を神自身の性質の考察より証明するというのだ。彼の目論見は、存在の悪すべてに直面し、それらが「無限の英知、善、能力と矛盾しないのみならずそれらから必然的に由来する」ことを証明することに他ならない[11]。

悪を三つの種類——限界または不完全の悪、「自然の」悪、道徳的な悪——に分類する伝統的な方法が、彼の論の全般的な図式となっており、その論は、つまり、第一の種類の悪がなければ創造は全く有り得なかったであろうし、またすくなくとも第二の種類の全部は第一のものから厳密な論理的必然性により由来するというのだ。全能者といえども自分自身と全く同じものを創造することはできないであろう。もし神以外の存在が何か存するとしたら、それらは神と「欠陥の悪」によって必然的に区別されなければならないし、仮定によれば、お互いからは、その欠陥の多様性によって区別されなければならない。つまり悪は、主として、欠乏である。そして欠乏は一つの存在をのぞく全存在の概念の中に内包されている。このことをローは、キングの「図式」の要約の中でアリストテレスおよびスコラ哲学の用語で述べる。

すべての被造物は必然的に不完全であり神の完全さには無限に遠い。そして逍遥学派の欠乏のような否定的原理が認められるとすれば、創造された存在は、すべて、存在と非存在とから成り立っていると言えるかも知れない。なぜならそれが欠いている完全さや、他のものが有している完全さを顧慮するとそれは無であるから。そしてこの……創造された存在の構造の中に非存在が混入していることが自然的悪すべてと、道徳的悪の可能性の必然的な原理である[12]。

キング自身の言葉で言い換えれば、「被造物は極めて完全な父である神より出ているが不完全さである無をその母としている」。この概念の実質的には二元論的性格は、劣った方の親が、その名前が意味するように思われる純然たる否定的な役割にもかかわらず、子供の多くの一見高度に肯定的な諸特性の原因であると考えられたという事実によって、示されている。しかしこのことは、一つには第二の、すなわち悪の原理が「無」と呼ばれたり、また一つには、宇宙の一要因としてのその存在とその結果とが不可解な偶然としてではなく論理的に必然的と見なされることができたので、非難すべきではない二元論であると感じられた。

しかし重要な点は、この単純でほとんど同語反復のような推論にあるのではなかった。疑いもなく、もし絶対者が自らの完全さの孤独の中に永遠にとどまるのではなかったとすれば、限界または不完全さという主要な悪が、絶対者の産出する他の存在すべてに特徴を与えなければならない。しかしだからといってその悪は、そのような他の、必然的に欠陥のある存在を創造することがそれ自体善であると証明されるか仮定されない限り、正当化されなかった。このような肝要なプロティノス的な仮定をキングは、決して自明ではないと思われるそれ以上の仮説をも含めて、ためらわずたてた。神以外のあるもの、有限で不完全な性質を持ったあるものが存在することが善であるとたとえ認められたとしても、不完全さの中の最高級のもののみが産出された方が——キリスト教の神学の伝統においてかなりの権威を以て支持され比較的最近においてはミルトンによって復活された天地創造の一つの説明によれば事実そうだったと言われているのであるが(13)――より合理的ではなかったろうか。もし神が仲間を必要とすれば――これを認めることは哲学的には矛盾であり神学的には異端であるが――すくなくとも善き友、純粋な天使達のみからなる神の国(civitas dei)であるべきではなかったろうか。この問が(古代と中世の著述家の援用によって)否定的に答えられなければ、キングは満足すべき弁神論を達成する方法はないと考えた。単に不完全さ一般のみならず現実世界の目につく具体的な不完全さの一つ一つが創造されるべきであったのだと証明することが必要であった。そしてこのことは、あらゆる種類のもの(可能物の序列の中でいかに下位に位置しようとも)が、その存在が論理的に考えられる、すなわち矛盾を含まない限り、現実に存在することが本質的に絶対的に善であるということが前提として主張されなければ、証明できなかった。

故にこの主張が――神学の言葉で表現され――キングとローによって提出された楽天主義の論拠の中で本質的な命題であった。神の本質の中には、神の完全さの一要素として、「善」という特別な属性が内在する。そしてこの属性は、他のそしてより劣った本質すべてが最低のものに至るまで――単独にせよ合同にせよ、できる限り――その種類に応じた現実の存在を持つことを必然的にしている。

実際、神は創造を差控え、永遠に一人で、自足し、完全であったかも知れない。しかし彼の無限の善は決してそれを許さないであろう。だから彼は外的なものを産出した。これらのものは、完全ではありえなかったので、神の善は不完全なものを全くの無よりも好んだ。であるから不完全さは神の善の無限より生じたのである。(14)

そして、このように自分自身の性質によって現実の存在を不完全な本質に与えるよう拘束されているので、神は現実存在という恩恵を何に対しても拒絶することができなかった。

もし神は、不完全な諸存在を省略したかも知れないと君が言うならば、私はそれを認める。そしてもしそれが最善であったとすれば、彼がそうしたであろうことは疑いない。しかしまさに最善を選ぶのが無限の善の役割なのである。故にそこから不完全なものが存在するということが出て来るのだ。なぜならば産出しうる最小の善をも省略しないことがそれ〔無限の善〕に合うのであるから。有限の善であったならば、偉大なものを創造するだけで枯渇してしまったであろうが、無限は全てに拡がる。……神の作品には、それゆえ、完成度の多くの、恐らくは無限の段階があるに違いない。……或る種のもの全体が宇宙に欠けているよりは、或るものにその性質が受けるべき大きな程度の幸福を与えない方がよかったのだ。(15)

可能な種はすべて現実存在を享受しなければならないのみならず、キングの編集者〔ロー」によれば「この存在の大連鎖にはいかなる空虚も欠落した環もないことがわかる以上、あらゆる種は、その性質が許す限りまたは（ローは敬虔に、しかし自分の原理に基づいて同語反復的につけ加えるが）神が適当と考える程度に充実していることもまたきわめてありそうなことである」。

だとすると楽天主義の十八世紀の通常の論拠は充満の原理であった。この原理は、キング以前の数百の著述家によって表現され、新プラトン主義的な、それからスコラ主義的な弁神論の両者の基礎となっていたので、この原理が後の楽天主義者達によって利用されたことは、彼らがこの原理をキングより引き出したことの証拠ではない。それにもかかわらず、既に示した理由により、次のような公算は依然としてある。すなわちポープが、存在するものは何にせよ正しいのだという命題の彼なりの論拠の中で、基本的な地位を、「可能な体系の中で最善のもの」においては

> すべては充満していなくてはならず、さもないと結合力を失ってしまう。
> 上昇するものはすべてしかるべき段階を経て上昇する。[*3]

という前提に与えたのは、『悪の起原について』の中でこの原理が反復され詳説されたからである。

弁神論の目的で充満の原理は、極めて直接的に明らかに「欠陥の悪」の「説明」として

役立った。被造物の各々の種の、存在の梯子におけるその地位を決定する、諸限定は、宇宙の「充満」を構成する、ものの無限な分化にとって不可欠であり、それゆえに最大限の善きものの実現に必要である。故に人間が、与えられたかも知れない才能や享受の手段を欠くといって不平を言うのは合理的ではない。ローの言葉によれば、

完全から無へと段階を経て下向して行き、その中間にある地位と程度のすべてにあって欠けるところのない存在の梯子という点を思えば、何故人間はもっと完全に造られなかったかとか、人間の能力は何故天使の能力に匹敵しないのか、という問の不条理性が直ぐにわかるであろう。何故なら、このことは他の種が全部充満しているのに、人間はなぜ存在の他の種類に入れられなかったのかと問うのにほかならないからである。(16)

つまり、「人間は自分の地位を占めるかそれともどの地位も占めないかのどちらかであることが必然的」であった。もし人間が他の場所を占めたとすれば彼は同じものではなくなろう。そしてもし人間が全然存在しなければ、系列に隙間が生じ、創造の完全さは破壊されてしまうだろう。分化をもたらすこれらの欠陥が「そのような不完全な性質の被造物を要求するような、宇宙のそんな部分を占めることが運命である人々に対しては多くの不便をもたらす」。たとえば、鳥に与えられている一つの完全さである翼が人間にはない。

現状においては人間は翼が持てないことや、翼を用いることは社会にとって大変に有害であろうことは明白である。それにもかかわらず翼のないことは我々を多くの不便にどうしてもさらす。……不完全さの悪が必然的に我々に欲求が満たされないというようなことや、その他の色々の悪を経験させるが、そのくせ共通の善のためにそれらの全部が必要なのであるというような場合の例を数千も挙げることが出来る。(17)

純粋に論理的な慰めのこの特別の形に、ポープは、キングにかなり明らかに影響されて、何度も触れる。「欠けたところのない体系」においては「どこかに人間というような地位があるに違いない」。そしてその地位を占めるものは、尺度において自分よりも上のもの、または下のものの特性を示す属性を望むことは合理的ではない。(18)

人間はなぜ顕微鏡のような眼がないのか。
人間は蝿ではないとの単純な理由で。

そして(すでに引用した詩を繰り返すと)

より優れたものに我々が迫れば、

より劣れるものが我々に迫りかねない。
または被造物全体の中に間隙をつくりかねない。
そこでは一段階が崩れれば、偉大なあの梯子は壊れるのだ(19)。

しかしもしも充満の原理が限定とか特殊という「形而上学的な」悪の説明にしか応用できなかったのだとしたならば、楽天主義者はこの原理によっては目標には余り近づけなかったであろう。我々が悪と呼ぶもののほとんどは、単なる欠陥として述べるのには不適当に思われる。歯が痛むプラトン主義的哲学者であっても、自分の苦痛は全く否定的なもので、或る考えられる積極的な善が単に不在であるということに過ぎない形而上学的空虚であると納得するのは恐らく難しいであろう。であるからキングは、多数の「自然的」悪を同一基本原理の同様に必然的な結果であることを示すために、或る工夫をせざるを——というよりは多くの先駆者の工夫を利用せざるを——得なかった。彼は、真に「充満した」宇宙内には対立が必ずあるに違いないという根拠で、まず、そのことを示そうとした。被造物は、必然的に相互に群がり、さえぎり、故に対立する。この必然性は、物質の運動において、主として現われる。神が物質を、物質が「統一的に全体として、直線または円を描くよう運動し、それゆえ運動の対立が防がれるように」、処理することも理論的には可能であった。しかしそのように単純で調和した物質の体系は、また、不毛で無益でもあったに違いないと我々は思う。

であるから、それ（物質の体系）の中にそれを部分に分け、流動的にし、動物の住む所となすような運動が惹き起されなければならなかった。しかし、そのためには、ものを考える人は誰でも認めるであろうが、運動の対立が必要となった。そして物質に関して以上のことが一旦認められれば、部分の分裂と不均衡、衝突と対立、細分割、凝結、反撥作用と、我々が生成と腐敗の中に見る悪のすべてが必然的にその結果として出て来る。……凝結したものの相互の衝突は、それゆえ、避けられないし、それらが互いにぶっつかる際に、部分の激動と分離……（すなわち）腐敗が必然的に生じよう。[20]

それに、存在の梯子に占める人間の地位は、部分的に物質的で、部分的に精神的であるので、人間は必然的に物質のこういう衝突にまき込まれ、不幸な影響を受ける。楽天主義者は有機的宇宙の「充満」という概念にこだわるあまり、時としては、生命を得ようと熱望するもので一杯であり、ゆえに生存を得ようとする闘争が至る所で行なわれている自然という、ほとんどダーウィン的なまたはマルサス的な像を（観念の当然な混同によって）描くに至った。キングは、天国にも住宅問題らしきものが存在すると我々に言う。

なぜ神は、人間は天国ではより幸福になれるのは明らかであるのに、即刻人間を天国に移さないのか、また、なぜ神は人間を暗い牢のような地球にそんなに長期間にわたり押し込めておくのかと君が問うならば、私は答える。天国には住民が既に居て、彼等のあるものがより高い境地へと出発するか、それとも、どうにかして新入りの入来の余地を工面しない限り新しい住民を入れることはできない。[21]

「苦痛、不安、死の恐怖」の起原をたずね、人間を苦しめる他の情念の起原を間接にたずねるキングの素朴な推論方法には、これ以上触れるにはおよばない。この宇宙が可能なものの中で最善の宇宙であると考える自分の根拠をその中で要約している、簡潔な悪の系譜から引用すれば充分であろう。

無限の善が神に最善をなすよう常に促す一方で、悪が互いより生じ殖し合うのを見よ。このゆえに神は被造物を造った。被造物は、不完全な点と不平等の点なしでは存在できないのである。またそれゆえに神は物質を創造し、運動させるに至った。すると必然的に分離と分解、生成と腐敗が伴う。このゆえに神は魂を物質に結びつけ、相互の愛情を与えようと思った。そこから苦痛と悲しみ、憎しみと恐れ、その他の情念が生じたが、これらはすべて……必要なのである。[22]

楽天主義のそのような論拠は、原始仏教が厭世主義の信条を要約した公式のあるものによく似ているし、容易にその代りになるかも知れない。

十九世紀中葉の英国で最も人気のあった弁神論の著者は、誰でも思い出すように、「歯が血に染まった自然と猛禽類のかぎつめ」という光景に——普遍的な闘争と、野や森の表面的な美の背後に隠された、日々刻々の小さな物言わぬ悲劇に——格別な困難を感じた。しかし十八世紀の弁神論の典型的な著作者にとっては自然のこういう様相も疑問を与えなかった。彼は、テニスンと同様に、そういうものを見てはいたが、万能溶剤である、充満の原理が他の場合と同様にここでも役立った。疑いもなく神は、肉食の動物の創造を単に差し控えることにより、宇宙をこういう恐しいものより免れさすことはできたであろう、とキングは認めた。しかし、このことは、生命の充満度の低い宇宙を再び意味したであろう。

生命を持った存在は、持たぬものより好ましい。ゆえに神は、より完全な動物に食糧を提供する機械に生命を与えた。このことは親切で先見にみちたことだった。というのは、他のものの食物であるような動物に存在する生命をこの宇宙につけ加えたのであるから。またこのことにより、そういう動物自身も或る種の生命を享受し、他のものの役にも立つからである。……人間を養うのに適した物質もまた生命を持つことが可能である。それゆえ、もし神がそれに生命を与えなかったとすれば、神の主要計画には何の妨げもなく産み出されたかも知れない、或る程度の善を神は省略したことになり、無限の善にとっては余り適しないことである。ゆえに、それが後に食べられてしまうにせよ、全然愚かで不活発であるよりは、しばらくの間、生命を与えられている方がよいのだ。……ゆえに、動物間のいわば普遍的戦争や弱肉強食に驚かないようにしよう。(23)

このことを屠殺用に育てられる家畜に適用することは、ポープの特徴的で忌むべき何行かの詩のテーマとなったのだが、キングも行なった。人間は

自らの食と定めし動物に大いに食べさせ、
その生存に止めをさす時まで祝福する。

食肉類は推論の上で可能な種類の被造物に含まれていたことは否定できないし、もし自然や自然の造り主の優越性がごく単純に、可能なかぎり沢山の種類を造ることであるならば、そのような動物の生存を正当化するためにはこれ以上何かいうには及ばない。ローによって賞讃して引用された当時の聖職者の一人の言葉によれば、「この方法によれば、もっと完全な種類の被造物が存在する余地があり、創造の多様性は大いに拡げられ、創造主の善が示されることは明らかである(24)」。単なる多数が祝福されたものであるという信仰を強める弁神論の傾向と、宇宙において「異なった性質」を、どのような代価を払っても、

豊富に持つことの肝要さを、これ程よく示すものはほとんどないであろう。

しかし、宇宙の善の基準が単に被造物の多様性だけではなく、宇宙が含む生きる喜び(joie de vivre)の量にも依るのだとたとえ仮定されたにしても、猛獣の創造は、キングのもう一つの論拠に従えば、まだ正当化されることができるであろう。「動物は、行動や能力の行使を喜ぶ性質があり、我々は神自身においても、これ以外の幸福の観念があると考えることができない」。しかし創造の以前に考えられる楽しい活動の中には、猛獣が食物を得ることにまつわる活動があった。そうだとすれば、弱い種類が追われて食べられるという一時の苦痛を避けられるために、なぜこれらの強烈で積極的な快楽が欠けなければならないのか。「そのような能力を備えた動物を神の無限の力が造ることができた」のであるから、明らかに彼の「無限の善」は、「神が(そのような動物に)生命の恩恵を吝しまないように、ほとんど強制したのだと考えられる」。仮定上の批判者に対して大監督は、親切に答える。「歯やかぎつめのないライオンや、毒液のない毒蛇がつくられてもよかったのだと君が主張するならば、刃のない小刀を認めるようなものだが、君の主張を認める。しかし、そうなると、それらは全く別の種のものとなったであろうし、(すなわち存在の連鎖の中に欠落した環があることになろうし)現在それらが享受する性質、使途、適性がないことになったであろう」。ライオンの餌食になるものについて言えば、理性的な動物であれば、自分がライオンの「適性」を快適に働かさせてやるのだと考えて、創造主のように、疑いもなく喜ぶであろうし、すくなくとも喜ぶべきである。もしその餌食が理性を備えていなかったり、事態を高所より哲学的に考えられないほど精神が卑しい場合には、その苦しみに対する慰めを伴った洞察力は、万事好都合に運び、楽天主義的大監督達が代って働かすことになる。(25)

明らかにこの温雅で信心深い聖職者は、人間に対する神のやり方を正当化しようとするうちに、キリスト教の教師の口から出たものとしてはいささか奇妙な神の観念と、究極的価値の観念とにたどりついてしまっていた。

勿論、キングは、自分の神は愛の神であると言ったであろうが、その言葉は、彼にとってはきっと異常な意味を持っていたに違いない。『悪の起原について』の神は、自ら創造したものの間の平和と調和よりも、それらが苦痛から免れることよりも、生命の豊富さと多様さを愛した。つまり彼は小羊だけではなくライオンも愛した。そしてライオンを愛しているので、ライオンがその「天性」すなわちライオンのプラトン的イデア――それは小羊と一緒に寝たりしないで食べてしまうことを意味するが――に従って行動することを望んだ。そしてこれらの選択の中に神の「善」が最も明らかに示されていると仮定した。故に「善」は調和と幸福よりもむしろ有限の存在の充実と多様性を歓ぶことを主として意味した。キングも彼の編纂者も自分達の議論がそのような根本的な価値の転換に自分達をどのくらい深く係わらせるかについては、ただ時々そしてぼんやりとしか意識していないようである。彼らは「神の善」についての以上のような概念と伝統的な概念との間でどっちつかずのところがあり、自分達の前提の逆説的な意味については概して軽くしか触れない。

しかし時としては、こういう前提とキリスト教信仰の或る伝統的要素との間の食い違いについて不安の念を、思わず、いささか示すこともある。たとえば、人類の堕落以前のこの世の楽園や、選ばれし者を待つ天国の楽園においては、これらの神学者が「神の善」によって必要とされるが故に「必然的」だとしきりに証明しようとしている悪のほとんどが、実は、存在しないということが、キリスト教信仰の一部であった。ゆえに、楽園の状態は善ではないか、それとも善い「体系」も、弁神論の著述家が考えるほど多くの悪と、多くの程度の不完全さを、結局は、要求しないかいずれであるとの具合の悪いジレンマを避けるのは難しく思われた。キングはこの難点に不充分にしか立ち向かわない。事実、彼は、エデンの園における人類の先祖の至福は多分いささか誇張されてきたのだと言う。「楽園のアダムには苦痛や情念が全くなかったようには思われず」、むしろ「死を惹き起すような苦痛だけからは保護されていた、それもよりよい場所に移されるしばらくの間のことであったようだ(26)」。

キングの推論の結果は、(一貫して行なわれる限りにおいては)勿論、驚くべきものではない。経験する広範な事実にまず目を閉じないで弁神論を企てる者は、現在あるがままの事物の神を信仰の対象とせざるをえない。そしてあるがままの事物は無数の悪を含むから、善の概念を変えて、これらの悪は、それ自体で考慮するとなるほど善ではないが、それを実現することが神の本質的性質を明示するような、ある至高の善に含まれるものであると論じることができるようにしなければならない。一種の価値理論として取り上げられた、充満の原理は、善の概念のこの無理な修正の必然的ではないにせよ当然の結果であった。現実の自然の創造者が主に大切にするものは、経験的な根拠によれば、人間が普通希望したり、楽園の夢の中で思い描くものとは同一であると考えることは確かに不可能であった。最も一般的に述べれば、楽天主義者のこのような独特の含蓄すべての基礎にある逆説は、充満の原理そのものの本質にかかわる仮定なのである。すなわち、或るものの存在が望ましいということは、そのものが秀れていることには何の関係もないのだという仮定なのだ。

悪の問題についてのキングのこれ以上の考察は、その中に存在の連鎖の概念があまり出て来ないので、ここでは扱わないことにする。実は、そうしてもっと一貫性があれば、その概念は大いに出て来たかも知れない。なぜなら既に示された原則によってキングが扱わなかった種類の悪、すなわち道徳上の悪は、当然のことながら、「欠陥の悪」の特殊な場合として見なされたかも知れなかったからである。存在の梯子の中で人間が占めている地位にふさわしい特定の程度の盲目さと弱さを持ち、我々の心理的生理的構造と必然的に不可分であるとキングが述べた情念に同時に従わざるを得ない被造物は、しばしば「誤った選択」を必ずするように思われる。なるほどキングは、そこまでは認める。我々の無知と必然的な不完全さとに由来する行動上の多くの誤りがあり、これらは「自然の悪」に分類され、その種類の他の悪と同じ方法で説明されるべきである。しかし、そのようには説明がつかなくて、「堕落した意志」による「道徳上の悪」というものが依然として残る。この問題に関してキングは、ほとんど、おきまりの議論を繰り返すだけである。ボリングブルックは、この点で大監督には従わず、道徳的な悪の必然性を充満の原理から直接に引き出した。もし人間が倫理的な「自然の法」に常に従うように造られたとすれば「人類の道徳的状態は楽園の状態ではあろうが、人間的ではないことになろう。我々は、そう計画された被造物ではなくなってしまうであろうし、創造された英知的存在の秩序に隙間ができてしまうであろう」[27]。充満の原理をこのように適用するという点では、そしてこの原理の二律背反的な含蓄は充分に明らかであるが、ボリングブルックの論は、スピノーザのように高徳な哲学者によって先取されていたのだ。

何故神は、人間すべてが理性の導きによってのみ支配されるように創造しなかったのかと問う者に対して、私は、それは神には、最も完全なものから最も不完全なものに至る総てのものを創造する材料を欠いていなかったからであると、またもっと正確に言えば、神の性質の法則は、無限の英知によって思いつかれるすべてのものの産出に充分なほどに豊富であったからであるとのみ答えよう[28]。

これは、後にポープが詩に書いた議論を一歩先に進めるものであった。最善の体系は、できるだけ「充満して」いなければならないので

理性を備えた生命体の梯子のどこかに
こんな階段があるに違いないのは明らかだ、[*4]
たとえば、人間だけではなくて、人間のなかに愚者や悪事を行なう者も。

ライプニッツの弁神論は、本質的な点のほとんどにおいて、彼に先立った英国の弁神論者の説と同じである。[29] そしてこの大監督の「知識と優雅さとに充ちた美しき作品」(bel ouvrage, plein de savoir et d'élégance)を、要約し承認し、ライプニッツは、その中に含まれている神学上の逆説を特別に強調した。

　何故神は、ものを創造することを一切差し控えなかったのかと、誰かが問う。神の善の豊富さがその理由だとこの著者は適切に答えている。不完全なものは神にショックを与えると我々が考える時に、我々は神は繊細だと想像するわけであるが、そういう繊細さを犠牲にしてまでも、神は自らを分かとうと望んだのだ。ゆえに神は、何も存在しないよりは、不完全なものが存在することの方を好んだ。[30]
この現実の宇宙の創造者は、完全のみを配慮している、「繊細な」または神経質な神であるとは考えられない——また、創造活動において気むずかしく選択するようだったら、神はそれだけ神らしさを失っていることを示してしまったであろう——という含蓄をこのように強調することにおいて、充満の原理の中に初めより潜在的にあった結論が異例な鮮明さと率直さを以て述べられている。しかも一般的に、このドイツの哲学者は、楽天主義の中にこのように含蓄される価値論を展開するにあたって、この英国の神学者よりも率直、熱烈かつ陽気である。楽天主義者達が創造の際の神の目的と目されるものを説明する時に適用した評価基準との人間生活中の類似点がはっきりとライプニッツによって示される。

英知は多様性を要求する。同じものだけを多数作ることは、それがいかに高貴なものであろうとも、余計なことであろう。一種の貧困であろう。蔵書にヴィルギリウス[*5]の同一作品を良い装丁で一千冊所有すること、カドモスとヘルミオーネ[*6]の歌劇の歌のみを歌うこと、金の盃のみを所有しようとして陶器のものを総てこわすこと、ボタンの全部をダイアモンド製にすること、やまうずらのみを食べること、ハンガリーかシラーズ[*7]のぶどう酒のみ飲むこと——こんなことを合理的と誰が言えようか[(31)]。

実際、これによく似たことが、新古典主義の美学論者と多数の影響力ある道徳家によって合理性の本質と見なされて来ていたのだった。前者にとっては、ヴィルギリウスの同一作品二部は、その作品一部と史上最低の叙事詩一部より価値がすくないことは明らかだとは殆ど思われなかったであろうし、ましてヴィルギリウスの作品を読み、その後でそのひ

ど い叙事詩を読む方がヴィルギリウスを二度読むのよりも好ましいことが明らかだとは思われなかったであろう。そして、ほとんどの倫理的教えの努力目標は、人間の性格と行動、人間の政治的、社会的制度とにおいてできるだけ均一性に近づくことのようであった。多様性――それの時間内の表現である変化――への欲求は、どちらかと言えば、人間の非理性的な、正に病理的な特徴であると普通考えられていた。しかしライプニッツは、この欲求を神自身に帰することにより、この欲求に一種の宇宙的な権威を与えたばかりではなく、まさに合理性の頂点として表現した。

以上のことからライプニッツにより極めてはっきりと導き出された倫理的に重要な結論は、道徳的な善と普通に呼ばれているものも、快楽もこの世で一番重要なものではないということである。つまり快楽主義も抽象的な道徳主義(たとえば後にカントやフィヒテが述べるようなもの)は、充満の原理の中に含蓄される価値理論にいずれも反するものであった。勿論、徳も幸福も価値体系の中でそれぞれの地位は占めているが、しかし、もしその地位が最高のものだとすれば、神が現に創造したような世界を創造したとは考えられない。

理性的な被造物の道徳的または身体的な善や悪は、純粋に形而上学的な善悪、すなわち、その世の被造物の完全さに存する善、に無限にまさるものではない。……神の見るところでは、どんなものも絶対的に貴重であったり絶対的に軽蔑に値いすることはない。神がライオンよりも人間に多くの価値を与えることは確かであるが、神がライオンの種属全体よりも一人の人間を好むと我々が確信できるかは知らない。(32)

この命題にライプニッツは、『弁神論』の中で何度も戻って来る。

理性を備えた被造物の幸福が神の唯一の目的であるというのは偽りの公理である。もしそうだったとすれば、恐らくは、罪も不幸も、附随物としてさえ、存在しなかったであろう。神は、すべての悪がそれからは除外されているような可能なものの一組を選んだであろうに。しかし、その場合には、神は宇宙にとって、すなわち自分自身にとって当然なされるべきことを果しえなかったことになろう。……罪のない、苦悩のない宇宙を想像することは、ちょうどユートウピアやセヴァラムベスについての空想物語を創作するのと同様に可能ではあるが、そんな宇宙は我々の住むものには大いに劣るであろう。詳細にわたって、このことを証明することは私にはできない。この宇宙は、不充分なものではあるが、神が選んだものであるから、結果からおして、私がするように、読者はそのことを推論しなくてはならない。……徳は被造物の最も高貴な性質であるが、被造物の唯一の善なる性質ではない。神の好みを引きつける無限に多様な傾向が他にもある。善の最大の総和は、こういう傾向すべてを一緒にすることから生じるのだ。もし美徳しかなかったとしたら、もし理性を備えた被造物のみ存在したとしたら、現在よりすくない善しか存在しないことになろう。……黄金のみを所有した時には、ミダス[*8]は前より貧しくなった。[33]

芸術作品における美の創造と、味覚上の単なる生理的快感とにおける対照の不可欠性のつまらない美学的論拠をつけ加えてライプニッツは言う。

> 甘い物もそればかり食べると無味になる。味覚を刺激するためには、甘いものに、辛い、すっぱい、そして苦いものさえ混ぜられなければならない。苦い物を味わったことがない者は、甘いものに価いしないし、そして賞味もしないものだ。

このように、これらの精妙な哲学者と重厚な聖職者および彼らの議論を一般に流布したポープやハラーのような詩人は、宇宙が善であるという主張を究極的には、スティーブンソン[*9]の描く子供部屋の子供と同じ根拠に置く。

> 世界は、多数の物でこんなに一杯だ。

なるほど、このことは彼らを「王者のように幸福に」は必ずしもしない。個人の気質の問題であったし、実際には、彼らの大部分は、事物の全くの多様性と多数性に対して子供のような強烈な喜びは抱かなかった。しばしば彼らは、生まれつきの好みや訓練によってやや淡い、単純な、閉鎖的な宇宙を好むような人々であった。つまり楽天主義の哲学者達は、概してローマン主義的な気質を持たなかった。彼等が証明しようと望んだことは、実在は徹底して合理的であること、存在のあらゆる事実は、いかに不愉快なものであっても、数学の公理のように明晰な何らかの理由に根拠を持っていることであった。しかしこの野心的な結論に至る彼らの論拠の必要にせまられ、彼らは、人々の間でそして哲学者の間でもしばしば行き渡っている善の観念とは極端に違う善の観念が神の理性にあるのだとせざるを得なくなった。そこで彼らは、しばしば自らの気質や意図に反して、彼らの世代の人々の心に、すべての価値の基準についての革命的で逆説的な理論を植えつけるに至った。それは今日の大いにローマン主義的な、逆説愛好者の言葉によって要約されよう。

たった一つのものだけが必要だ。すべて。[*10]
他は空の空なりだ。

その結果は世紀の最後の十年間になってやっと充分に明らかになって来た。[(34)] その結果を検討する前に、我々が問題にしている三つの原理の歴史の中でそれまで起っていた他の新しい展開に注目しなければならない。

第八講　存在の連鎖と十八世紀生物学の或る側面

およそ十八世紀の生物科学についての歴史であって、当時のほとんどの科学者にとっては、存在の連鎖の概念の中に含蓄されている定理が科学上の仮説を立てる際に不可欠な前提であり続けたという事実を考慮しないものは充分ではありえない。しかし生物科学においては、思想の他の領域においてもそうであったが、これらの昔からの仮説の中で常に潜在して来た或る意味が今や、もっと明らかに認識され、もっと厳密に適用されるようになった。この講においては、十八世紀の生物学理論が、連続の原理と充満の原理を全面的に受け入れたことによって影響を受けたり、逆にそれらの原理の新しい解釈を生じさせる傾向があったりしたが、そういうことの起った三つの側面にざっと注目してみようと思う。この二つの原理のもっと重要な関係については次講において論じられる。(1)

(1)　アリストテレスの論理学と博物学の中には、そして、それゆえに中世後期のそれらの中には二つの相反する考え方があった。その一つは、自然物とりわけ生物の間にするどい分類と明瞭な分化を目ざした。（存在の領域のプラトン的な二元論もまだ影響力があったので）恐らくは、明晰な永遠のイデアに対応するような明確に限定（定義）された種類に従い動物と植物とを配列することが有機的世界を研究するものの第一の仕事であった。もう一つの考え方は、種という観念全体は、便利ではあるが自然の中に対応を持たない区分を人工的にこしらえたものに過ぎないとする傾向があった。現代生物学の初期において広く行なわれていたのは概して前者の傾向であった。ルネッサンスの天文学、物理学および形而上学の、アリストテレスの影響に対する烈しい反動にもかかわらず、自然的な種という説は強力であり続けた。主に、その説が観察によって裏づけられるように思われたからであることは疑いないが。ドーダン[*1]は言う、「ルネッサンス以来博物学が適用した伝統的概念は主としてアリストテレスに由来する。……ゆえに、十六世紀の末から十八世紀の末に至るまで、動物植物という全生物を、次から次へといれこ式に中に包まれている集合的単位よりなり立つ階層組織に分配する事業が博物学者の心を大いにとらえたので、しまいには、この事業が自分達の科学的な仕事の唯一の組織的な記述に思われるようになった」。近代の偉大な体系家の最初の人物であるセサルピーノ[*2]は、アリストテレスの哲学の十六世紀の信奉者であった。そして彼の『植物論』（*De Plantis*）（一五八三年）において行なった仕事に彼を駆り立てたものは、主に、アリストテレスの論理学と科学についての著述を新しく研究したことであると思われる。なるほど、十七世紀と十八世紀初頭の生物科学の最も記念碑的な産物である入念な「体系」（そう呼ばれていた）のほとんどは、自らも言うように、大部分「人工的な」分類であった。しかし、「自然の創造主によって確立された「自然的な種」が真に存在するという仮定が一般的には持たれ続けた。そして自然的な種は、勿論、固定した種であった。また人工的な体系が、種の概念に科学的思想の中でも高い独特な地位を与えたり、有機体や他の自然物が、質的には連続したものの成員であるよりはむしろ明確に分化した種類にわかれるのだと考える習慣を助長したりする傾向があった。

それにもかかわらず、この二世紀の思想の中には、種の概念全体の信用をますます奪うような傾向を持つ二つの考えが作用していた。その一つは、我々の主題一般とはそれ程関係はないが、ロックの哲学の中にある半ば唯名論的傾向であった。『人間知性論』の第三巻の第六章で彼は、「真の本質」があることを認めていた。この真の本質とは、彼にあっては、「性質」を主として意味した。そしてその「性質」とはそれについての観念が必然的にア・プリオリに他の属性の観念を含蓄する、それゆえそのような一つの「性質」は他の性質と本質的に不可分であるというような属性でもあるが。このことが真である限りにおいて、その定義が恣意的でも偶然でもなく事物の性質に内在する類概念が生じる。(2) これらの真の本質を創造主は確かに、そして天使は多分知っていたとロックは信じた。しかし我々人間には、それらの本質についての知識は、(数学的数字と多分道徳的性質との本質は例外であるが）分け与えられてはいない。ゆえに種についての我々の概念は、単に「名目だけの本質」、すなわち精神によって寄せ集められ、自然の物の間の固定した客観的で内在的な区別に対応しない、属性の観念の組み合わせに過ぎない。「我々がものを名前に従って種に分類することは、ものの真の本質には全然基づいていない。また本質的な内的な差違によってものを正確に決定し種に分類できるとも言えない[3]」。ロックは言う、「自然は、個物の不断の産出の際に、それらを必ずしも新しく多様にではなく互いに大いに似たり近いものとしてつくることを否定できない。しかし人間がものを分類する際の種の境界は、人間のつくったものだというのは真実である」。ゆえに生物学的分類は、言葉の上のものに過ぎず、言語使用上の便宜についての考慮に左右される。ロックは「何故プードル犬と猟犬とがスパニエル犬と象と同じ位はっきり分かれた種でないのか」わからない。「我々にとって動物の種の境界はこのように不確定なのだ[4]」。「人間」という名目上の本質も、漠然とした浮動する内容の語であり、「自然により決められた、正確で不動の境界」に対応するとは考えられない。「自然によって作られ確立されたそのようなものは人間の間にはない」のは、事実、明らかである[5]。そうだとすれば「我々が、これは人間である、これはひひであると言えるのは[6]」我々が作った恣意的な定義によってであり、「『属』だとか『種』だとか言うものはすべて、こういったものであると思う」。

しかし連続の原理も同様に直接的に同じ結果に至ることは以上に述べた多くのことから明らかである。そして、この原理はより大きな伝統を背後に有していたので、また十八世紀の初期と中期に最も影響を及ぼした哲学者の二人であるライプニッツとロックとがこの原理を重視したので、そういう傾向がさらに強かった。その結果は、当時の最も偉大な博物学者の何人かは種の概念を斥けるということであった。ビュフォン[*3]は『博物誌』

(*Histoire Naturelle*)(一七四九年)の前書きの中で体系家達の企て全体を攻撃した。彼が言うには、「自然に基づく」種の定義を見つけ、それにより「自然に基づく」分類体系に到達しようとする企ての基礎には、「形而上学の誤り」がある。「その誤りとは、常に漸次移行によって生じる自然の過程を理解しないことである。……最も完全な被造物より最も不定形の物質へと殆ど知覚できない段階によって下降することが可能である。この知覚できない微妙な変化が自然の偉大な働きである。この変化は、あらゆる種の大きさや形についてだけではなく、運動、発生および継承にも見られる。……故に、自然は、未知の段階に従って進行するから、このような分類(属と種)に全部は従えない。……多くの中間の種と、半ば一つの綱に半ば別の綱に属しているような沢山の物があるであろう。この種のものには、地位を振り当てることができないために普遍的な体系を目ざす努力を必然的に空しいものとする」。ビュフォンは結論する、種の概念は、ゆえに、人為的であり、生物学者にとっては有害な概念である。

概して、自然の造るものに関しては、分類区分を多くすればするほど真実に近づく。なぜならば実際には、自然の中では個物のみが存在するのであるから。(7)

ビュフォンは、なるほど、この立場を間もなく放棄した。雑種が不毛であることの中に彼は、種が客観的で基本的な実在である——「個物は、どの種に属すにせよ、宇宙では無である」のに対し、種は、実に、「自然そのものと同様に古く永続的であり、〈自然の唯一の存在〉である」――という証拠を見出した。種は、「数と時間より独立した統一体、常に生き、常に同じ統一体、被造物の中の一つと数えられ、それゆえに創造の一つの単位を構成する統一体である(8)」。この点について彼は、その後、いささか迷ったが、「真の」種の差異をためす科学的な方法を発見したと思ったことが、初め自分が強力に支持した傾向に逆らうのに、しばらくは、大いに力があった(9)。しかし、ボネがビュフォンの捨てた傾向を継いだ。連鎖の連続性についての慣習になった表現を繰り返し、彼は、種というようなものはないのだという結論をはっきりと出している。

もし、自然に裂け目がないとすれば、我々の分類は、自然が行なう分類でないことは明らかだ。我々がする分類は純粋に名のみであり、我々は、その分類を我々の知識の必要と限界に応じた手段として見なすべきである。我々のものよりも高い知性は、我々が同一の種の中に入れる二つの個物の間に、広く離れた種に属する二つの個物の間に我々が見出すことができる以上の変化を多分認めるであろう。ゆえに、このような知性は、我々の宇宙の梯子の中にも、個物の数と同じくらい多い段階を見る(10)。

博物学の通俗的な概論を書いたゴールドスミス*4は、種の概念は科学的に承認できないという この説を採用し広めるのに助力した。すなわち自然の物の間の区分は「完全に恣意的である。一つの種類の存在から次へと行く段階は知覚し難いので、各々の境界を判然と示すような一線を劃すことは不可能である。この地球の住民の間でなされるような区分は、皆、天文学者が地球上に描く円のように、自然のではなく我々自身の仕業である」(11)。多数の他の例も挙げようと思えばできるが、例証ばかり増すのは退屈であろう。

このように種という点から考える一般的な習慣は、人間は他の動物から離れたものであるという意識もそうであるが、十八世紀に壊れ始めていた。それ以前のどの時代にもまして、連続の原理が第一の基本的な真理に数えられていた時代においては、それは止むを得ないことであった。そしてこの変化は、科学と他の思想の領域にとって意義が深かった。

(2) 自然に基づく種に対する信念を、はっきりと拒絶しなかった生物学者にとっても、連続の原理は意義ある結果を産まないわけではなかった。この原理の故に、博物学者は、連鎖の中で「欠けている環《ミッシング・リンク》」と思われるものを充たす種類を探し求めた。この仮説の生物学的な表現形態の批判者は、この仮説が要求する多くの環が欠けているという根拠でこの仮説を攻撃した。しかし、こういう隙間は見かけに過ぎないというのが受け入れられていた見方であった。そして、隙間は、ライプニッツが言っていたことであるが、当時の自然についての知識の不完全さと、その体系の——恐らくは、低位の——構成要素の多くのものの微小なこととによるのに過ぎなかった。このようにして形而上学的仮説が科学研究に計画を提供した。故に、この仮説は、十八世紀の動物学者と生物学者の研究、とくに顕微鏡の使用者の研究にとって刺激を与えた。新種類の発見は、いずれも、自然の中にある孤立したもう一つの事実の現われではなくてその全体図が既に知られている体系的構造の完成への一歩、一般に受け入れられている宇宙像の真実の経験的な証拠の一つと考えられることができた。ゆえに、存在の連鎖の理論は、純粋に思弁的で伝統的ではあったが、この時期の博物学に対しては、周期律表がこの五十年間に化学研究に与えたのにやや似た影響を及ぼした。王立協会の歴史の初めての記録者が一六六七年に、プラトン的動機とベーコン的動機が一緒になった興味ある個所で、協会の一般的目標は、自然界の未知の事実を、存在の連鎖の中の正しい場所に配列するために発見することと、同時にこの知識を人間に役立てることとであると、書いている。

あらゆる種類の被造物——生きたもの、感覚のあるもの、理性のあるもの、自然なもの、人工的なもの——の間の関係は、その一つを理解することは残りのものの理解に至る有効な一歩というような関係である。そして人間理性の最高の働きと言えば、連鎖の総ての環をたどり、それらの秘密の全部が我々の知力に対し明らかになり、それらの働きが我々の手により増進されたり真似られたりすることである。すべてのものの種類や段階を順序よく並べ、その頂点に立って我々が下にあるものすべてを見下し、それらすべてを人間生活の静けさ、平和、豊富さに役立たせること、これは宇宙を支配することにほかならない。そしてこの幸福には、これ以上何もつけ加えられない。もしこの高い地位を天国をよりよく観るための機会に供するのを別にすれば……。(12)

十八世紀中葉の『フランス百科全書』もこれほど敬虔な口調ではないにせよ、こういうことを、知識の増進のための計画として詳説している。「自然界のあらゆるものは連絡しており」、「存在は、その一部を連続的であると我々が知覚する――もっともこの連続は多くの点で我々に認識されないが――ような連鎖によって、互いに結ばれている」ので、「哲学者の腕前は、分離した部分に新しい環をつけ加え、それらの部分の間の間隔をできるだけ狭めることである。しかし、隙間が多くの場所にはないようになるだろうといい気になってはならないのである」(13)。トランブレー*5が一七三九年に淡水ポリプのヒドラを再発見(レーヴェンフーク*6によって既に観察されたことがあった)した時は、十八世紀の人にとっては、科学史上の偉大な瞬間であった。そしてこのヒドラは、植物と動物との間を結ぶ、長く探し求められて来た、欠けている環であるともてはやされた。アリストテレスの漠然とした植虫はもはや不充分であると考えられていたのだった。この発見や他の同様な発見が、自然のア・プリオリな合理的な法則としての充満と連続の原理に対する信頼を強めるのに役立った。そして、時々言われたことであるが、大きな功績は、見たこともないのにこれらの原理を信じた人々にあったのだ。トラムブレーの仕事に関連して、科学の通俗化をしていたあるドイツ人は、主な栄誉は、「ドイツのプラトン〔ライプニッツ〕のものである。なぜなら彼は」この有機体についての「観察を知るほど長生きはしなかったが、自然そのものより学びとった基本原理に対する正しい信念により生前にこのものを予言していたからである」⑭と言った。

脱落個所を補う筈で未だ現実には観察されていない有機体の探究は、存在の梯子の両端においてであり、その中の一つは、…においてである。

脱落個所を補う筈で未だ現実には観察されていない有機体の探究は、存在の梯子の両端において特別熱心に行なわれた。その底に近い部分と、人間と高級な猿との間の部分とにおいてである。ボネは言った、「自然は、植物から化石〔すなわち岩石〕に移る際に大きな飛躍をするように思われる。植物界と鉱物界を結びつける、我々に知られている環も帯もない。しかし現在の我々の知識によって存在の連鎖を判断すべきか。連鎖の中のあちらこちらに中断、隙間が見つかったからと言って、これらの隙間が真であると結論すべきであろうか。……植物と鉱物の間の隙間は、いつの日か充たされるようだ。動物と植物の間にも同様な隙間がある。がポリプが出てきてそれを充たし、すべてのものの間にある素晴らしい漸次的移行を実証した」。

連鎖の中の今まで観察されていない環を発見する計画は、人類学の初期において特に重大な役を演じた。猿と人間の骨格の著しい類似は、早くからよく知られていた。しかし注意深い動物学者は、この点に関しても、心理的のみならず解剖学的にも連続を認めるような解答を認めていた。ライプニッツとロックは、この重要な点において実証され得る以上に連続を主張した。ゆえに、人間と猿との間の接近をすくなくとも増大することが科学の任務となった。十八世紀人類学のドイツの史家は指摘しているが、「欠けている環は人類そのものの下限で探された。辺鄙な地域に住む人々の中に、時たま旅行者の話の中に出てくる半人間が見つかることが不可能ではないと思われていた。或る旅行者は、尻尾を持った人間をちゃんと目で見たと言ったり、或る者は言語があやつれない部族に出会ったと言った」[15]。リンネは、ピグミーの方に近い関係があるか、オランウータンに近いのか確かには決定し難い穴居人のことに触れ、そして死後かなり経過して刊行された『人間の従兄弟』と題された書物の中で猿のことを「人類の一番近い親類」と言った[16]。人間の類人猿に対する関係にこのように関心を寄せることは、十七世紀後半から十八世紀初頭にかけての旅行者のホッテントットについてのかなり多くの描写に、特別な「哲学的な」関心を与えた。ホッテントットは、恐らくは、知られている中では「最低の」野蛮な種族であったろうし、当時の何人かの著述家は、彼らの中に類人猿とホモ・サピエンスとを結びつける環を見た。一七一三年の英国の随想家は、例により、「鉱物より人間への漸次の上昇または存在の梯子」をたどることは何と「驚きにみち楽しいこと」であると言ったあとで次のように言う。

その最高のものに達し、その一つ上の種類の中の最低のものに達するまでは、これらの種類を区別するのは易しい。しかし、ここに至ると、区別は大変微妙であり、種の境界は自然によっては決定されていないで、好奇心ある者を当惑させ高慢な哲学者の鼻を折る。……人間に一番よく似た猿は、人間の直ぐ次の種類の動物である。また我々の種の中の最低の人間と猿との相違はそれほど大きくはないから、猿に言語能力があれば、野蛮なホッテントットやノーヴァゼムブラの愚かな住民に劣らず、人類の地位と尊厳とを要求しても正しいのではあるまいか。……この種類のものの中で最も完全なもの、オランウータンとアンゴラの原住民によって呼ばれているものは、野性の人間または森の人間という意味であるが、人間にもっともよく似ているという名誉を持つ。この種全体は顔つきが人間に似ていて、猿の顔をした人間というような例は多いのであるが、このものは〔人間に〕一番似ていて、それは顔つきだけではなく、身体の恰好、四つ足ばかりではなく直立して歩くこと、言語器官、鋭い理解、猿類の他のものには見られない穏和で優しい情、およびその他の点においてもそうである。(17)

後にルソー（一七五三年）とモンボド卿*7（一七七〇年）は、さらに進んで、人間と高級な猿（オランウータンやチンパンジー）は同種であり、言語は、元来「人間に与えられたものではなく、この種の中の一変種が徐々に発達させてきたものと主張した。(18)このように、すくなくともこの時点では、種類の連続は発生に関するものと既に解釈されていた。ボネも、偉大な博物学者のみならず信仰心の厚い神学者ではあったが、人間と猿とが異なった種であるかどうかについての疑問をためらわず示した。

人間を真の四足のものと区別する広い間隙は、猿や猿によく似た動物によって埋められる。そしてこれらの動物の種は細かく段階がつけられている。……言わば多くの段々を昇って、人間によく似ているのでオランウータンすなわち野蛮な人間の意味であるが、こういう秀れた主要な種に至る。存在の漸次移行的な過程を認めざるを得ないのは、とりわけここである。ドイツのプラトン〔ライプニッツ〕の有名な格言、「自然は決して飛躍しない」が実証されるのは、まさにここなのである。……自然観察者は、人間にとても似ているのでその特徴が種の特徴であるよりは単なる変種のそれであると思われるような存在に至って驚く。

なぜなら、とボネは続ける、オランウータンは、人間の大きさ、肢体、歩き振り、直立した姿勢を有している。それは尾が全く無くて「ちゃんとした顔」(vrai visage) を持っている。棒や石を武器に用いる知恵もあり、給仕の役割はちゃんとこなす程度には「教育可能」ですらあり、一種の礼儀正しさをも含めて、人間にのみ固有であると考えられてきた多くの他の振舞いも身につけられる。つまり、オランウータンの心にせよ身体にせよ、我々に比較すると、「相違はいかに少なく、僅かであるか、そして類似点は何と多く際立っているかに気づき驚く(19)」。

一七六〇年になると欠けた環の探究者達の勝利は詩の中で讃えられていた。

すべてのものは、存在の連鎖に連なる。
自然は至る所で前後に連なる。
不変の秩序の中で自然の伸びやかな歩みは

切り立った飛躍で乱れることは決してない。
人より動物への間隙を縮めつつ、
「森の人」が人と動物との生活を結びつけるのを見よ。
植物と動物として生まれた、おぼつかないさんごより
植虫であるポリプに立ち戻れ。(20)

すくなくとも十八世紀の中頃よりダーウィンの時代までは、欠けた環に対するこのような追求が博物学の専門家の関心だけではなく、一般人の関心をも惹き続けた。この点に関して、決定的な証拠が一つ引用できよう。大衆が何を望んだかについては、著名な実際的な心理家であるP・T・バーナム[*8]にまさる判断者はいなかったが、一八四〇年代の初期――つまり『種の起原』の出版の約二〇年前――に大衆が求めたものの一つは、欠けた環であったらしい。なぜならこの偉大な見世物師は、一八四二年に彼の博物館の呼び物として、「フィージーの人魚の身体を保存したもの」に加えて、他の科学的標本を宣伝したと言われている。その標本とは、「オーニソーヒンカス、つまりカモとアザラシを結ぶ環、明らかに鳥と魚を結ぶ二匹の別種の飛び魚、爬虫類と魚を結ぶシレン、……すなわち泥イグアナ、ならびに生物の世界の大いなる連鎖の環となる他の動物(21)」であった。もしアリストテレスが、一八四〇年代のこの世に立ち戻ることを許されたとしたら、バーナムの博物館へきっと急いでかけつけたと思う。

(3) さてここで我々は、効率のよい顕微鏡の発見と共に始まった、観測に基づく科学のあの偉大な進歩の始めを振り返って見なければならない。この装置の発達の歴史には我々は立ち入らない。我々の目的にとっては、顕微鏡は十七世紀の後半に、とりわけアントニィ・ヴァン・レーヴェンフークの業績により、生物学上の発見の重要な手段となってきたことを想起すれば充分であろう。彼の業績の話は、しばしば語られてきたので[22]、その詳細はここで繰り返すには及ばない。しかし、我々が忘れてならないことは、顕微鏡生物学のこれらの発見は——生物学の分野以外での顕微鏡使用学者の発見が以前にそうであったように——充満と連続の両原理に新鮮な経験的な確証を直ちに与えるように思われ、また——この両原理が、まだ実質的に自明なものとして通用していた人々にとっては——これらの原理から理論的な確認を受けたのだ。微生物の世界は、それらの原理が妥当だとすれば、当然予期され得たものに過ぎなかった。たとえ感覚的に観察されるようには決してならないにせよ、ア・プリオリに演繹されたかも知れない。顕微鏡ではまだ発見されたこともないような微細な有機的または無機的な物質の単位の存在は、事実、レーヴェンフーク以前にア・プリオリに想定されていた。一六六四年の科学論文の中でヘンリー・パワーは言っている。

我々が肉眼で見られる最小の物体は、いずれも人間の感覚の領域を超えたところにある二つの極端である、自然の中の最大と最小の物体の間の、いわば、中間の比例項であると考えることは、（この想像がいかに逆説的に思われようとも）並の公算以上で、気まぐれ以上のことであると、しばしば私には思われてきた。なぜならば、一方では、何か物体が大き過ぎるか、巨大に過ぎると考える者は、哲学者の名に価いしない、狭量な精神の持ち主であるように、また一方では、物質の粒子が小さ過ぎると考え、自然は原子でとどまってしまい、自然の区分にはこれ以上はないという限度があると考えるものは、理解力が不足で先に述べた者達に似たりよったりであるからだ。そのような者達に現代の手段（顕微鏡）が目で見えるように示し、彼等の意見を捨てさせるであろう。なぜなら、自然が物質の何という微妙な分割者であるかが、この点で理解できるかも知れないからである。

ゆえに、「もし屈折光学がこれ以上行き渡れば」、その過去の業績は、はるかに乗り越えられるであろう。そうして、続編では、この著述家は主として無生物を扱うが、彼の推論は、生物の世界が無限に小さいものの領域にまで同様に延びていることを含蓄していると明らかに思われる。そしてこの領域では、「比類のない、摂理の速記」が「昆虫的自動物（生ける僅小なもの）」を産出しているのだ。(23)

「無限の数の宇宙」とその宇宙の中の住まわれた天体の数が無限であるという仮説を要求した同一の論理が、生命の領域のこのような下方への延長を要求した。「二つの無限」—

―無限大と無限小――は、両方共に同一の前提に含まれるものだった。『宇宙の複数性についての対話』(*Entretiens sur la pluralité des mondes*)の中で、フォントネルが微生物学の既知の事実より、自分が証明しようとする――それ自身は観察によっては証明できない――結論を目ざして推論して行くのを我々は知っている。水滴の各々には、「そこに棲息しているとは夢にも思わなかったような小さな魚や小さな蛇」やその他のものが群がっている。であるから、「自然が地球にこれほど気前よく動物をまき散らした」のだから、「ここでは過度に豊饒であった後で自然は、他の惑星では、何の生物も産まないほど不毛である[24]」と信じることができるであろうか。そして両方の結論の共通の前提の中に教化作用を見る者達にとっては、そのいずれ(の結論)にせよ確証する傾向を示すようなどんな具体的な証拠も、形而上学的な真理を証明する歓迎すべきものであった。しかし、充満の原理のこのような生物学的含蓄を大衆に理解させるにあたっては、観察に基づく科学は、大衆に新しい宇宙形状誌の真理を納得させる時よりも、はるかに大きな役割を果した。

自然のこの第二の拡大は、自分達の住む世界についての人間の想像と感情に二つの対立する影響を及ぼした。一方では、この拡大には何かしら大いに気味の悪いものがあった。何もかもが寄生していて、あらゆる場所で生物が他の生物を餌にし、人体自身が、人体を食物に、そして――間もなく想像され始めたことだが――最終的な餌食にしてしまうような無数の食肉生物によってたかられているという陰惨な光景を投影した[25]。また一方では、この拡大は、自然の途方もない豊沃さと同時に自然の讃うべき節倹ぶりを示すもう一つの極めて著しい例であった。生命はどこにもあると思われた。物質の一片は、どんなに小さくてもさらに小さいものに宿と栄養を与えることができた。そして生命を持った物質は、至る所で、より多くの生物を支えるために利用され、このことは確とした限界がなく繰り返されていた。微生物学者は、自然の最も印象的な特徴についてのポープの描写を単に確認し例証したに過ぎない。

見よ、この大気、この大洋、この大地、
至る所で万物は息づき生まれ来る。
上方へは、何と高く、連続した生が続き、
周囲は、何と広く、下方には何と深く延びて行く。

暗い心の持ち主が語りたがったのは、事態の不愉快な面であった。そしてこの面は、人間を「おとしめ」て恐れさせ、人間に宇宙組織の中での人間の小さな地位と理解力の限界とを認識させようとするパスカルの目的によく叶った。寄生が無限に繰り返されることについてのスウィフト*9の詩は余りにも有名であり引用するには及ばない。自然のこの特質は、彼の考えでは、彼がよくかたった万物のいやらしさを疑いなく例証するものであった。エクシャールルブラン*10が詩的に誇張したのは、主に「二つの無限」という概念の警戒すべき側面であった。

二つの無限の間に人間は生まれながらに置かれ
二つに同様に圧迫される。……
象を恐れる人間の眼の裏をかこうと
虚無の淵の際で、うじむしが人間を待つ[26]。

しかし、別の想像力による反応の方が、十八世紀の哲学と文学においては普通であった。顕微鏡使用者による発見と、実際に発見されている以上に小さくて多数の微生物が存在していると思われていたこととが、プラトン哲学のすべての学派によって独特に「神の善」であるとされていたあの飽くことない生成性の新しく喜ばしい証拠を提供した。そして、それゆえ、充満の原理と常に結びつけて考えられてきた種類の宇宙感情と敬虔な心とに新しい刺激が与えられた。たとえば、十九世紀の後半または二十世紀の細菌学者が、美文調で書いたと思われかねない次の文は、実は、アディソンの『スペクテイター』(五一九号)に書かれている。

物質のあらゆる部分は住まわれている。緑の葉、一枚一枚には住人が群がっている。人間の、または動物の体液で、顕微鏡が無数の生物をその中に示さないような体液はほとんど一つとしてない。動物の表面も他の動物によっておおわれているが、この動物も、同様に、また他の動物の基礎となって食べられる。それどころか、極めて固い物体の中に、たとえば大理石そのものの中に、我々は、肉眼には小さくて見えないような住民が群がっているような、無数の小部屋や洞穴を見出す。

そしてアディソンにとっては、こういうことすべては、存在の連鎖の壮観がもたらすあの「素晴らしく驚くべき観照」の一部であり、「その慈愛が自らの創造物全部に行きわたる最高存在の充実しあふれ出る善」のもう一つの証拠であった。アディソンは、微生物の中に天使と、存在の梯子の中で人間の上位にある他の存在との存在の論拠を見出しさえした。「なぜならば人間と最も軽蔑すべき虫との間にあるよりは、無限に大きくて、様々な完成度を受け入れる余地と空間とが最高存在と人間との間にあるからである」。ジェイムズ・トムソンの感情はもっと複雑であった。一方では——と例によって「存在の大いなる連鎖」に言及しながら——彼は、微生物が宇宙秩序の中で必要なそして「有用な」地位を占めていることを確信し、そのような生物の存在が示すように「充満した自然が生命を帯びている」ことを熱狂的に語る。彼にとってもこのことは、

その英知が、自分の召使いである太陽が
我々の微笑む眼に輝くのと同じように
美しく我々の知性に輝くあの力を

賞讃する理由である。また一方ではこの詩人は、小さな動物のほとんどは、

天の思いやりある形成の術により、隠されて、
人間の粗野な眼には触れない。もしつみかさなる
世界が人間の感覚に突如として認識されれば
人間は、神々にふさわしい珍味や飲み物より
顔をそむけ嫌うであろう。そして真夜中に
眠りと沈黙が万物を支配する時、騒音に唖然とするであろう。[27]

〔だから人間が小さな動物を見ない〕ということは幸福なことと考えざるを得ない。このようにして、自然の合理性と卓越点は「充満」にあるのだという楽天主義者の前提を受け入れた者にあっても、時としては、自然がこれほど充満していなかったならば、もっと快適ではなかろうかという感慨が洩れた。

十八世紀末においてもまだ充満の原理と特に連続の原理は、『純粋理性批判』の中でカントにより、生物学および他の科学の有効な指導原理として認められている。もっとも、そのような総括的な綜合を、我々の知力が、細部に至るまで完成することは不可能である

という彼の批判哲学の意味によって、特殊なそして重要な留保がつけられてはいるが。前者の原理は「事物の多数性と多様性を要求する……特殊化の法則」と呼ばれ「本質の多様さは殆ど減少されないこと」(entium varietates non temere esse minuendas)とも表現されよう。後者は、「多様性を徐々に増すことによって一つの種より他の種へ連続的に転移することを要求する、全概念の親近性の法則」である。この法則から、「種の連続が認められる(datur continuum formarum)、すなわち種の変化は相互に接触し、跳躍による転移はないという結論が直ちに出る」。ただし、このことは「経験的根拠に依ら」なくて、「このことに対応するような物は経験の中で指し示すことはできない」。なぜならば、そのような連続は無限であろうし、またこの原理は、隣接する種の間の「近親度の基準」を我々に教えないで「我々が近親度を見つけ出すべきだとだけ」言うからである。故に、「ライプニッツによって流行させせられた」とカントが知らないで想像してしまった「被造物の連続的梯子の有名な法則」についてのカントの結論は、「自然の構造を観察しても洞察しても、この法則は客観的には確立し得ない」が、しかし「そのような原理に従って自然の中に秩序を求める方法は、またそのような秩序が(どこにそしてどの程度か不確定であろうが)自然の中に存在することを認める公準は、確かに、理性の正統で秀れた規制原理を構成する」それは、「知識の体系的統一に至る道を指し示す」。つまり、知識の可能性の一般的な条件についてのカントの分析からすれば、充満と厳密な連続を含む存在の連鎖の観念は、現実には決して満たされ得ない、規制的な、「理性の理想」なのだということになる。もっとも科学は、徐々に進歩することによって、この原理の近似的真理の経験的な証拠をますます提示することを望めるし、努力すべきではあるが。[28]

第九講　存在の連鎖の時間化

充満の原理が、神の善に対する信仰の表現として宗教的に、または充分理由の原理の意味するものとして哲学的に、解釈される時には、それは、普通に理解されるところでは、進歩に対するいかなる信念とも、宇宙全体のいかなる種類の重要な変化を信ずることとも相容れなかった。存在の連鎖は、その連続性と完全性とが通例の根拠によって肯定される限りでは、全く固定した静的な事物の構造の申し分のない例であった。合理性は日時とは関係がない。もし連鎖の一つの環の欠落が今日の宇宙の構造の恣意性の証拠だとするならば、昨日もそうであったろうし、明日もそうであろう。十八世紀英国の哲学者がこの点を述べているが、

〔神〕は、常に根拠あるいは理由に基づいて行動する。そこから神には天地創造の根拠があったのだ、さもなければ、全然創造しなかったであろうと結論される。故に、もし神に理由があったとすれば、その理由は、永遠の昔より、或る特定の時において

そうだったのと同じものであった。例えば、善が神の天地創造の根拠だったとすれば、その行為が、或る特定の時に善だったのだから、永遠の昔より同様に善なのだったと結論される。(1)

同時代の人が指摘したことであるが、このことは、真であれば、天地創造全般についてあてはまるのみならず、あらゆる「種類」の存在にもあてはまる。つまり、「天使と人間だけではなく、他の被造物のすべての種、住人のある惑星全部が永遠であり」、その上「神は、これより後に新しい種は創造できない」ことを意味する。「なぜなら、時間の中で神が創造することが善いものは、永遠の昔より同様に善かったのであるから(2)」。同様な楽天主義的意味が詩人ヘンリー・ブルック[*1]により『普遍的美』(*The Universal Beauty*)(一七三五年)につけられた散文の覚え書きの中で述べられている。

事物に現在の絶対的な適合性があるか、それとも未来の、すなわち見込みおよび傾向としての、そしてここでは将来において絶対になるに違いないものにのみ関係する、適合性があるかのいずれかである。しかし、もし事物の現状に絶対的な適合性があるとしたなら、何ものについても変化はあり得ない。なぜなら最善のものはより善きものへは変り得ないからである。

多くの十八世紀の人々にとって、その中では初めから新しきものの出現は無かったし、この後も不可能であろうというような宇宙というこの概念は、完全に満足すべきものであったと思われる。例えばプリューシュ師[*2]は、広く読まれた、当時の天文学の知識の通俗書の中で、自然の本質的不動性を哲学の決定的結論の一つとして述べた。そして彼は、それを大いに教化的な結論であると見なしたようである。彼は認める、疑いもなく天地創造の業は、人間が創造されるまでは、或る意味では進歩していた。しかし人間にあって、それ迄の段階すべてがその準備にほかならなかった完成に達した。

故に、来たるべきどの時代にも、もはや何も造られないであろう。哲学者すべてが、この点について熟慮し同意に達した。経験に徴してみよ。常に同じ元素、変ることのない種、物それぞれを永久保存するために前もって準備される種子と微生物……故に、太陽の下に新しきもの、新しく造られたもの、太初より存在しなかった新しい種はないと言える。(3)

こういう仮定は、十八世紀初期において、生まれつつあった古生物学において時々用いられた。化石は、今は死滅しているが現実に生存した生物の遺体であるという見方は、よく運行されている宇宙では、種は、すべて、常に代表する個物があるという根拠で攻撃された。一七〇三年に英国の偉大な植物学者ジョン・レイ[*3]は書いた。

貝の多くの種は失われこの世に存在しないという結論になろう。このことをいかなる種の滅亡も宇宙の手足をもぐようなものであり、宇宙を不完全にするものであり、神の摂理は、天地創造の結果である作品を安定保持することに特別に意を用いているのだと考えて、多くの哲学者は、今まで認めようとしなかった。(4)

この結論は、単に種すべてだけでなく個々の生物すべても始めから存在してきたのだという当時支配的な発生学上の前成説により支持され、拡大された。種と違って個体は、疑いもなく、数が増し変化を受けるように見える。しかし、このことは現実には、入れこ式の重箱のように、お互いの中に包まれている原始の種子の中に、微小な規模で前以て描かれている構造と性質の単なる延長または展開に過ぎない。ブルックが詩的に言ったところでは、全能なる創造主は

無限を閉じ込め
最小の聖堂に巨大に宿ることができる。
永遠なる種を瞬時に形成し
無限の宇宙を原子のようなものの中に包み
植物を植物の中に、種子が種子を包む。(5)

このように、十八世紀初期の支配的観念の重要なる集合——存在の連鎖の観念、それを支える充満と連続との両原理、それが正当化に役立った楽天主義、一般に受け入れられていた生物学——は、すべて、ソロモンの言葉とされていて、哲学と科学の結論の霊的な確証としてプリューシュのみならず多くの人が引用したもの[*4]だった言葉と調和していた。太陽の下には新しいものは何もないのみならず将来にもないであろう。時の経過は、宇宙の多様性を更に豊富にすることはしない。永遠の合理性を示すものである宇宙においては、そういうことはどう考えても有り得ない。しかし、古くからの諸概念のこのような含蓄が最も露わになったまさにこの時期において、この含蓄に対する反動が始まったのだ。

なぜならば、十八世紀思想の主要な出来事の一つは、存在の連鎖の時間化であった。種の充満(plenum formarum)は、或る人によって自然の財産目録ではなくて、宇宙歴史の中で徐々に極めて緩慢に遂行される自然の計画であると考えられるようになった。可能的なものは、すべて、実現を要求するが、一度に要求がかなえられるのではない。或るものは過去に実現され、またそれ以後、その状態を失ったようだ。多くの可能的なものは、現在存在する被造物の中で実現されている。疑いもなく、無限に多くのものは、来たるべき時代に現実存在の贈物を受ける運命である。充満の原理が当てはまるのは、時間の全拡がりの中における宇宙についてのみである。デミウルゴスは急いではいないし、その善性は、イデアのすべてが、早晩、知覚される秩序の中にその現われを見出せば、充分しめされたことになる。

この変化の原因は多種であったが、我々の主題に最も関係のある原因は、充満の原理そのものが、伝統的に解釈され、その含蓄が充分に引き出され真剣に考慮された時に惹き起した諸問題にあった。その含蓄は、一方では、多くの人々の宗教感情にとって耐え難いものであり、一方では、自然についての既知の事実とも相容れ難いことがますます明らかになってきた。静的で永遠に完全な存在の連鎖は、主に自らの重みで崩れた。

宗教的および道徳的問題に、まず、注目しよう。楽天主義の――そしてその弁証法の主な基盤である充満の原理の――致命的な欠陥は、ヴォルテールが指摘するのを我々が既に見たものであった。すなわち、楽天主義によればすくなくとも宇宙全体または人類全体にとって希望の余地が無いことになった。もし部分的悪のすべてが普遍的善によって必要とされ、もし宇宙は完全に善であり、また常にそうであったとするならば、我々は、部分的悪のどれ一つとして消滅することを期待できない。論理的に徹底した楽天主義は、形而上学的、道徳的および物理的にも、悪の恒存説に等しい。部分における悪の総和は、一定でなければならない。なぜなら全体の完全さは、まさにその総和の実現にあるのであるから。しかし、存在の具体的な悪の感覚が理屈によって和らげられるにはあまりにも深いような人々にとっては、楽天主義のこの逆説はひどいお笑い草であった。宇宙が現在は完全ではないことを認め、修正の希望をすこしでも持つ方が、宇宙が完全に合理的であると考えるよりは――そして希望を全く失うよりは――ましであった。

なるほど個人にとっては、充満の原理は、あの世でより高い存在を獲得する見込みを必ずしも打ち消さなかった。宇宙の永遠の構造は、理想的な分類だなの固定した一式よりなっていて、どのたなも占められなければならないが、一つのたなを占めるものがもっと良いたなに移ることは不可能ではなかった。しかしこの可能性には——この原理の最も認められていた説明者のある者がこの原理を解釈したところによると——奇妙な条件が付いていた。エドマンド・ローの指摘によると、宇宙における「より低い部類」に属するものは、「より高い地位を占める者を害なわないでは、その地位を望めない。なぜならその場所を空けない限り他の者はそこへ昇れないからである」。故に、人間は、道徳的自由の正しい行使によって「秀れた地位にふさわしい資格を得る」かも知れないが、彼の上位にある者の、誤った行動の結果としての格下げによって空席が生じない限り、その地位に昇格されることはできないであろう。これこそが充満の原理から出て来る厳密に首尾一貫した結論である、もしも、一つの段階には、一時には、一つの典型しかない——そしてこの仮定は、識別できないものは同一であるという原理によって要求される——のだとするならば。存在の梯子の中で全く同じ地位を占める二つの被造物は同じなのだ。しかし誰かが没落しない限り、誰も上昇できないのだという結論は、明らかに、道徳的にはひどい結論である。事物の全般的構造の合理性についての楽天主義者の証拠は、その本質的非道徳性の証拠になってしまった。

原理の以上の二つの含蓄された意味に対する反抗は、故に、意味が充分に露わになるやいなや、不可避であった。存在の連鎖は、一般的な進歩、それから別の部分で帳消しにならないような個人の進歩を認めるように、どうしても再解釈されなければならなかった。そしてまた一方では、この伝統的概念が、そのように再解釈されると、新しい終末論、というよりむしろ古い終末論の復活を暗示した。存在の梯子はいまだにこまかく目盛がつけてあると仮定され、自然は飛躍しないので、未来の生活は——すくなくとも、自由を正しく行使する者にとっては——ここで人間によって到達された段階の上位の段階のすべてを、一段一段と徐々に上昇して行くことであると考えられなければならなかった。そして人間と完全な唯一なるものとの間のこれらの段階の数は、無限であるに違いないから、そういう上昇には最終的な段階はあるはずがない。このようにして、終ることのない進歩としての人間の運命という概念が、充満と連続の原理についての考察の結果として現われて来る。

伝統的な終末論のこのような修正は、十七世紀にヘンリー・モアによって予示された。「自然は飛躍しない」ので死者は、地上の不完全さより天上の至福へ直ちに飛躍するのではないし、存在の充満が同時に実現されると考えられるにはおよばないと彼は推論した。

音楽家は一度にすべての絃を弾くわけではないし、自然の中のすべてが毎回動くと期待されるべきではなくて、その順番になった時に、そして触れられた時に鳴るのであって、それまでは静かにしている。(6)

存在の連鎖の概念について詩的恍惚状態で語っているのを我々は既に見てきたアディソンは、その概念のせいで、モアよりも一層鋭く、不変の祝福または不変の悲惨の中に固定されることとしての死後の生についての正統的プロテスタントの概念を斥けるに至った。彼は一七一一年に『スペクテイター』の中に書いた、

魂の不死についての他の秀れた論拠の中に、魂が完全を目ざし永遠に進み、しかも到達しないことより引き出された論拠が一つある。このことは、重要な意味を持っていると私には思われるが、この主題について書いた他の人々によって掘り起され活用されてはいないと思われるヒントである。(7)

アディソンは宣言する、我々は次のごとく信じなければならない、

すなわち、たちまちのうちに生じかつ消滅していく理性を備えた被造物のそれぞれの世代は、この世では存在の最初のきざしだけを貰い、後になってからもっと好ましい場所へと移され、そこで永遠に繁茂し咲きほこるのだ。私の考えるところでは、宗教においては、魂がその本性の完成を目ざし永遠に進んで行き、しかもその終りに至ることはないということを考えることほど快く同時に心強く思うことはない。魂がますます強くなり、新しい栄光を得ては永遠に輝き、徳に徳を加え、知識に知識を加える

のだと考えることには、人間の精神に生まれつき備わっているあの大望にとって素晴らしく好ましい何かがある。いや、自分の創造したものがますます美しくなり、ますます自分によく似て来るのを目にするのは、神自身にとっても快い光景であるに違いない。

宇宙における自らの地位を向上させて行くという無限の見込み、理性を備えた被造物すべてに同じように開かれた見込みというこの概念は、一つには、この概念が存在の梯子のイメージより、それが普通の形では持っている、どうしようもない不平等という様子を取り除いたのでアディソンを引きつけたようだ。

思うに、有限の魂の完成を目ざす進歩というこの一つのことを考えるだけで、下位のものの羨望、上位のものの軽蔑のすべてを消すのに充分であろう。人間の魂にとって今は神の如く見える智天使《ケルビム》も、永遠の中で人間が自分と同じほど完全になる時がある、それどころか、人間の魂が今でこそ至らないあの完成度を見下す時があることを知っている。

存在の梯子は、このようにして、無限の段々があり、そこを個々の魂が永遠に上って行く梯子に文字通りなった。すべてが同一の速さでそうするので、階層的秩序は残るし、相対的な地位は変化しない。

なるほど、高級な性質を持ったものは進み、それ故存在の梯子の上で距離と上位を保つ。しかし、自らの地位が現在どのように高くとも、下級の性質を持ったものも最終的には、そこまで昇って来て同じ程度の栄光に輝くであろうということを知っている。

ライプニッツは、この数年後に『自然と恩寵の原理』（一七一八年）を、人は誰も神の示現を充分に経験することはできないという信念を以て、結んでいる。

我々の幸福は、これ以上望むものがなく、我々の精神を怠惰にするような完全なる享受ではなく、新しい喜びと新しい完成への永遠の前進でなくてはならない(8)。

霊魂不滅説のこういう再建は、楽天主義の論拠のゆううつな結果が率直に述べられている著述の中にも明らかである。存在の梯子を自分も昇り主教の地位を得る程度に正統的である聖職者のエドマンド・ローは、キング大監督の論理と自分の論理が要求する結論が受け入れられない破目になった。なぜならば彼は、先の論拠の一見勝ち誇る結論――すなわち「宇宙の現状はあり得るものとしての最善である」――に脚注をつけ、「神は、存在の秩序を、昇進の余地がないような固定した不変の状態においてしまった、また被造物の本質が許す限り完全に被造物を初めから造ってしまったと考えられるのかどうか」という疑問を提出している。ローは、その答は必ずしも「決め難い」としている。これに肯定的に答える者は、ローの考えでは、「無限なまたは絶対的な善という我々の持つ概念より論証しており、この善は神が最高度のあらゆる種類の幸福を、幸福をすこしでも伝えようとするのと同じ理由で常に伝えるように神に刺激を与えずにはいないと考えている。しかし、神は、このようなことはしなかったと言われている。ただ最初に或る被造物に被造物の受けられる完全さの全部を与え、下位の種類の存在に、そのそれぞれの本性が許す限りの最大の幸福を与えた」。しかし、ロー自身は、これとは反対の見方に傾いている。つまり「その見方は逆説に思われるかも知れないが、よく考えて見れば公算のないことではないと判断されるであろう」と彼は考える。

被造物が……新しい未知の快楽が絶えず到来するのに出会うこと……そして完成にいつもますます近づいて行くこと、このことは確かに、被造物の幸福の総量を、その状態がこういうこと〔進歩〕が終ってしまう（もしも終りがあるとすれば）ような完成度に既に達してしまっていて、欠点も多様性も増加も知らないような他の被造物の幸福の総量よりも多くするに違いない。同一状態に固定された有限な存在は、いかに秀れていても、我々の考えによれば（もし我々の現在の能力によって判断することが許されるならば、そしてそれ以外のものによっては判断できないのであるが）一種の怠けまたは鈍感さに染まるに違いない。……それは変化と多様性によってしか直らない。故に、神が自分にすぐ次ぐような最高級の完成度に被造物を実際に固定しているとは思えない。むしろ、そのような高い完成度を考えることは不可能であり、その想定は不合理である。なぜなら、絶えず増加し得る余地のあるものには最大はあるはずがないからである。……〔故に神は〕決して何ものも、至福が増し永遠に新しい幸福と新しい完成度を得て行く余地がないような状態には、創らないと我々は信ずる。(9)

来世の信仰の形態のこのような変化は、――この引用が示すように――心理的考察と、充満の原理について詳述するのが極めて好きな哲学者のお気に入りの一般論である人間性についての一般論とに密接に関係している。人間は絶えず変化することによってのみ幸福が得られると言われていた。一七一三年に英訳され十八世紀に大いに読まれ賞讃されたブルーノの『勝ちほこる獣の追放』（*Lo Spaccio della bestia trionfante*）の始めに「英知」が登場して言う。

もし物体に変化が無く、物質に多様性が無く、存在に浮沈が無いとすれば、快いもの、善きもの、楽しいものは無いであろう。……楽しみと満足は、一つの状態より別の状態への或る通過、進歩、あるいは運動にのみ有る。……過ぎしものに対していやになって始めて現在のものを喜ぶ。……その間隔があり、その中間の段階をすべて通過して一つの端から他の端へと行く、極端から極端への変化は必ず満足をもたらす(10)。

同様な心理的見解はライプニッツに繰り返し出て来る。たとえば、「快楽は、単調な性質を持たないというのがまさに楽しみの法則である。なぜならそういう性質は嫌悪を生み我々を鈍感にし、幸福にはしない(11)」。

こういうことすべての主な歴史的意義は、それが、楽天主義の論理から出て来るのを我々が既に見たものと結びつくことになっていた、善の性質についての考え方の出現と拡散を示しているということである。新しい終末観は、別の新しい価値観を示すものである。最高善をアウタルケイア（自足）および無欲と同一視するプラトン的な考え方――「それを所有するものは完全な自足を常に有し他のいかなるものも決して要しない」――は、その反対の考え方、すなわち窮極性も窮極的な完全性も意志の追求の休止も無いのだという考え方に席を譲りつつあった。ライプニッツ、アディソンおよびローより私が引用した個所は、明らかにファウスト的理想の予示であった。人間は、生まれつき足るを知らないものであり、そうであるのは神の意志なのだ。人間は、もし自分の本性と使命とに忠実ならば、自分の経験するいかなる瞬間に対しても「しばしとどまれ、汝はそんなにも美しい」とは言えない。完全を観照している魂の最終的な安らぎ、ダンテの天上の楽園のヴィジョンにおける天国と「中心を静かに保つ平和」との同一化という理想を捨てて、終りなきものの追求（Streben nach dem Unendlichen）、達し難い目的の不断の追求という理想を掲げる傾向は、歴史家によって通常は、実際よりも後に起ったとされて来ている。これは、ゲーテの創造したものでも、ドイツ・ローマン派の、さらにはレッシング[*5]の創造したものでもなくて、十八世紀を通じて著名な哲学者、広く読まれた著述家によって繰り返し表現されていた。そしてこの考えは、彼らの心では、存在の梯子という一般に受け入れられていた観念に結びついていた。そしてこの観念は、長い間、非の打ち所のない程正統的な神学者によって、神へ向かっての魂の上昇の過程というように、もっと曖昧に述べられていたのであった。

レンツ[*6]の『道徳の第一原理についての試論』（*Versuch über das erste Prinzipium der Moral*）（一七七二年）の中でやや穏かにではあるが、間もなく大音量で鳴り始める筈の、ローマン主義的な旋律の序曲が再び聞えるであろう。彼は、「完全性への衝動」が人間性における基本的衝動の一つであると宣言し、その性質を定義しようとする。この完全性は、「自然が我々の中に置いた能力」のすべてを発達することにある。しかし、この自己実現の倫理的理想には、レンツの心では充満と連続の原理に結びついた二つの条件がついている。(1)「我々は、この啓蒙の時代に、我々の能力の中で或るもの――精神の能力――は、より秀れていることと、魂のこれらのいわゆるより高級な能力に他の能力が従属させられるべきであることとを学んできた。それゆえ、こういう釣合いに応じて能力を深め発展させるべきである。しかし、すべての能力は、互いに不可分で無限に微細な関係にあるので他の能力（すなわち、低い方の能力）も、高いものと同様になおざりにされてはならない――このことは、各個人の異なった傾向に合うことなのだ。」(2)しかし種族にとっても個人にとっても、同一の原理が、現状を常に拒絶することと、存在の梯子を限り無く登ることを要求する。[12]

ここで私は、人間の完成について話していることに留意して欲しい。神が始めの人間を善なるものとして創造したので、私の意見に従えば、始めの人間は、道徳性、すなわち意識的な道徳的努力を必要としなかったに違いないという批判が私に向けられないことを望む。始めの人間の場合には「善」は、完全ではなく完全になり得ることを意味した。なぜならば、そうでなければ、堕落は無かったであろうから。うじむしから天使に至るまで、すべての被造物は、自らを完成する能力があるに違いない。さもないと有限な被造物ではないことになり、プラトン的観念によれば、無限で完全なる存在の中に自らを失うことになろう。[13]

これは、エマソン[*7]のよく知られた詩行を予期させる多くの十八世紀の表現の一つである。エマソンは言う、

人間たらんと努力し、うじむしが
螺線全部を通じてよじ登る。

多くの科学者が同時に神学者であった時代においては、〔存在の梯子の〕概念の宗教的、倫理的応用に際しての以上のような変化は、それ自体、科学的な観念においても同様な変化を促す傾向があったが、後者〔の変化〕はそれほど思弁的ではない理由によってもまた促進された。そういう理由の一つは、現存の生物の形態の中に例の理論が要求するだけの連続性を見ることが不可能と言わないまでも困難であったことである。現に観察可能な自然は、完全で連続した連鎖の一片すら示しているとは見えなかった。こういう反対論は、創造の充満性の仮説全体を大胆にも攻撃する数少ない著述家によって大いに重視された。十八世紀後半では、ヴォルテールとジョンソン博士と人類学者の先駆者であるブルーメンバッハ[*8]が、こういう批判者の中で最も重要であった。ヴォルテールは、自分でも言っているが、なるほどかつては、存在の梯子という観念に魅了されたことがある。

はじめてプラトンを読み、最も軽い原子より最高存在に至る存在のこの漸次移行に接した時に、私は讃嘆した。しかし、これをよく見ると、偉大な幻影は、かつて夜明けを告げる雄鶏の啼き声と共にすべての幽霊が消えたように、消失してしまった。初めは、無生物より生物へ、植物より植虫へ、それから動物へ、それから霊鬼へ、小さな空気のような身体を持った霊鬼から身体を持たぬものへと目に見えないように移行していき、そして最後に天使に至り様々な天使の種類を経て美と完成度において神自身に至るまで上昇して行くのを見ることは想像力にとって楽しいことであった。この階層組織は、その中に教皇と枢機卿、その後に大僧正、僧正が従うのを見るような気がする善男善女には気に入るものだ。そしてその後には副牧師、助任司祭、助祭、副助祭がやって来、それから修道士が現われ、その列はカプチン修道士で終る(14)。

しかし、生物界には連続した系列は存在しないと三つの根拠で論じる。第一に、かつて存在した或る種は消えてしまっているし、また消滅しかかっているものもあるし、人間がその気になれば、人間によって絶滅されるかも知れない。「世界の人々が英国人の真似をしていたら、地球上にはもはや狼はいないであろう」。また消えてしまった人間の種属があるという公算もある。第二に、現実の種の間に想像上の中間の種を想定できるという明白な事実が、形態の系列が不連続だということを直ちに示す。

猿と人間との間には目に見える隙間が無いであろうか。知性は所有するが言語も人間の形態も持たず、我々の身振りに答え、我々に仕えるような、羽根を持たないような二足動物を想像することは容易ではなかろうか。そしてこういう新種と人間という種の間に、我々は他の種を想像できないであろうか。

最後に、連鎖の完全性の仮説は、人間の上位にある肉体を持たない存在の広大な階層の存在を要求する。疑いもなくキリスト教徒は、信仰が我々にそう教えるから、そのような存在の或るものを信じるであろう。しかし、啓示を別とすれば、そんなものを信じるどんな理由があろうか。──つまり、プラトンにはそうするためのどんな理由があったのか。非生物界については、その構成要素──例えば、惑星やその軌道の大きさ──には漸次移行が明らかに無い。それゆえ、ヴォルテールの批判は、要約すれば、既知の事実にすこしでも目を向ける人は、「自然は飛躍しない」という仮説の誤りを直ちに知るであろうということである。故に彼は、誤りの源であると考えるプラトンへの呼び掛けを以て結論としている。

かくも賞讃されるプラトンよ。あなたは我々に、つくり話だけをしてくれ詭弁のみをろうしたと思う。プラトンよ、あなたは知らないかも知れぬが害をなしたのだ。どうして、と言われるかも知れないが、それには私は答えまい[15]。

ヴォルテールは、別のところでも、いささか一貫性は欠いてはいるものの、宇宙的充満の原理の基礎であるア・プリオリな仮定を攻撃した。「なぜ存在は無限であるべきなのか、無限であることができるか。ニュートンは、真空の存在を証明した。もし、自然界において、自然の彼方に空虚があるとすれば、物体が無限に延びる必要がどこにあろうか。無限の延長とは何であろうか。無限数と同じく、それは存在することはできない」。しかし、宇宙の空間的無限を否定する文章の中で、ヴォルテールは、宇宙の時間的無限を主張し、それ故に、伝統的な創造説を同様に伝統的な根拠で攻撃している。「無から有は生じないという偉大な原則は二と二が四になるように真実である」。故に宇宙は「永遠で」なければならぬ。

活動的存在が活動せずに永遠を過ごしたとか、創造的存在が何も創造せずに無限の時間存在したとか、必要な存在が永遠に無用なものであったと言うのは、不合理な矛盾である。(16)

ジョンソン博士の例の理論に対する攻撃は、同様な根拠に基づいていたが、しかし両者を比較すると、いささか驚くべきことだが、より深く、より弁証法的であった。(17) 充満の原理は、観察される事実と矛盾するだけではなく、彼にとっては、自己矛盾するように思われた。もしこの原理が正しいとするならば、存在の連鎖は真の連続でなければならない。しかし連続体の中では任意の二つの要素は、互いにいくら「近く」ても、その間には無限の中間があるに違いない。このようにジョンソンは、宇宙についての既成概念に、直線に適用されたものとしてはエレアのゼノンにさかのぼる推論*9のいくつかを適用した。

無限より無に至る存在の梯子は、存在し得ない。無限でない最高存在は、しばしば言われて来たように、無限から無限の距離だけ離れているに違いない。……そして無限と有限との間のこの距離の中には、定義できないものの無限の系列の余地がいくらでもある。最低の存在と無との間には、存在がどこで終るにせよ、無限に深いもう一つの隙間があり、この隙間の中に、無限に続き、それでいて非存在よりは無限に秀れている、従属的性質のものの際限の無い種類が入り込む余地がまだある。……また、これだけではない。どこで始まり終るにせよ、梯子の中には無限の数の空虚な点がある。人間の上位に次の種類を考える時に、それをどこに想定しても、両者間に中間の種類の存在の余地がある。そして、もし一つの種類の余地があれば無限の種類の余地がある。なぜならば数の大小は別にして余地のあるものはすべて、それ故、そのような余地があるものの部分すべては、無限に分割され得るからである。それ故に、我々が判断できる限りにおいて、存在の梯子の任意の二段の間のまたは存在の円錐の任意の二点の間の隙間には、無限の力の無限の行使の余地がある。

それに加えて、充満の原理は、経験的な検証を受けるべきで、しかし実際には虚偽であるような含蓄を持っているとジョンソンは言う。

あらゆる可能な種類のものがあると証明するのに奉仕するような理由は、すべて、あらゆる可能な種類の最大の数のものがあると証明するであろう。しかし、これは、人類に関しては真理ではないことを我々は知っている。

つまり、ジョンソンの結論によれば、「この存在の梯子とは僭越な想像に依って立てられ、その脚は無の上に立ち、頂上は無によりかかり、一段一段は空虚であり、その段々を通っていかなる種類の存在が虚無に落ちても、我々の知るかぎりでは、その存在の直上または直下の地位には何の不都合もないようなものであることを私は証明した」。故に、

自分の理由を存在の梯子に基礎づける者は、他の解決法に頼る者に対して勝ちほこる理由がどんなに無いか、また僭越な決定の反乱を抑圧しようと四方八方で何と難問が蜂起するかわかる。僅かしか考えない者は、安易に公言する[18](Qui pauca considerat, facile pronunciat)。

ジョンソンは、ほとんど事の根幹に触れた。もし彼の同時代人が十八世紀をよく眺めたとすれば、この世紀は、連続の原理の崩壊と、彼が上述の文章の中で烈しく攻撃した楽天主義の伝統的論拠の崩壊によって特徴づけられたかも知れない。しかし彼やヴォルテールの批判が余り影響を持ったようには見えない。この世紀を通して充満、連続および漸次移

行の仮説は、今まで見て来たように、人々の精神に、特に生物科学において、強力に作用し続けた。

しかし、可能なものはすべて必然的に完全に実現されるという仮定を、具体的な宇宙は時間の中にあるという事実に適合させるために何かしなくてはならないということは——中世の著述家の或る者には実際そうであったように——ますます明らかになって来た。その仮定された必然性は、永遠の必然性である。しかし、言わばその実行は、明らかに永遠ではない。個物が連鎖の環であるとしても、すべてが直ちに現実に存在しないことは明らかである。そしてもし環が——連続の原理の厳しさより逸脱することではあるが——種であると仮定されたとしても、既知の生物の系列の中に隙間が生じているという単純な事実上の問題が、天地創造の「完全性」と連続性を信ずる者を長い間悩まして来た。この当惑に対応する一つの策は、そしてこの策はライプニッツのように偉大な知性も時々利用したのであるが、種類の連続した系列に属するものを空間的に分布している惑星や太陽系に割り当てることであったことは、既に我々が見て来たことである。地上で欠けている環を見つけるために、火星またはすばる星に飛んで行く必要があるかも知れない[19]。生きていた時代には偉大な科学者の地位があったモーペルチュイ[*10]は、形態の系列の原初の完全性の説を救うために、もう一つの同様に無理な臆説を提唱した。かつては存在した多くの種は、ほうき星の接近というような偶然事によって消滅したに違いないと彼は言った。現在我々が見る自然は、雷に打たれた後の、かつてはきちんとしていた立派な建造物に似ている。

「それは我々の目に、各部分の均整や建築家の意図をもはや認めることはできない廃墟のみを示す」[20]。しかし宇宙の充満と連続に対する信仰が強い人にとっては、もっと満足すべきでそれほど独断的ではない仮説が、当然のことながら出て来た。すなわち、存在の連鎖は、今見るところでは完全ではないが、もし我々が過去、現在、未来にわたって、形態の全系列を知ることができたとすれば、完全であると、またはより完全になる傾向があると知られよう。

ライプニッツについて最近書いた人々は、この解決法は彼によっては採用されなくて、彼は、まだ、静的な宇宙の概念に固執していたと主張している。こういう解釈を支持する傾向のある多数の個所を引用することができるが、概して証拠は反対のことを示す[21]。恐らく一七〇七年のものであり、その一部はすでに私が引用した有名な手紙があり、その中で彼は、連続の原理の科学的重要性についていつになく熱心に説く。そして次のような結論になる。その原理は、

それゆえ、私には疑いの余地はない。そしてその原理は、真の哲学における多数の重要な事柄を立証するのに役立つ。そして真の哲学は、感覚や想像を超え、現象の起原を知的領域に求めるのであるが。そしてこういう真理についていささかの概念を私は持っていると思うが、この時代は、それらを受け入れる準備がない。

では、大変奇抜なのでライプニッツが明確に述べるのをためらった、連続の原理の含蓄するこれらの意味とは何であったのか。すくなくともその一つは、宇宙はまだ不完全であり、存在の連鎖は、時の秩序の中ですべての本質が徐々に実現されて行く過程として考えられなければならないということであったと考える根拠がある。『原初大地』(*Protogaea*)(一六九三年)の中でライプニッツは、初期の地質学的時代に存在した生物の多くの種は、今や絶滅し、我々に知られている多くの種は、当時は存在しなかったようだと指摘し、地殻の状態に起った「広範な変化の間に動物の種さえ何度も変態したと言うのは信じる価値のある」仮説であると言う[22]。彼は、また書いている。「以前の或る時に、ライオン、虎、おおやまねこのように猫の性質をいささか持っているものは同一種属に属したのであって、今ではもとの猫の種の新しい下位の変種と考えられる」[23]ことも可能であると。別の著作(一七一〇年)で彼は、最も初期の動物は水中動物であり、両棲類や陸上動物は水中動物の子孫である公算があると提案している[24]。それから別の場所でライプニッツは、形而上学的根拠に基づき、この漸次移行的発達の観念を全宇宙にまで拡げている。時の変化の意義は、つまり変化が適切な理由は、彼の言うところによると、それによって「完全な種や形態の数が、たとえそういう種の完全の度合は同程度にせよ、増す[25]」かも知れないからである。彼は別の所で言う、この事については二つの仮説があると。「……自然は、均一な完成度を一度に与えることができないと仮定したとしても、第一に、自然は、均一な完成度を有し、第二に、完成度は常に高まりつつある」。もし後者の仮説が真実だとすれば、この事実は、二つの方法のいずれかによって説明されるかも知れない。「初めは無かったのであり、宇宙の瞬間または状態は、永遠の過去より完成度を増し続けてきたのであるか、それともこの過程には初めがあったのだ」[26]。また短い著述の中で最も興味深いものの中で、彼は、この上なくきっぱりと、連続的な進歩の仮説に賛成している。可能性の充満は、部分的に耕された畠に現在似ているし永久に似ているであろう。そしてそこから新しい、より立派な生成が無限に生じて来るに違いない。なぜならば、連続体は尽きることはあり得ないからである。

神の作品の美と普遍的完成度との累積的増大と、宇宙全体の永遠の、制限のない進歩とが認められなければならない。そしてその結果、ちょうど地球の大部分が既に開拓されますますそうなるように、宇宙がより高度の洗練された状態に進んで行くことも認められなければならない。……もしそうだとすれば宇宙は過去の或る時に既に楽園と化しているであろうという、出て来るかも知れない反論については、答は身近かにある。すなわち多くの物は、大きな完成度に達してはいるが、連続体が無限に分割され得るので、呼び覚まされ、より偉大な高級な状態へ、言わば、よりよく洗練された状態に高められなければならない、今まで眠っていた部分が物の深淵の中に常に残るであろう。そして、このゆえに、進歩は決して止まないであろう[27]。

自然の創造的前進というこの一般理論を、また種の変化という特殊でより具体的な主張をも、ライプニッツは、一見してそれらとは不整合に思える自分の体系の或る特徴と調和させる必要があった。彼の単子論と前成説的発生学は、或る意味では、自然に存在するものはすべて自然の中に常に存在して来たと主張する。個々の「実体」すなわち単子の数は一定である。(一七一五年に彼は書いたが)「すべての動物の魂は、天地創造以来前以て存在してきた」のみならず、それ自身の「有機的体内に」前以て存在してきたのだと確実さを以て言える。「動物の誕生は、既に生きている動物の変態に過ぎない(28)」。今日生存している個々の有機体は、原始的祖先の生殖質の中に極微動物として存在した。しかし、ライプニッツにとってこのことは、祖先が子孫、つまり(その語の普通の意味では)同一の種に属するもの、に形態上類似しているとか、現在の生物の「前成された」身体が、その現在の形、すなわち胎児の形を正確に「前以て描いたもの」であるとか、さらに、その間ずっと、その有機体の魂が同じ「程度」にとどまって、その体は同じ形であったことを必ずしも意味しなかった。もとの極微動物が「現在の動物になった」のは、「変化と進化と退化(29)」すなわち新しい発展と(或る場合には)退化の広範な継続を通してである。とくに、個体の妊娠において、根本的な変化が起るかも知れない。「動物の体だけではなく、その体の中の霊魂も、そして、つまり動物そのものが、妊娠の前に既にそこにあったのであり、妊娠によって動物は、別の種の動物になるために、大きな変態に備えるに過ぎない。生殖は別としても、うじ虫が蠅になったり、毛むしが蝶になったりする時に、これに近いことを見るかも知れない」[30]。個々の種子をこのように高い種に高めることは、通例であるよりはむしろ例外であるとライプニッツは、ここで言っている。「生殖する動物のほとんどは、それ自身の種にとどまる」、そして「もっと大きな舞台へ登場するエリートの数は少ない」[31]。しかし、ライプニッツの考えでは、人間の前以て存在する魂は、厳密に言えば、人間の魂ではない。

いつの日か人間になる魂は、他の種の魂のように、アダムに遡って、種子の中に、先祖の中にずっと存在して来て、故に、万物の始めより、一種の組織体の中に存在して来たのだと私は思う。……しかし、それらの魂は、その時には、感覚的なまたは動物的な魂としてのみ存在した……、そして魂の持ち主たるべき人間が生まれる時まで、その状態にとどまるが、その時、魂は——感覚的魂を理性的魂の段階へ高める自然的な方法がある(これは私には信じ難い)にせよ、神が特別の行為によって、または一種の変創造(とでも呼んでもよいもの)によって、この魂に理性を与えるにせよ——理性を受け取ったというのが、幾つかの理由で妥当に思われる[32]。

一度産み出されると、理性的魂は、より低い程度にずり落ちることがないだけではなく、(既に述べたライプニッツの漸進的終末論によると)「理性的魂は、宇宙そのものに似て、そしてそれらは宇宙の影に過ぎないのだが、絶えず前進し熟して行く」[33]。他の個々の動物の魂も、「世界の続くかぎり」不滅ではあるが、存在のより高い段階への制限のない不断の向上がそのように保証されてはいないとライプニッツは、時々考え、そして通例考えたらしい。こういう魂を持つ身体は「進化」だけでなく「退化」も免れない、そして魂の地位は、その属する身体の地位と対応するので、魂は、様々な自然的な浮沈により、降下することがある。[34]「しかし、あらゆるものは、それの可能な限りの、そして未発達の形においてであるがその中にある完成度の全部に達することは確かな真実」[35]であるとも言う。そして時々彼は、無制限の前進の可能性がすべての単子の前途にあるとほのめかす。「すべての魂、むしろすべての生物に、将来保証されている永遠は、徐々に宇宙に最大の完成度を与えるようになっている巨大な場である」[36]。この信念は、「物理的観測の徐々なる進歩」によって確認されるとライプニッツは、考えていたから、生物進化についての当時入手可能な化石学上やその他の証拠――『原初大地』と他の既出の著述の中で彼自身が引用している証拠――を、中でも、念頭に置いたのであろう。系統発生上の前進は、彼にとっては自分の前成説的な発生学の結果として、常に個体発生上の前進を示すものであった。そしてその一方の公算を指し示すような事実は、もう一方の公算を指し示した。であるから、経験的知識の増大につれて「我々は形而上学と自然神学の最も崇高で重要な真理に到達する」――ここで問題になっている真理とは、宇宙の一般的進歩であるが。しかし、そのような理論の裏づけに引き出されることのできる「物理的観察」は、言うまでもなく、十八世紀の初頭では大いに乏しかった。ライプニッツと多くの彼の同時代人および直ぐの後継者達にそのような理論を採用させた諸考慮は、かつては不動の存在の連鎖を充分理解できることであるが、際限のない生成の計画に変えてしまうような、既に示された「形而上学や自然神学の」論議であった。

しかし、普遍的な進歩、個体の、同時に生物学的の、同時に宇宙的な進化の説をライプニッツの哲学の中に導入したことが、彼の体系を――哲学史家は滅多に注目しないことであるが――完全に二つに割ってしまった。第一にその説は、大変しばしば形而上学の第一の基本的な真理であると言われてきた、充分理由の原理と矛盾した。前の講で見たように、その原理は、創造された宇宙において、共可能である限り、すべての理想的な「可能物」が実現することを要求した。しかし、我々が見たように、その原理がこういうことを一度要求したとすれば、常にそういうことを要求した。「必然にして永遠なる真理」が、徐々に真実に近づきつつあるということは有り得ない。そして――同じ結論の違う側面であるが――その体系の進化論的な形は、充満の原理の論理そのものと単子論とを破壊した。実在全体が一定数の不変の個体より常に成立しているというのが単子論の本質的な部分であった。その数は、永遠の理性が単子の特徴である機能――宇宙を、明晰と判明の程度の差はあるにせよ、表現する、または「反映する」機能――に関して、単子間に存在することが可能であると認める相違の段階の数によって固定されている。これらの微妙な段階(nuances)の各々に対応する一つの思考する実体があるであろう。もしそうでないとすれば、宇宙は、その数的な範囲を決定する根拠を有しない、全く偶然的なものとなるであろう。より高い段階へ進む単子という観念は、前に示したように、形の上では、単子の数が一定だという仮説とは矛盾しないが、その一定数だけある「実体」の不動の自己同一性という説とは、含蓄によって、矛盾したのだ。なぜならば――識別できないものは同一であるという原則によれば――単子の独自性を決定するものは、単子が例の機能を発揮する独特の程度、つまり存在の梯子におけるその地位である。そしてライプニッツにとってこの梯子は、最終的な分析によれば、相互にこのように微妙に差がついている単子の連続した系列より成り立っているだけである。しかし、もし単子が、宇宙をより適切に表現できることができるようになり、この梯子の中での地位を変えたりすれば、この単子は、それ自身の自己同一性を失う。記憶を備えた理性的魂の場合には、ライプニッツは、個体化の原理（principium individuationis）の定義を別の仕方でやることによって、この難問を避けることができた。すなわち、自己の過去の経験を自己自身の経験として思い起す存在は、いかなる程度の、いかなる回数の変化を通じても持続するであろう、継続的な個人的な自己同一性の感覚を持つのであるとすることによって。しかし、理性的魂の他にも「感覚的」と「動物的」魂があり、後者には、個性のこのような心理的基礎があるとはされていない。また、実際には、人間精神も自らの過去はあまり覚えてはいない。我々は、自分自身が天地創造の日に、かくかくの種類の極微動物であったと確認することはできない。従って、低い段階の単子すべて、また現在は人間の魂になっている単子が、その存在の初期の段階では、進歩したということは、宇宙は常に同じ個体より成立しているのではないことを含蓄として意味した。そして単子の数が不変であることは、もし単子の或るもの、または全部が前進すれば、梯子のどこかに空白ができると仮定されてはじめて、主張されることができるであろう。もし全部が進めば、梯子の低い段は空白となるであろう。しかし、このことは、充満の原理と——故に充分理由の原理と——相容れないことであった。存在する単子の数が時間とともに増えるか、そうでなければ、——ライプニッツが実質的には否定したことであるが——種の欠如（vacuum formarum）があることになり、そして創造主は向上する単子が空けた段階を満たさないことで、その系列に属する可能でありまた共可能である本質に存在の恩恵を与えず、現実存在への要求（exigentia existendi）を満たさなかったことがあるという責任があった。最後に、ライプニッツの普遍的で永遠なる進歩の説は、明らかに改善説を採り、（言葉の哲学的に正当な意味における）楽天主義を放棄することであった。この宇宙は、現在「可能な宇宙の中で最善なもの」ではないし、実際、将来もそうならないであろう。単により善くなりつつある宇宙に過ぎない。しかし、ライプニッツにとっては、このように永久に完成に至らない宇宙の方が、越えられることができない有限な善は価値の第一の必須条件を欠く故に、楽天主義者の言う「最善の宇宙」よりも善かったというのは事実である。

そうすると、相互に相容れない二つのライプニッツの哲学体系がある——生みの親は、この事実に気づいていないようであるが。もし我々が、モンタギュ教授の提案している[*11]ように、哲学者をその特徴的な宇宙「観」によって分類するとすれば、ライプニッツは二つの宇宙観を持っていた。一つは第五講で概観したものでありもう一つは今見たものである。第一のものは、徹底的に合理的で、神的理性の中の観念の永遠的秩序を模範として、創造された宇宙の性質が許す限り、完全に造られた宇宙という宇宙観である。それ故、この宇宙は、その本質的構造において不動であった。時間的な変化は、なるほど、この宇宙の特徴ではあるが、重要な特徴ではない。そのような宇宙観――スピノーザのものに非常に近いが――においては、時間は「本気に受けとめられて」いない。もう一つの宇宙観では、時の経過は、実現される価値の不断の増大と考えられ、実在の最も重要な相であり――そして変化は、卓越の最も不可欠なしるしである。(37)

ライプニッツの迷路のような形而上学、宇宙論及び発生学から、十八世紀前半の進化論の二つの詩的表現に眼を転じてみよう。『夜想』(一七四二―四四年)においてヤングは、進化論を天体に応用する。ヤングが考えるところでは、惑星の各々は、またむしろ太陽系の各々は、現在の我々が星の進化と呼ぶものの長期の緩慢な一連の段階を通って来、

　　暗きより明るさへと
自然の聖なる法則である漸次移行により〔変化した〕。
……すべての星は、
偶像崇拝へと誘惑するほど明るいものであるが、

暗黒と混乱より生を発している。
不格好さの息子であり、すなわち
地獄のようなべとべとしたおりより
粗雑な魂へと先ず上昇し、
それから不透明な天球層へと上昇し、　ほのかに輝き、
光を増し、ついに真昼に輝き渡る。
自然は、進歩を喜び、悪しきものより
善きものへの向上を喜ぶ[38]。

恐らくヤングは、星がたどる普通の歴史を主に自分の想像力でつくり上げたのであろう。これは最近の天文学の仮説とそれほど異なってはいないが、勿論、それは主に僥倖ということだった。ここで興味深いことは、進化の舞台としての我々の太陽系、それから他の星の体系という一般的な概念の出現が、そういう仮説の科学的証拠のほとんどのものの発見にはるかに先立っているという事実、十八世紀の中期以前にその概念が広く読まれている著述によって親しいものになっていたという事実、その概念の展開が、既成の宇宙秩序ではなくて遷移の中に表現されていると考えられた、充満と連続の原理の影響に主に由っていたと思われる事実とを、再びよく示すことである。ヤングは、特徴的なことだが、この概念を道徳的教化の用に役立てる。彼の描く若きロレンゾーは星を真似るよう命じられる。

しかし、それは大空を眺めることから多くの教化的著述家が引き出すような並の種類の道徳的教えではない。人間が自分自身の行動の模範を見つけるのは、軌道の中の星の動きの規則正しさや不変化の中ではなくて、星の進歩、「低きより高きへ、暗きより明るさへ」という不断の移行の中でなければならない。自然を道徳的に真似ることは、この場合、永続的な自己改良を目ざす意識的で考え抜かれた努力なのだ。

精神が向上する時には、
進歩は、或る程度、自分次第だ。……
ああ、人間となれ、そうすれば神になるであろう。
しかも半ば自分で造られるのだ。野心、何と神的なもの。

この考えは、静的な存在の連鎖の概念より、すこし以前に、ポープが引き出した教訓とは正に対立するものであったことが認められよう。

ほとんど同時期に、もう一人のもっと秀れた英国の詩人が、このテーマをもっと充分に、そして——医者であったから当然のことだが——天文学的な関係よりも生物学的関係を強調して詳述していた。エイケンサイド[*12]の『想像の歓び』(*Pleasures of the Imagination*)は、この期の詩の権威者の一人が言っているが、「『人間論』と『夜想』を別とすればその世紀の最も偉大で最も賞讃された哲学的な詩[39]」であった。そしてこの詩の最も印象的な個所は、

『ティマイオス』の宇宙像を、十八世紀の詩のスタイルで、漠然と進化論的に述べたものであった。エイケンサイドは、ライプニッツの『弁神論』とその当時刊行されていた彼の他の著述を知ってはいたが、彼の詩の主な源は明らかにプラトン的であった。彼もまずイデアの世界から始める。自然が形づくられる前に、

全能者は、当時、計り知れぬ本質の中に
深く退いていたが、形相を、
被造物の永遠の形相を眺めた。
……初めの日より
神的な愛を形相の上に注ぎ、讃嘆をも注いだ、
すると時満ちて
讃嘆し愛したものを彼の生命の息吹きは
存在へと展開させた。故に生命あるものを
生かしめる命の息吹き、緑の大地、
鳴りわたる波、
交錯する光と闇、暖と寒、
澄んだ秋空と春の驟雨、
うるわしい多様な万物が生じた。(40)

…………

世界の至高な霊は、
永遠の昔より、自若とし
自己自身の深き本質の中に
真に完全なる至福の限りを見ているが、
しかし大いなる好意により、
自らを充たしていたあの始原の歓びを
自らの周囲にも拡げようと動かされ、
自らの形成の腕を挙げ、
空間の空しき深みの中に
創造の強き命を響かせた。(41)

このようにして、「共存するいくつもの種類の中から」「すべてを含み充全な」一つの時間内の宇宙が生じた。しかし詩人は、ここでプラトンの原典より離れる。彼は、時の経過が現実に何の豊富さをもたらさないこと、宇宙は誕生した際に完全で欠けた所が無かったことは信じられないのだ。それどころか、宇宙の創造者は

彼の本質的な理性の聖なる光の中で

偶然の素早い形のすべてと、
可能なる存在の総和のすべてを通じて
拡げられる連続的連なりのすべてを見たので、
たちまちにして、多事なる時間の長き系列で、
生成の日付けを決定し、あらゆる種類の生ける魂に
行動の範囲と休息の時とを与え、
すべてが彼の至高の計画、普遍的善に
資するようにした。彼の選んだ
壮大なひな型に、すなわち、
彼の概念に永遠の昔より貯えられていた
無数の宇宙の中の最善にして最美なものに、
充分に応じたのだ。自らの善を全時代に、
創造力の一回の行使によって、示すことに満足せず、
時の拡がりの瞬間ごとに、彼の産みの手は
常に新しく増す幸福と美徳によって
この巨大な調和した枠組を飾ってきた。
その手は、水際の物言わぬ貝より、
人間、天使、天上の霊へと、

生きるものを永久に、より高き
存在の舞台へと導いて行く。……
故に生命あるものはすべて、
存在の太陽、無限で、完全な、
霊の中心である神に憧れる。

各被造物は、この普遍的な進歩にあずかる手段を自然より受けるから、

その地位においてすべてが努力して
存在の階段を登り、永遠に、
神的な生命に近づくことができる。(42)

しかし、興味深いことには、エイケンサイドは、可能な形態の系列は、合理的であるためには、欠落があってはならないという仮定の影響をまだ受けているようである。なぜならば彼は、この進歩が続くにつれて

下位の種類は次々と
空所を満たすため上昇する

と、我々に請け合っているからだ。これに反して、この詩の後の改訂に際しては、この個所は残しながら、エイケンサイドは、無限の時間の中でも、すべてのイデアがこの世界で実現されるのではなく、永遠に神の「本質的な理性の中に置かれた」存在の形相は

彼が無限の時間をかけて行なう仕事のすべても
決して現わすことのない巨大な数のイデアの群(43)

を構成する。

カントが次の十年間に宇宙進化の理論を唱えたことはよく知られている。しかしそれほどよく知られていないことは、そうすることによって、彼もまた充満の原理を時間化したのに過ぎなかったことである。この原理が彼にとっては哲学的宇宙像の根本的公理であったことは、我々は既に見てきた。宇宙根拠の創造的潜在力は無限であり、無限の空間にひしめく「宇宙体系の数と優越性」は、「それらの創造主の無限と見合うもの(44)」であるに違いない。「自然の豊饒さは限界がない。なぜならそれは神の全能性の働きに他ならないから(45)」。しかし形相の無限の可能性の具体的な現実へのこの変化は、一度にすべて生じるのではない。宇宙は、比較的単純な状態でその歴史を始めた。時代が経るにつれ、ますます

大きく、多様に、複雑になってきた。そしてその源の無尽蔵性が、将来も宇宙はそうし続けるであろうという我々の確信の根拠である。『天体の一般自然史』の中でこのような前提を適用する時に、カントは、主に前有機的進化——太陽系と星雲の形成——を考察している。彼の宇宙像は、充満の原理の含意と当時の天文学の知識を結びつけようとする企てであり、細部は純然たる力学的な原理に基づいて解明すると公言はするものの、実際には、これらの原理は、我々のよく知っている形而上学的仮定によって絶えず補われている。物質の存在は前提されている。「自然の原初状態」において、将来の星雲を構成する全物質は、無限の空間に拡散されて、粒子の形状で存在した。しかし宇宙史のこの初期の相の性格を決定するに際しても、カントは充満の原理と力学的考慮の結びつきによって影響を受けている。この原初的混沌を構成していた「元素の本質的な性質の中にさえ」「その元素の本性は神的な知性の永遠なイデアの結果に過ぎない故に元素がその源より得てきているあの完全さ（Vollkommenheit）の印を辿ることができよう。単に受動的で形態も配列も無いように見える物質も、その最も単純な状態においてさえも、自然的な進化によってより完成した構造物へと自らを構成しようとする衝動（Bestrebung）を持っている」[46]。カントがここで言わんとすることは、具体的に言えば、元素をなす粒子は全部が同じではなくて、「この基本物質の種類」は「自然が至る所で示す際限の無さに対応して疑いもなく無限に多様である」ということである。しかしこのことは文字通りに受け取られてはならない。問題になっている相違は、質的なものであるとはっきり言われてはいないし、物質の根本的粒子の運動の法則が多様だとも言われてはいない。カントは、パース[*13]の偶然主義に先んじたのではなかった。しかし根本的粒子は、個々の密度と「引力」とにおいてすくなくとも「可能な限り」相違していて、――その結果――空間に不均等に分散されていた。カントは、もしそうでないとしたら、彼が述べる過程の初めを力学的に説明することはどうしてもできない、すなわち物質の総体は、密度と分布とのそのような初期の不均等がない限り、永遠に均衡を保っていたであろうと推論したようだ。しかし、そういう不均等があったとして、ある時点において最も重い粒子の濃縮が起ったに違いない。この中心から、粒子の軽さに比例して、段々と薄くなるように拡散が行なわれた(47)。しかしこの局所的濃縮に由来する自然の「根本的起動」がそこに「宇宙」すなわち中心になる塊の周囲を回転する惑星や衛星の系を形成した。カントは、このことを、一般的には、重力と慣性の働きに帰するが、このことの力学は、私に誤解がなければ、依然としていささか曖昧である。この核より「自然の創造というよりむしろ発展(Ausbildung)は、段階的に拡がって行き……無限の空間が永遠の経過の中でいくつもの世界と宇宙によって満たされるように、ますます大きく拡がることを絶えず目ざす」。太陽系の形成は、何百万年を要するので、星雲の進化の様々の段階が、勿論中央に位置する今までの最高段階から周辺域――この宇宙の境界の向こう側には、彼の考えでは、単に「混乱し混沌とした状態」の物質、今から生まれる宇宙の原料がある――におけるまだ始まったばかりのものに至るまで、常に同時に示されている。この過程には始まりはあったが、終りはない。創造は決して完成されない

(die Schöpfung ist niemals vollendet)。「それは、自然の新たな向上をもたらし、新しいものと新しい宇宙を存在させることで永遠に忙しい(48)」。

疑いもなく、これらの宇宙と宇宙の集積の各々は、途方もなく長い時代の後で「その発展の成熟点」に達した後で、分解と最終的な破壊という逆の過程にさらされるであろうが、自然の無限の豊饒さは、一つの部分で宇宙がこうむった損失は、他の部分での新しい宇宙の産出によって埋め合わされて余りがあるであろうと我々が信じることを保証する(49)。すべての部分を時が来れば最終的な分解に運命づける法則と、宇宙全体としては、存在がより充満しより多様になるよう絶えず目ざすという法則との間に矛盾はない。それどころか、カントは、一方の法則は他の法則の系であるとしている。「自然の豊饒さ (Reichtum) と最も一致するもの」は、自然が産出するものすべてのはかなさである。「なぜならば、あの体系がその長い存在期間を経て、その構成が持ち得る多様性のすべてを持ち尽してしまい、それゆえに『存在の連鎖』の余計な構成員となってしまったならば、それが常に流転する変化という宇宙的な光景の中でその最後の役――すべての有限な物にふさわしい役割、死ぬべき運命に最後の敬意を表するという役割――を演じることほどふさわしいことはない」。

このように、この時期のカントにとっては、不断の発展と累進的な多様化は、単に宇宙全体にとってだけではなく、宇宙の構成物の各々、すなわち諸々の太陽系から個々の生物に至るまでのものにとって、自然の最高法則である。しかし、どの部分にあっても、発展の潜在力には決まって限度があり、その部分に可能な「多様性」すべてが実現されてしまうと、その部分は宇宙の組織にもはや適合しない。自然は、成長を止めてしまったものには、もう用はない、そして或る時にはゆっくりと或る時には素早くそして破局的にそれを除去する。存在の連鎖全体が永遠に自己を拡大するだけではなく、同一の法則に従わない環を許さないのだ。

しかし、カントは、宇宙の死によって生じた欠落でさえも補充されないでいることは自然が許さないと仮定することは合理的であると考える。これは「神の作品の全体計画にとって適していて、また公算の大きい考え」である。[50] 太陽系が、その構成部分の運動が緩慢になることにより、崩壊し、惑星が中央の塊に落ち込むと、全過程が再び始まり永遠に繰り返される。

大体、十八世紀の第三四半期に、広い意味で進化論的と呼べるような理論が増えた。現在の種の全部が少数のまたは恐らく一対の最初の先祖より由来したという一般的仮説は、一七四五年と一七五一年にベルリン科学アカデミーの総裁であるモーペルチュイによって、そして一七四九年と一七五四年に『百科全書』の主な編集者であるディドロによって提唱された。[51]『自然の解釈に関する思索』(*Pensées sur l'interprétation de la Nature*) の中でこの理論を提唱する際のディドロの議論の中で連続の仮説がいくばくかの役割を演じたが、生物変移説のこれらの二つの表現は、主に、ここで我々が問題にしている観念の集合とは独立したものであった。進化論的傾向は、様々な所で、色々な動機の影響を受けて姿を現わしていた。しかし、充満と連続の原理と、存在の不変の連鎖という概念を維持することの難しさとが、このような傾向を促進する重要な要因でない場合によってさえも、結果は、やはり、それらの原理を、私がその原理の時間化された形態と呼んできたものにと変化させる方向への圧力を増すことになってしまった。或る場合には、変化の哲学の成長は、当然の結果として、全部の種が常に存在しなければならないという仮説を明らかに拒絶することに通じた。たとえばドルバック[*14]の『自然の体系』(*Système de la Nature*)(一七七〇年)の一節のように。

何故、自然は新しい存在を産み出さないのかと聞く人々に、自然がそうしないことをどうして知るのか我々は問いただす。自然のこのような不毛性を信じる根拠は何なのか。自然が各瞬間に形成している組み合わせによって自然が、その観察者が知らないうちに新しい存在をせっせと産み出していないかどうか彼等は知っているのか。自然が巨大な実験室の中で、現在存在している種とは何の共通点もない全く新しい産物を生じるのに適した要素を現在組成中でないかどうか誰に聞いたのか。だとすれば、人間、馬、魚、鳥が存在しなくなるだろうと想定することに何の不合理があるか。自然にとって非常に不可欠なのでそれなしには、自然が永遠の運行を続けることができないというような動物があろうか。我々の周囲では万物が変化するではないか。……我々も変化しないであろうか。……自然は、常に変らない形態のものを含まない(52)。

しかし、この時期に存在の連鎖の観念が経験していた変化の最も興味深くまた奇妙な例は、十八世紀の第三四半期も遅くなって出たフランスの哲学者のJ・B・ロビネー[*15]の著述に見出される。なるほど彼は、当時高い評判は得なかったし、十八世紀思想の歴史家達は、彼に充分正当な評価をして来なかった。これは、主として彼が、植物学の分野に手を出した時にいくつか馬鹿気たことをしてしまい、そのため後世の人からはちゃんとした業績があるにもかかわらずそちら〔博物学〕の方で記憶されているという事実に由来する。しかし、こういう馬鹿気たことにおいてすらも、彼は、我々が扱っている歴史現象のある側面をよく示してくれる。充満と連続の原理が西洋思想に及ぼした圧力の影響は、皆が既に判断する機会があったと思うが、崇高さから馬鹿らしさまでの範囲に及ぶ。そしてもしロビネーの中に、この歴史の喜劇的な章が見られるとしても、彼の観念の検討は依然として我々の目的に沿っている。しかもそれどころか、時としては、古い仮説の新しい意味または新しい解釈を見出す点で彼は独創性と哲学的洞察力を大いに示している。彼の長所は、グリムが主な欠点だとした特性にある。彼は高度に体系の精神を有していて、彼の先駆者が発展させないで打ち捨てておいた前提を、その充分な結論と考えるもの迄、時としては正しかったのであるが、つきつめることを主張した。そして、とにかく彼は、次の十年間の著名な著述家、詩人、哲学者によって採り上げられ、ローマン主義の時代には大いに流行し影響力を持ち、現代に復活することになった概念の初期の代表者であった。

彼の大著『自然について』[53]（*De la Nature*）（一七六一―六八年）の初めの方では彼は、存在の連鎖の観念の時間化された形態よりもむしろ静的な形態について詳述している。第三巻は、主として、充満の原理と、そこから多くの著述家によって大抵それぞれ独自に導き出され、よく知られていた結論すべて――過去未来にわたる創造の時間的無限性、創造の空間的無限性、住まわれている宇宙の数の無限性、存在の系列の欠落のないこと――とを特に充分に、秩序立てて述べ弁護するものであった。

唯一原因の活動は完結している。この活動の結果の中に、存在し得るものはすべて含まれている。……創造主の仕事は、もし何かがそれに加えられるとすれば、完結していないことになろう。……彼は化石界を可能なあらゆる組み合わせ――土、塩、油、岩石を形成する物質、金属――で満たした。彼は存在することができる植物の種はすべてつくった。動物の細かい各々の段階は、それが含むことができるすべての存在を含んだ。動物の精神は、それを受け入れるのに適したすべてのものの中に存在する。[54]

そして無限な原因は決して活動を止めないと我々に考えさせる論理は、無限な原因の活動は常に百パーセント行なわれて来たと考えることを要求するので、宇宙の中には、現在あるのと同数の被造物が常に存在して来たということになる。「では神は新しいものを何も創れないのか」とロビネーは問い、創れないと彼はきっぱり答える。「なぜなら彼は、既にすべて――可能な延長すべて、可能な物質すべて、可能な知的存在すべて、可能な存在すべて――を創ってしまったからである」[55]。我々にはこうは思われないかも知れないが、「宇宙の組織について、我々の持っている小さな例でもって判断しないように注意すべきである」。我々が見ることのできる無数の生物の他に「何と多くのものが深海と山頂と砂漠とに隠されていることであろうか。他のどれだけ多くのものが我々の最良の器具によっても認めることができないことであろうか」。しかもこの地上に欠けている種類は、きっと他の天体に見出されるであろうし、「全宇宙を構成する天体の数を数えることが誰にできようか。……しかし天体の数は可能なかぎりあり、その各々に、あらゆる点で可能なだけのすべてが存在するので、どの種類においても創造主はこれ以上造れなかったであろうと我々は確信する。そうでないと創造主は、不公平に行動し、自分の能力の一部だけを働かせたことになるが、このことは矛盾なしに想定することはできない[56]」。

彼の評判にとって不幸だったことは、ロビネーが自然の充満に対する自分の信念をいささか驚くべき結論にまで押し進めてしまったことである。彼は、生物進化論の歴史の中で占める位置のせいでもなく、しばしば鋭い懐疑的な哲学的論証のせいでもなく、水中人(l'homme marin)の実在に対する信念に依って、恐らくは一番よく名前が知られている。彼は、「魚人(上半身が人間)の存在については信頼すべき証人が多いのでそれを信じないのは頑迷さというものだ」と書いている。たとえば、「信ずるに足る数名の人」が、トーマス・バルトリン*16の記録によると、「一六六九年にコペンハーゲン港に半人半魚が出現した」と証言している。証人達は、髪の毛の色については不幸にも一致していなかったが「ひげの無い男の顔つきをして、尻尾は二またにわかれていたという点で全部一致していた」。『航海通史』(*Histoire générale des voyages*) は、一五六〇年にセイロンの漁夫が人魚を七匹も網で捕まえたと言っている。生きた人魚の雌が一七五八年に、疑いもなくバーナム氏の器用な先駆者によってであろうが、展示された。また『オランダの楽しみ』(*Délices de la Hollande*) の中には、洪水の後で陸にとり残された人魚のことが書いてあり、その人魚はエダムに連れて行かれ、「衣類を身につけるようになり」、縫うことを教えられたが、話すようにはならず、「水を目ざす本能を常に維持した」。こういう興味深い動物は旧大陸に限られてはいなかった。生国は英国でありながら奇妙にもシュミットという名の船長が「ニューイングランドで一六一四年に最も美しい女にも劣らない半人半魚を見た」。ロビネーは、同様な楽しい目を見た証人を二十人も引用し、『自然について』の第五巻は、存在の連鎖の中のこのようにあまり知られていない環の楽しい絵の何枚かによって飾られている。この種の信じ易さは、ロビネーの個人的な不名誉な性質のせいだとばかりは言えない。これは、自然はすべてが可能であるという信仰の当然な結果であり、ロックのように覚めた精神の持ち主さえも、「人魚について確信をもって報じられたこと」を自然界にある形態の系列の無限の多様性と連続性との可能な例に含めていることが想起されよう。[57] 大抵の学問のある人が当時理論上は受け入れていたのが充満の原理だとすれば、水中に住む類人猿の存在は非存在よりも公算が多いことになる。ロビネー自身が言うところによると――デカルトの言ったことに大いに似ているのだが――「私は、創造主の働きについては巨大な観念を形成してしまったので、或るものの存在が可能であるという事実から、そのものが現に存在するのだと容易に結論してしまう」。であるからそのような動物を実際に見たと報告する立派な船乗りや他の人々に対して厳しい懐疑的な態度を採る理由は無かった。モンボド卿が（「尻尾のある人間」に関して）一七七四年に言ったように、「自然を謙虚に研究するものは、自然の産み出すものの多様性には、アリストテレスが有名な格言で述べ、私の見るところではビュフォン氏によって採用された、『つくられることができるものは何にせよつくる』という限界しかおかないであろう。しかも矛盾を含まないものはすべて存在することが可能である。故に我々は、どのように不思議な動物にせよ、その存在についての信頼すべき証拠に対しては、そのような動物の存在が本質上不可能であると断固として言うだけの自信が無いかぎり、耳を傾けるべきだ[58]」。つまり存在の連鎖の概念は、次の世紀の思想の中で極度に重要な役割を演じることになっていた或る新しい仮説にとっては好都合ではあったが、仮説の実証に必要な慎重で懐疑的な気質を助長するものではなかったのは確かである。第一巻においてさえロビネーは、テュルゴー[*17]とルソーの完成可能という概念を採り、それをすべての生物に、各々の種の前もって決定されている潜在性質によって決定される限界という仮説とともに、適用した。「あらゆるものはそれ自身の存在を喜び、それを拡大しようとし、すこしずつその種の完成に達して行く[59]」。このように始めからロビネーは、いまだに影響力のあった原始主義の反対者であった。

人間の精神は、一般的な法則に従わなくてはならない。我々は、何が精神の進歩を阻止したり、その発展に反対したり、この輝く精神の活動を押し殺してしまうのかわからない。この精神は確かに運命を担っている。なぜならば無駄に造られたものは無いからだ。その運命とは、想像力を働かせたり、発明したり、完成したりすることにほかならない。そうだ、人間は、熊や虎のように森林をさまようために創られたのではない[60]。

それゆえ、「真の自然状態とは、人間が内的エネルギーによって自らにつけ加えることができたり、外的な物の行為によって自らに受けることができる附加物を別にした、誕生の時の状態ではない」。「故に社会は、自然の作品である。なぜならそれは、悪も善も同様に産出できる、人間の完成可能性の当然な産物であるから。学芸に科学、法律、政治形態の多様性、戦争と通商――つまりすべては、単に発展するものに過ぎない。すべてのものの種子は自然の中に潜在している。各々の時が満ちて展開したのだ。恐らく自然は、その子宮の中に、もっと成長の遅くて、未来の世代がその実を収穫するような他の種子を宿していよう。そうだとすれば精神は、拡大し、もっと偉大な形態を採るであろう。科学の木は新しい枝をつけよう。学問の目録が拡がるにつれ、その範囲も大きくなるであろう。このようにして新しい悪徳と美徳が姿を明示するであろう」。しかしどんな被造物にせよ、「その自然的な状態を超越することができる」と考えてはならない。「破ることのできない束縛によって、被造物は、その状態に閉じこめられているのだ。その存在を修正する能力がある被造物があるとしても、この自由は、それが属する種の限界を越えたりはしない(61)」。

しかしロビネーは、ここで特徴的であるが、難点を意識する。もし完成可能性が人間の属性だとすれば、なぜ人間の種のこのように大きな部分がそれを明示しないのであろうか。なぜ多くの種属は依然として野蛮なのか。その答をロビネーは、面白いことには、万能解決剤、充満の原理の中に見出す。すなわち「そのわけは、産みの原因は、素晴らしい豊富さによって動物性の全種目を必然的に満たさなければならない——飼いならすことができる動物とできない動物、野性の人間と社会生活のできる人間とをつくらなければならない——からである(62)」。つまり充満した宇宙は進歩した被造物と進歩しない被造物とを含まなければならない。

しかし完成可能性は、間もなくロビネーによって特殊の性格の限界内で進歩する傾向から宇宙的普遍的な法則へと拡げられた。ライプニッツとボネが主張したように、疑いもなく万物の「種子」は常に存在して来たが、しかしこれらすべては、自身の中に、それによって「宇宙の梯子」を登って行く、途方もない数の変身を次から次へと行なわせて止まない内的な発展の原理を含んでいる。そしてライプニッツにおいてそうであったように、全宇宙の無限の保証は、連続体の無限な分割可能性という数学原理と奇妙に結びついている。

種子は、すべて固有の差異がある。すなわち、その生命、組織、動物性は、その各々を他から区別する微妙な差がある。種子の他には要素は無い。故に全要素は不均質である。これらの要素は、単純な存在ではない。単純性は、物質と相容れる属性ではない。要素は他の要素より成立し、または種子は他の種子より成立している。要素または種子を分割可能な最後の段階にまでもたらすことができる自然なまたは人工的な過程はない。種子としての種子は破壊不可能である。種子は、その発展の完成または開始後にのみ他の種子に分解されることができる。種子の状態では、分割はできない。発展した種子が多くの他の種子に分解する時には、死滅する物質はない。すべては生き残り、その形態と組み合わせだけが変る。形態または枠組として考えられる種子は消滅する。組織された生きた物質と考えられると消滅しない。つまり自然においては何物も滅亡せず、絶えず変態する。継起の観念は必然的に自然の中に入って来る。自然は、種子の発展より生じる、現象の継起的な総和である。……〔種子の〕系列は、過去にさかのぼっても、未来を見通しても無際限である。発展し始め、この発展の継続に対する越え難い障害にぶっつかった種子は、始めの状態に後退することはない。この種子はこの障害と格闘し、最後には、その完全な展開が当然に惹き起すのと同じように、この空しい努力がその分解を惹き起すのである。(63)

る。(64)ロビネーは、従って、ディドロ[*18]によって約二十年前に提示された命題を自分のものとする。

自然の存在は、必然的に継起的である。……永続性の状態は自然にふさわしくない。全部一緒に創造された種子が一緒に全部発展するのではない。その生成または顕示の法則は、これらの発展を一つ一つ順次に惹き起す。……この連続的な変化において、全体的にせよ部分的にせよ全く同一な二点は自然の存在の中には無い。常に同様でありながら常に変っている。故に、私が話している瞬間の自然の状態とかつて自然が正確に同一であったことはないしまた再びそうなることもない、と私は答える。……まだ鉱物は無く、我々が動物と呼ぶ物が一つも無かった時代、すなわちこういう個物がすべて種子としてのみ存在していて、一匹も生まれていなかった時があったことを私は疑わない。……すくなくとも、自然が静的であったり永続的な状態であったことはないし、今もそうではないし、また将来もそうなることはないだろうことは確かに思われる。……その形態は本質的に過渡的である。……自然は、常に新しい発展と新しい生成を行なっているという意味では常に働いており、常に陣痛を感じているのだ。(65)

充満の原理の一見進化論的な変容の前にも後にもロビネーは、同様に熱心に連続の原理の含意を展開し説明した。彼の言うところでは、その原理自身は弁護の必要がない。それは、「哲学者達が長い間確認し繰り返して来た」原理である。

存在の梯子は、無限に段階づけられていて、真の境界線のない全体を構成し、有るのは個体のみで、界、綱、属、種はないことは

「自然哲学の第一公理である」。

この偉大で重要な真理、普遍的体系の鍵、すべての真正の哲学の基盤は、我々が自然の研究において進歩するにつれて、日ごとにますます明らかになって行く。(66)

しかしロビネーは一般的に「この公理の権威を充分認めざるを得ない」のに、この法則を厳格に励行しない博物学者がいると苦情を述べている。であるから、ボネは「連続の原理の大いなる愛好者」ではあるが、「存在の梯子を構成する異なった種類を、四つの部類、(1)無機的、(2)有機的であるが生命がない(つまり植物)、(3)有機的であり生命を持つが理性を持たない、(4)有機的で生命を持ち理性のある、に分類することが」まだ可能であると考えた。ロビネーの主張によれば、このような分類は、連続を全く否定するものである。なぜならば、この分類は、ある種の存在に他の存在に絶対的に欠けている絶対的な属性があるとするからである。「否定は、常に肯定より無限に離れている」ので、同系列の構成

員の間の差異は肯定や否定の言葉ではなく、共通の性格の程度を表現する言葉で表現されるべきである。そしてこの考慮を心に留めておけば、連続の原理は、通例見過されている一般的な哲学的結論を持っていることが理解される。二つの物の純粋に「質的」差異は、――位置、量、程度の差はどうあれ――必然的に不連続である。故に、連続の原理を救う唯一の方法は、すべての物は、何か一つの物が所有する性質を或る程度所有すると考えることである。それゆえ、最低の種類の存在にも最高の種類の存在の中で目立つ属性のきざしがいくらか有るとされなければならないし、最高のものにも最低のものの特徴の痕跡がいささか有るとされなければならない。

無機的なものと有機的なもの、生命を持つものと持たないもの、理性を持つものと持たないものとの間にはいかなる連続が有り得るか。否定的なものと肯定的なものとの間には中央は無いことは明らかであり、従ってこの両者を結ぶ中間の存在も無いことも明らかである。もしそのような存在が有るとすれば、その構造は、二つの相互に相容れない相反する性質を同時に持つことが必然である。……つまり、無機的から有機的への転移点は、有機的であると同時に無機的である中間的種類の存在によって占められることが必然なのである。しかしそのような存在は自己矛盾的である。もし、連続の法則を残して置こうと望むならば、……もし自然が飛躍せずに済み、一つの自然物から他の自然物へと知覚されないように移ることを自然に許したいと我々が望むならば、我々は、無機的な存在、生命の無い存在、理性を持たない存在が有ることを認めてはならない。……一定数の存在の特徴となり、それ以外のものを除外してしまうような一つの本質的な性質（念のために言うが、本質的な性質）が有れば、……連鎖は破れてしまい、連続の法則は幻想となり、全体という観念は不条理なことになる。(67)

これは、質的連続の観念についての鋭くて重要な見解であった。これは多くの後の哲学者がもっと漠然とそしてこれ程一貫せずに採用した論理を明らかにし、一般化した。例えば、現代の哲学における汎心論の主要動機の一つは、意識は物質の統合の或る水準で、或星進化の或る段階で突如として起る「創発的進化の」性質または機能であると仮定すると、明らかにその仮定が含む不連続性を避けたいという望みである。そのような推論すべての基礎にあるものは、「逆及法」(68)とでも呼ばれ得るもの——複雑で進化の度合の高い自然物の中に経験的に見出されたり帰属させられたりするものは何でも、より単純で初期のものの中に推論により読み込まれなければならないという規則——の必然性を仮定することである。しかし、概して後世の著述家がこの方法を発作的にのみ、しかもその一般的意味を充分に認識せずに適用したのに対し、ロビネーは、この方法が普遍的に適用されなくてはならない、さもないとこの方法には力が全くないことが認められなければならないということを理解していた。賢明な読者には恐らくそう思われるであろうが、結果は、単に連続の原理を帰謬法で否定することに過ぎなかった。しかしロビネーにとっては、論理の一撃によって、一群の重要な哲学上の結論を確立するものであった――その中には物活論、汎心論、奇妙な種類の汎論理主義つまり自然物すべての中に合理性のきざしが行き渡っているという説がその中に数えられる。

私は、化石に組織を認めないで化石を他のものとは何の関係もない孤立したものとするよりは、物質の最小の粒子にさえも知性を――その粒子に相応しい種類の知性を相応しい程度に与えるとしてであるが――与えたい。これは変な意見であるとか、石が考えることは有り得ないと私に言っても見当違いである。正確に演繹された結論に対しては私には責任はない、可能なるものの範囲を究めたことはない、それから、もし連続の法則が認められるならば、我々はそれから出て来ることすべてを同様に認めるべきであり、充分な理由もなしにそのように一般的な原理を棄てることは許すべからざることであると言えば、それで充分な答であると私は考える。[69]

全くの「無生物」が存在しないことは、このように連続の原理のみから推論できるが、ロビネーは、その結論の論拠をさらに提出する。しかしその冗長さを私は繰り返したくはない。連続の原則の論理的な意味についてのこの様な見解のもう一つの(彼にとって)重要な結果に注目しなければならない。なぜならばその結果は、連続の原理が充満の原理の範囲を制限してしまうことになるからである。しかも前者は後者の系と考えられていたのである。その系列に属す「全」構成員が、程度の差はあるにせよ、共通な何かを有しないと、連続した系列は存在しないから、ロビネーによれば、すべての生物――つまりすべてのもの――に共通な単一の解剖学上の基本型が有るに違いないということになる。しかも勿論これは、他の可能な形態すべてとは区別できる一定の形態でなければならない。それゆえに自然の「充満」は、一つの「原形」の可能な変種すべての実現に限定される。

有機的すなわち動物的存在の可能な在り方は只一つしかなかったが、この在り方は、無数に変化することができるであろうし変化しているに違いない。その形態がものすごく多様でありながらその中に維持される基本的な型または在り方が、存在の連続または漸次移行する系列の基礎である。すべては、互いに違っていて、しかもこの違ったものはすべて原型の当然の変種であり、この原形はすべてのものを産出する要素と見なされなければならない。……石を植物と、植物を昆虫と、昆虫を爬虫類と、爬虫類を四足動物と比較すると、その各々を特徴づける差異点すべてを通じて、私は類似的関係を認め、この関係は、石や植物等が単一の基本型に従って構想され形成されてきたことと、それらがこの基本型の無限に漸次移行する変種であることを私に確信させる。それらのものはすべて……この原型の目立った特徴を示す。そしてこの原型は、自己を実現する際に、無限に多数で多様な形態をとり、その形態において存在が我々の目に姿を現わすのである。(70)

しかしそのように多様な形状において片寄らず例示される一つの原型は、明らかにそれ自体極度に単純で内容のないものであるに違いない。その原型は、「細長い管または空虚な円筒で本来活動的なもの」に過ぎない。しかしこれがすべての有機体がその変態である「ひな型」であると主張する時に、ロビネーは、本当は、これは有機的構造物すべてがその統合であるような単位であると意味しているように思われることがしばしばである。つまり彼の言う「原型」は、具体的には、彼が「オルガン」と呼ぶ原形質体に相当するものに相当する。(71) つまり彼が連続を追求したことがここでは、すべての生物は、同じ一般的な形状を持ち性質が均質であるような究極的な単位により成り立っているという結論につながった。しかしなぜそういう単位が結合してそのように多様な形の構造を産み出すかは、連続の法則を持ち出しても説明がつかない。また構造が大きくなったものが、要求されている意味での連続した系列であるかは明らかではない。このように、ロビネーは、自分の主張の難点のいくつかを、大きな構造物の間の形態の類似性の観念と大きな構造物の構成単位間の形態（と機能）の類似性の観念とを都合よく混同することによって、避けたように思われる。

この点でもロビネーは、充満と連続の原理に同様に関係があるディドロの提案を詳述し拡張していたに過ぎない。ディドロは一七五四年に書いている。

自然は、同一の機構を無数の方法で変化させることを楽しんできたように思われる。自然は、個物を可能なすべての様態に増やしたあとではじめて生産物の一つの種(genre)を放棄する。動物界を考察し、四足動物の中に、その機能と部分、とりわけ内臓が他の四足動物のそれと完全に類似していないような動物は一つとして無いことを見る時に、自然は、単にある器官を長くしたり、短くしたり、変形したり、増したり、消滅したに過ぎないのだと容易に信じないであろうか。手の指が皆一緒につながり、爪の量が増し、ふくらみ、拡がり、全体をおおったと想像しよう。そうすると人間の手の代りに馬の足になる。原型を包むものが次から次へと変態し、その原型が何であったにせよ、動物界から植物界というような境界を越えて、認識し難い程に互に変態が類似したり、二つの領域の境界区域に(真の区別がないのに境界区域という言葉を用いることが許されれば)一つの種類の形態、性質、機能を殆ど失い、別の種類の形態、性質、機能を備えた不定で両方にまたがるような存在が位置するのを見ると、一つの根源的なもの、存在物すべての原型しかなかったのだと信じるよう説得されない人があるであろうか。しかし、この哲学的推測がモーペルチュイ博士によって認められ、ビュフォン氏によって斥けられるということにかかわらず、この推測を、実験をともなう自然科学の進歩と、組織にかかわる現象の発見と説明とにとって不可欠である仮説として採用しなければならないことは否定されないであろう。(72)

しかし「原型」と言う時に、普通ロビネーは、単にすべての有機体の原始種子だけを指すのではなく、異なる無数の個物の中に表現される理念的なひな型または手本を指していた。「原型は、材料の中で実現される時にのみ変る知的原理である」(73) (le prototype est un principe intellectuel qui ne s'altère qu'en se réalisant dans la matière)。故にそれは、「最低の条件にまで還元された」生物を示すひな型であり、「変態の無尽蔵の根拠である。実現される変態の各々は、一つのものを構成し、原型の、というよりはむしろ原型を最初に実現したものである、原型のおいの、変態したものと呼ばれ得る」。蓄積された多数の変態は、「もとのものを隠し、我々はそれを見逃すかも知れない」。しかしあらゆる場合に、統一性がそこにあると確信できよう。もしロビネーが、この概念の適用を脊椎動物に限定したとすれば、彼の時代の解剖学的知識によって既に充分確立されていた明確な科学的事実を述べていたことになろうが、彼が理解するところの連続の原理は、すべての生物、そればかりか生命のない自然の個体すべてにとっても単一なひな型を設定することを彼に余儀なくした(74)。このようにロビネーは、ヘルダー*19によって取り上げられ(75)、一時期のゲーテの固定観念になった、すべての有機的なもの、そして恐らくはすべての自然界の物がその変体である原像(Urbild)という概念の創始者ではないにせよ、(私の知る限りでは)最初の大成者であり熱烈な提唱者となった。

構成員すべては永遠の掟に従って形成され、稀なる形態もひそかに原像を保持する(76)。

しかしロビネーは、自然が絶えずお産をしているのは何のためであるかということについての二つの考え方の間で迷っている。時として彼は、我々の言葉では充満の原理の時間内化された形態と呼ばれるものの例をこの陣痛の中に見るに過ぎない。つまり多様性を可能な最高度まで増加させようとする努力なのだ。

> もし自然の運行が、時々、我々にとって不確かで自信のないものに見えたりしても、もし自然が時々、不器用で、もってまわった、はっきりしない方法で作用するように見えたとしても、それは、我々の無知と先入観にのみ由来する、事実と異なる外観に過ぎない。自然は、どのような微妙な差も、どのような変態も実現しないでおくことはないであろうし、おくことはできないのだということを我々は忘れる。隣接する形態のあまりにも微妙な差異を我々は見逃す。……自然は、無駄なことは一切しない。自然の運行は細かく漸次移行しており、その微妙な差の各々は全体の計画に必要なのだ。我々が不当にも不規則なもの、余剰なもの、無駄なものと考える形態も、存在の無限の秩序に属しており、ある位置を占め、その位置は、さもないと空白になってしまうのだ。[77]

しかし他の個所ではロビネーは、普遍的な原型という観念の影響を受けて、新種の形成の歴史の中に無差別な変化への衝動以上の何物かを見ている。一つの大体の方向への自然の運動、或る目的を目ざす努力が見られる——もっともその動きは、つまずきが多いし、遠まわりが多いし、今様に言えば試行錯誤的ではあるが。そうだとすれば形態の多さは、一つには、自然が目ざす目的が明白に予見されていないことの結果である。自然の仕事場には、多くの失敗して不要になった形があるのだ。

人間の下位にある動物の途方もなく多様な系列の中に、陣痛中の自然が、自分の仕事の総仕上げになるような秀れた存在を目ざして手探りで進んで行くのを私は見る。自然の一歩の進歩、すなわち新しい作品、原型に基づく一変体は、たとえ認識できないくらい僅かであろうとも、一定の数の変態の後では進歩は明らかに知覚されるようになる。……原型と人間との間にある中間的な変態すべてを私は、最も完全なものを目ざしながら、このように連続した多数のデッサンなしにはそこに達することのできない自然の描く習作であると考える。この予備的作業の全体を、人間を造る勉強をする自然の見習期間と呼んでよいと私は考える。(78)

人間がこのように創造の現段階までの緩慢な過程の目的と見なされる場合には、連続する一連の形態の特徴となる統一性と特性は、——今やロビネーの提案によると——出発点よりも目標を考慮した方が、つまり人間や他の比較的高級な形態の中に原始の単純なひな型を見るよりは人間以外の形態の中に人間の形態の予示を見た方が、よりよく認識されることができる。これが『平行』（*Parallèle*）の主題であり、その中で彼の熱意は（彼自身のものだとすると）彼の分別に再び打ち勝ってしまう。

個体の系列を、存在の人間を目ざす進歩の諸段階と考えれば、このものの各々を、人間の高級な能力すなわち理性に関して、人間と比較するであろう。自然とその産物すべてを宇宙を産み出す単一の観念に帰してしまう、自然とその産物についてのこの新しい見方は、この偉大な総体の部分全部を一緒に結びつける連続の法則に基づいている。〔生物の〕機構の各々は、直接に、それ自体では、それが産み出すのを我々が実際に見るものしか産み出さない傾向があるが、しかしそういう機構の総和は、最終的な結果を産む傾向がある。そしてここで我々は、それだけが我々に知られ得る地上的存在のみを考えるために、人間をそのような最終的な結果と考える。

人間の形態の予示を低い種類の被造物の中に探してロビネーは、不幸にも、はつかだいこんと他の植物の中に腕と脚のみならず顔にそっくりの物を見つけるに至り、この植物人間の素描を公表してしまった[79]。

しかしロビネーの奇妙に混り合った歴史的役割は、彼が採った生物学的進化論の形式が、彼によって、本質的に「ローマン主義的な」種類の一般的な自然哲学に発展してしまったという事実によっても理解されよう。それはシェリングの自然哲学と現代のベルグソンのそれの最も特徴的概念の或るものを先取していた[80]。ロビネーは生の飛躍（élan vital）の予言者の一人であった。自然における根本的な実在は、彼にとっては物質ではなく活動であった。そして進化の壮麗な行列は、この活動力のあふれるような自己分化のエネルギー、創造的衝動を明示するものである。しかし、（彼の最終巻が認めるように）不活発な物質も、或る意味では、承認されなければならない。そしてこれと活動原理の間には長期の争いがある。初期において、存在の梯子の低い段階において無生物が支配的である。自発的な行動への傾向は、これによって全く妨げられるが、生を目ざす力がすこしずつ力を得て、最終的には人間において完全な支配を確立するから、物質は障害物であるよりはむしろ力がその目的を達する道具となる（連続の原理は、ここで消滅してしまったようだ）。

鉱物や植物のような劣った存在にあっては、我々は物質に起る現象すべてを、これらの存在の基本的成分（le fond principal）と見なす。……梯子をすこし上がると、疑わしくなり我々は決定できない。我々は、動きと作用の自発性を認め、この自発性は活動原理を示し、この原理は先の動きと作用に属していると考えざるを得ない。しかしこの活動は、また物質によって引きずられ抗し難く決定されている。それゆえに、そのような組織においては物質と活動とは、情況によって交互に主犯となったり従犯になったりするから交代で支配するように見えるのだというように見ることもできよう。この活動力は、自分がそこにつながれていて、しばしばそのくびきに屈服せざるを得ない、拡がりを有し固体で貫くことができない物質よりも勝ろうと努力しているようである。これに反し人間においては、物質は、活動原理がその能力を働かせる器官に過ぎないことは明らかである。前者は、後者の活動を修正するおいであり、これがなければ後者はもっと自由に活動するかも知れないし、また恐らくは全然活動できないかも知れないが、確かにその活動は知覚できなくなるであろう。活動力は物質より超越すればそれだけ増大しその存在は完成に近づくようにまた思われないであろうか。……この仮説によれば、このようなことが物質に内在する活動力の進展であろう。最初は、活動力は存在のごく小部分でしかない。努力が増し進歩すると主要部分に首尾よくなって行くだろう。この力が存在の最も本質的で最も普遍的な属性(le fond de l'être)であり――また物質はこの力が自分の働きを明示する機関である――と強く信じる。そのような力についての私の概念を明確にせよと要求されれば私は、多数の哲学者と共に、よりよき変化の傾向としてその力を心に描くのだと答えよう。なぜならおよそ変化は、別のよりよきものへのかなり正確な傾向であるからだ(81)。

そしてロビネーはつけ加える。この過程の終りはまだまだだと。

この漸進は終ってはいない。人間を構成する形態よりもっと微妙な形態と、人間を構成する力よりもっと活発な力があるかも知れない。なるほど活動力は物質性すべてを目に見えぬほどすこしずつ除去し、新しい世界を造ることができるかも知れない――しかし可能性の無限の領域に迷い込んではいけないのだ[82]。

ここには、はっきりと創造的進化（l'évolution créatrice）の哲学の輪郭がある。そしてこの哲学が二十世紀のそれに似ている点は、これもまた、結局は、一種の現象論と理解し難く結びついているという事実によって強められている。活動原理を妨げる物質は、それにもかかわらず、活動原理の産物であり、活動原理そのものは非空間的なものであるが、物質は現われとしてのみ存在する。

物の実在性を我々の感覚を打つ現象によってのみ判断することに慣れているので、我々は、物質しか見えないので、世界に物質以外の何かが存在することを認めたがらない。そして現代著述家の言葉を借りると、自然の中に我々の感覚が観察する変化のすべては、延長の限界の変化であるから、この延長を放棄せざるを得なくなるやいなや我々は単なる無に直面してしまうようだ。その先には何ものも無いかの如く立ち止まってしまう。物質的すなわち可視的宇宙は現象の集合に過ぎない――可視的宇宙の基盤であり主体であり、その中に自然の中の実質的なものすべてを解消してしまうべき不可視的宇宙が必然的に有るに違いない――という事実に我々は留意しない。この不可視的宇宙は、自らを改良する傾向がある。そして各々自分自身にふさわしい程度に絶えず活動を拡大し完成することによって実際に自らを改善する力のすべての集合である。延長のある、すなわち可視的宇宙に形態の漸進があるように不可視的宇宙には力の漸次増加がある。(83)

ボネは、『哲学的転生すなわち生物の過去と未来の状態についての思想』(*Palingénésie philosophique, ou idées sur l'état passé et sur l'état futur des êtres vivants*)(一七七〇年)の中で科学または哲学の歴史の中に見出される最も驚くべき理論の合成物の一つ——地質学、発生学、心理学、終末論および形而上学を組み合わせて、地球と地球上の生物の過去と未来の歴史についての総論でライプニッツのものよりも複雑なもの——他の天体にもその対応物があると推測され得る歴史を呈示した。これは、いくつかの細部においては違うにせよ、本質的に無限に自己分化し漸進する宇宙というライプニッツの概念を、具体的に、そして当時の科学知識または一般に受け入れられていた仮説を利用することによって、実際に応用しようとするもう一つの試みであった。それを「進化論」の一形態と呼ぶのが正しいかどうかは名称の問題である。

ライプニッツに従っていたボネは、すべては始めに創られたという充満の原理の伝統的含蓄を正式に放棄するつもりはなかった。「宇宙の全構成部分(pièces)は、同時期のものである。効果のある意志が一回の行為で、創造され得るすべてを創造した」(84)。しかし一方では自然の一般的な変化の事実は明らかで論じるまでもない。それに地球上の生物形態の漸進的な分化と増加の徴候もボネには決定的に思われた。しかしこのことは、どうやって最初の創造ですべて完成していたという説と調和させることができるであろうか。この説を文字通りに受け取ることはできないのは明らかである。受け取るべき意味は、ボネがその基本事項をライプニッツから借りた発生学的論理学的形而上学的理論の中に見出される。宇宙を構成する個体すべては宇宙と同じだけ古くて破壊されることはない。これらの個体は主に「魂」である。有機体は各々魂を持つ。また、ボネはつけ加えるが、同様に破壊されず個体の魂に永遠に結びついた身体、「種子」または有機的小体（petit corps organique）をも各個体は持っている。しかしある特定の時には個々の有機体は多数のこのような有機的小体より成立しており、この小体が今から自分自身の組織された身体を、同化、成長、生殖の機能が可能なように発達させなければならない。組織された身体が分解すると、含まれていた小体は、いわば、独力で開業する。たとえばポリプの「魂」は「分割され得ないので、この魂は、ポリプが分解されても部分に分かれない。しかしこのことによって或る種子」――つまり被造物の身体の中に前から含まれていた補助的で抑制されていた種子――「が発達する機会が恵まれ、このような種子に住んでいると私が考える魂は、個体の保持に関係する感覚をその時に経験しはじめるであろう。このようにして新しい多くの人格と自我が形成されるであろう」[85]。それゆえ、多くの、殆どの魂は、その存在の期間の大部分は、現実に感覚を有しているというよりは、単に感覚の潜在能力に過ぎなくて、それの種子も、個体としての活動的生命の始まるのに適した時が到るまでは、生命を持った物体の不変の小単位にとどまっている。それにもかかわらずボネは、一種の有機的なまたは無意識の記憶が、各々の魂にあるとし、種子がその記憶の物質的媒介であり、その記憶は魂の過去の経験の影響の永久の記録を保持するとした。

さてボネによれば、地質学と天文学の証拠からみても、地球が長い一連の時期を経過し、その時期の各々が「革命」すなわち当時存在していたすべての有機的構造を持ったものが——種子や、勿論それにともなう魂は別として——破壊されてしまうような大洪水によって区切られたことは明らかである。しかし各時期の外的条件がその前の時代の条件とは物質的に異なるし、各々の種の形態と器官と感覚はその種が生存する物理的条件に適応しなければならないので、ある種子が新しい時期に再び生気を取りもどした時に身につけるような粗野な身体は、前に身につけた身体とは異なるであろう。このような後で起る変態は、——文字通り描かれているかどうかは別として——天地創造の際に種子の中に規定されていたのだ。ボネは言う、「組織体すべての種子は、地球が将来経験することになっている種々の革命とはっきりした相関関係を持って始めに造られたり計画されていたと私は考える」(86)。故に天地創造の夜明けに、或る意味で、後の夜明けに起るべきことすべてが書かれた。ただし一種の予言的な記号によってであるが。

ボネは、宗教的な根拠は言うまでもなく科学的根拠に基づいて、連続する時期は、従って連続する有機的な形態は、より低いものから高いものへという進歩を形成していると確信していた。固体発生学的段階は、動物が地球上の以前の時期に次々に経過した形態を示している（これは反復説の初期の予兆の一つである）。しかし「地球上の革命」には終りがあるとも思われない。それゆえ過去と同じく未来にどの種子も次々とより高級な姿をとって再び出現するであろう。現在、有る種は展開して行き別の形態をとるであろうが、その形態は、「地球が現在の状態とは異なるであろうように、現在の形態とは異なるであろう。この心を奪うような変態の光景を観ることがもし我々に許されるとすれば、恐らく現在我々が熟知している動物のいかなる種もそれと見分けられないであろう。……全然新しい宇宙、現在我々が全然知らない事物の体系を目にするであろう」[87]。しかしこの形態の漸進は、ボネにとって、世代から世代への進歩であるとは思われなかった。かきの「完成可能性」は、かきが今の時期内に遺伝するうちに徐々に変形して行き、ついにかきの遠い子孫が象、人間または天使になることを意味しない。意味することは、かきの各々の個体の有機（小）体（corps organique）が、個体の死の後でも、変化なく保持され、地球の適当な状態が出現し、有機体の次のより高度な展開を要求するまで保持されるということである。宇宙の現在の、またはこの前の時代に完全な動物の個体に現になってしまった種子の場合には、一種の個としての自己同一性が記憶によって保持されるであろう。「宇宙の現状で」は生まれるには至らなかった種子に関しても、復活はあるであろうが記憶は伴わない。「現在我々が組織体の異なった種類の間に認める漸次移行は、疑いもなく地球の将来の状態においても見出されるであろう（つまり系列は連続的であろう）が、漸次移行は、各々の種の完成度によって決定される関係にそって起るであろう。人間は――その能力の優越性にふさわしい別の住み処にその時には移っていて――地球上の動物の間で現在占めている優位を猿または動物に譲るであろう。動物をこのように一斉に復権させれば、猿や象の中にライプニッツやニュートンが、ビーバーの中にペロー[*20]またはボーバン[*21]が出て来るかも知れない[(88)]」。ボネの考えたところでは、確かに現在の種の各々は「完成」を指して進むけれど、その理由は、その種に属する個体の各々が未来の「地球の革命」を通じて、新しい形態をとって再び生じて来るからに過ぎない。それ故にボネが、時々そう呼ばれるが、「進化論の先駆者」と呼ばれるのは、いささか疑わしい意味においてである。彼の主張した生物の進歩する連続は、現在我々の、または革命によって区切られる単独の時期の範囲内で普通の発生の過程で起るとは考えられなかった。それは、途方もなく長い間隔をおいて、しかも個々の動物の破壊されることのない知覚され得ない「種子」を除いては、地球上の全生物が破壊されるような大洪水の後で起るような極端で不連続な変化のことであった。モーペルチュイ、ディドロそしてロビネーによって既に提出されていた進化の仮説に比較すると、こういうボネの理論は粗野でかつ逆もどりしているのは明らかである。

さて我々は、大体時間的な順序で一つの観念の歴史を概観して来たのであるが、いささか不運ではあるが通例ローマン主義と呼ばれている、評価や先入観の深くて重大で複雑で混乱した変化の端緒に達した。ローマン主義の時代の思想の最も特徴的で重要な傾向の二つが我々の扱う一般的主題とどう関係するかを次の講演で述べることにする。

第十講　ローマン主義と充満の原理

一つの世代により、その世代に合った傾向または哲学的気分に奉仕するようにと導入される原理が、しばしば思いがけず、反対の傾向の萌芽を育む――その隠された含蓄によって、それが奉仕する筈であった時代思潮の破壊者となる――ということが判明するのは観念の歴史の示唆に富むアイロニィの一つである。充満の原理と連続の原理の歴史の中に見られることほど、このアイロニィの著しい例は他に数少ないであろう。既に見て来たように、これらの原理は、十二世紀と十八世紀の初期には、宇宙は本質的に論理的であるという説を主に支持するために持ち出された。実在の合理性、完全さ、静的な完成、秩序正しさ並びに調和に対する信仰を正当化するはずであった。しかし根柢においてこれらの原理は啓蒙時代の単純な合理主義に対しては深く対立するものであり、これらの原理の流行の結果は、ヨーロッパ精神の中に徐々に知らぬ間に、十八世紀の終りに思想の意識的で攻撃的な革命運動、つまりローマン主義という名前が普通つけられているものの中で具体化した好みと哲学的前提を導入することであった。欠落の無い連続する存在の梯子という概念は、権威ある十八世紀の観念のクラブに、あの尊敬されている人物である充分理由の原理よりの推薦状を持って入会した。それなのに自分自身の推薦者をも含めて、そのクラブのすくなからぬ会員を知的な脱落者にするのに手を貸すことになってしまった。

なぜならば啓蒙時代の殆どすべての思想領域において支配的な仮説は、理性――いくつかの単純で自明な真理の知識に要約されるものと通例考えられているが――は、あらゆる人間にあって同様で、万人に同程度に所持されているということ、この共通の理性が人生を導くべきものであること、それゆえに時、場所、人種そして個人的傾向および能力にはかかわりなく、人類の普通の成員すべてにとって普遍的に同等に理解されること、普遍的に受け入れられること、さらには普遍的に熟知されることが、人間に基本的に関係する事柄すべての妥当性または価値の決定的判断基準を構成すること、(ドイツ語ではもっとすっきりと要約できるが)妥当であるということ(Gültigkeit)は、普遍妥当であること(Allgemeingültigkeit)なのであり、事実、現実にある(または想像上の)共通性(Gemeinheit)によって検証されるのだということであった。ある信仰が提示されたり、ある芸術作品が提示されたならば、信じるにせよ、賞讃または楽しむにせよ、個人は、その中に、「自然の光の力のみによって」またはあらゆる場所で同じであるような経験によって、すべての理性ある人に理解可能で明白であると考えられないような何ものかがあるかどうかを考えるべきだ。もしもそのような普遍化不可能な要素がその中に見つかれば、それは、それぞれ、偽りの宗教または不健全な倫理または悪しき芸術として拒絶すべきである。ゆえに、理神論者は、啓示宗教に対して、主としてそれが二つの点で普遍性を欠いていると いう理由で反対した。(1)それは「歴史的」であるから、それが啓示される前に生きていた人々やそれの説得力ある歴史的証拠に接していない人々にとっては、その教義が知られることは不可能である。(2)それは、教義に示されるように、複雑であり「神秘的」であるから、野蛮人、文明人、無学な人、学問のある人、すべての人がたちどころに理解し直観的に真実であると知ることができるようなものではない。それについてのヴォルテールの定義の一つを思い起すと、「自然宗教」は「人類共通の道徳原理」のみを含むことができる。[1] 正統性の攻撃的な擁護者であるサミュエル・クラーク博士は、「啓示を否定する人々は皆」「普遍的にすべての人に知られていないことは誰にとっても必要ではない」という前提に関して一致していると本当のことを言っている。命題が「最低のまぬけによって直ちに理解されなければ、宗教の一部ではない」ということが前提されているとスウィフトは皮肉を込めて言うが必ずしも不公平ではない。

普遍性、あらゆる合理性精神にとっての明瞭性、内容の均一性というような内容が、「自然」というような千変万化する言葉が倫理上適用される時には——つまり道徳および政治哲学における「自然の理法」という概念によって——極めてしばしば意味された。ケロが既に「普遍的に受け入れられていること」と自然の法(lex naturae)とが等しいということを形式上から確立していた。[2] そうしてローマの法律家達も、同様に自然法(jus naturale)を諸国民の法(jus gentium)——すべての国の人々によって平等に守られ、いわば神的な摂理に基づいて、常に揺るぎなく不動である[3]（quae apud omnes gentes peraeque serrantur, divina quadam providentia constituta, semper firma atque immutabilis permanent）権利の原理——と同じものと見なした。そしてこのことは、十八世紀の倫理学者の殆どの学派の意見が一致し、説いて止まない一つの重要事であった。「自然法は、全く明瞭であるから、ごく容易な字が読めるものは誰にせよ読み違えることはない。それゆえ、自然法と直接に明白に矛盾するような法体系を形成した社会はまだない」「自然の法はあまりにも明白で重要なので、常に法の法である」[4]とボリングブルックは言った。ヴォルテールが人間の義務全体を還元したのは、ほかならないこの普遍的で不変の——その規定が極めて単純な——法典にであった。

あらゆる所、あらゆる時に斉一な道徳、……
それがプラトンの、ソクラテスの、君の法。
この永遠の礼拝の、自然は使徒。
欧州でも日本でも至高のこの法が
ゾロアスターに霊感を与えソロンを照らす。

しかし同様な仮説が新古典主義的批評の原理の殆どが生じて来た根であることは確かである。この点でも古い高い権威を引用することができた（そして現に引用された）。ロンギノスは書いていた。[*1]

あらゆる人を常に喜ばし、同じように人気を博するものを崇高で、美しく、真なるものと呼ぶことができよう。なぜならば、異なった気質、年齢、傾向の人々が演技について同様に賞讃する点で一致するならば、多くの異なった判断者のこのような一致は、その演技に高い、疑問の余地ない評価を与える。なぜならこの演技はそのような一般的な賞讃を得るのであるから。(5)

普遍的に訴えるもののみに美的価値を認めるというやり方の十八世紀の主な例は想起するまでもないであろう。ポープの『人間論』の中のよく知られた個所で「自然」という語が実際には、明瞭なるもの——つまり「しばしば考えられたこと」と同義である個所なのであるが。そして明白なものとは、

その真実は一目で保証されていると我々が知り、
我々の心の像を我々に送り返す或るもの。(6)

なのだ。

美学理論におけるこのような普遍主義と均一説をジョンソン博士が表現したことは同様

術は「自然の真似」を類形に限定し個体の描写は避ける——その結果地方色をわざわざ排除したりによく知られている。しかし博士が芸術作品の魅力の普遍性に対する要求と、芸術は「自然の真似」を類形に限定し個体の描写は避ける——その結果地方色をわざわざ排除したり

詩において慣習的で一般的な形容詞をことさら好む——べしという新古典主義的要求との間にある論理的関係を取り出した。想起されるであろうが「芸術的な言葉すべては一般的な表現の中に隠されるのが詩の一般的規則」であると考えられる正確な理由は「詩は普遍的な言葉を語る」からであった。[7]またジョンソン博士が、この原則の影響でシェイクスピアを、彼の描くローマ人は特にローマ的ではないし王も格別王者らしくない——つまり「彼の描く登場人物は、少数の者にのみ影響を及ぼす学問上や職業上の特性によって決定されてはいなくて」「世間に常に存在し、観察すれば必ず見つかるような共通な人間性」の特徴だけを示している——という根拠で見当はずれな賞讃の対象としてしまったことが想起されるであろう。ジョンソン博士は理神論者を嫌った。『ラセラス』(*Rasselas*) の中に出て来るチューリップのしまについての彼の有名な言葉の中で彼は、花または景色の詩的描写においてまさに理神論者が宗教において要求することを要求した——そして結局は、それも同様な先入観の影響を受けていたからである。[8]その時代の美学的正統と宗教的異端とは同一の根から出ていた。このことの英語での古典的な表現は、レイノルヅの『序説』[*2](*Discourses*) の中にあるが、ここではそれに触れる時間もないし必要もない。只一つだけレイノルヅの影響の例を述べるにとどめたい。一七八二年にトーマス・ウォートン[*3]が若気の至りでゴチック建築に対する興味を持ってしまったことを撤回した時に、彼はレイノ

ルヅに呼びかけてこう言った。

汝の力強き手がゴチックの鎖を打ち破り
私の心を真実へと呼び戻した。
特殊な好みに限定されず、
その普遍的な形が人間を打つ真実へ。

この詩人によると、この美的な回宗はオックスフォードのニュー・コレッヂの礼拝堂のレイノルヅの描いたステインドグラスをじっと見つめただけで起ったという。しかし芸術において「古典的」とされている性質のこの典型も、『序説』の中の推論によって援助されなければこのような結果を産み出さなかったであろうと確信しても大丈夫であろう。古典時代の人々と古典時代の人々の例に従った芸術とが秀れているという説について言えば、これは先の普遍主義の一つの系であることは明らかである。なぜならば古典時代の人々だけが、言わば、仮定された普遍的受容という試験を受ける時間を持ってきたからである。どちらかと言えば偉大ではないが典型的な著述家によれば、

アリストテレス[*4]やホラチウス[*5]が我々に批評の規準を与えてくれたから、その権威に我々が従うのではなくて、そういう規準は、作品が生まれてから現在に至るまで人類

の秀れた部分の不断の賞讃を受けて来たような作品より引き出されて来ているからなのである。なぜならば、長い時代を通じて美しいと普遍的に尊敬されて来たものは何でも、我々の正当で自然な美の観念にとって快い筈であるからである[9]。

こういうわけで何か新しいことをする人にとっては大いに不利であった。なぜならば、そのような人は「長い時代を通じて普遍的に尊敬されて」きたとは言えないのが必然であるからである。そのうえ、古代芸術に本質的に無縁であるようなどんな性質も、効果も許されることはできなかった。なぜなら古代芸術に無縁であるということにより普遍性を欠くに違いなかったから。美的なまたは他の普遍主義は、一貫して押し通される限りでは、このように一種の原始主義と明らかな親近性を有した――なぜならば太古の人間、またはすくなくとも或る芸術の一番最初の実行者の手に届かなかったようなものは、その人種にとって共通でなかったことは明白であるから。同じ論理により理神論者は、自分達の信仰個条が「天地創造と同じく古い」と宣言せざるを得なかった。

こうして信仰、制度、芸術の改善と矯正を目ざした努力は、二世紀にわたって、人間は活動の各段階において、あらゆる理性を備えた人にとって普遍的で、単純で、不動であると考えられる標準にできるだけ従うべきであるという仮説によって主として支配された。啓蒙時代は、つまり、すくなくともその支配的傾向においては、思想と生活との単純化と標準化とに――単純化を通じての標準化に――懸命の時代であった。スピノーザは、初期の伝記作者の報じる言葉の中でそれを要約している。「自然の目的は、共通の母親を持った子供のように人々を均一にすることである」[10]。この仮定された自然の目的を実現しようとする努力と人間、人間の意見、評価、制度の相違に対する攻撃——この二つこそが、これに対する抵抗と最終的な反動と共に、十六世紀の末から十八世紀の後期に至るヨーロッパの精神史の中心的で主要な事実であった[11]。

思想の歴史全体を通じて、反対の原理が広く行き渡るようになった時にこれほど深く重大な価値基準の変化が起ったことは殆どない。反対の原理が広く行なわれるようになった時とは、人間生活の多くの、またはすべての相において様々の優越があるのみならず、様々であること自体が優越の本質であること、そして特に芸術においては目的は固定した少数のジャンルにおいて形式を単一の理想的な完成にもって行くことでもないし、すべての時代の人間全体が持つ美的感受性という最小公分母を満たすことではなくて、むしろ自然と人間性の中に、潜在的にまたは現実に存在する差異の豊富さを最大限に表現することと——芸術家の大衆に対する機能については——まだ大抵の人の中で潜在的で恐らくは決して普遍化は可能にならない、理解、共感、享受の能力を呼び起すことであるということが信じられるようになった時である。そして以上の仮説は、批評家または歴史家によって「ローマン主義的な」と呼ばれて来た多数の様々な傾向の中の唯一の重要な要因でないことは確かであるが一つの「共通な」要因となっている。様々な傾向とは、ジャンルと詩形の増大、混合したジャンルの美的な正統性の承認、ニュアンスに対する好み、「グロテスク〕なものの芸術における帰化、地方色の追求、時間や文化状況において遠い人々の特質をなす内的生活を想像力により再建すること、自我の誇示、風景描写における個別的忠実さの要求、単純さに対する反乱、政治における普遍的公式に対する不信、標準化に対する美的反感、絶対者を形而上学における「具体的で普遍的なもの」と同一視すること、「未完成なものの栄誉」という感覚、個人的な、国民的な、人種的な特徴の開拓、明白なものの軽視と（それ以前の時代には全くなかった）独創性に対する一般的に高い評価とそのような態度に対する通例無駄で、馬鹿気た、自意識に満ちた探究であった。しかし価値についての当時の前提のこのような変化に我々が「ローマン主義」という名称を当てるか否かは大して重要ではない。記憶しておかなければならぬことは、そういう変化が起ったということとその変化は、恐らく他のどの一つのものよりも、善きにつけ悪しきにつけ、十九世紀と我々自身の時代の精神の一般的前提を西洋の思想史のそれ以前の時代の前提と区別するということである。この変化は、つまり、思想の規範的な領域の殆どにおいて、支配的観念としての均一主義に代って多様主義とでも呼べるものを置いたということである。

さてその歴史的影響と消長を我々が検討している諸観念に対する以上の変化が持つ関係が、この講演で主として指摘したいことなのである。自然はいたるところで同じであるというのが、暗黙のうちにせよそうでないにせよ、新古典派の美学の理論家達がそこから、芸術はあらゆる民族において常に同じであるべきだという結論を導き出した前提であった。(12)しかし「存在の連鎖」についての著述家は——多くの場合新古典派の理論家と同一人物でありながら――先の前提の反対のことを際限なく繰り返した。すなわち「自然は可能な限り多くの方法でその術を多様化する」[13]。世界根拠の合理性は、ライプニッツの哲学によると、我々が既に見たように、被造物の最大限の分化の中に自己を明らかにした。各々の単子は、それ自身の独特の見地から、それゆえに独特な風に世界を映し、宇宙の完全さを構成する充分な多様性が達成されるのはこのようにしてである。「神の栄光は、彼の宇宙のそのように沢山の全く異なった映像によって増されるのである[14]」。

多方向より眺められた都市が全く異なって見え、言わば、都市像が増加する。同様に単純な実体（単子）の無限の増加によって、それに応じ無数の異なった宇宙がある。しかしこれらは全く同一の宇宙についての、各単子の異なった見地よりの眺望に過ぎない。そしてこのことが、最大限の多様性が得られる手段、すなわち最大限の完全さが得られる手段である[15]。

であるからこの相異なっていることを減少させようとする人間のいかなる努力も、宇宙の計画に反するものであろう。既に我々が見たようにアディソンが「神の善」を「生きた被造物の多数であることにおとらず多様性」にも見出している。また彼は、「神が天地創造においてあらゆる程度の生命、あらゆる存在能力を個別的に示し」そして「自然の全裂け目を、植物から人間に至るまで、次々と連なる様々な種類の被造物で」満たしたという事実の中にも「神の善」を見た。「中間の空間は大変よく利用され手入れされているので、生物世界の何かの部分に現われないような程度の知覚はほとんどない」(16)。ハラーは人間にとっての教訓をはっきりと引き出していた。「人間の運命は差異性を欲する」。以上のものは、このような信仰の十八世紀における一連の表現の二、三の例に過ぎなくて、これらの背後には、プラトンから新プラトン主義者、スコラ哲学者、ブルーノおよび他のルネッサンスの著述家を経て来た継続的な伝統の全体があった。そして人間は神を真似すべきであり、この世においてすら、できるだけ神の属性を反映するよう努力すべきであるというのが宗教と道徳の両方の正統的な伝統であったことと、芸術は、単に自然物を模写したり人間の性格を忠実に描くという意味においてだけではなく、自然の一般的性質と自然の創造主の働き方とに順応するという意味においても、自然を真似るのが美学の古典主義的伝統の一部でもあったこととが想起されなければならない。人間という芸術家は、創造主という巨匠の産物のみならず、できるだけ方法をも見習わねばならない。エイケンサイドによれば、彫刻家、音楽家、画家の天職は、神の精神に存在する本質の全領域を「全世界に向けて形、音、色彩によって示そうと努めること」である。

まさに自然の枠組（このような言葉が、大胆な言葉が人間の口より出てもよいなら）においいて、この目に見える事物の枠組で

偉大な巨匠が、自分自身の巨大な概念を
描き出すがごとく。……
……しかし主なる者は、
詩人と雄弁なる者である。この世に住み、
魂が讃え愛するものは何にせよ
言葉と韻文という衣裳で包む。それゆえ
彼等の分野は自然界のごとく広く、
否、もっと広いのだ。人間の理知の
突然の動きのように多様で、人間の意志の
要求のように広大なのだ。詩人は、
長さ、深さ、場所、形態は選ばない。(17)

そして十八世紀も後半になると、宇宙の秩序は、無限で静的な多様性としてではなくますます多様化して行く過程として考えられるようになって来たということもまた想起しなければならない。存在の連鎖が時間化されたので、その連鎖が明示する属性を持つ神は、多くの偉大な著述家によって、変化と生成を通して自らを示す神であると言われた。自然の不断の傾向は、新しい種の生産であり、個物の運命は、不断に自己を超越し、あらゆる形態を螺線上に上昇して行くことであった。存在の連鎖という説に要約される西洋思想の傾向が、このように、倦まずに創造する神の観念をますます強調することであったので、道徳的な行為者または芸術家として神を真似ようとする人間は、自分自身「創造的」であることによって真似しなければならないということになった。あまり反復されたために現在では一種の退屈なきまり文句になってしまったが、この語は十八世紀の後半では、まだ大変人を動かすようなそして学芸に関しては刺激的な観念を表現することができた。人間の高い使命は天地創造に自分自身の何ものかをつけ加え、事物の総和を豊富にし、そしてこのようにして、有限なやり方にせよ、普遍的な（天地の）計画に意識して協力することであった。

単に多様性と不断の更新だけではなく、時としては或る程度の不和、とくに対立も、十八世紀初期の最も尊敬されていた哲学者達によって、善が充満の原理に従って理解された時の善の性質に内包されているのだと思われていた。そしてこの点においてもまた、そういう哲学者は、プロティノス、スコラ哲学者、ルネッサンスのプラトン主義者および十七世紀の神学者と形而上学者がすでに言ったことを繰り返しているに過ぎなかった。既に充分に明らかにされて来たように、あらゆる時代において、楽天主義の伝統的な論拠は、「宇宙的芸術家」を、一インチを無限に細く割って行った位の細部に至るまでカンバスを多様性によって塗りつぶすものとして、形式の単純さと完成よりも内容の充実と多様性を好むものとして、たとえ不調和、不規則性そして我々には混乱と思われるものがあっても、色彩の豊富さと対照の多さを求めるものとして描出していた。なぜならば、ライプニッツによれば「或ることが時おりよりすくなく秩序だてて行なわれることが、最も秩序だったことなのだ、という聖ベルナール[*6]の立派な原理」の中には多くの真実があるからだ。初期十八世紀の詩の中で最も型にはまった詩の一つの中で、芸術家ではなく創造主について語った時にブラックモーは言っていた。

全くの完成が万物の中に示されようものなら
美しさも多様性もすべて失われるであろう。

それゆえ、もし我々が画一性の先入観より多様性の先入観への転移の中にローマン主義的革命の最も重要で独特な一つの特徴を認めるとすれば、プラトン主義的伝統の中にはローマン主義に傾く原理が常に存在して来たことと、このことはいわゆる理性の時代の哲学者、道徳学者および哲学的詩人によって特に明瞭にそして倦かず主張されていたことは明らかである。そしてこのような哲学者や詩人の観念の中で、後になってローマン主義革命の指導者になるべき若者が、特にドイツにおいて育てられた。ライプニッツとロックとカントによって、ビュフォンとボネによって、アディソンとポープとエイケンサイドとハラーによって、その他の多くの群小作家によって、可能な宇宙の中で最善なものは最も変化のあるものであることと、存在の可能性はすべて実現されずにはいないのが神の目的であることが若者に教えられていたのだ。とりわけ、この多様性の先入観は十八世紀の精神に楽天主義をめぐる論争によって印象づけられていた。なぜならばこの論争には当時の知的エネルギーの大きな部分が注がれたからである。なるほど以上の前提は、基本的には相容れない他の概念や調和しない気質と結びついているのが通例であった。そういう前提の持つ意味の全体は、そういう前提に反対に作用したり無力にしてしまう傾向があるような先に述べたような他の観念からもっと鋭く区別された時にだけ、その姿が明らかになった。とはいうものの、新しい世代の精神においては、そのような前提が、正当に認められたのである。新プラトン主義の直接の影響の復活は一七九〇年代のドイツ思想における際立った現象の一つであったことも想起されなければならない。この時期についての研究者の一人は次のようにすら言っている。

もし我々が初期ローマン主義の鍵について語るとすれば、それは古代の思想家の一人、プロティノスの中に見つかるであろう。なぜならば、この新プラトン主義の哲学者は、無数の断片の中に散らばっているノヴァーリス[*7]の全体系を鼓吹しただけではなく中期のシェリングの観念の多くをも鼓吹したからである。彼の腕は遠くまで延びた。すなわちノヴァーリスとシェリングを通じシュレーゲル兄弟に、間接的なものにせよ、影響を及ぼした。そしてこの事実を知らないから、『詩についての対話』[18]とヴィルヘルム・シュレーゲルのベルリンでの講義の多くの個所が謎になっている。

実際他にもこういう人々の精神に影響を与え、新しい知的な興奮を惹き起すのに貢献し、或る程度同じような結論を引き出す傾向がある他のいくつかの強い力もあった。しかし充満の原理の圧力こそが、七〇年代と八〇年代とに円熟したドイツ作家の世代の宗教的理想と道徳的ならびに審美的理想および情熱の中でこの上なく明らかになり、そして（主として）彼らによって世界に伝えられることになった、前提の大変化における一大要因であると立証することができる。こういう観念は人間性の恒常的な傾向の表現に過ぎなくて、この時期にどういうわけか特に強くなったのだとか、こういう古い原則を持ち出すことは、以前には抑制されていた欲望や美的感受性を「正当化する」ための手段に過ぎないと言っても全然見当はずれだとは考えられないであろう。そのような言い分が惹き起す一般的な心理の問題——人の持つ哲学が、受け入れられている前提より論理的に、または一応論理的とされているやり方によってではなくて、どの程度情念の欲求により、また個人の気質の特徴により、または特別な歴史上の時代の社会的または他の実際的問題によって産み出されるのかという問題——をここで論じようとは思わない。次のような事実が残るのである。すなわち、啓蒙時代を通じ多様性の理論的前提は常にそしてますます頻々と述べられていたが、そしてこの前提の持つ意味は最終的には受け入れられ適用はされたが、啓蒙時代を通じて実際に、効果的に支配的だったのは画一性の信条であった。また次のようなことも事実であると思う。人間が自分の信念、標準、好みの理由として持ち出して来る根拠は、自分の欲求や自然な好悪を「合理化したもの」に過ぎないと仮定しても——そして私が仮定する時には色々と留保した上でのことであるが――理由またはそれらしきものを述べる可能性は、やはり必要なのである。そして我々が今問題にしている革命の主要人物達が二つの最も基本的で、自分達の世代にとって最も効果的な理由の一つを見つけたのは、充満の原理の中においてであった。

『哲学的書簡』（*Philosophische Briefe*）の中に述べられているシラーの若い時の哲学において、充満の原理の非合理主義的で多様性を重んじる結論が極めて大胆に引き出されている。プラトンとライプニッツの前提から「疾風怒濤」の気質を正当化する結論が出て来る。

あらゆる種類の完成は、宇宙の充満の中で達成されなければならない。……頭脳が生み出すものすべて、知力がかたちづくるものすべては、天地創造をこのように広く理解した時には、けちのつけようのない市民権を持つ。無限の裂け目のような自然においていかなる活動も省略され得ないし、普遍的な幸福においては、あらゆる程度の喜びが存在する。……

わら一本といえども無駄に地上に落とさせはしないような、生命が可能ならばいかなる裂け目にも何かを住まわせずにはおかないような、狂気に根ざす歓びのあのちっぽけな開花さえ気まえよく許す宇宙の主人は、……この偉大な発明家は、彼の大いなる計画の中では失敗でさえも利用されないままでいることを許すことはできなくて、この思考の広い領域を人間の心の中で空しく歓びもなく放置しておくことはできない。

……誤れる理性が混沌とした夢の国にさえ人々を住まわせ、矛盾だらけの不毛の土地を耕すことは宇宙の完全さにとっては本当に有益なことであり、最高の英知が規定したことである。(19)

以上より、若き詩人哲学者は、自分も、自分の思索を伝える相手の友人も、自分は時々「血のほとばしり、心の望みと欲求を、正気の英知」と思い違いするかどうか大いに懸念するにはおよばないとローマン派らしく結論する。恐らくは、彼の結論の構造全体が夢のように根拠のない構造に過ぎないかも知れない。かまいはしない。幻想があれば宇宙はそれだけ豊富になるのだし、創造主の目的はより充分に達せられるのである。

神という芸術家にあっては、各部分の独特の価値が尊重され、最もつつましい被造物の中にあるエネルギーの火花の各々を尊重する彼の励ます視線は、測ることのできない全体の調和に劣らず、彼の栄光を示す。最大限の生命と自由とは、神的な創造の栄光を示し、この創造は創造の理想から最も大きく逸脱したと思われるところで最も崇高である。

美学的な含蓄も明らかで、シラーによって表現されないではいなかった。人間の芸術家も、神的な芸術家のように、存在と経験とのあらゆる可能な様態の表現において遺憾なきことを自分の活動の目的としなければならない。実際、彼にとってこのことは、徐々に実現されるべき計画でしかあり得ない。なぜならば、芸術の内容は、一つの世代から次の世代へと漸進的に豊富にされ多様化されるからである。

このような高い完成は、限界を持つ現在の我々によっては理解できない。我々の視野は、宇宙のごく一部分しか見えない。そして広大で多様な不協和の調和的な融合は、我々の耳には達しない。存在の梯子を一段登るたびに、我々はこの審美的な歓びの能力を増すのだ。しかしその歓びは、我々に対して同様な活動に向かわせる限りにおいてのみ価値がある。自分のものではない偉大さを、漫然と不思議がることは我々を大いに利するようには決してならない。高貴な性格の人にとっては、自分自身の分野で、自分自身が創造者になる能力も、材料も欠けてはいないものなのだ。[20]

そしてこのような計画を自らのものとする人間の芸術家は、「形」に対する考慮が過ぎて内容の豊富さを犠牲にするようなことがあれば、自らのささやかな努力によって宇宙的な手本に従って行くということにはならないということを忘れないよう要求される。つまり「形における努力は往々にして内容のどっしりした事実を忘れさせることがある」(der Fleiss in den Formen kann zuweilen die massive Wahrheit des Stoffes vergessen lassen)。ここでは明らかに新古典主義批評の基本的原理が逆転されている。

同一書の中で若き神学者は、神の自己充足という観念、神は「友を必要とすることはあり得ない」というアリストテレス的な原理を正式に拒絶している。これよりすこし前に、信仰心の深いクロップシュトック[*8]は、古くからの疑問を神にまた投げかけていた。

汝一人で自己に足りていたのに何故創造したのか。
至福を与えんとしたのであるか。至福のものよ[21]。

しかし絶対者は答えない。この謎をクロップシュトックは解決不能と宣言した。有限な精神はここでその限界に達した。シラーは、アリストテレス以来の殆どの偉大な思弁的な神学者達の胆をつぶすような言葉でこの質問に答える。

宇宙の偉大な主には友がなく
不足を感じた。それ故、自らの至福を映す
至福の鏡を創造した。
最高の本質は似たものは一つも見出さず、
本質の領域全体という盃より
無限が泡立っていた。

ここでの考え方の『ティマイオス』の考え方との直接的関係は明らかである。この有名な詩行も、シラーはそんな関係には気付かなかったであろうが、この対話篇に対する批判であり、しかも正鵠を射たものである。なぜならば我々はここに、ヨーロッパの宗教思想の歴史の殆どの期間を通じて、無理矢理くっつけられて来ていた神についての二つの概念のはっきりした分離を見るからである。プラトンのデミウルゴスは、プラトンの絶対者、完全または自己充足としての善のイデアと同一視される神とは相容れないものとして認識された。そして前者を残すために後者が犠牲にされた。有限の精神よりなる宇宙を創造する神は、自ら足りるところのない神であるに違いない。

一七八〇年代の終り頃より一七九〇年代の初期にかけてドイツの若い世代を呑み込んだ遅まきの古典主義の波の結果として、シラーの青春の先に述べたような横溢は、やがて彼にとっても実際には嘘とは思えないにせよ一方的に思われるようになった。そのような横溢に対する必要な相補物を提出しようとする彼の努力は、やはりプラトン主義的伝統の二つの傾向の新しい綜合という形態を採った。そしてその綜合は、彼がカントとフィヒテより最近学んだ概念によって彼にとっては容易になっていた。その結果は『人類の美的教育についての手紙』(*Briefe über die ästhetische Erziehung*)(一七九五年)の中に述べられているが、これはタイトルが想像させるよりは広い対象を扱っている。手紙の建設的な部分は、プラトンの、または新プラトン的な絶対者の二つの基本的属性と、人間の構造の中でそれに対応する二つの要素との間の類推から始める。一方では、「神は生成作用に従うことはあり得ない」。なぜならば神は、本質的に「無限で」ある、すなわち永遠に完全であり、時間内の過程によっては何の増大もしないのであるからである。しかしまた一方では

その無限の計画として神性の最も特徴的な属性——潜在力の絶対的な明示、可能なもののすべての現実性、明示の絶対的な統一性、現実的なものすべての必然性——を持つ傾向は神的と呼ばれるべきであろう。(22)

このようにしてシラーは、再び、プラトンの二つの神——不動で自足した完全なものと、可能なものすべてを時間の中で限りなく実現しようとする創造的衝動——を持ち出す。神の本性のこういう二つの特質に人間もあずかる。であるから人間には、二つの永遠に矛盾する傾向、理性的でありかつ感覚的である——カント的な言い方をすれば、純粋理性の対象となる自我と時間内的自我とを持つ——存在の「二つの基本法則」がある。一方は純粋な統一、抽象的な「形式」に対する欲求——シラーは形式衝動 (Formtrieb) と呼ぶ——があり、それは時間とは関係がないので変化に敵対する。「それは、永遠にわたって要求するもの以外のものを、或る時に一時的に要求することはできない」。もう一方は、素材衝動 (Stofftrieb) で、多様性と、具体的で個別化された内容とに対する要求であり、それは必然的に、変化を目ざす不断の衝動、更新によって経験を豊富にすることを目ざす不断の衝動として、不完全で時間的な存在の生命の中に自らを表現する。この「感覚的衝

動」（ともシラーは名づけ、少々名称が不適であるが）、人間を生成の起る自然界の一部にするもの、こういうものの目的は、「言葉の最も広い意味で、そしてそれが全物質的存在と感覚に直接知覚されるものすべてを含むという意味での生命である」[23]。

宇宙は時間の中で拡がり、変化であるから、人間を宇宙に関係づける潜在力の完全な実現は、最大限の可変性と延長でなければならない。人は変化を通して恒常的なものであるから、変化に反対する潜在力の完全なる実現とは最大限の自己充足と緊張でなければならない[24]。

人間のこの二つの要素は永遠に争うが、性格と芸術において卓越するためには、両者は同等に不可欠である。芸術の目的である美は、形式の明確さ（Bestimmtheit）を常に要求するが、この真理を詳述する美学者と批評家は、この目的が「ある現実を除外すること」によってではなく「すべてを絶対的に含むこと」によって達成されるということを忘れがちである[25]。

このようにして時間化された充満の原理と、形式の完成についての不動の規則を課することによって内容を限定するという対立する観念とがシラーによって、人生と芸術との計画の共同の指導原理とされた。この二つは本質的に対立するものであるから、経験の現実の一点においては一方は他方のために或る程度犠牲にされなければならない。両者の間でシラー自身常に動揺する。時としては一方が重んじられるように見え、また時には他方が重んじられるように見える。しかし彼は、人間の第三の傾向、遊びの衝動（Spieltrieb）の中に両者の調和した合一を発見したと思った。究極的に相容れないものを調和させようとするシラーのこの混乱した努力に深く立ち入るには及ばない。結局、彼自身、決定的な調和は達成できないと認めている。「形式と内容の均衡は常に観念であり」、現実は決して完成には到達できない。「現実には両者の一方の他方に対する優勢が常にあるであろう。そして経験の到達し得る最高の点は二つの原則の間で揺れ動くことであり」、この動揺において、或る時は一方が、また或る時は他方が優勢であろう[26]。それ故に、個人の生活、民族の発展、芸術の歴史において相反する相が際限無く入れ代わらざるを得ない。或る時は、より多くの「生命」、すなわち内容のより大きな多様性と充実に対する飽くことのない追求は、芸術または人間の自己表現の他の様態に課せられた形式を打ち破るであろうし、或る時は、「形式」、固定した「原理」そして安定した秩序に対する欲求が生命の拡大過程を阻止するであろう。故に、人類はあらゆる活動において永遠に対立する極端の間を揺れ動くであろう――そして揺れ動くべきなのだ。しかし概して――こうシラーは認めはしないが含蓄するのであるが――充満の原理が勝つのである。あらゆる統一は不完全であるに違いない、あらゆる美学的形式と道徳律は最終的には人間性の可能性を包含するには狭すぎることになるに違いないと彼が考えているのだから、永遠に続く変化を通じてますます多様化する傾向は、人間存在における支配的な力であろうし、あるべきであるということになる。

ドイツの詩人、批評家、モラリストは「ローマン主義の」という語を自分なりの用法に合わせ、文学史と哲学史の語彙に導入したが、彼らの書いたもの（一七九六年以後の）の中では、多様性を重んじる仮説が行き渡っている。そしてここでもまた、この仮説は、芸術家の仕事が単に自然の産物だけではなく自然の働き方を真似することであり、無限の充実と変化を目ざすことによって宇宙の精神に参入することであるという観念と密接に結びついていた。フリートリッヒ・シュレーゲルによれば「芸術の神聖な活動は、永遠に自己を形成しつつある芸術品である宇宙の無限の活動のかすかな模倣である」[27]。ドイツのローマン主義者の専門学者は最近こう言った。「ちょうど『造られたもの』に宿る神の目的は『神についての見えないもの……まさに永遠の能力と神性』を啓示することであるように、シュレーゲルの考えでは、ローマン派の詩人の目的は、同じように客観的な自分の創造物の中で自分自身の芸術的能力、栄光、英知、自分自身の文学的天才の産物に対する愛を示すことであった」。またこの学者は、シュレーゲル弟の美学観念の発達の歴史において「神の被造物に対する関係は、芸術家の自分自身の作品の関係である」という「宗教の分野より彼が得た」考えがいかに肝要であったか指摘している[28]。しかしこの昔からあった比較において、この若きローマン主義者にとって最も重要な要素は、その芸術的行為が人間の芸術家によって模倣され補足されるべき神は、何よりも多様性を評価する神であるということであった。

しかしこの仮定には、芸術または行為の規範として適用される時には、根本的で危険な両義性があった。それは二様に解釈でき、本質的には全面的にそうでないにせよ実際にはその二様は相対立する傾向があった。一方ではこの仮定は、個人の美的および道徳的目的として、他人の思考と感情との途方もなく広い範囲にできるだけ入り込む努力を提示した。それ故、他人に対する寛容だけではなく、他人の見地、評価、好み、主観的経験に対する想像力を通しての理解をも深めることを助長した。しかもこのことは自分自身の内的生活を富ませるための手段としてだけではなく、評価の多様性の客観的妥当性を認めることとして行なわれた。そのように理解されると、ローマン主義の命令は「人間すべてと被造物すべてとがそれによって互いに異なり、特に汝と異なるような性質を――カントの場合には、すべての人が均一的に共に分つ普遍的理性なのであるがそれだけではなく――尊敬し楽しむべし」であった。フリートリッヒ・シュレーゲルは「人間にとって精神の賢明なる自己限定と中庸は、内的な、休むことのない、ほとんど貪欲な、生命全体への参加よりも、そしてあふれる充実性の持つ、ある神聖な感じ（Heiligkeit）よりも必要ではないと、私は殆ど信じている」(29)と書いた。そして彼自身の通常の傾向、彼がその学派の観念を大いに系統的に述べた学派の通常の傾向は、その感じの方がより必要だと見なした。それ故に初期のローマン主義の著述家は、美的鑑賞における普遍性の熱心な提唱者となった。

だからこそヴァッケンローダー*9は「芸術における普遍性、寛容性と人間愛」を賞讃するのである。

永遠なる精神は、すべての人間は自分が人間に与えた言葉を話し、すべての人間は内なるものをできるだけまた正しく表現することを知っている。……神はすべてを満足して眺め、集合の多様性を喜ぶ。神にとってはゴチック教会はギリシャの神殿と同じように気に入り、野蛮人の粗野な戦争の音楽は、芸をこらして作曲された宗教歌やコーラスと同じく親近感がある。であるのに私が無限なもの、神より地球に視線を向け、周囲の兄弟を眺めると……ああ、兄弟達は皆、天の偉大な手本を見習おうとする努力が何とすくないのだろうかと私は大声で嘆かねばならない。(人間は)自分達のいる場所を宇宙の重心だといつも考える。同様に自分自身の感情を芸術における美しきものの重心とみなし、あたかも裁判官の席より、万物に対し最終的判決を下し、誰も人間を裁判官に任命してはいないことに思い到らない。……インディアンが我々の言葉ではなくて彼自身の言葉を話すからといって批難したらどうであろうか。そのくせ、中世がギリシャと同種の神殿を造営しなかったといって中世を批難しようとする。……もし諸君とは異なった多くの人の感情に直接に入り込み、その心に迫ることによって、彼等の作品を「感じる」ことができないにしても、結びつけるきずなとして知性を用いることによって、作品の理解に間接的に到達するようすくなくとも努力して欲しい。(30)

Ａ・Ｗ・シュレーゲルは、十年以上も後になって、厳しくて有益な同様の美学上の自己規律を説いていた。

精神の普遍性なしには、すなわち、個人の好みや、自分の慣れているものに対する盲目的な好みを捨てることによって、他の国民や時代に独特なものの中に自分自身を持ち込み、いわばこのものをその中心より外側へと「感じる」ことができるような柔軟性なしには、愛好家にはなれない。良い趣味の独裁は、これによって批評家が自分が設けた多分全く恣意的な規則を励行しようとするが、常に根拠のない僭越なことである。

そして一時代前にゴチック建築とシェイクスピアがけなされたことを思い出し、シュレーゲルは、新古典主義の狭さに対する批難をこの原理に基づいて行なった。

パルテノンは、ソポクレスの悲劇の構造がシェイクスピアの劇のそれと異なっている以上には、ウェストミンスター寺院とは異なってはいない。……しかし、これらの一方を賞讃するためには、もう一方をけなすことが本当に必要なのであろうか。一方がもう一つとは全然違うとしても、それぞれがそれなりに偉大で賞讃すべきであると認めることができないのであろうか。……世界は広く、その中では多くのものが相並んで共存できる。[31]

芸術を鑑賞する人ではない芸術家にとって、この理想はローマン主義の詩についてのフリートリッヒ・シュレーゲルの有名な定義に表現される計画に至った。「ローマン主義の詩は漸進的な普遍的詩である」。それは、規範の画一性と魅力の画一性を目ざすという制限的な意味ではなく、人間経験のあらゆる形態の理解と表現を目ざすという開放的な意味において普遍的でなければならない。いかなることも奇異であったり遠かったり、高貴すぎたり低俗すぎるためにこの詩の領域から閉め出されるということはあってはならなかった。性格または感情のいかなるニュアンスも、たとえどんなに微妙で捉え難く、また独特なものであっても、読者にその特有な価値を捉え、伝えるよう小説家と詩人は努力すべきであった。「ローマン主義の観念よりすれば、文学の変種（Abarten）は——奇矯で怪物的なものですら——普遍性への材料と準備行為として、それなりの価値がある。——もしそういうものの中に『何か』があり、真に独創的な場合にかぎるのであるが[32]」とシュレーゲルは書いた。

ローマン主義のこの傾向こそが、前回の講義においてその例証をいくつか見たローマン主義の性質——既に到達されたものを常に超えて行くことと不断の拡張とに対する要求——により調和するものであった。ローマン主義の芸術は普遍的であるとともに漸進的でなければならない。なぜならばそれが目ざす包括の普遍性は個人または一つの世代によっては決して達成されないと仮定されていたからである。生の充満（Fülle des Lebens）は無尽蔵であった。そのいかに多くの部分が何らかの芸術の媒体によって或る時に表現されようとも、常にその先の何かが残った。初期のローマン主義者は、いささか遅ればせの思春期的憂鬱の段階で若きジョン・スチュアート・ミルにつきまとった心配――それ自体、その烈しさは例のローマン主義的先入観に由来する心配――たとえば音楽において可能な音階と組み合わせは、すべて実現されてしまって、この芸術には期待すべき真に新しいものは一切有り得ないという心配――で苦悩することはなかった（ところでこの心配は十九世紀の第三四半期にややこっけいなことだが人々を心配させたことは別に言うには及ばないであろう）。ローマン主義者達にとっては、人間と自然は芸術家に常に新しい素材を提供するくらいに多様であった。そして彼の仕事は、その素材を倦まず自己のものとし同様に多様で変化する美的形式で表現することであった。そして道徳的結論も同じであった。ゲーテの神にとってと同様にローマン主義者にとっては、善き人とは、常に奮励努力する（der immer strebend sich bemüht）人であった。

しかし多様性の理想化、自然の充満を意識的に真似し、さらには増そうとする計画は、前にも言ったとおり、全く別な解釈をされることもできた。そしてこの別な解釈は、同じグループに属する著述家、それどころか同一の個人の中にも見られる。宇宙に多様性があればあるほど、また人間性にある相違の可能性を宇宙が適切に示せば示すほど宇宙は善いのだとすれば、人間の義務は、他人と自己の相違を大事にし強化することであったと思われる。それ故、多様を重んじる立場は、個人的、人種的、国民的そしていわば時代的特徴の意識的追求にもなった。雑誌『アテネウム』[33]の中でフリートリッヒ・シュレーゲルは書いている。「人間の中で独自で永遠なものは、まさに個性である。……この個性を、自分の最高の使命として深め発達させることが神的な自己主義というものであろう」。ノヴァーリスは、「詩が個性的で、地方的で、独特で、それ自身の時代のものであればあるほど、その詩は詩の中心部に位する」と宣言した。[34]明らかにこれは、新古典主義の美学説の根本原理の反対の極をなすものであった。ローマン主義の理想をこのように解釈すると、第一のそして偉大な戒律は「自己自身であれ、すなわち独特であれ」である。

充満の原理より引き出された以上の大いに異なる教訓の両者は、特にシュライエルマッハーにより、初期ドイツ・ローマン主義の主な宣言書の二つである『談話』(*Reden*)(一七九九年)と『独白録』(*Monologen*)(一八〇〇年)の中で、よく示されている。『談話』は、特徴的に「ローマン主義的な」倫理を組織的に述べ、シュレーゲル兄弟の著述、特に『アテネウム』誌への寄稿の中で美学的に応用された原則を道徳哲学の中に持ち込もうとする最初の真剣で計画的な企てであると言われよう。シュライエルマッハーは、——楽天主義の論拠として引き出されていた——充満と連続の原理よりの結論を、そしてこれは前講でライプニッツが引き出すのを見たのであるが、単に繰り返していたのに過ぎないのは明らかである。

最高の理想といえども、同様に繰り返していたらどうなるであろう。人類は——時と外的環境をべつにすれば——至るところで同一になるであろう。人間は異なった係数を有する同一公式になるであろう。このことは人間性が現にしめす無限な多様性と比較するとどういうことになるだろうか。人間性の任意の要素を取り上げて見れば、その要素はあらゆる可能な状況にあることがわかるであろう。その要素が全く孤立していることはないし……他のすべての要素と結びついていることもなくて、……その中間のあらゆる奇妙な異常な組み合わせを持ったすべての混合が存在することを知るであろう。もし見られないような組み合わせを思いつくことができれば、この隙間は宇宙の否定的啓示、つまり宇宙の現在の温度ではその組み合わせは不可能であることをしめすものである。[35]

シュライエルマッハーは以上の仮定が「相も変らず千もの複製のように繰り返される、人間性のもっともありふれた形態のしばしば嘆かれる過剰」によっても打ち破られるとは思わなかった。その説明は連続の原理の中にあるのだ。「永遠の精神は、その中では個性が最も認め難いような形態は互いに密接して一緒にいるべきことを命じる」。しかし「各々がそれ自身の何かを有し、同じものが二つないことも」依然として事実である。

このことから、『談話』と『独白録』の中で、シュライエルマッハーは、性格と思想の画一性は悪であり、それを避けることが人間の第一の義務であるという系を導き出した。

最高の人間生活を生命のない単一の公式の枠の中に押し込めようとするこの憐れむべき画一性が道徳の領域では何故広く受け入れられているのか。多様性と固有性(Mannigfaltigkeit und Eigentümlichkeit)を至るところで目ざす、生ける自然の基本的特徴に対する感受性の根本的欠落の結果でないとしたら、どうしてこのようなことが流行するようになったのか(36)。

しかしここでもまた教訓は二つの形を採る。第一は、個人の目標は、自然の中の多様性の全領域と、特に歴史の全時期と人間のあらゆる部門を通じて人間に見られる経験と性格と文化の形態とを綜合的に理解し共感し、想像力を通して自分の中により深く取り入れて行くことであるべきだというのだ。

私が所有している真理を新しくそして常に変ったやり方でまさに確認するものである斬新さと多様性とを喜ばないでいられようか。……すべてのものがそれなりに役目を果し、私に私自身の性質の諸関係を示してくれるのであるから、喜びと悲しみを同様に、いや世間が幸不幸と呼ぶものを歓迎しないほど私は充実しているであろうか。もし歓迎する境地に達し得るとすれば、私が幸福であることに、いかほどの重要性があろうか。……私の能力は長きにわたって「全体」に近づく努力をして来た。行動と思索とにおいていつそれを抱きしめ、私の中にある「全体」と内的結合をするであろうか。それについての知識なしでは私の宇宙観が不完全であるような諸科学がある。また私が人並み以上には知らない人間の形態、たとえば時代とか国民がある。その性質や考え方に私の想像力は入り込めないし、それは民族の発展についての私の観念の中で判然とした地位を占めていない。私自身の性質の中にない多くの活動を私は理解しないし、そういう活動が、人類全体の中に偉大さと美を表現するあの「全体」に対して持つ関係についての私自身の理解をしばしば欠いている。その「全体」は、部分ごとに、そして部分と部分を結ぶようにして、私が所有するであろう。この上なく美しい未来の展望が私の前に拡がっている。人間性がその要素として形成し、私の性質とは全く違う実に多くの高貴な性質を身近かに私は見る。知識に富むいかに多くの人々が生涯の黄金の実を高貴なる容器に入れて気前よく誇りをもって私に差し出すことだろう。遠く離れた時代と地域に育ったいかに多くのものがこういう人々の誠実な努力により我が国に移植されたことであろうか。私が目ざすこういう目標に近づくことができないように運命は鎖で私をしばることができるだろうか。運命は、自己開発の手段を与えることを拒絶し、現在の人類の活動と過去の記念碑との連帯に私が容易に参加することを拒む——私が住む美しい世界より私を抛り出し、他の人間と知己になろうとすることが無駄であり、自然の中の単にありふれたものだけが永遠の画一性を以て私を四方から囲み、重苦しく湿った大気の中で立派なもの際立ったものは一切目立たないような不毛の荒地へと追放する——ことができるのであろうか。[37]……私には、現実が与えてくれないものを想像力が与えてくれる。想像力を通して、他人の置かれた立場に自分を置くことができる。他人の経験が私の精神の中で動き、精神をそれ自身の本性に従うように変え、その他人であったらどう行動するかを私の精神の中に示す。他人の存在と活動に関する人間の普通の判断——空虚な公式の死んだ文字よりこしらえられた判断——を信頼することは、なるほど不可能である。……しかし、もし——生命が真実に存在するところではきっとそうなのだが——内的な活動が想像力の活動に随伴し、判断がこの内的活動の明瞭な自覚であるならば、観察者の精神の外部にあると認められるものが、あたかも真に彼自身のものであるかのように、あたかも彼が見ている外部の行為を自分自身が行なったかのように、彼の精神を形成する。このようにして、未来においても過去と同様に、この内的な活動の力により、私は全宇宙を所有するであろうし、素早く変化するイメージに従って外面の行動をしなければならない場合よりも静かに観照することによって宇宙をよりよく利用するであろう。[38]

エマソンがマーガレット・フラー[*10]について言ったような、この巨大な宇宙を「食べ」ようという断固とした決意！

しかし多様性を重んじる理想のもう一つの解釈もシュライエルマッハーによって同じ位——概して言えば、むしろもっと——熱烈に主張された。彼はそれを『独白録』の中で、彼がそれによって新しい倫理に到達した思索過程の主な結果として表現している。

そこで今や私の最高の洞察となっているものが私にやって来た。人間一人一人は、人間性がすべての点で表現されるように、そして無限の充満の中にあってその子宮より出て来ることが可能なものがすべて現実になるように、彼なりに、要素の独特な組み合わせによって、人間性の例となるべきであるということが明らかになった。……しかし徐々にのみそしてやっとのことで人間は自分の独自性の充分な自覚に達する。しばしば彼は、それを見つめる勇気に欠け、むしろ視線を、自分が有難がり執着している人間が共通に所有しているものに向ける。そのような共通な性質から、特質ある存在として離れるべきかどうかしばしば迷う。……自然の最も特徴的な衝動は、しばしば見過され、自然の輪郭が最もくっきり表現されているところでも、人間の視線は鋭く切られた縁は容易に見過し普遍的なものだけを見すえる。(39)

シュライエルマッハーは別の個所で説明しているが、「個体」という時に個人だけを意味するのではない。人種、国民、家族そして性というような集合的個体もあり、これらの各々も特徴的な性質を持つかも知れないし持つべきである。そして『談話』の中で――多様性を重んじる立場の二つの解釈の両方を適用して――彼は教会と理神論者に共通な基本的な仮定を逆転し、多様性は宗教的信仰にあっても望ましく不可欠であると宣言する。

宗教の相異なる表われ方は、単に数と大きさとにおいてだけ異なり、統合されれば統一的全体を形成するような、単なる下位区分ではありえない。そうだとすれば人は、自然の過程により隣人と同じようになってしまう。……それ故に、宗教の多数性は宗教の本性に根ざしていると思う。……この複数性は、宗教の完全な表現にとって必要である。宗教は社会においてだけでなく個人においても特徴的な性質を求めざるをえない。

彼は特別に烈しく、人間の不変の理性を表現する普遍的信仰個条を求める人々を叱る。理神論者に彼は言う。

一つの宗教だけが有るべきだという空しい愚かな望みを君達は捨てなければならない。宗教の多数性に対する嫌悪をすべて止めなくてはならない。人間性の様々な形態を採って、霊的生命の肥沃な懐より進歩する過程において展開されてきたすべてのものに、できるだけ虚心に接しなければいけない。——それ故、すべての人々にとって生まれつきに備わっていると考えられる普遍的宗教を有すると言う諸君は間違っている。なぜならば、もし宗教が総ての人にとって同じであると言うのなら、誰も自分自身の真実の正しい宗教を持たないことになる。我々の一人一人が別々の地位を占める限り、人間の宇宙に対するこのような関係には、もっと近いもの、もっと遠いものが有るに違いなく、それが異なった生命においてそのような感情を決定するであろう。……そのような可能的な形態すべての全体性においてのみ完全な宗教が真に与えられることができる。(40)

実際シュライエルマッハーにとってキリスト教は、啓示宗教[*11]の中では最高のものであるが、その優秀性は排他性がないという点にのみある。それは「普遍的であり、唯一つの宗教として人類を支配する」とは主張しない。「それはそのような独裁を軽蔑する。……それはそれ自身の中に多様性を無限に造り出すだけではなく、それ自身より造り出されることができないすべてのものがそれ自体の外部で造り出されるのを見てよろこぶぐらいだ。……人類の一般的画一性を要求することほど非宗教的なことはないように、宗教の画一性を要求することほど非キリスト教的なことはない(41)」。つまりシュライエルマッハーの結論によると、どんな人もその人なりの宗教――すなわち彼自身の個性の独特なものと宇宙における彼の唯一無比の地位とに対応するような独特な「何か」を持つ宗教――を持ってもよく、いや持つのがよいのだ。

ローマン主義の理想の以上の二つの傾向の評価を、爾後の歴史に照らして、試みるならば、我々のほとんどは、両者共に以後の百二十年間において幸福なそして不幸な結果をもたらすのに力があったと意見が一致するであろう。第一の傾向は、ほとんどの芸術の――

必ずしも優越性ではないにせよ——領域の大変な増加と、エイケンサイドが「事物の美しき多様性」と呼んだものの認識と享受における人間の喜びの未曾有の広がりとを公表し予言することであった。初期のローマン主義者の綱領が十九世紀の演劇、多くの詩、小説、音楽と絵画の計画的な綱領と現になって行った。そこでこのことの中に人生の喜びの源が大いに豊富になることを見ないことは全くの盲目である。そしてこのことは単に美的なプラスだけではなかった。このことは——反対の傾向によって打消されない限り——人間性それ自体の拡大という傾向があった。つまり同一典型の多数の例としてではなくて、文化の当然で好ましい多様性と、我々が共通に持つ世界への個性的な反応との表現としての人間および国民の相互理解と評価の増進という傾向があった。しかしこういうことには例外なく危険もあった。素材衝動が——シラーの二元論に戻って来るが——形式衝動を圧倒する傾向がいつもある。人生の規格化に対する反抗は規格の観念全体に対する反抗になり易い。合理的であるという属性が充満の原理として表現された神は選択的ではなかった。彼はすべての本質を実現させた。しかし人間のうちには、芸術と行動において選択、好み、否定を要求するような理性がある。あらゆる物、あらゆる人に「はい」ということは明らかに性格を全然持たないことである。人生の微妙で難しい技術は、新しい経験のたびごとに両極間の中道を見出すことである。すなわち無性格にならないで普遍的であること、規準を持ち適用し、しかも規準の持つ鈍感にさせぼんやりさせる影響と、我々を具体的状況と以前に認められたことのない価値に対して盲目にさせてしまう規準の傾向とに対して警戒すること、いつ容認すべきか、いつ味方すべきか、いつ戦うべきかを知ることである。そしてこの技術においては、固定した包括的な規則は制定できないので、我々が決して完全さに到達できないのは疑いない。こんなことは、今ではもう自明のことになっているが、しかし対立の綜合を要求するので、矛盾を含む論でもある。そしてシラーとローマン主義者の或る者達にとっては、それが矛盾した面を持つのでかえって真実らしさが深まり、減りはしなかった。

ローマン主義の理想の中にある二つの要素のもう一方の中には、次の世紀の影響力としては、同じような二分化した傾向が見られる。この要素は、個人と国民にあっては、民主主義の流布と技術の進歩に主として由来し、人間と人間集団を互いに興味深く、それゆえ価値あるものにする相違を消す傾向のある諸勢力に対する抵抗を押し進める役を果した。それは共通なるもの（das Gemeine）の永遠の敵であった。そしてそれはまた（この点ではローマン主義的傾向のもう一つに正に対立することであるが）文学における病的で不毛な内向性——個人のエゴの奇矯さの退屈な露出、こういう奇矯さは、今ではよく知られているが、単に旧習を無理に裏返したものに過ぎない。なぜならば人間はいくら思いわずらってみても「自然に」よって造られている以上には独創的にも「独特に」もなれないのであるから。そういうエゴの奇矯さの退屈な露出——を大いに増進した。それはまた人間の自己中心癖そして特に——政治や社会の分野では——民族主義や人種差別である集団的うぬぼれにとかく奉仕して来た。個人の特徴の尊厳に対する信仰は——その特徴が集団の特質であり、それ故に仲間ぼめによって維持され強められると、特に——その優越性に対する信仰にすぐ変えられてしまう。過去一世紀半の間に自分自身の特異点を、善悪に関係なく神に祭り上げ、そのうちに神はこれしかないのではないかと思い始めた偉大な国民がいくつかある。自分達自身のものであるから、それから相異性を保持することは人類全体にとって善いことであるからといって最初尊重された一種の国民文化が、やがて他の国民に押しつけたり、地球の表面上にできるだけ広く伝播する使命があるものであると考えられるようになった。このようにして車は一まわりして出発点に戻った。個別主義的画一主義とでも呼べるもの、すなわちもとは普遍的ではないからといって尊重されたものを普遍化しようとする傾向は、詩、一種の哲学、大国の政策とその国民の熱狂の中に表現された。その悲劇的結果は、現代の我々のすべてが見たり経験して来た。

しかし——最善のものの腐敗は最悪である（corruptio optima pessima）。多様性の本質的価値の発見は、その両側面において、またそれに潜在する危険のすべてにもかかわらず、人間精神による偉大な発見の一つである。そしてこの発見が多くの他の発見のように人間によって破滅的な用に供されて来たという事実は、発見自体が無価値であるという証拠ではない。その発見が歴史的には、充満の原理の、十八世紀に最高潮に達した永続的影響に由来するものであるから、我々はこの発見をその影響の多様な結果の中でも最も重要で潜在的には最も良好なものに考えてもよいだろう。この講演にその名前が冠せられている人物に対して、すくなくともこの主題には或るふさわしさがあることを言わずにはいられない。ウィリアム・ジェイムズは、彼の専門的哲学論文のあるものについて将来の審判がどのようなものにせよ、私が語って来た理想にある二つの要素の、正しく覚めた釣合いのとれた、化身であった。彼のうちには、現代の人、いやいつの時代の人にも珍しいことだが、独特の精神、平凡な事実と古くからある問題を新鮮なそして大いに個性的な方法で見る才能、ローマン主義者が好ましい霊感を受けた言説において賞讃したような種類の精神の普遍性を稀にしか見られないような程度に所有していたことが結合していた。自分自身の確信を軽く考えたり、安易な折衷主義を採ることが気質の上からできなかったが、彼はそれでも他人の性格、精神の動き方そして——限度はあったが——意見の豊富な多様性に喜びを感じた。こういうことは、殆どの寛容がそうであるように無関心から生じる浅薄な寛容ではなかった。彼は——最も稀にしかない性質の一つであるが——他人は自分のとはしばしば全く異なる、彼のいわゆる「独自の内部」を持っているのだという不断の感覚を持っていた。そして彼は、自分に特有なものの外側に出て行き、彼の仲間の誰かに特有なことを「中心から外側に向かって」理解しようとする熱烈な望みと並みはずれた能力とを所有していた。非寛容、旧習墨守、衒学にはこの想像力による共感は、なるほど、及んではいなかった。しかし彼の学生または誰でもまたは著作の持つ独創性または独自性の火花は、または火花らしきものでさえ、たとえ哲学の専門家にはどんなに低く評価されているにせよ、即刻彼の興味と彼の時としては寛大過ぎる称賛とここにこそ哲学が無視することのできない幸いにも大いに多様な宇宙の多くの側面の一つの啓示があるかも知れないという希望とを目覚ました。

第十一講　歴史の結果とその教訓

我々はこの歴史を二千年にわたり西洋思想において——対抗物がないわけではなかったが——支配的になることになっていた形而上学的神学上の概念、すなわちプラトンの『共和国』と『ティマイオス』に初めて姿をはっきり現わし、新プラトン主義者達によって展開され組織化された概念より始めた。そして形而上学的神の歴史の一つの段階で止めてもよいだろう。プラトン主義の持続的な影響の最も注目すべき結果は、我々も見たように、その歴史の大部分を通じて西洋の宗教は、哲学的な形態では二つの神を（哲学的でない形態では二つ以上持って来たが）持って来たということであった。この二つは、なるほど、二つの側面を持つ一つの存在であるとされた。しかしその「側面」に対応する観念は、二つの相対立する種類の存在の観念であった。一つはあの世的な絶対者——自己充足し、時間の外にあり、普通の人間的思考と経験の範疇には無縁で、自分自身の自己充足した完全さを補足したり増強するためにより小さな存在より成る宇宙を必要とはしない——であった。もう一つは、確かに自己充足してはいないし、いかなる哲学的意味においても「絶対である」ことはない神、すなわちその本質的性質が他のものの存在、しかも一種類だけではなくて、実在の梯子の下降して行く階段に場所が見つかるすべての種類の存在物の存在を要求する神——その第一の属性が生成であり、その顕示が多様な被造物、そしてそれゆえに時間の秩序と自然の運行の多様な相の中に見られ得るような神——であった。こういう二つの概念の不整合をおおい隠すのに数世紀にわたって役立って来た方策は、流出説の基本公理に仕上げられた、『ティマイオス』に出て来るプラトンの簡単な言葉——すなわち「善なる」存在は「羨み」を持たないし、より完全に近いものは、よりすくなく完全なものを必然的に産み出す、またはその中へ流入し、「自己自身の中にとどまる」ことはできないという言葉——であった。この方策は、その役は果したが二つの観念の矛盾を実際には克服しなかった。しかしその効果は、たとえ独断的にせよ人間精神にとっては自然に思われる、因果関係についての仮説——すなわち、「より低い」ものは「より高い」ものに由来しなくてはならず、原因はすくなくとも結果より小さいことがあってはならないという仮説——に一見ぴったり合ったので、増大した。このような神学論上の二元論と共に——神の観念は、また最高善の定義とも考えられたので——以上見て来たように一つは(しばしばなまぬるいにせよ)あの世的で、もう一つはこの世的であるという価値の二元論が行なわれた。もし人間の善とは神の観照または真似であるとすれば、善は、一方では、単に「自然的な」関心と欲望の超越と抑圧と、魂を神的な完全さの至福的ヴィジョンに備えるために「宇宙」から魂を解脱させることを要求した。また一方では善は、あるがままの事物の神に対する敬虔さ、感覚に映じる宇宙の多様性に対する喜び、宇宙をますます知り理解しようとする人間の努力、そして神の創造活動への意識的参加を要求する。

この二元論の二つの要素の分離について我々はいくつかの例を十八世紀に既に観察した。充満の原理そのものの論理が、あの世的な神の真似は、たとえそのような神を仮定してみても、人間またはいかなる被造物にとっても善ではあり得ない、なぜならば理性または神の善は、不完全な存在の各々の段階が、その特質である種類に従って現実に存在することを要求するからであるという結論を必然的に伴っているように思われた。そして一方では神の観念自体が主にこの世的になり、表現において無限に多様で様々な種類の生産においては際限なく活動的な「自然」の概念と融合する傾向があった。我々の当面の関心は、この後者の傾向が絶頂に達することである。存在の連鎖——つまり創造された全宇宙——が、かつて一度に完成され、その構成要素も永遠に同じであるということはもはやなくて、充満と優越とのより少ない段階からより大きな段階へと徐々に進化して行くのであると明確に考えられるようになった時に、永遠に完全で不動であるような神がそのような宇宙の中に表現されると思うことができるであろうかという疑問が必然的に生じた。この問は、必ずしも、それから始めのうちは、否定的には答えられなかった。常に同じであり、絶対理性の同一の必然に従って常に行為するから、或る時には別の時とは違うような被造物を産出することができない創造主に対する信仰を、宇宙は拡大し進歩するものであるから、或る時には他の時とは本質的に違うのであり、時間内での事柄の一般的順序は、有限な存在の無視し得る特質ではないし、形而上学が扱う事物の永遠の相に無関係にでもなくて哲学にとっては深い意義を持つ実在の一つの相であるという確信に結びつけようとする試みが十八世紀には多数有って、そのいくつかを我々は見て来た。この二つの信仰が結びつけられている限り、先に言及した公理らしきもの——因果関係において先行するものは結果より少ないものを含むことはできないし、より高い形の存在はより低い形の存在から出て来ない——はまだ危く保たれることができた。しかしその世紀が終り十九世紀の初頭の十年になると、伝統的神学と形而上学の以上の仮説は逆転され始めた。神自身が時間化された——被造界全体が徐々にそして苦しみながら可能性の梯子を登って行く過程と、実際同一視された。または、もしその神という名が梯子の頂点につけられるべきだとすれば、神はその過程のまだ実現化されない最終項であると考えられた。このようにして流出説と創造説に代って、根本的なまたは絶対的な進化論とでも呼んだら一番良いもの——ベルグソンの『創造的進化』(*L'évolution créatrice*) は、殆どその再構成に過ぎないような典型的にローマン主義的進化論——が座を占めた。単に有機物の形態と機能の歴史においてだけではなく普遍的に、より低いものがより高級なものに先行する。抽象的な実現されない可能性を別とすれば原因に含まれている以上のものが結果に含まれている。

この展開はシェリングに一番よく見られる。一八〇〇年から一八一二年の間の彼の哲学活動の多くにおいて、なるほど、彼はまだ二つの神、それゆえ二つの宗教——時間を超越し永遠に完全な絶対者、「同一者の同一者」、新プラトン主義の一なるものの宗教と、苦心し、時間的に制限を受け、徐々に自己を実現する世界精神または生命の力の宗教――を持っていた。後者は、前者がその相の下に我々に自己を示す相である。その顕示においては充満の原理と連続の原理とが支配する。時間の秩序は、絶対知性の言わば投影、展開されたイメージであり、時間の秩序の具体的内容は、有機体と有機体の状態の連続より成り立っている。そしてそのような連続はいかなるものも、シェリングの言うところによると、次のような理由で漸進的に段階づけられた系列を構成するに違いない。

連続それ自体段階的である、すなわち連続はある単一の瞬間にその全体が与えられることはできない。しかしその連続が進めば進むほど、それだけ充分に宇宙が展開される。従って有機界も、連続が進むのに比例して、より充分な延長に達し宇宙のより大きい部分を表現するであろう。……そして一方では有機体の世界の中を我々が逆行すればするほど、有機体が自分の中に持つ宇宙の部分は小さくなる。植物界は、一番限定されている。なぜならばそこでは多数の自然の過程が全く欠けているからである。(1)

しかしこの新しい考え方は『人間的自由の本質について』(*Ueber das Wesen der menschlichen Freiheit*)(一八〇九年)の中でもっと大胆に明らかに述べられている。ここでも新プラトン主義的絶対者の痕跡が残っているが、しかしシェリングは、神は決して存在するのではなく、自然と歴史とを通じて存在するようになるのに過ぎないという主張を喜んで詳述する。

創造には最終目標があるか。そしてもしそうだとすれば、なぜ一度にそれに達しなかったのか。何故、始めから完遂が実現されなかったのか。こういう疑問に対しては答は一つしかない。すなわち、神は「生命」であり単に存在ではない。生命はすべて運命があり悩みと生成を免れない。故に神は、自らの意志によって、自分自身をこの生成に従わせたのである。……存在は、生成においてのみ知覚される。存在そのものには、なるほど生成はない。後者においては、むしろ存在は永遠としてそれ自体仮定される。しかし対立を通じての(存在の)現実化においては必然的に生成が伴う。人間的に悩む神の概念――過去の神秘的教義と降神術的宗教のすべてに共通な概念――なしには歴史は全然理解できないものになる。(2)

しかし充満の原理は、いささか修正され、アベラール、ブルーノそしてスピノーザの宇宙決定論と共に、シェリングによってもう一度肯定された。ディオニュシオスとスコラ哲学者の句をまた用いてシェリングは言う。「神の自己啓示の行為は神の善と愛とに関係がある」ので必然的である。しかし、それにもかかわらず、または、むしろ、それだからこそ「神の性質よりすべてが絶対的必然を以て生じて来、可能的であるものは、必然的に現実的にならなければならないという命題は絶対的に否定できないものであり、現実的でないものは道徳的にも不可能である。スピノーザ主義の誤りは、神におけるそのような容赦ない必然性を主張することでは全然なくて、この必然性を何か生命がなく非人格的なものと考えることなのだ」。スピノーザ主義は「盲目で機械的な必然性」しか認めない。しかし「もし神が本質的に愛と善であるならば、彼のうちの道徳的に必然的なものは真に形而上学的必然性を以て生じる」。一方ライプニッツは、可能なるいくつかの宇宙の中よりの選択、その結論の出たところで多数の可能性の中から一つだけを実現することを決定するという一種の「自己との相談」を神が行なうとした点で全く誤っていた。[3] そのような自由選択を仮定することは「神が、すべての条件を考慮に入れれば可能になったのよりも完全度の低い宇宙を選んでしまったのであり、そして——どんな不合理なことでも代弁者は必ずあるものであるから、こう言う人もあるのだが——神は、その気があれば、現在のものよりよい宇宙を創造することもできたのだ」と意味することになろう(このことはずっと以前にアベラールによって不合理なこととされていたのが想起されよう)。それ故、可能な宇宙が二つ以上はないし、あったこともなかった。なるほど宇宙過程の始めには混沌とした状況があり、「いまだ形づくられてはいないが、あらゆる形態を受け入れることができる素材」としての根源的根拠(Grund)の第一の運動を構成している。そしてそれ故、まだ実現されていない「無数の可能性」がある。「しかしこの根源的根拠は神と同化されてはならない。神は、その完全さの故に、ただ一つのものしか意志できない」「一つしか神がないので、可能な一つの宇宙しかない[4]」。しかしこの一つの可能な宇宙は、真に可能であったものすべてより少ないものを含むことはできない。

ここに述べられている「神」もまだあの世的属性をいくつか備えていることが理解されるであろう。そして可能な被造物すべての創造の必然性はやはり、流出説の論理によく似た議論によって演繹されている。神は究極原因（Urgrund）ではないし、ますます多様になって行く形態と最終的には人間の自己意識まで生じさせる過程の最終的な成就でもない。ここでは神は宇宙に先んじるものでありながら、自分の本質的な性質の必然的な論理的結果として宇宙を生成するような完全なものとされている。しかしこの生成は段階的で継続的である。そして、もしシェリングが神は「生命」であり、それゆえ「悩みと生成を免れない」という断固とした主張を本気で意味したのだとすれば、自己の啓示である宇宙過程に真に参加しない超越的絶対者というこの概念を一貫して保持することはできなかった。二つの神学はまだ相並んでいた。しかし一つは生き残りであり、もう一つは前者をまさに打ち破らんとする新しい観念であった。

シェリングの友であり弟子である博物学者のオーケン[*1]は、同じ頃ほとんど同じ考え方を、いささか変化させたりつけ加えた上で、『自然哲学教科書』（*Lehrbuch der Naturphilosophie*）（一八一〇年）で述べた。「自然哲学は神のこの宇宙への永遠に続く変身の科学である」。

それは原初の無よりの宇宙の進化の諸相を見せる任務がある。すなわち天体と元素はどのようにして生じたか、これらはより高い形態にどう進んで行ったか、どうして最後に有機体が生じ人間において理性に到達したかを。こういう諸相が宇宙の生成の歴史を構成する。……自然哲学は、もっとも総括的な意味では、宇宙論またはモーゼのいわゆる創世記である。(5)

ここでオーケンは、ある意味で宇宙に先行する神、宇宙に変態して行く絶対者について語っているということが理解されよう。実際彼の形而上学の用語にも、流出説の言葉の名残りがある。しかしオーケンにおいてはその名残りはシェリングよりもはるかに後退している。なぜならこの先行する絶対者は、最もはっきりした否定語で述べられているからである。時間の中で自己展開しているのを除けば神は零または純粋な無であるとオーケンは言う。疑いもなく、すべての数は零に含まれていると言えよう。なぜならばすべての数は零によって決定されているものであると述べられるからである。そこで万物は神の中に予め存在すると言えるであろう。しかし万物は「現実にではなく観念的に、実際に(actu)ではなく潜在的に(6)(potentia)」そう存在する。故に神の現実化(Realwerden)は宇宙の歴史を通じ徐々にのみ起る。この最初の現われでありかつ普遍的な条件が時間である。「時間は絶対者そのものである」「絶対者は時間の中にあるのではなく、前にあるのでもなく、時間なのだ」また「時間は神の活動的思考である」。時間は「すべての個別なものを含む普遍的なものである。なぜなら個別なものは、すべて時間の中にあり、創造された時間と創造行為は同一である」(7)。絶対者のこの現実化は、自己意識の可能な存在である人間において最高点に達する。「人間は、そこで神が自己にとって充分に対象になるような被造物である。人間は、神によって体現された神である。神は、自己意識において神を表現する人間である。……人間は、完全に顕示された神(der ganz erschienene Gott)である」(8)。

神学における急進的進化論に近いもののこういった初期の徴候は、批判なしには済まなかった。そしてその批判は、その二十年前にドイツ・ローマン主義運動の若い指導者全部によって称賛と畏敬を以て眺められた人物によってなされた。F・H・ヤコービ[*2]は一八一二年に『神的なものとその啓示について』(*Von den göttlichen Dingen und ihrer Offenbarung*)という論文を公けにし、その中でこのような新しい考え方に対する激烈で(シェリングが後に言ったところでは)涙ながらの攻撃が主になされた。シェリングが提起した問題の中にヤコービは宗教哲学全体の中で最も根深い対立を見てとった。彼は書いた、「二種類の哲学者しかあり得ない。より完全なもの(Vollkommnere)はよりすくなく完全なものより由来し、徐々に発展して来ると考える哲学者と、最も完全なものが初めに存在し万物は源をそこに有し、万物の第一原理は道徳的存在、英知を以て意欲し行動する知性、創造者、神であると認める哲学者とである」と。ヤコービの答は散漫であり独断的である。しかし彼は最終的には、形而上学の自明で根本的な公理と彼が考えるもの、すなわち何かが「無から生じはしない」し、より秀れたものが劣ったもの「によって産みだされる」ことはあり得ないという説に依った。シェリングの哲学のようなものは、ヤコービによると、事実、形式論理の法則に直接矛盾するものである。なぜならば、ヤコービの言う所によると——この言い分はプラトン主義神学ではよく言われることであるが——宇宙に対する神の関係は、論理的に先行するもの、論拠（Beweisgrund）のその結論、論拠から演繹され得る含蓄に対する関係と考えられよう。しかし「常にそして必然的に論拠は、論拠によって証明されることを超えていなければならず、また包摂しなければならない。真理と確かさが論拠によって立証されるべき事柄に与えられるのは論拠によってである。論拠よりその事柄は実在を借りるのである」。

この攻撃に対しシェリングは、すくなくとも彼の同時代人の見るところでは、批判者の哲学的な評判に与えた打撃とまた烈しさのせいで有名な著述の中で答えた(9)。ここで問題にすべきことは、ヤコービの攻撃がシェリングに神学的進化論の調子を落させないで以前にまして急進的で生な形で表現するようにしたという事実である。彼は、絶対同一者の無限、無時間性そして自己充実を認めている自分の以前の著述の中の個所を指摘することによって批判に充分対抗することができたであろうと思われる。こういうことを彼は全然しないで、今やそのような観念をきっぱりと放棄し、そのような絶対者が宗教の神であり得ることを明確に否定する。ヤコービがした「シェリングの」論点の整理と論点の哲学的意義の評価にシェリングは異議は唱えない。また自分の説の本質的部分についての批判者の叙述をも否認はしない。自分の説が正しく理解されるためにはいささか区別立てをする必要があるとシェリングは言う。たとえば彼の説を奉じる人は、「より完全なものがそれとは独立し、異なったよりすくなく完全なものから出て来た」とではなく「より完全なものがそれ自身のよりすくなく完全な状態より生じた」とだけ主張した。従って彼等は、或る意味では「全く完全な存在——それ自身の中に他のものすべての完全さを含むもの——がすべてのものに**先んじて**あらねばならない」ということを否定しなかった。しかし単に潜在的に（potentia）でなく完全に現実に（actu）先在したことは否定した。シェリングは言う、「そのような先在を信じることは多くの理由で難しいがその第一の理由は簡単であり、もしそのような存在が最高の完成または完全さを現実に持っているとすれば、それによってその存在が——より高い完成度に達することはできないので——より低い完成度に下降することしかできないような、多くの他のものを創造したり産出する根拠（Grund）を持たなかったであろうというのがその理由である」[10]。ここで流出説の論理に内在する中心的矛盾——しかし何世紀もの間頑固に無視されて来た——がこの上なく鋭く指摘された。それ故に、進化によって展開すべきすべてのものの約束と潜在性は、この点を強調すると、始めから先在すると言われようが、それは果されない約束、実現されない潜在性であった。シェリングは言う、

私は神を最初のもので最後のもの、アルファとオメガとして断定する。しかしアルファとしては彼はオメガとしての彼ではない。そして彼が一者——「より高い意味での」神——でしかない限り、彼はそのような意味でのもう一つの神ではあり得ないし、

厳密には神と呼ばれることもできない。なぜならば、はっきり言っておきたいが、そうでなければ、進化しない（unentfaltete）神、含蓄された神（Deus implicitus）が既に、オメガとしての顕示された神（Deus explicitus）になってしまうであろう[11]。

ヤコービの反論に対しどのような根拠でシェリングはこの進化論的神学を正当化するか。第一の根拠は、この神学が、我々の観察と自然科学の包括的視界に示され、我々が経験する宇宙の現実の性質に調和することである。表面的には宇宙は、正しく、より高いものがより低いものより、より充実した存在がより空虚な存在より発展してくるのが通例であるような体系である。子供は成長して大人になり無知の人が学ある人になって行く。「そして自然自身、この主題について必要な知識のある人すべてが知っているように、貧弱で原初的被造物の産出より、より完全な、より精妙に形づくられたものの産出へと徐々に上昇してきたことは言うまでもない[12]」。我々の目の前で常に起っていることは、ヤコービがそうだと言っている不可解事であるはずがない。新しい哲学は、我々が知っている個物すべての既知の性質と連繫にかんがみて、物の一般的なまたは「究極的な」性質と物の存在における秩序を単に解釈したに過ぎない。ところがヤコービの弁護する「普通の理神論」は、我々に「自然に関係ない神と神のない自然」（ein unnatürlicher Gott und eine gottlose Natur）を与えたのだった[13]。

また悪の事実、宇宙の不完全さは、宇宙が始めから完全で英知的な存在から由来するという信念とは相容れないとシェリングは言う。このような信念を持つ人は、「そんなに明晰で透徹した英知的存在から、宇宙という（すこしは秩序づけられている時にも）そんなに混乱した全体がどのようにして生じてきたのかと問われると答がない」。だとすれば、あらゆる点で、諸事実に合致するような現実についての観念は、より充満したより高級な生命へ向かう多かれすくなかれ混乱した上昇という観念であり、神についての唯一の認められる概念は、この観念と調和しているものであるとシェリングは考える。またこの反対の見方は、宗教的に教化的で慰めるような性質を持っているようなことを主張するがそんなことはないと彼は宣言する。なぜならば、その見方は「善なるものより非善を導き出し、神を善の源と可能性ではなく、非善の源と可能性にしてしまう」からだ。

絶対生成の神学で考えられることのように——善になる途中のものとして（als ein ins Gute Verwandelbares）考えられれば、悪または不完全さそれ自体は、もし善より崩れ去って行くもの、既に実現された完全さよりの後退として考えられたら、そうなるに違いない望みのない無意味な現実の一片ではない。古い神学の神は、永遠に完全で、シェリングによれば、「最終的に既成の」神であった。しかしこれほど不毛で無益な観念はあり得ない。なぜならば「死んだ神」の概念であり、自然と人間の中にあって努力する神の観念ではない。ヤコービは言っていた、生命が死より、存在が非存在より、より高い存在がより低い存在より生じることは考えられないことであると。では死が生より出て来ると考えることの方が容易なのかとシェリングは反問する。「死せるものの神ではなく生けるものの神が何に動かされて死を導入するというのか。死――それは絶対的な死ではあり得なくて生がその中に隠していた死にすぎないが――より生命が生じると考えるほうが、生命が死の中へ移行し消えてしまうと考えるよりもはるかに考え易い(14)」。

しかしヤコービの誤りは――シェリングは言う――それから彼が充分には解放されてはいなかった古い哲学の持つ論理の学説の当然な結果である。実際に誤りは、すべてを論理学の同一原理に基づかせ確かな判断をすべて「分析的」と見なしたヴォルフの認識論を受け入れたことの形而上学における致命的な結果の一番よい例である。この見方によれば「論証はすべて同じ命題の前進に過ぎない、一つの真理から別の真理への前進はなくて同じ真理から同じ真理への前進があるだけである。知識の木は花が咲かないし実もならない」とシェリングは――必ずしも歴史的に正しくはないが――言う。真の哲学と真に客観的な科学はトートロジィを唱えることではない。その目的は常に具体的で生きたものであり、その進歩と進化は対象自身の進歩と進化である。「哲学の正しい方法は下降ではなく上昇する方法である」。そしてその真の公理は、ヤコービが説いた似而非公理に正に対立するものである。

常にそして必然的に、発展の基盤（Entwicklungsgrund）は発展するものより低い。前者は後者の発展のための素材、器官、条件の役を果すので、後者を自己より高め、後者に従う。

シェリングの歴史的意義が主にあるのは――歴史家によって殆ど認められていないことであるが――形而上学と神学の中へラジカルな進化論を導入したこと、現実についての進化論的な概念に調和するよう論理学の諸原理を修正しようとした試みとにあるのだ。ヤコービとの彼の論争における問題点は、彼が明瞭に理解し断固として宣したように、多くの他の理論的問題との関連、また宗教意識にとっての影響という点で、哲学の問題すべての中で最も基本的で重要なものの一つである。シェリングのテーゼは、合理主義神学と形而上学の尊敬すべきそして殆ど普遍的に受け入れられていた公理を棄てさることだけではなく宗教意識の新しい気分や気持の出現を意味した。

しかしシェリング自身にとっては、生成途上の神というこの説の意味は、単に喜ばしいだけの進化論的な改善説ではあり得なかった。宇宙の進歩、神の徐々なる顕示または自己実現は、反対するものに対する闘いであった。存在の充分な可能性は一度に実現されなかったし、まだ実現されていないのだから、事物の本質には克服される運命ではあるが苦悩と一時的敗北をもたらす、何らかの障害、何らかの遅延の原則があるに違いない。生命力は――ロビネーが言ったように――不器用に試行錯誤によって前進する。宇宙と人間の歴史の中には悲劇的な要素がある。宇宙の過程は、阻止と努力とからなる動揺（ein Wechselspiel von Hemmen und von Streben）である。この考えはシェリングが既に『ハインツ・ヴィーダーポルステンスのエピクロス的な信仰告白』（*Das epikureische Glaubens-*

bekenntnis Heinz Wiederporstens）という若い時の詩に述べている。この詩は『現代哲学の精神』（*The Spirit of Modern Philosophy*）の中でのロイス[*3]による結構な部分訳によってよく知られている[15]。

このようにして、遂に、プラトン主義的な宇宙の構造はさかさまにされた。始めから完全で不動である存在の連鎖は、その中ですべての真の可能物が徐々に、しかし時間の中での巨大で緩慢な展開を通じてのみ実現される運命を持った「生成」に変換されてしまったのみならず、今や神自身がこの「生成」の中に置かれたり、これと同一視されている。可能な存在の多様性の範囲を規定するイデアの世界も、実現を待ちそれまでは空しく価値のない単なる可能性の領域に変えられ、イデアのイデア〔善のイデアまたは最高のイデア〕もこの地位を免れない。宇宙を産み出す過程は、頂上ではなくてどん底で、無限の生産力がその限界に達する（ダンテの言葉を借りると）最も劣った可能性（ultime potenze）で始まる。もはや「下降」はないが、まだ「上昇」はある。しかしプラトン主義的秩序の転倒は、特に『ティマイオス』の中でそしてプロティノスによって仮定された発生の秩序の転倒は、「存在の梯子」を抽象的な観念の図式に変えてはしまうが、それの本質的な性質を変えはしない。その歴史を我々が見て来た古い観念の複合の要素は、シェリングの進化論的形而上学の中でも依然として強力である。倦むことのない生産性、多様性を産み出す傾向、存在の可能な最大限の「充満」の実現の必然性——こういったプラトン主義的な宇宙の属性は、依然としてローマン主義的哲学者の宇宙の属性であった。しかし生産性は、今や、より豊富でより多様な存在を無意識的に求める不充分なもののそれであり、充満は永遠の性質ではなく万物の仮の目標なのだ。

我々が眺めて来た、長く続く「プラトンへの脚注」の歴史的結末は、論理的に必然的な結果でもあった。彼の哲学のこの段階におけるシェリングの推論について、他のどのようなことが言われるにしても、すくなくとも彼は、プラトン主義の中にある二つの傾向の一方を選ぶことの難しさを、それらの傾向の相容れないことを明瞭に示すことによって、示した。彼は次の世紀の形而上学に一つの止むを得ない選択を課した――もっとも後継者の多くはそれを認識しなかったり、巧みに避けようとしたりしたが。プラトンとプロティノスの二つの神の両方を信じることはできないし、この神学上の概念に結びついた二つの価値体系は理論上も実際上も両立させることはできない。あの世的な善のイデアは、もし時間内の不完全な被造物より成るこの宇宙がそれ自体真に善であると仮定されると、にせの善のイデアでなければならない。そして自己充足し、永遠に完全無欠の絶対者は、時間内の生成と変化と創造的前進がある宇宙に関係がありそこで顕示される神と同一視されることはできない。このような命題は、現代のある人々には明らかで、恐らく自明に、またある人々には矛盾を含み根拠のないものと思われよう。こういう命題が受け入れられた理由は、確かに、この講演では充分に述べられては来なかった。しかし理由の中の或るものは、我々が検討した思想史の段階の分析の中で何度も姿を現わしても来た。しかし議論が歴史の中に暗示として現われることで私はここでは満足しなければならない。私が語って来た話の哲学上の教訓は、この話の進み方から充分はっきり示されたと思う。

しかしそれが、一つの観念が辿ったこの歴史によって暗示される唯一の教訓ではない。全然表現されないで済ませてはならないもう一つの教訓がある。この歴史が示すように、充満の原理と連続の原理は、宇宙の構造には恣意的、偶然的なものは何もないという意味で宇宙は合理的であるという、暗示的にせよ明示的にせよ、信仰に基底があるのが通例であった。この前者の原理は（もう一度最終的に言うと）、宇宙の存在にとってだけではなく、宇宙の性質の各々にとって、宇宙の含むあらゆる種類の存在にとって——厳密に言うと各々の個別の存在にとって——それ自身を説明する「充分な」究極的理由がなければならないことを前提として要求した。そして後者の原理は前者の原理から出て来てそれに似ていた。つまり、自然には突然の「飛躍」はない。物は無限に多様ではあるが、どこにも連続を求める我々の理性の欲求を阻止するような飛躍がない絶対に滑らかな連続を物は構成する。「何故」というプラトンの疑問は、当然出され満足の行く解答がされ得た。なぜならば、我々の知性は限界があって存在のあらゆる詳細にわたってその疑問に個別的に答えることはできないにせよ、一貫性のあるいかなる解答にも不可欠である広範な原理を認識することはできる。我々の住む宇宙の合理性についてのこの種の信仰によって、大部分の——恐らくは、繰り返し出現した強力な反対勢力にもかかわらず、大部分の——西洋哲学と科学は、二千年あまり、そのような信仰の意味は充分に理解されることは滅多になく徐々にのみ一般的に認められるようになったのであるが、活気を与えられ導かれたのであった。この信仰の絶頂を十七世紀の二つの偉大な合理主義的存在論の中に、そしてもっと通俗的な形では十八世紀の楽天主義の通常の論拠の中に見て来た。厳格に合理的な宇宙とは、こういう存在論が明らかにしたように、最も厳密な意味で、ウィリアム・ジェイムズのいわゆる「閉塞宇宙」、必然的な真理によって至る所で一回限り最終的に決定されている物の秩序である。究極的には、偶然事はなく、開かれた選択は今も無いし、有ったこともない。万物は、必然性により現実に存在する「存在」の現実存在と厳密に結びついていて、今度はその「存在」が他のすべてのものの現実存在を厳密に含んでいるので、全体は追加、省略および変更の余地が一切無い。

こんな風に宇宙が構想される限り、宇宙は一貫した、鮮明な、知的に安定した、当てになるもののように思われ、その中では人間の精神は、全幅の自信を以て事物を理解しようとする仕事が出来るようであった。そして経験科学は、事実が最終的に一致しなければならない根本的原理を前以て知っていて宇宙の全般的な形の一種の図式を与えられていたので、何を期待すべきかおおよそ知ることができ実際の観察が個々に示すものを予知さえすることができた。そしてこれと同じく大雑把な仮説と、存在するものの完全な合理性に対する信仰が調和されることができた。充満の原理と連続の原理はそういう信仰の当然な結果であった。論理的には同程度に可能でありそして共に可能である二種類の被造物の一方がもし除外されたとすれば、またはもし自然の空間的なそして数的な範囲がある一つの有限な大きさまたは数に決定されると、明らかに、存在の究極的な構造の中に何らかの恣意的で偶然的な要因――たとえこの要因が神の意志であるとされても、そのような意志は、ライプニッツが言ったように、理性によっては完全に支配されないような意志であろうから――があったのだ。そしてもしその意志が理性に完全に支配されないものだと認められると、そんな恣意性と偶然性の程度は予測できないものであった。或る存在物は他のものよりも、漸次移行の原則が意味するように、ある意味では価値があることは疑いなかった。しかし、一つの完全なものの段階の下方において、或る特定の点において連続が止まることとは気まぐれな行為であろう。そして種の連続（continuum formarum）についても同様なことが言える。もし自然が「飛躍する」と、その飛躍は根拠のない飛躍であるに違いない。もし存在する形態の系列の中に隙間すなわち「真に」欠落している環、たとえば一種類の動物が存在するがそれに最も類似する現存する種から、中間の種の実現されない可能性という空白の拡がりによって隔てられているというような欠落している環があるとすれば、宇宙は秩序正しさにおいて欠ける点があり一種の不統一と気まぐれによって特徴づけられていると認められなければならない。

しかし存在の連鎖という観念の歴史は――その観念が宇宙の完全な合理的な理解可能性を前提にした限りにおいて――失敗の歴史である。もっと精密にもっと公平に言えば、それは多くの偉大なそしてより平凡な人々によって何世紀にもわたって行なわれた思想の実験の記録であり、今となって見ると教訓に富んだ否定的な結果を持っていたことがわかる。

この実験は、全体として見ると、人間の知力の最も大いなる冒険の一つである。しかしこの最も一貫し最も包括的な仮説の結果が段々と明瞭になって来るのに従って、その困難点も明らかになって来た。そしてその困難点が充分に示された時に、宇宙の絶対的合理性という仮説はそのせいで信じられなくなってしまった。第一に、この仮説は、自然における、多くの個別の事実は別としても、一つの巨大な事実――我々が経験する存在は時間的であるという事実――と対立する。時間と変化の宇宙――すくなくともこのことを我々の歴史は示すが――は、実在が、まさに存在の論理の中に内在する「永遠の」そして「必然的な」真理の体系の表現であり結果であるという仮定より演繹することもできないし、その仮定とも調和することもできないような宇宙である。そのような体系は静的な不変な宇宙の中にのみ表現されることができるであろうから、そして経験的現実は静的で不変ではないから、(プラトンが呼んだ)「イメージ」は「ひな型」と思われるものと対応しないし、それによって説明されることもできない。自然がそれによって或る時には他の時よりも多くの物または別の物を含むという「いかなる」変化も、充分理由の原理にとってはこの原理を最もよく理解し最も心から信じていた哲学者達にとってこの原理が持っていたのを我々が見て来たような意味で、致命的である。その上、時間的な連続は始めがあるか始めがないかである。もしこの経過に始めがあったとすれば、始めの日付けとその日以前の時間的拡がりとは気まぐれな事実である。いかに原始的な形態であったにせよ、宇宙がそれ以前の日ではなくむしろ或る日急に存在したり、その継続の長さが他の長さではなくて一定の長さであるためのおよそ考えられる合理的な根拠があることはできなかった。神学的な形態では、これはアウグスチヌスおよび多くの形而上学者と神学者が格闘した難問であった。すなわち、生成することが、宇宙を創造することが神の本性または本質だとすれば、そのような永遠の本質は、——その日が紀元前四〇〇四年にせよ、もっとはるかな昔にせよ——時間の中の或る日に創造をし始めることによって、存在し「始める」ことはできるわけはない。たとえもしそういう本質が時間的の連続の中に自らを表現すると想定することが可能であったにせよ、無限の連続のみが、その本質の時間内の対応物となり得るであろう。宇宙には始めがあるという説を、教義上のまたは他の理由で、奉じていた合理主義的な哲学者と神学者の、この課題を解決しようとする苦闘は、人間精神の創意工夫の驚くべき例を提供している。しかしこの苦闘は二つ明らかに相容れない命題を調和させようとする苦闘である。宇宙は或る晴れた日に突如として存在し始めたの「かも知れない」。しかし、もしそうだとすれば、そういう宇宙は存在しなかったかも知れなくて、それでも同様に論理的であるというような宇宙であり、その意味では、その背後に理由の必然性を持たない巨大な偶然事である。もし、もう一つの立場、アリストテレスの「宇宙の永遠性」の説、つまり過去の時間的経過が無限であるとの説が採用されると、別の種類の困難点が生じた。すなわち出来事の完結し数え分けられる、無限の連続という矛盾に加えるに、その間に何も変化しない無限数の瞬間という——明らかに経験と反対の——仮定か、それともその間にそれに見合う価値の実現が達成されなかったと思われる無限の変化という仮定のいずれかということになる。この後者の困難点は、ロイスによってずっと以前に正確に軽妙にたとえ話として表現された。「もし海岸で砂をショベルで掘り、土手を築くために手押し車で運ぶ人を見、今まで運んだ砂の量が大量なのを見て、その人の勤勉に対する称賛の気持を感じ始めたにせよ、ひとまず抑えて、その人に聞いてみてはどうだろう。『この仕事を始めてからどの位になりますか』と。そしてもしその男が自分は永遠の昔より砂を運んでいて、実際に宇宙に不可欠な見物であると答えたとすれば、その男の嘘に内心で驚くばかりではなく『それはそうとしても、ではきっとあんたは永遠の昔より無限に怠けてきた人だということになりますね』と言いたい気持になるであろう[16]」。それ故、存在の連鎖という概念を時間化し、それを、存在の充満と多様性の段階的増加を通じての宇宙的進化のプログラムに変えようとするのを我々が見て来た人々は、——この困難点を多かれ少なかれ意識していたので——当然のことながら、通例、宇宙の歴史の絶対的な始めを仮定して来た。そうすることによって彼らは、そういう歴史は別の種類の合理性を持つものと考えることができた。なぜならそうなれば現実は、合理的な目標を「目ざして」苦闘していて、既にその目標にかなり近づいた、そして存在の優越性または価値の全体を深めるのだと思われることができたからである。しかし同時に彼らは、宇宙の本質的な論理性を、そういう属性を宇宙が持っていると長い間考えられて来たがそういう意味での論理性を暗黙のうちに否定した。宇宙がたった数世紀以前にせよ数十億年以前にせよ始まったことと、宇宙の進行が行なわれるようになったと考えられる方向とは、たとえその偶然が幸運なものだと考えられるにしても、偶然の出来事であるというのが暗黙のうちに意味されていた。

しかし以上は、この歴史が暗示する第二の教訓の半分でしかない。残りの半分とは、合理性が完結性として、偶然性すべてを除外することとして考えられる時には、それ自体一種の非合理性になるということである。なぜならば、こういう合理性は、可能的なものすべてを、共可能である限り完全に実現することを意味してしまうので、限定したり選択する原理を除外してしまうからである。可能なものの領域は無限である。そして、充分理由の原理が含むものとしての充満の原理は、その含意が徹底的に考え抜かれた場合には、それが適用されるあらゆる領域において無限――無限の空間、無限の時間、無限の数の宇宙、存在する無限の種、無限の個体、どんなに類似しているにせよ任意の二つの種類の間にある無限の種類の存在――にまで及んだ。この原理の結果がこのように充分に拡張されてみると、人間の理性は、理性が通じないだけではなく否定されてしまうような宇宙に直面してしまった。なぜならばこんな宇宙はどうしようもない矛盾から成り立つ宇宙であったからら。このようにして――ただ一例だけ示したが――形態の連続という仮説は、合理主義的前提に暗黙のうちに含まれてはいたがそれ自体と矛盾するものだった。現代数学が解決した（私には説得力に乏しいものに思えるが）と称する数学的連続の概念という難問は別にするとしても、質的な連続は、とにかく、言葉の矛盾である。任意の系列において新しい性質を持ったもの、異なった種類のもの、単に系列全体に共通する何かの異なった大きさとか異なった程度ではないものが出現すると、まさに以上の理由によって連続は破れる。

そして充満の原理と連続の原理は——後者が前者によって含意されるとされているにもかかわらず——互いに矛盾するということになる。種類の最大限の多様性を示しているという意味で「充満している」宇宙は、主として「飛躍」によって満ちているに違いない。あらゆる点において何か異なった物への突然の転移があり、——無限に多様な「可能な」種類の相違性全部の中より——どれが次に来るべきかを決定すべき純粋に論理的な原理はない。

故に具体的に存在する宇宙は、本質の領域を公平に転写したものではない。そしてそれは純粋な論理を時間的条件に翻訳したものでもない。そのような条件自体が純粋な論理の否定なのであるから。宇宙は、今持つような性格、内容と多様性の範をたまたま持っているに過ぎない。どのような根拠も宇宙がいかなる種類であるべきか、可能性の宇宙のどの程度がこの宇宙の中に含まれるべきか永遠の昔より前以て決定はしていない。宇宙は偶然的な宇宙である。(17) その大きさ、その形、我々が法則と呼ぶその習慣には何かしら恣意的で特質的なものがある。しかし、もしそうでなかったら、性格のない、無限の可能性の中から選択する能力のない宇宙となろう。神学者の用いる伝統的な、擬人説の言葉を用いてもよいとすれば、この宇宙では「意志」が「知性」に先行すると言えよう。この問題に関して、神学における厳密な理性主義者に対する中世晩年の反対者達、ライプニッツとスピノーザに対する十七、八世紀の反対者達、存在の連鎖の観念全体に反対する論争をやったヴォルテールおよびジョンソン博士は、議論において勝ったことが認められなければならない。形而上学の定理としての充満の原理と連続の原理の歴史と、以上の原理が説得力の多くを仰いでいた充分理由の原理の歴史が到達するのは、そのような結論にである。我々の歴史的展望が終った時点よりの一世紀にわたる反省の際に、この結論が、暗黙にせよそうでないにせよ、ますます行き渡って来た。それ故この争点の意義についての感覚、対立する仮定の歴史的意義と動機についての感覚が大部分失われてしまったくらいである。こういう結末の一つの面はホワイトヘッド教授の書いたものによく示されている。それはプロティノス、ブルーノ、スピノーザそしてライプニッツさえも、教授が神の名を流出説の無限の豊饒さにではなくて「限定の原理」に与えている故に、疑いもなくぞっとさせるようなものである。ホワイトヘッド氏は書いている。「形而上学的情況の一要素は、そのような原理が要求されているということである」、「何らかの個別的な『いかに』が必要であり、そして事実の本質（what）における何らかの個別化が必要である」。さもないと現実の宇宙の「明らかな非合理な限定」は宇宙は全くの幻想であることの証明としてのみ理解できる。「我々がこのような考えを拒絶するなら、……我々は実質的な活動の諸属性の中にある限定に対しその根拠を提出しなければならない。この属性は、いかなる理由もない限定を与える。なぜならすべての理由はそこから流出するのであるから。神は究極的な限定であり、彼の存在は究極的な非合理性である」[18]。非合理なものの優位のそのような主張と対照をなし、しかも思わずそのような主張を確認してしまったのであるが、我々が扱って来た観念の複合の歴史は、哲学的精神のある執拗な欲求を示すものとして、最も感動的な興味を呼び起すと同時に、我々および後代の哲学的思惟にとって永続的な教訓をも持っている。

しかし――歴史の多くの例が示すように――信仰の効用と妥当性とは〔互いに〕独立変数である。そうして誤れる仮説は、しばしば真理への道である。それ故、この講演を終えるに際し、存在の連鎖という観念は、その前提や含意などと相俟って多くの奇妙に好ましい結果を西洋思想史において残して来たと申し上げておくのがよいと思われる。すくなくともこのことは、その思想史の中でその観念が演じて来た役割についての、この長く、しかも不充分な展望から充分明らかであることを望む次第である。

原注

第一講

（1） *Journal of English and Germanic Philology* 誌（一九三三年）一一二〇頁の著者の論文『ローマン主義の中国的源』と *Modern Language Notes*（一九三二年）四一九―四四六頁の『最初のゴチック復活と自然への回帰』。
（2）『科学と現代世界』（*Science and the Modern World*）（一九二六年）一〇六頁。
（3）『ギリシャ詩研究について』（*Ueber das Studium der Griechischen Poesie*）（ミノール Minor 編『フリートリッヒ・シュレーゲル、一七九二―一八〇四年』*Friedrich Schlegel, 1792-1804* 一巻九五頁）。
（4）〔George H. Palmer 編〕『ジョージ・ハーバート英語作品集』（*The English Works of George Herbert*）（一九〇五年）xii頁。

第二講

（1）〔Konstantin Ritter〕『プラトン哲学の中心思想』（*Kerngedanken der Platonischen Philosophie*）（一九三一年）八頁「すでに『クラチロス』と『メノン』において、ソクラテスの結論よりは疑いもなく先に行くような積極的な内容が多く見られる。このことは『パイドン』『共和国』そして『パイドロス』にもますますあてはまる」。同著者による『プラトン』第二巻（一九二三年）二九三頁（『パイドン』について）「この対話篇の哲学的内容は歴史上のソクラテスには異質であり、それ故本質的にプラトン的であること――この点については意見の相異はほとんどない」。

（2）バーネット（Burnet）著『プラトン哲学』（*Platonism*）（一九二八年）一一五頁〔出・宮崎訳岩波文庫〕。

（3）テイラー（Taylor）著『プラトンのティマイオスについて』（*Commentary on the Timaeus of Plato*）一一頁。

（4）同書一一頁。

（5）同書一〇頁。しかしここでの主張は、他の個所ではテイラーによって弱められている。結局我々は「対話篇の中で教えられていることやプラトンの教えについてアリストテレスの言ったことから判断し、プラトンが言ったと我々が知るようなことですら、ティマイオスの説と大筋で一致すると期待」できよう（同書一三三頁）。

（6）『形而上学』〔出訳・岩波文庫〕一巻九八七b一と十三巻一〇七b二七以下。

（7）この書簡の正真性を受け入れる根拠をくどくどしく述べることはここではできない。この点はスウィエ（Souilhe）著『プラトン全集』（*Platon, Oeuvres complètes*）八巻、第一部（一九二六年）xl―lviii頁、ハーワード（Harward）著『プラトン書簡』（*The Platonic Epistles*）（一九三二年）五九―七八頁、一八八―一九二頁、二一三頁でよく論証されている。テイラー著『プラトン　人と作品』（*Plato, the Man and his Work*）二版（一九二七年）一五―一六頁と『哲学研究』（*Philosophical Studies*）誌（一九三四年）一九二―二二三頁とP・フリートレンダー（Friedländer）著『プラトン』(*Plato*)(一九二八年)全体を参照。最近のプラトン解釈で最も奇妙なことの一つは、第七書簡を拒絶しない学者達が、プラトン説についてそれとは全く相容れないような説明をする傾向である。

(8) 第七書簡三四一c—三四四d。〔筑摩、世界古典文学全集プラトンⅡ、長坂訳〕イデア説は最後の対話篇のいくつかで放棄されたり縮小されているというテーゼに対しては、主要な反論はショーリィ(Shorey)が巧みに述べている。「イデアを『パルメニデス』以後の対話篇の中に見つけられるものなら見つけてみろという要求を満たすのは容易である。『ティマイオス』ぐらいはっきりしたものはない。選択ははっきり述べられている。感覚の対象だけが実在であり、イデアの想定は単なる言葉であるのかと。そしてイデアの実在性は、意見と科学の差異があるように、確かであると主張されている。……イデアは、純粋な存在にのみ適用されるような言葉で特徴づけられていて、おなじみの表現が自由に用いられている(五一a、二七d、二九b、三〇、三七b)」(『プラトンの思想の単一性』*The Unity of Plato's Thought*〈一九〇四年〉三七頁)。そして「プラトンの後期においては魂がイデアに取ってかわる」という主張についてはショーリィは(同様に正しいと私は思うが)「プラトンの思想と文体についての全くの誤解がある。プラトンが真の絶対的な存在の属性をイデア以外のものにも用いたのは真実である。神は、勿論、真の存在であり、宗教的そして形而上学的な〔対話篇の〕個所では、まとめて考えられたイデアと必ずしも区別されるにはおよばない」。しかし後期の対話篇のあるもの、たとえば『政治家』『ティマイオス』そして『ピレボス』の中では「イデアが魂に優先することがはっきりする」(同書三九頁)と言っている。リッター著『中心思想』一七四頁「もとのイデア説は徐々に変化し後景に退くが、一つとして命題が打ち消されたり、暗黙のうちに放棄されてはいない」を参照のこと。プラトンの解釈が正確な科学とはほど遠いことは次の例によってもさらに示される。すなわちJ・G・フレーザー（Frazer）は——最近再版された初期の著作の中で——プラトンが初期の作品の中でイデア説を持っていて、「善き」物に対応する観念的なもの〔イデア〕だけを認めていたが、多分「プラトンは論理に従えばあらゆる普通の概念の、それ故に善いものだけではなく悪しきもののイデアを作らなければならないということを理解した」（『プラトンのイデア説の成長』*Growth of Plato's Ideal Theory* 五一頁）ので晩年になってイデア説を放棄したのだという見方を弁護している。

(9)『英国宗教思想におけるプラトンの伝統』（*The Platonic Tradition in English Religious Thought*）（一九二六年）九頁。

(10)『プラトン哲学の中心思想』七七頁。

(11) 同書九一頁「あの世的なイデア界という説」はプラトンによってすくなくとも「固い教義」としては持たれてはいない。

(12) 同書八二頁。

(13) 同書八九頁。

(14) 同書八三頁。

(15)『パイドン』七六e、九二a－e。

(16) *Classical Philology* 誌（一九一〇年）三九一頁に載ったリッター著『プラトン新研究』についてのショーリィの批評から。

(17)『プラトン思想の単一性』二八頁。

(18)『プラトン哲学の中心思想』五六－五七頁。

(19)『共和国』五〇七b。

(20) 同書五一八c。
(21) 同書五〇九b。
(22) 同書五一七d。
(23) 同書五一六d。
(24) たとえば『ピレボス』二二においても或る個所で「神的精神は善と同一である」と暗示される。ところがこの対話篇の中でも「生けるものすべての中で最も神的なもの」は「喜びも悲しみ」も超越している(同書三三)。
(25) 『ピレボス』六〇c。
(26) 同書六七a。「神的な精神」は善であるとの上述の暗示によってこのことは制限される。精神は絶対的な意味で自己充足の属性を有することが明らかに出て来る。
(27) 『エウデモス倫理学』七章一二四四b―一二四五b。このことと矛盾する他の個所がアリストテレスにあるというのは真実である。たとえば『大倫理学』二章一二一三a。『エウデモス倫理学』の真正性は、ミュールス(Mühlls)(一九〇九年)、カップ(Kapp)(一九一二年)と特にW・イェーガー(Jaeger)(一九二三年)の研究によって確立されたと今では考えられなくてはならない。アリストテレス偽書『世界論』(*De Mundo*)三九九b以下も参照のこと。
(28) 『創造の目的について』(*On the End in Creation*)一巻一頁。
(29) 〔C. E. M. Joad〕『現代科学の哲学的側面』(*Philosophical Aspects of Modern Science*)(一九三二年)三三一―三三二頁。
(30) 『共和国』五〇九b。
(31) 『ティマイオス』の評判と影響についてはクリスト(Christ)著『ギリシャ文学史』(*Grie-*

chische Literaturgeschichte)（一九一二年）一巻七〇一頁参照。この作品はキケロによってラテン語に訳されたが、中世には主に四世紀のカルキディウス（Chalcidius）のラテン語版によって知られていた。この作品についての四十以上に及ぶ古代および中世の批評も知られている。ラファエロが描いた『アテナイの学園』の中でプラトンが手に持っているのはこの本である。十八世紀にはこの作品の含む諸観念は、プラトンの書いたものだけではなく、『世界精神について』（*De anima mundi*）という論文の流行によっても影響を与えた。そしてこれはピタゴラス派のティマイオス自身によるもっと古い著作で、これをプラトンが利用し「飾り立て」たと信じられていた。実際には、対話篇のある部分をいい加減に縮小したものであり、出来た年代もずっとあとのことである。これは十七世紀にはすくなくとも三つの版があり、ダルジァン（d'Argens）（一七三六年）とバトウ（Batteux）（一七六八年）の仏訳つきの版はプラトンの論のこの退屈な焼直しにまだ示されていた関心を証明している。

(32)『倫理学へのプロレゴメーナ』（*Prolegomena to Ethics*）八二章。

(33)『ティマイオス』二九、三〇。

(34)『ティマイオス』三三d。

(35) 同書三〇c。*καθ' ἕν καὶ κατὰ γένη μόρια.* 前の解釈（個物のイデアがあるという解釈）は、テイラーが指摘しているように、「何人かの新プラトン主義者（アメリウス、アシネのテオドールス）によって確かに採用されていた」。この解釈には難点があることは否定できないのでこの文の第二の解釈を恐らく正しいことであろうがテイラーは好んでいる。つまり「*καθ' ἕν* は馬とか人のようなこれ以下には分けられない種（infimae species）を指し、*κατὰ γένη* は哺乳動物、四足獣というような大きな集団を指す」のである（『プラトンのティマイオスについての注解』八二頁）。アリストテレスは、プラトンと弟子達がイデアとイデアに対応する感覚世界の物の種類とが数的に等しいことを主張したことを示している。「イデアが原因であると主張した者達は……イデアと同数のものより成り立つ区分をもう一つ導入した」(『形而上学』九九〇b)。イデアのすべてが宇宙で現実化されなければならないという主張の表現のこれ以外のものについては『ティマイオス』三九e、四二e、五一a、九二cを参照。ここでのプラトンの推論において基本的でありながら、この原理は彼の後継者によってのみ充分に発展させられた。現実化されたイデアの容器としてのそしてそれ故に「母」としての「場所」の役割については私は語らなかった。何故ならプラトンの宇宙論の全般的解説をしようとしているのではないから。

(36) バートランド・ラッセル氏はライプニッツに関する初期の著作(七三頁)の中でライプニッツ自身が時々使う用法に従って「完全の原理」とこれを呼ぶが、この名称を選んだのは適切ではない。なぜならば「完全」と「充満」は同一の語であるよりは主に対立する語である。後者が前者より導かれるのは論理上の力業である。充満の原理はむしろあらゆる段階の不完全さが必然的であるという原理である。

(37) アリストテレスは必ずしもはっきりしない言説が時々あり、その中で動因が神にあるとするようにも見えることが何度かあるにせよ、このこと〔不動の完全者が目的因でしかないこと〕は実質的には真実である。この問題は、適切な個所全部を検討した上で、アイスラー(Eisler)の研究書(一八九三年)の中で論じられている。またW・D・ロス(Ross)著『アリストテレスの形而上学』(*Aristotle's Metaphysics*)(一九二四年)序文頁cliを参照。

(38) 『形而上学』二巻一一〇三a二と十一巻一〇七一b一三。九巻一〇四七b三以下はこのことと矛盾するように思われる。「このことは可能であるが存在はしないであろうことが真実である」。しかしここの文脈は、二つの個所には矛盾がないことを示す。アリストテレスは、もし或る物が論理の上では存在することができないわけではない、すなわち矛盾を含まないならば、我々にはそれが事実の上で決して存在するようにはならないと主張する権利がないと言っているに過ぎない。なぜなら仮りにこのことを主張することが可能だとすれば、存在することが可能なものと存在することが可能ではないものとの区別が消えてしまうであろうからである。論理的に不可能ではないということは、潜在的な存在物であることである。論理的に不可能な物についてのみ、それが現実には決して存在しないであろうと我々は知ることができる。しかしこの個所は論理的に可能な物は何にせよいつか現実に存在しなくてはならないとは言っていない。それにもかかわらずこの個所は中世および現代の著述家の或る人達によって充満の原理の表現であると解釈されている。たとえばウォルフソン（Wolfson）著『クレスカスのアリストテレス批判』（*Crescas' Critique of Aristotle*）二四九頁と五五一頁とモンボド（Monboddo）著『言語の起原と進歩』（*Origin and Progress of Language*）二版一巻（一七七二年）二六九頁とを参照。

(39)『形而上学』一〇巻一〇六九a五。連続の無限の分割可能については、『自然学』六巻二三一a二四参照。

(40)『カテゴリアイ』四b二〇より五a五まで。

(41)『動物誌』八巻一章五八八b。『動物の構成部分について』四巻五章六八一aを参照。当該個所は一二三〇年頃よりマイケル・スコット（Michael Scott）によるアラビア語―ラテン語版で著述家は読むことができた。メルベーケのウィリアム（William of Moerbeke）によってギリシャ語から直接訳された版は一二六〇年に完成されたようである。『形而上学』十一巻一〇七五a一〇、「どのように宇宙の本性が善と最も秀れたものに関係しているか、物は各々一つずつ個別に存在するのか、それとも秩序のある構成をなすのか、それとも軍団のように両方の性質を持つのか我々は考えなければならない。……万物は或る方法で秩序づけられているが、皆同じ方法ではない――鳥と獣と植物。万物は互いに関係する点が全然ないようには配列されてはいない」を参照。『動物の発生について』七六一a一五も参照。

(42)『動物の構成部分について』四巻一三章六九七b。『動物誌』二巻八章と九章五〇二aを参照。

(43)『アリストテレス選集』(Aristotle: *Selections*) 序文一〇頁。

(44)『動物の発生について』七三二a二五より七三三b一六まで。ロス著『アリストテレス』一一六―一一七頁およびオーベルト (Aubert) とウイマー (Wimmer) 編の『動物誌』序文五九頁を参照。

(45)『心理学』四一四a二九より四一五a一三。

(46) W・D・ロス著『アリストテレス』一七八頁。「欠如」については『形而上学』四巻一〇二二b二二と八巻一〇四六a二一。純粋の欠如は、アリストテレス的な一つの意味では「もの」、つまり *στέρησις* すなわち否定のものである (『自然学』一巻一九〇b二七と一九一b一三)。それゆえ「それ自体は非存在」としてのものが、存在の梯子の下の方の限界を決定する。

(47)『摂理』("Providence") 一三三行より一三六行。G・H・パーマー編『ジョージ・ハーバート英語作品集』(一九〇五年) 三巻九三頁。第四行が言及している連続の例は曖昧である。「恐らくは、鉱物が成長するという通俗的な空想を指すのであろう」(パーマー編前掲書、九二頁)。

(48) H・ドーダン (Daudin) 著『リンネよりジュッシューまで』(*De Linné à Jussieu*) (一九二六年) 八一頁、九一頁より九三頁。

(49)『エニネアデス』五巻、二章、一節、フォルクマン (Volkmann) 版 (一八八四年) 二巻、一七六頁。

(50) 同書五巻、四章、一節、フォルクマン版、二巻、二〇三頁。五巻、一章、六節、フォルクマン版上掲書、一六八行より一六九行を参照。これらの個所にある流出説の特徴的な比喩の歴史的重要性については、B・A・G・フラー(Fuller)著『プロティノスにおける悪の問題』(*The Problem of Evil in Plotinus*)(一九一二年)六九頁以下を参照。

(51) 『エニネアデス』六巻、八章、六節、フォルクマン版二巻、一五〇頁。翻訳は部分的にS・マッケナ(Mackenna)のもの。

(52) 『エニネアデス』五巻、二章、一節より二節、フォルクマン版二巻、一七六頁より一七八頁。

(53) 『スキピオの夢についての小論』(*Comment in Somnium Scipionis*)一巻、一四章、一五頁。勿論これは「ホメロス」の黄金の鎖ではなかった。

(54) 『エニネアデス』三巻、三章、三節、フォルクマン版一巻、二五三頁。

(55) 『エニネアデス』二巻、九章、一三節、フォルクマン版一巻、二〇二頁。プロティノス的弁神論の綜括的で示唆に富む分析としては特にフラーの上掲書を参照。

(56) 『エニネアデス』三巻、三章、七節、フォルクマン版一巻、二五九頁。

(57) 『エニネアデス』三巻、二章、一一節、フォルクマン版一巻、二三九頁。

(58) 『エニネアデス』三巻、二章、一四節、フォルクマン版一巻、二四二頁。

(59) 『エニネアデス』三巻、二章、一五節、フォルクマン版一巻、二四三頁。

(60) 『エニネアデス』三巻、二章、一六節、フォルクマン版一巻、二四七頁。

(61) 『エニネアデス』六巻、六章、一七節より一八節、フォルクマン版二巻、四二〇頁より四二四頁。

第三講

（1）「『神の名について』の注解」（*Comment. de div. nom.*）九。この個所はブスネリ（Busnelli）著『ダンテの宇宙発生論と人間発生論……とその源』（*Cosmogonia e Antropogenesi secondo Dante......e le sue fonte*）（一九二二年）一四頁に引用されている。この論は『神の名について』（*De div. nom.*）Ⅳ、1（ミーニュ Migne 編『ギリシャ教父文献集』三巻七〇八欄）より採られている。

（2）『神の名について』Ⅳ、1（ミーニュの同書六九五欄）。

（3）『天堂篇』第七歌、六四―六六行。ロングフェロウ（Longfellow）の訳では

Goodness divine, which from itself doth spurn
All envy, burning in itself so sparkles
That the eternal beauties it unfolds.

（4）同書第二十九歌、一三〇行より一四五行。ロングフェロウの Power という英訳は、勿論 valor の訳としては不適である。この文脈ではこの語は「優越」または「最高の価値あるもの」という観念をも含む。

（5）同書第十三歌、五六行、五八行より六三行。ただし五九行の nove（九つの）を nuove（新しい）と読みかえた。六二行の atto（行為）は可能なものの現実化を意味する。

（6）『神学入門』（*Introd. ad Theologiam*）Ⅲ。すなわちミーニュ編〔『ラテン語教父文献集』（*Patrologia Latina*）〕では一七八巻、一〇九三―一一〇一欄。

(7) アベラールにおけるスピノーザ主義的な点はフェスラー（Fessler）によって指摘されているようであるが、私はまだフェスラーの著作を見ていない。エルトマン（Erdmann）著『哲学史』(*History of Philosophy*) 一巻、三三二頁を参照〔原著はドイツ語〕。ライプニッツは『弁神論』(*Theodicée*) 一七一頁（『哲学著作集』〈ゲルハルト版〉六巻）でアベラールの議論に触れ、自分自身の「傾ける理由」の説をアベラールの「必然性」の説と区別しようと熱心に努力するが説得力には欠ける。

(8) 『キリスト教神学綱要』(*Epitome Theologiae Christianae*)。ミーニュ編『ラテン語教父文献集』一七八巻、一七二六―一七二七欄。

(9) 『ピエール・アベラールの異端論』(*Capitula haeresum Petri Abelardi*)、ミーニュ編『ラテン語教父文献集』一八二巻、一〇五二欄。

(10) 『四巻の命題の書』(*Sententiarum libri quatuor*) 一巻四四区分二節。この合理主義的で楽天主義的議論に対するウィリアム・オッカムの批判は、彼の評釈書『四巻の命題の書について』(*Super IV lib. sent.*) 一巻四三区分（ミーニュ編前掲書一九二巻六四〇欄）にあるが、それを参照せよ。〔原注には混乱がある。ミーニュの一九二巻六四〇欄にあるものは『四巻の命題の書』一巻四四区分二節である。それ故オッカムの評釈書はどこにあるのかわからない。〕

(11) 『対異教徒大全』一巻七五章。

(12) リッカビィ（Rickaby）著『神と被造物について』(*Of God and his Creatures*) 五七頁。

(13) 『神学大全』一部質問一九項目四。最後の三つの単語〔ut quidam existimaverunt（或る者達が判断するごとく）〕は恐らく主にアベラールを指すのであろう。

(14) 『対異教徒大全』一巻八一章。リッカビィの訳。

(15)『対異教徒大全』二巻四五章。リッカビィの訳。

(16)『対異教徒大全』三巻七一章とパビア版『全集』(*Opera Omnia*) 五巻(一八五五年)三五五頁にある『第一命題書四四区分』(I sent., dist. XLIV) 質問一項目二。『神学大全』一部質問四七、項目一と二および質問六五項目二を参照。

(17) ジルソン (Gilson) 著『トマス説』(Le Thomisme) 一二六頁。勿論ジルソンは、トマス説の流出説的なもう一つの側面に別の個所で触れている。

(18)『神学大全』一部質問二五項目六。また『力について』一巻、一章をも参照。同様な矛盾は後代の著述家にもよくある。たとえばニコラウス・クサヌス著『球の運動について』(*De ludo globi*) 一を参照。「神は宇宙の完成をなしとげることができた。それは可能なかぎり完全になされることが可能であった。このことは可能であるので実際に行なわれた」(perfectiorem mundum potuit facere Deus; licet factus sicut esse potuit. Hoc enim est factus quod fieri potest.)。

(19)『動物誌』二巻。K・ウーファーマン (Ufermann) 著『ライプニッツにおける連続の原理についての試論』(*Untersuchungen über das Gesetz der Kontinuität bei Leibnitz*)(一九二七年)八頁に引用されている。

(20)『対異教徒大全』二巻六八章。

(21) ニコラウス・クサヌス『知ある無知』三巻一章。

(22) ジルソン『トマス説』一二八頁。

(23)『夜想』(*Night Thoughts*) 六巻。同様な議論についてはロックの『人間知性論』三巻六章一二頁とアディソン (Addison) の『スペクテイター』(*Spectator*) 誌五一九号を参照。

(24)『瞑想』(*Les Contemplations*) 二部、六巻、二六頁。

(25) ホーテン（Horten）訳『形而上学』（*Metaphysics*）二〇〇頁。
(26) ボエチウス著『哲学の慰め』（*De Consolatione Philosophiae*）四部六。H・R・ジェイムズ（James）の訳では

Towards the Good do all things tend,
Many paths, but one the end,
For naught lasts unless it turns
Backwards in its course, and yearns
To that source to flow again
Whence its being first was ta'en.

この考えの十七世紀における詩的な表現としてはジョン・ノリス（John Norris）の『作品』（*A Collection of Pieces*）（一七〇六年）の中の『美』（"Beauty"）を見よ。
(27) センコート（Sencourt）著『哲学を飛び越えて』（*Outflying Philosophy*）三〇三頁。
(28) ミーニュ編『ラテン語教父文献集』四〇巻に載っている『様々な問について』八三。
(29) 『地獄篇』第十一歌一〇四行。
(30) ブルーノ『追放』II。
(31) 『対異教徒大全』二巻四五章。
(32) 『作品集』（一七〇六年）二五七―二五九頁と六九頁。こういうことはノリスが散文でもっと長々と論じている。『理想的世界の理論』（*The Theory of the Ideal World*）（一七〇一年）一巻二五五―二六三頁。
(33) 『作品集』二四七頁。

(34) この概念の興味深くてかなりこみ入った例は、レモン・スボンが書いてモンテーニュが訳した『自然神学』(*Theologia Naturalis*) または『被造物の目録』(*Liber Creaturarum*)(一四八〇年?)に見られるが、特にこの訳書の一六〇五年版の三頁以下に見られる。

(35) 前掲書二七頁。

(36) 例えば『エニネアデス』五巻七章四一節。一なるものは「それ自身には無である。……それはそれ自身にとってではなく他のものにとって善なのだ。それは自身を見るのではない。なぜならば、そのように見ることによってそれにとって何かが実在し存在するようになるからである。それはそのようなものすべてをより劣れるものに委せる。そのようなものの中に存在するものは、存在すらも、それには属さないのだ」。またアウグスチヌス著『三位一体について』(*De Trinitate*) 五巻一、二「(神は)性質がなくて善であり、量がなくて大であり、欠乏がなくて創造的であり、地位を持たなくて統治者であり、外観がなくて総てを含み、場所を持たないであらゆるところにい、時間がないのに永遠であり、自分の動きは全然ないのに変り易くし、そして何の作用も受けない」。またディオニュシオス・アレオパギタ著『神の名目について』四巻三「神を考えることも、表現することも、名前で呼ぶこともない。彼は存在するもののどれか一つではないし、存在するもののどれか一つの中にいると知られているのでもない。彼はすべての中ではすべてであり、無の中では無である。そして神はすべてのものによってすべてのものに知られるし、無によっては無に知られる」。またジョン・スコトゥス・エリウゲナ、三巻一九の「無」としての神。またトマス・アクィナス『神学大全』一部質問一三、項目一二。なるほどトマスは、我々が神について行なう肯定的な主張も真であり得ることを証明しようと努力するが、しかしそれはより秀れた意味において (sensu eminentiori) のみ可能である。我々が用いる述語は我々にとっては、被造物に当てはまる意味しか持たない。しかしどんな述語も神ならびに他の話題に同一の意味で適用されることはできない。なぜならば「被造物にあっては異なり多様である完成した諸々の点は神の中には不可分に単一に前以て存在する」からである。述語間の区別立てはこのような主題にとっては真に適切ではない。もっと別のところではトマスは、このことを、神の属性は全部が全部同じ意味を持つものではないという命題と調和させようと努力する。言葉が、何らか意味を失わないで、「より秀れた意味」で用いられることができるという考えと、相互に矛盾する属性が神にあるとわざわざ主張し、その矛盾はそのような考えで隠してしまうような推論法とはスピノーザにおいても（通例見逃されることであるが）まだ生き残っている。『エチカ』一部定理一七備考。「知性と意志は神の本質を構成しているが、我々の知性と意志とは大いに異なる筈であり、名称を除けばいかなる点でも一致できない。まさに天の星の犬〔座〕と吠える動物の犬とが相互に一致しないように」(Intellectus et voluntas, qui Dei essentiam constituerent, a nostro intellectu et voluntate toto coelo differre deberent, nec in ulla re, praeterquam in nomine, convenire possent; non aliter scilicet quam inter se conveniunt canis, signum coeleste, et canis, animal latrans.)。また『形而上学的思考』(*Cogitata Metaphysica*)五章をも参照。

(37)『モーゼの哲学』(*Mosaicall Philosophy*)（一六五九年）五三―四頁。これらの二つの原理をフラッドは神の意志（volunty）と非意志（nolunty）と極めてしばしば名づける。

(38) フラッド前掲書一四三頁。

(39) 結局フラッドは、勿論、自分の前提によって、この二つの属性は、神の本質が分割不能であるから、同じであり、両者共に善であると主張せざるを得なくなる。つまり彼は、この一般的な種類の哲学のすべてに内在する矛盾からまだ脱してはいない。

(40)『モーゼの哲学』五二頁。

(41) ジョン・ノリス「展望」("The Prospect")。『作品集』(一七〇六年)九七頁に載っている。

(42)『神学大全』二部の一質問二項目八を参照。「人間の至福が何か造られた善きものの中にあることは不可能である。……人間の欲求である意志の対象は、知性の対象が普遍的な真実であるように、普遍的な善である。それ故、いかなる被造物の中においても知られず、ただ神の中においてのみ知られる普遍的な善でなければ人間の意志を鎮めることはできないことは明らかである」(Impossibile est beatitudinem hominis esse in aliquo bono creato.....Objectum voluntatis, quae est appetitus hominis, est universale bonum, sicut objectum intellectus est universale verum. Ex quo patet quod nihil potest quietare voluntatem hominis nisi bonum universale; quod non invenitur in aliquo creato, sed solum in Deo.)。新プラトン主義に関しては観念の同様な対立がB・A・G・フラー(Fuller)著『プロティノスにおける悪の問題』(*The Problem of Evil in Plotinus*)八九―一〇二頁の中で賞讃すべき洞察力と明晰さを以て論じられている。フラー氏が殆ど言い尽しているので、この点は手短かに論じた。

(43) 十のAvyâkatâniすなわち「論じられない点」という仏教の公式を参照。

(44) 私は厭世主義という言葉をここでは、歴史的に適用することが大いに可能であるような只一つの意味で用いる。絶対的な厭世主義すなわちこの宇宙は全く悪である、しかしそれに代わるものはないという教えは稀なものである。実際の厭世主義は、全く「別の」――そしてほんの偶然に未来の――宇宙を代替物として提供する宗教体系の消極的な側面に過ぎないのが通例である。

第四講

（1）前掲書三巻一四章。

（2）ブリッヂズ（Bridges）編『主要作品』（*Opus Majus*）一巻一八一頁。またドライアー（Dreyer）著『太陽系』（*Planetary Systems*）二三四頁を参照。

（3）シルベスター（Sylvester）著『第一週』（*The First Week*）一六〇五年版の第三日。

（4）バート（Burtt）著『現代科学の形而上学的基礎』（*The Metaphysical Foundations of Modern Physical Science*）四―六頁。

（5）文字通りにまたは物理的に住まわれているのではなくて、他の惑星は勿論至福を得た人々の様々な階級の象徴的な、または言わば公的な住まいであり、様々な天使によって支配されている。もっとも天使の実際の居所は最高天であるが。こういうわけで天体は、時としていわれているのとは違い、「人間の楽しみと教育と利用のために存在する」のではない。

（6）『レモン・スボンの弁護』、『随想録』二巻一二章。モンテーニュは生命と思考が地球上にだけ見られると想像する理由はないとつけ加えた。こう言ったからといって、他の星は人間のような被造物によって住まわれているというつもりはなかった。モンテーニュは月は地球の郊外で同じような住民が住んでいるという考えには異議を唱えている。しかし天球自体が「天球が地球に勝るように人間の魂よりはるかに高貴である」。理性的霊魂によって生命づけられていると信じても正しいのではあるまいか。「宇宙の最も重要で貴重な場所」は或る人々が言うように中心ではなく「限界」または周辺部であるというアリストテレスの説については、『天体論』（*De Caelo*）二巻二九三 a―

bを見よ。またキケロ『神々の性質について』(*De natura deorum*)二巻六章を参照。
(7)『哲学および数学著作集』(*Philosophical and Mathematical Works*)(一八〇二年)一巻一九〇頁の『新惑星の発見』(*Discovery of a New Planet*)。
(8)『天体の回転について』(*De Revolutionibus orbium*)(一八七三年版)一巻二八頁。しかしコペルニクスは宇宙の無限にはっきりと反対したのではなくて、このことは「哲学者の討論に」委ねた(同書二一―二二頁)。
(9) オッカムとビュリダン(Buridan)もこの理論を唱えた。
(10) この個所の全文がバートの前掲書四七―四九頁に引用され、ケプラーの「太陽崇拝」の例がもっと出ている。
(11) 一方ケプラーは、いまだに、宇宙全体は球体であるに違いないと主張することによって、プラトンとアリストテレスの原理に固執した。この見解を持つための厳密に「天文学的な」理由がないことは彼も認めるが、二つの充分な「形而上学的な」理由がある。第一の理由は球体はすべての形状の中で「最も包容力が大きい」ので、知覚される物全部にとっては最も適した形状である。第二は、自然界の原形は神であり、もしそのような比較が許されるならば、神にとって球面――すなわち伝統的な「完全な」形、自己充足の象徴、ロンサールの言葉によれば

まるい形の中に
まったくそれ自体で豊富な完全さが宿る

というのだが――ほど似たものはない(『全集』の六巻一四〇頁の『コペルニクスの天文学の要項』*Epitome Astronominae Copernicanae* 一巻二)。
(12)『コペルニクスの天文学の要項』すなわち『全集』六巻一一〇頁、一二二頁、一四三頁、三一

〇頁。

(13)『宇宙構造論上の神秘』(*Mysterium cosmographicum*)(一五九六年)すなわち『全集』一巻の一〇六頁。一二三頁も参照。

(14)『天体の回転について』一巻。ケプラーは同様に、他の物の運動が考えられるようにするためには、不動の外被が不可欠であるとも主張した。「固定したものの領域が動き易いものに場所といわば基礎を示す。そして動くものはいわばそれに依存し、またそれ自体不動なその基礎との相対的位置によって運動が行なわれることが知られる(『要項』三一一頁)。恒星圏はコペルニクス派の天文学においては、アインシュタイン直前の物理学におけるエーテルが持っていた役割の一つを有していた。

(15)『理性の時代』(*Age of Reason*)一三章。

(16)『新しい世界の発見』(一六三八年版)一巻一〇二頁。

(17)『知的球体論』(*Descriptio globi intellectualis*)すなわちエリス(Ellis)とスペディング(Spedding)編『哲学著作集』(*Philosophical Works*)(一九〇五年)六八三頁。

(18)同書六八五頁。

(19)『憂鬱の解剖』(*Anatomy of Melancholy*)ボストン(一八五九年)二巻一四七頁。

(20)ニューカム(Newcomb)著『星』(*The Stars*)(一九〇二年)一四〇頁以下と『科学進歩』(*Science Progress*)(一九二五年)六〇四頁のD・L・エドワーズ(Edwards)の論を参照。

(21)『クレスカスのアリストテレス批判・ユダヤならびにアラビヤ哲学におけるアリストテレスの自然学の問題』(*Crescas' Critique of Aristotle*)(一九二九年)序文、二一七頁、一一七頁。

(22)『知ある無知』二巻一一章、一二章。

(23)『知の探求について』(*De venatione sapientiae*)(一四五八年)二九章。
(24)『緑柱石について』(*De Beryllo*)(一四五八年)二九章。
(25)『知ある無知』二巻一二章。
(26)『生命の黄道帯』(*Zodiacus Vitae*)一五三一年頃出版七巻。一五五七年版(バーゼル)一六〇頁。同書一五六―一五七頁も参照。

なぜならば人間より善で高貴な種族を
造らなかったならば、あの最も大いなる創造者は、
大いなる栄誉に価いしないと見られ、
不完全で卑しい統治を行なうことになろう。

Nam nisi fecisset meliora et nobiliora
Quam mortale genus, fabricator maximus ille,
Nempe videretur non magno dignus honore,
Nempe imperfectum imperium atque ignobile haberet.

(27)同書十一巻二九四頁。宇宙の他の部分(最上天以下)の生物は、肉体を持たないかそれとも我々のように肢体を持つかについてパリンゲニウスは確信はない。しかし後者の見方に傾いて賛成論を述べる。
(28)彼の父親レナード・ディグズ(Leonard Digges)の『永遠の予言』(*Prognostication Ever-lasting*)を自分で編纂したものにつけられた『天球の完全なる記述』(*A Perfit Description of the Caelestial Orbes*)一五七六年。この恐らく十六世紀英国の最も重要なコペルニクス説の弁護であり、「エリザベス朝専攻の科学史家によって殆ど完全に無視されて来た」ものが最近フランシス・

R・ジョンソンとサンフォード・V・ラーキィによってハンチントン図書館で再発見され、一九三四年四月の *The Huntington Library Bulletin* 誌五号に、その背景と影響についての研究と共に二人によって発表された。私が講義をしている時には私はこのことを知らなかった。ディグズが宇宙が無数にあることと星が無限の空間に散在するという理論を、ブルーノが（イタリア語とラテン語で）提唱する前に英語で表現したことは、ジョンソンとラーキィによって決定的に証明されたが、しかし我々が既に見た通り、このことはコペルニクス前にも先例があるわけで、斬新さはそれがコペルニクス説と結びついたという点にあった。ディグズの発見者は、大抵の十六世紀の天文学者とは違って、ディグズが「この問題に取り組む際に一貫して科学的見地から離れたことはなかった」と言っているが、ディグズの本文の中には以上の言い分を裏づけるような証拠はない。太陽中心説を弁護したという点では充分「科学的」であるが彼が実際に持ち出した、宇宙の数的にも空間的にも無限だと言うための根拠は――先に引用したが――例によってア・プリオリのものである。「宇宙が無限であるということが中世およびルネッサンスを通じて形而上学の討論の常に出て来る主題であった」ことはジョンソンとラーキィにより注目され、さらに例が示されている（一〇四―一〇五頁）。

(29) 同個所。

(30)『無限の広さについて』(*De Immenso*) 一巻九頁 (*Opera Latine* I. I, 242 f.) と『無限の宇宙と世界について』(*De l'infinito universo e mondi*) 第三巻すなわちラガルデ (Lagarde) 編『イタリア語作品集』(*Opera Italiane*) 三六〇頁。

(31)『無限の宇宙と世界について』ラガルデ編一巻三一四頁。

(32) 同書三一二頁。

(33)『無限の広さについて』二巻一三章。

(34) ラガルデ編『無限の宇宙……』一巻三一六頁。しかしブルーノは、完全に「厳格な決定論者」ではなかった。彼はこの普遍的な必然性は個人の自由と全く両立するのだと主張するが、どのようにとかどういう意味でとか説明しようとしない。

(35)『原因について』(*De la Causa*) 五巻すなわちラガルデ編の一巻二七七—二七九頁。以前に私はこのことを『ブルーノとスピノーザの弁証法』という論文 (*University of California Publications in Philosophy* 誌一号〈一九〇四年〉一四一頁以下) で引用したが、そこではブルーノの体系の部分で本研究書に触れられていない部分がさらに分析されている。

(36)『原因について』五巻全部。

(37) この見解はすくなくとも一五八五年には既に天文学者G・B・ベネデッティ (Benedetti) によって『数学と物理学の様々な熟考の書』(*Diversarum speculationum mathematicarum et paysicarum liber*) の中ではっきりと弁護されたように思われるが、この書物はまだ見ていない。ドライアー著『太陽系』三五〇頁参照。

(38)『全集』一巻三九九頁。ガリレオは一六二四年のインゴーリ (Ingoli) への手紙の中で更に強調して書いている。「天空の形がどうであるか、天空に何か形があるか世界で誰も知らないし人間として知ることはできない」(二巻七三頁)。

(39)『天文対話』三巻。

(40)『全集』一巻一一四頁。月に生き物がいないというケプラーの信念は彼の著述の四カ所に述べられている (『全集』二巻四九七頁を参照) が、特に彼の『空想または月の天文学についての遺稿』(*Somnium, seu posthumum de astronomia lunari*) (一六三四年) (同書八巻一部三三頁以下) の中に述べられている。恐らく彼はこの考えをあまり真剣には持っていなかったろう。なぜなら彼は、これらの著述においては「このことに関してはピタゴラスとプルタルコスの後ではふざけるのがよいように思われる」と書いているからである（同書八巻四九七頁）。

(41)『世界または光の論』（*Le Monde, ou Traité de la lumière*）の一六六四年の序文を参照。「著者は、もしどこかでコペルニクスの体系について真理として語ったり、仮説として語ることも禁じられるとしても、寓話として語ることは禁じないことを知っていた。しかしこれは他の宗教的なまたは非宗教的な寓話と同様に、結果として存在するものを拒絶しない寓話である」（アダン Adam とタヌリ Tannery 編『全集』*Oeuvres Complètes* 十一巻。『哲学原理』*Principia philosophiae* 三部一五―一七節参照）。

(42) シャニュ（Chanut）への手紙。クザン（Cousin）編『全集』十巻四六頁。

(43)『哲学原理』三部二九節。

(44)『哲学原理』三部一節。

(45)『哲学原理』三部三節。

(46)『全集』六巻二九二頁。

(47) フォントネルの英訳『宇宙の複数性についての一週間の会話』（*A Week's Conversation on the Plurality of Worlds*）の一七二八年版に付けられた演説の英訳より。このことについては以下を見よ。宇宙を拡大した功績をデカルトに帰することの英国におけるこれ以前の例については、H・パウアー（Power）著『実験哲学……』（*Experimental Philosophy……*）一六六四年序文。

(48)『プラトン風なデモクリトス』（*Democritus Platonissans*）（一六四七年）四七、五〇、五一。後の著述ではモアは「もし我々が宇宙をそのように全能な原因の結果であると考えればますます神の聖なる属性である力と善とに調和する宇宙のあの巨大さ」をデカルト主義の明らかな功績であるとして語っている(『悪の神秘についてのささやかな探究に関するヘンリー・モア博士の弁明』*The Apology of Dr. Henry More, in a Modest Inquiry into the Mystery of Iniquity*〈一六六四年〉四八六頁)。無限が有り得る可能性という問題についてのモアの意見は、しかし、動揺したが、ここでそれを辿る余地はない。

(49)『東方の光』(*Lux Orientalis*)(一六八二年)七二頁。

(50)ブランシュヴィック(Brunschvicg)が自分の編纂した『パンセ』二巻一三一頁に引用したノエル神父への手紙。

(51)『パンセ』七二〔ブランシュヴィック版〕「この星が描く巨大な回転」という句の中の「この星」は地球ではなくて太陽を意味するようである。すなわちパスカルはプトレマイオスの体系を前提にしている。パスカルは恒星の天球層もまた回転していると考えている。コペルニクスとケプラーにとっては動いてはいなかったが。

(52)『パンセ』四二〇。

(53)同書七九三と三四八。

(54)同書三六五。

(55)同書七二。

(56)この点すべてにおいてパスカルとクサヌスの類似は密接であり、『パンセ』の懐疑的な側面の、直接的または間接的な源であるかも知れないものが『知ある無知』の中に見られると思う。引用した一つの個所でパスカルは、クサヌスの有名な句を実質的に引用し自然界の無限性に、クサヌスがしたように当てはめている。この十五世紀の哲学者は、「有限なものと無限なものとの間には比例はない」という論を、我々の知識はすべて我々の無知についての深い確信に帰する、すなわち「我々がこの無知についてより深く知る者になればなるほど、まさにその真実を受け入れるであろう」(quanto in hac ignorantia profundius docti fuerimus, tanto magis ad ipsam accedimus veritatem) という主張の中で重要視している。クサヌスはまた(ロング Long が言っているように)「カントが定立することになったような有限数のアンチノミーだけではなく、存在する物と同数のアンチノミー」を見出した。宇宙の各部分の性質が他のすべての部分の性質に有機的に関係している——quodlibet in quolibet(何でもが何でもの中にある)——からすべてが知られなければ何にも真実には知ることができないという考えは、このクサ出身の人の哲学の特徴であった。同様な敬虔な不可知論のためにパスカルがこの考えを用いたことは既に述べた。

(57) 一番早い翻訳はアフラ・ベーン(Aphra Behn)夫人(一六八八年、他の版は一七〇〇年、一七一五年)によるもので、次のはプラトン主義者のグランヴィル(Glanvill)のものであった(一六八八年、一六九五年、三版一七〇二年以前)。W・ガーディナー(Gardiner)の名前で出たもの(一七一五年、一七二八年、一七五七年と多数の版)は、グランヴィルの盗作であることは明らかである。原作は「例を見ないほどむさぼり読まれ、ヨーロッパの隅々にまで行き渡った。大陸のすべての言語に翻訳され、有名な天文学者ラランド(Lalande)とこの作品のドイツ語版編集者の一人であるゴットシェト(Gottsched)の書いた注がつけられるという名誉を受けた」(D・ブルースター Brewster 著『二つ以上ある宇宙』*More Worlds than One* 三頁)。フォントネルの論や類似の論の影響の例についてはW・モリニュー(Molyneux)著『新屈折光学』(*Dioptrica Nova*)(一六九二年)二七八—二七九頁。

(58)『対話』五巻。

(59) これは説得力のある論であるとアディソンは考えた。「『宇宙の多数性』の著者は、こういう考慮から、あらゆる惑星が住まわれている大変有効な論拠を引き出した。もし我々の知る物のどんな部分も無駄で不用でないとすれば、我々からそんなに遠くにあるああいう大きな物体が無駄で不用ではなくて、むしろそれらの場所にふさわしい存在物を備えているということは理性の類推よりして公算の大きいことである」(『スペクテイター』誌五一九号)。
(60)『対話』六巻。
(61) 前掲書序論三八―六二頁。
(62) 同書二三七頁。
(63) 同書二四六頁。
(64) 前掲書二巻。
(65) 同書三巻。
(66)『宇宙論の手紙』(*Cosmologische Briefe*)(一七六一年)六三頁、一〇六頁。
(67)『天体の一般自然史ならびに理論』(*Allgemeine Naturgeschichte und Theorie des Himmels*)(一七五五年)すなわちP・メジガー(Mesiger)編『通俗著作集』(一九一一年)七頁。
(68) 同書二八頁。しかしカントは「まだ住まわれていない天体は、その発展(Bildung)が後の段階に達した時に住まわれるであろう」ということは、もっと確信をもって臆測することができると考える。

第五講

(1) これは一七五三年にケーニッヒ(Koenig)によって、ヴォルテールが参加し最も際立った役を演じたモーペルチュイとの有名な論争の際に、公表された。この手紙が本物であることはモーペルチュイと彼が院長であったベルリン学士院によって否定されたが、それが本物であることは外的と内的証拠により充分に確立され、現代のライプニッツ学者によっては疑問視されない。この手紙は『キュヴィエの労作の理論的分析』(*Analyse raisonnée des travaux de Cuvier*)(一八四一年)の中で著者フルーランス(Flourens)によって長々と引用された。手紙はブーヘナウ(Buchenau)とカッシーラー(Cassirer)著『ライプニッツ——哲学の基礎づけの主要著作』(*Leibniz: Hauptschriften zur Grundlegung der Philosophie*)二巻五五六—五五九頁。

(2) 連続の原理を充満の原理より導き出すことについては『自然と恩寵の原理』(*Principes de la nature et de la grâce*)(一七一八年)三頁の「自然においてはすべてが充満し、……宇宙の充満の故に、すべては連続している」を参照。

(3)『ライプニッツの哲学』(*Philosophy of Leibniz*)三四頁。

(4) このことの典型的な表現については、フェヌロン著『神の存在について』(*De l'existence de Dieu*)(一七一八年)「私の観念は私の精神より秀れている。なぜなら私の観念は精神を正し直すからである。私の観念は神性の特徴を持つ。なぜならば神のように普遍的で不動であるから。……もし変化したり、移り行くもの、見せかけのものが真に存在するならば、変ることができなかったり必然的なものは尚更存在する」(第二部、四章)を参照。

（5） 物の本質が神の精神の中に含まれているという概念は、すくなくともピロンにまでさかのぼり、アウグスチヌスの影響により殆どの中世思想に植えつけられた。故に「イデア」という語のプラトン的意味から現代的意味への転化が生じた。ウェッブ（Webb）著『自然神学の歴史についての研究』（*Studies in History of Natural Theology*）二四七頁参照。

（6） それゆえライプニッツは「一つの出来事よりもう一つの、より以前でより単純な出来事への、（たとえ一つの出来事が我々によって見られたにせよそれがもう一つの出来事の原因に本当にはならないような）終点を持つことができないあの移行」（ille transitus ab uno contingente ad aliud contingens prius aut simplicius qui exitum habere non potest (ut etiam revera unum contingens non est causa alterius, etsi nobis videatur)）（クチュラ Couturat 編『小論文と断章』*Opuscules et fragments*〈一九〇三年〉一九頁）について語っている。ゲルハルト（Gerhardt）編『哲学的著作集』（*Philoso. Schriften*）第七巻三〇三頁以下を参照。「宇宙の根拠は、その集合が宇宙となるような、状態の連鎖や物の連続とは異なった何か宇宙外的なものにある。故に我々は、宇宙の後の状態を前の状態で決定する、自然のまたは仮定上の必然性から、その理由は提示できないような絶対的なまたは形而上学的必然性であるような何かに移行しなければならない」。

（7） 私はこの概念を二者択一の形で示した。なぜならば、必然的な判断は究極的には「分析的」なのか「綜合的」なのかについての問題に関してはライプニッツと彼の同時代人には相当な動揺があったからである。ライプニッツ自身は通例そういう判断を分析的と呼んだ。しかしそうは言っても、それらが同語反復であると考えなかったことは確かである。そのような判断は、彼がどこかで言っているように、全然無用なものではない。この区別にまつわる基本的な論理の問題について論じるのはこの歴史的展望の目的の範囲内ではない。この点についての解説については『マインド』

（*Mind*）誌一九〇六年の掲載の著者の論文『カントにおける独断論と批判主義の対立』を参照。
（8）J・ジャックソン（Jackson）著『神の存在と統一性』（*The Existence and Unity of God*）（一七三四年）三九頁。
（9）ゲルハルト編『哲学的著作集』三巻六三七頁。
（10）クラーク（Clarke）著『論証その他』（*Demonstration* etc.）（一七〇六年）二三頁から二六頁。この作品は、普通一七〇五年の彼のボイル講演と共に、一七一七年までに八版を重ねた。同様な論証の他の表現については、S・クラーク著『弁護その他』（*Defence* etc.）（一七二二年）とジャックソンの前掲書を参照。
（11）S・クラークの前掲書二七頁。
（12）J・ジャックソン前掲書（一七三四年）三一頁。
（13）この極端な立場を明確に採ったのはE・ロー（Law）（キング編『悪の起原』*Origine of Evil*〈一七三二年〉一巻五二―五六頁）とトーマス・ノウルズ（Thomas Knowles）著『神の存在と属性』（*The Existence and Attributes of God*）（一六四六年）であった。しかし「先験的神学」に対するこのような反対者達も、他の場所では斥けているような命題を時々認めてしまうことが避けられなかった。例えばノウルズ（前掲書四八―四九頁）。ローは、神の必然的な存在についての推論のすべてを「充分理由の原理に基づいている（前掲書七七頁）」ものと見なしていることは注目すべきである。
（14）『エチカ』一部定理八。
（15）同書一部定理十一。
（16）同書一部定理十七備考。

(17) 同書一部定理三十五。

(18) 同書一部定理十六。この定理についてのチルンハウゼン(Tschirnhausen)の解説参照。スピノーザ『全集』(*Opera*)(一八九五年)二巻四二八頁。

(19) 同書一部定理十一備考。

(20) 同書一部定理十七。

(21) 同書。その最も厳しい意味での充満の原理の弁証法は、『短論文』一部二章(一四—一六頁)と六章においてもっとよく展開されている。

(22) 『物の原理について』(*De rerum principio*, q. 4) また *Opus Oxoniense*, I, d. 1, q. 2, n. 10 も参照。そこでクサヌスも、たとえ天地創造を神に加えても何もつけ加えないのだと書いた。「被造物が付帯性〔偶有性〕がもつほどの存在性さえももたず、まったく無である」(『知ある無知』一巻)〔実際は二巻にあり、岩崎、大出訳の創文社版九六頁の訳を拝借した〕。

(23) 勿論、この融合は、プラトン主義の中に始めからこれらの概念の前者だけではなく後者も存在していたので容易になった。

(24) 『神国論』十二巻一四—一七章。『創造についてマニ教徒への反論』(*De Genesi contra Manichaeos*) I、2。この説の持つ矛盾とこの前に引用した個所でアウグスチヌスは格闘し、結果は形の上での矛盾の、驚くべき迷路に入ってしまった。

(25) 『様々な質問について』(*De diversis quaestionibus*) LXXXIII, 22.

(26) 『第六の異議に対する答』(*Rép. aux sixièmes objections*) 一二節。同様な観念結合のもう一つの例についてはマルブランシュ著『対話』(*Entretiens*) VI、5の「物体を創造しようとする意志は、無限に完全な存在、充分自足している存在の概念の中に必然的に含まれてはいない。それどころか、そのような考えは神からそのような意志を除くことになるように思われる」を参照。

(27) デカルト前掲書同頁。

(28) 前掲書(一六五九年版)一一〇頁。イタリックは私のもの。

(29) マルティラボー(Marty-Labeaux)編『作品集』(*Oeuvres*)(一八九一年)の中の『永遠への讃歌』四巻一五九—一六三行。「永遠なる女神」にロンサールが言及するについては充分な神学上の根拠を有したことについてはニコラウス・クサヌス著『球の運動について』(*De ludo globi*)一巻の「神は宇宙の永遠な創造者である」を参照。

(30) カストナー(Kastner)編『詩集』(*Poetical Works*)二巻四〇頁の『最も美しきものへの讃歌』(*An Hymne to the Fairest Fair*)。綴りは現代化してある。この個所はデュ・バルタス(Du Bartas)の『第一週』(*Première Semaine*)の同様な部分によっても影響されたかも知れない。シルベスターの英訳(一五九八年)の三頁参照。

(31) 例えばダンテはベアトリーチェよりこの神秘の説明を求めないではいられなかった。その答は伝統には一致していたが、殆ど解明には役立たなかった。

……自分の福祉を増す(そんなことはありえない)ためでなく、ただ輝きながら
『私はここにある』ということができるため
(『天堂編』第二十九歌十三—十五行)

(32) ジョン・ノリス(John Norris)『天地創造の讃美歌』(*A Divine Hymn on the Creation*)(一七〇六年)。

(33) 『キリスト教教義論』(*Treatise of Christian Doctrine*)サムナー(Sumner)の英訳の三章三五

頁。

(34)『失楽園』七巻一七一―一七二行。

(35)『キリスト教教義論』五章八五頁。アリウス派のミルトンにとって〔三位一体の〕子は被造物の中で最も偉大であるに過ぎなかった。

(36)『失楽園』八巻四一五行以下。四巻四一七―四一九行を参照。

(37)この個所は、この書の第二講で既に引用した『エウデモス倫理学』の章(六巻、一二頁)の要約として考えられるであろう。

(38)ミルトンが宗教的慰めと、「私の視力が衰えてしまったことを考えると」というソネットの中の、有名ではあるが所々弱いところのある詩行のテーマとを見出したのは、――その意味がすこし弱められたり、運よく混乱した論理のある――神の自足という考えの中にである。すべての奉仕が同等であるのは「神は人間の仕事も自分自身の才能も必要としない」からである。それから「立ちそして待つもののみが奉仕する」。正しくは神の全くの無感動と無関心とを意味した、自足の概念は、当然ながら、本質的に異なっているが宗教的にはもっと満足の行く、神の活動の無私性という概念に変えられる傾向があった。それゆえ、(1)ヘンリー・モア(Henry More)は、神は、人間が行なったり、悩んだり、そうであったりするいかなることによっても神が恩恵を受けることはないのであるから、神は人間のためだけを目ざしていると考えられなければならない、と主張する。勿論、このことは、自分の被造物より従属と賞讃を求めて止まない妬み深い天上の独裁者という、通俗宗教ではまだ根強い概念を打ち壊す傾向があった。

神がなすことはすべて被造物のため、
自らの満足のためには、我々より何も求めない。

大洋にとって一滴が何だというのだ。

（『霊魂不滅』*Psychathanasia* 三巻五篇二二節）

これは、神学的根拠に基づいた一種の倫理的功利主義に近づいた。同様な論がブルーノの『追放』Ⅱにも現われる。⑵同じ理由によりもう一人のプラトン主義者の、ベマートンのノリス（Norris of Bemerton）は、宗教的修養は人間に恩恵をもたらすものであり、礼拝の対象を満足させるものではないと指摘している。（『雑録』*A Collection of Miscellanies* 二二一頁）⑶ヘンリー・モアは、自足した神という観念の中に不死の奇妙な論拠を見出す。人間生活の永遠なる観察者が、その感動的な場面を見ることより何らかの満足を引き出すものと考えられるとすれば、（現代の哲学者の言葉を借りれば）各々の生命の価値の或る保存がなされることになろう。そして個体の消滅は、絶対的な損失とはならないであろう。

「しかし悲しいかな。同一の生命または神の姿を持ったもの〔人間〕を先の先まで永久に繰り返したところで、無限に自己である、すなわち善で幸福であるもの〔神〕に何の役に立つのだ。それゆえ、理性を備えた被造物〔人間〕が死すべきものであろうとも、天地創造の行為には注目すべきことは何もない。なぜならばそれによって得るところは、神には全然ないし、人間にも大してないのだから」（グロサート Grosart 編『全集』*Complete Poems* 一六五頁）。

モアとノリスは、天地創造が動機なしであると主張する一方で、それが恣意的であることを（いささかの矛盾をおかして）否定しているということが記憶されるべきである。

(39)　『失楽園』四巻七四八—七四九行。八巻四二一—四二六行。
(40)　『神の存在についての論』（*Traité de l'existence de Dieu*）二巻五章。
(41)　同書。キング著『悪の起源』（一七三二年版）二九五頁「もし神が物の善によって宇宙を創造するように動かされるとすれば、神は必然的な行為者であろう」を参照。

(42) クラーク著『証明など』(一七〇六年) 七版六五頁以下。なるほどクラークは、「適合の必然性」ということを語っている。つまり「事物は、全体の美、秩序、幸福を減少させずには、現在あるのとは違った風にあることはできなかったであろう――そしてそんな風にあるということは不可能であったろう。なぜなら賢明なる存在が愚かな行動をするよう決意することは不可能であろうから」――ということなのである。クラークはここではライプニッツの立場に近づくように思われる。しかし後の二人の間の論争では、その立場からは遠い。

(43) 『失楽園』五巻四七二―四七九行。

(44) 『失楽園』五巻四八二―四八七行。

(45) 『キリスト教教義論』一八四頁。

(46) 『神学大全』一部質問六一項目三と『天堂篇』二十九歌、三十七歌。もしこの理論を採用しなかったならば、勿論ミルトンは弁神論から叙事詩を創ることはできなかったであろう。また天上の戦いのわくわくさせるような話もなかったであろう。しかしジョン・ミルトンが自分の文学的野心の要求に適合するように神学的信条をでっち上げたと信じるのは難しい。

(47) しかし我々は別の個所で彼が宇宙形状誌のある問題を扱う際に、ミルトンに対する充満の原理の影響の痕跡に注目した。

(48) 『天地創造』(*Creation*) 五巻。この個所は、前に部分的に引用したS・クラークのものを韻文にしたものであるように思われる。

(49) 『自然と恩寵の原理』(*Principes de la nature et de la grâce*)(一七一四年) 七―八節。『哲学的著作集』六巻五九九―六〇二行。ヴォルフにおける同様な観念結合(一七三一年)。この点においいて、充分理由の原理とライプニッツの他の「偉大な原理」、矛盾律は同じことになるのが理解されよう。必然的な存在は実在しなければならない、なぜなら、さもないと、いかなるものにとっても「充分な」理由が存在しないであろうから。しかしまた、必然的な存在は、その本質が実在を含むので実在しなければならない。それゆえ、それを非実在として考えることは自己矛盾であろう。そしてまた、その反対がこのように自己矛盾に陥らなければ、それは充分理由の原理の要件を充たさないであろう。第二の命題は単に存在論的な議論である。ライプニッツについての著述家の或るものは、その議論に対する彼の批判を重大視し過ぎる。彼は絶対的にそれを受け入れているが、しかし、いつも言われることだが、この議論には必要な論理上の要心が欠けていると言い添えている。神の観念の「可能性」——すなわちこの観念に矛盾のないこと——は、その観念より、存在の必然性が矛盾律によって結論される以前に、証明されるべきである。しかしライプニッツは、神の観念の「可能性」について実際には何の疑いも持たなかった。それゆえ、この区別立ては彼の結論には何の影響もなくて、アンセルムス的推論を論理的に改善したものに過ぎない。『哲学的著作集』(*Philos. Schriften*) 四巻二九四頁、二九六頁、三五九頁、四二四頁。

(50) 『未刊行スピノーザ反駁書』(*Réf. inédite* etc.)(一八五四年)五〇頁。

(51) 『哲学的著作集』八巻、三九〇頁。

(52) 『弁神論』『哲学的著作集』六巻、三八六頁に収められている。

(53) グロサート (Grosart) 編『哲学的詩』(*Philosophical Poems*)(一八七八年)『霊魂不滅』三巻四篇一九—二一節、八五頁。

(54) 『哲学的著作集』六巻四〇一頁。

(55) 『哲学的著作集』二巻四二〇頁。ライプニッツが実質的に指摘することであるが、そのような心理的な一般論としては、充分理由の原理は、すべての意志は sub specie boni（善なる相の下にある）すなわち善であるかそれとも選択者によって善であると信じられるものの選択であるという、「重箱の隅をつつくような学者を別にすれば皆によって受け入れられ」そして最大のスコラ哲学者によって承認されている命題と同じである（『哲学的著作集』六巻、四一二―四一三頁）。

(56) ライプニッツは矛盾律の論拠ですら――そういう根拠以外の何ものも受け入れない人のためには――実用的な根拠に基づかせる。「アカデメイア派の懐疑論」への傾向を示した相手を説得しようとして彼は、矛盾律は、もし我々がすこしでも推論するとすれば必要であるという根拠で充分に正当化できると指摘する。「それを仮定しなければ、我々は証明の希望は全部捨てなければならない。そんなことをするのは、真剣に真理を求めていないということを立証するものであろう。故に私は、二つの矛盾する命題は真ではあり得ないと大胆に仮定するであろう（supposerai）」（『哲学的著作集』一巻三八二頁）。

(57)『哲学的著作集』七巻三七二頁。

(58)『哲学的著作集』五巻二八六頁。

(59) クチュラ編『小論文と断章』（一九〇三年）五二二頁。

(60) ラッセル（Russell）著『ライプニッツの哲学』（*Philosophy of Liebniz*）（一九〇一年）六六頁。この解釈は主に『哲学的著作集』二巻、五一頁に基づいている。

(61) スピノーザは自己矛盾した概念、または「キマエラ」〔その前部は獅子、中部は山羊、後部は竜の姿をした火を吐く怪獣〕と呼ばれるものは、本質の中に含めなかった。丸い四角は単に ens verbale（言葉の上でのもの）に過ぎない。想像されることもできず、ましてイデアの世界にあることはできない。スピノーザの『全集』二巻四六八頁参照。共可能でないような宇宙はスピノーザにとってはキマエラの一つに過ぎなかったであろう。

(62)『哲学的著作集』六巻、二一八頁、三一八頁、四一三頁、一二六頁、七巻三八九頁。

(63)『哲学的著作集』六巻三八六頁。

(64)『哲学的著作集』六巻四二三頁（キング著『悪の起原について』の批評より）。また六巻二一九頁と七巻三一一頁を参照。事実の原因は物の形相の中に潜在し、その形相は神の本質の中に含まれる（Ratio veritatum latet in retum ideis quae ipsi divinae essentiae involvuntur.）。この理由により物の善が神の意志による（rerum bonitatem a divina voluntate pendere）と考えるのは誤りである。こう考えることは、「神の存在の真実が神の意志に依存する」と言うのに等しいであろう。

(65)『哲学的著作集』七巻三〇五頁。

(66)『哲学的著作集』二巻五六頁。また七巻二〇〇頁、三〇九頁、三一一頁およびクチュラ編『小論文と断章』（一九〇三年）五一八頁以下と一一三頁を参照。この最後のものの一部を引用すると、「主語に述語が内在するのは真実である。これは、両者に共通な観念を示す境界線の分析を通しての論拠を提出することにより証明される。この分析は有限であるか無限である。……無限の系列は神によって完全に認識される」（Veritas est, inesse praedicatum subjecto. Ostenditur reddendo rationem per analysin (sic) terminorum in communes utrique notiones. Haec analysis vel finita est, vel infinita....Series infinita a Deo perfecte cognoscitur.）である。しかしこの個所ではライプニッツは決定論という批判を避けるためにであろうが、「必然的」という語に珍しい意味を与え、「論証し得る」すなわち直観される必然性に我々によって還元されることができる、という意味と同じだとしている。しかしながらそれは完全な理解力〔神〕にとっての直観される必然性であることを、この個所は明らかに示している。

(67) 『哲学的著作集』二巻六二頁(アルノー Arnauld への手紙より、一六八六年)。

(68) このことはクチュラ(Couturat)(『ライプニッツの論理』*Logique de Leibniz* 一九〇一年、二一四頁)により認識されよく表現されている。これに反してラッセルは、ライプニッツが「必然的なものと偶然的なものとの差が我々の人間的な限界に本質的に関係し、神にとっては存在しない」という考えを持っていたことを否定している。「ライプニッツの特徴を示すものはすべて、実在に関する命題と必然的な命題との間の対立の究極的にそれ以上弱めることのできないという性質に基づいていた」(前掲書一九〇一年、六一―六二頁)。しかしライプニッツは、持っていたはずがないとラッセルが考えている意見を断定的に反復して述べていることが理解されよう。なるほどライプニッツは、この意見とは相容れないように思われたり、文字通りにとれば相容れないようなことをよく言った。しかもそのことは、或る意味では、つまりライプニッツの体系をスピノーザの体系ともっと差異があるものに見せるという意味で、もっと「特徴的で」あった。しかし彼がそのような表現を用いたのには明らかな非哲学的な理由があった。そしてこういう表現は、先に述べた命題に調和するように無理に善意に解釈され得るものであった。しかしながらこの命題に関しては、ライプニッツが信じていなければ主張する動機はどうみてもなかった。実際、彼がそれを真であり根本的であると考えたことは明らかである。そしてこの命題の彼の表現に、「実在に関する命題と必然的な命題との間の対立の究極的にそれ以上弱めることのできないという性質」を承認するような意味があるのだとすることはどうしても不可能である。思うにラッセルは、ライプニッツにおいて必然的なものとア・プリオリなものとの間の究極的な区別があったと主張した(前掲書二三一頁)という点でも誤っている。『小論文と断章』(一九〇三年)五一八頁を参照。

(69) 『控え目な考究』(*Modesta disquisitio*)一一七―六七頁。また、ライプニッツとヴォルフ

(Wolff)を「偶然の偽の守護者」として批判するD・シュトレーラー(Straehler)とラングハンゼン(Langhansen)のラテン語の論文を参照。充分理由の原理そのものは、すべての真なる命題は「根源的な」または「同一的」な真実に還元されるものであり、そしてそのようなものとして完全な知性によって理解されるということを、ライプニッツにとって意味したことにシュトレーラーは注目している(三七頁)。

(70) 項目『ライプニッツ主義』(*Leibnizianisme*)。

(71) 項目『充分理由』(Suffisante raison)全体。

(72) 『哲学的著作集』七巻三〇三頁、三〇五頁、三一〇頁。

(73) 有限な本質はそれ自身で実在を目ざす傾向があるという観念の否定に関しては、スピノーザ著『国家論』(*Tractus Politicus*)二巻二章を参照。

(74) 十七世紀初期の著述家マシュー・バーカー(Matthew Barker)は、神の必然的な実在から存在の連鎖をではなくて、充満した存在の連鎖から神の実在を導き出すことによって、通常の推論を現に逆転していた。「自然の中にあるこういう段階は学識深い人により自然の梯子と呼ばれている。そして無限の神である無限に昇らなければならないが、この梯子のどこか頂点に到達し、無限に昇るわけにはいかない、……完全さに段階があるところでは、或るより大きな完全さがあるに違いなくて、その完全さというのは、最善で最大で、最も秀れ、一番の完全さである神以外の何であることができようか(自然神学 *Natural Theology*〈一六七四年〉二七頁)。実質的には同様な論がW・H・シェルドン教授によって最近これとは無関係に提出されている。*Philosophical Review* 誌(一九二三年)三五五頁以下。

(75) 『哲学的著作集』七巻三〇四頁。また三〇三頁「可能なものの無限な組み合わせと無限な系列の中で、それによって最大限の本質または可能性が現実存在に至らされるような(Per quam plurimum essentiae seu possibilitatis producitur ad existendum)一つが実在することは最も明白である」。またクチュラ著前掲書二二四―二二五頁。

(76)『哲学的著作集』七巻二九〇頁。また三〇四頁とクチュラ著前掲書二二四―二二五頁参照。

(77)『単子論』五四頁。『哲学的著作集』六巻六一六頁。

(78)『哲学的著作集』七巻一九五頁。

(79)『哲学的著作集』七巻二九〇―二九一頁。

(80)同書三巻五七三頁。

(81)同書一巻三三一頁。七巻二八九頁の「可能であるすべてのものは、必然的な存在に基づいていることが明らかであれば、存在すると言われることができる」(Dici potest omne possibile existiturire, prout scilicet fundatur in Ente necessario)。

(82)同書七巻三〇四頁。

(83)極端の例は『寓意的解釈の試み』(*Tentamen Anagogicum*)(『哲学的著作集』七巻二七〇頁以下)である。

(84)ラッセルが次のように書く時、奇妙にも重要な点を見逃している。「何故ライプニッツは、物体が連続的な系列を成していると考えるのかと言うのは難しい。私の知る限りでは、彼は、そういう宇宙の方が断絶のある宇宙よりも自分にとってもっと快適であるということ以外には根拠らしきものは一切述べてはいない(一九〇一年、六五頁)」。既に示したように、その根拠は、いかなるものにも理由がある――すなわちそれに代わるものは偶然の宇宙であろう――と信じる根拠と同じである。この後者の想像に対するライプニッツの嫌悪は、既に私が暗示したように、根本はプラグマティックなものではあるが、理解できぬものでもないし単に気まぐれでもない。存在の連鎖の中に一つでも裂け目を仮定してみれば、彼の論理に依り、宇宙はたったそのことだけで非合理であることが示され、それ故に全然信頼できないものであることが示されるであろう。

(85) キングの著書についての批評の中でライプニッツはこの論を特別に承認している（『哲学的著作集』六巻一七二―一七三頁）。

(86) 実在の空間に対する反対論拠の一つは、それ自体、充分理由の原理より由来する。ライプニッツのクラークへ当てた第三の書簡（『哲学的著作集』七巻三六四頁）を見よ。

(87) また彼は、識別できないものは同一であるという根拠で真空に反論する。二つの空虚なる区域の間には、何の差異もないであろう。それ故にその区域は区別できる区域ではないであろう。二つの区域は（真空を信じる人々によって）「一つの数だけ」(solo numero) 違っていると想定されているが、「それは不合理である」（クチュラ編『小論文と断章』〈一九〇三年〉五二二頁）。

(88) 『哲学的著作集』四巻三六八頁、七巻三六三頁と『論文集』一〇三頁。

(89) ゲルハルト編『数学的著作集』(*Math. Schriften*) 三巻五六五頁。ラタ (Latta) 訳『単子論その他』(*The Monadology* etc.)（一九二五年）二五七頁。

(90) 『小論文と断章』（一九〇三年）五二二頁。

(91) 『新説』(*Nouveaux Essais*) 三巻六、一二。

第六講

(1) 『人間知性論』三巻六章一二節。ロックはライプニッツと違って、連鎖の充満と連続のア・プリオリな必然性を主張しない。この説は単に「公算がある」に過ぎない（同個所）。
（2）アディソンは、このことの論証に「ロック氏」を引用する。
（3）キング著『悪の起原論』のローが編集したもの（一七三二年）一四三頁の注。
（4）『格言集』（*Libri Sententiarum*）二巻一、八。
（5）エリスとスペディング編『著作集』の中の『古書の知恵について』四巻七四七頁。
（6）アバディ（Abbadie）著『キリスト教の真理についての論文』（*Traité de la verité de la religion chrétienne*）一六八四年刊行の第七版（一七二九年）一巻九五頁。
（7）「今では辺鄙な森林にしか猛獣はいない。そして国家間の真の戦争の必要はなくて、戦争の代りになる遊びによって、人間の勇気、力、技倆を訓練するために猛獣を保存するであろう」『神の存在についての論文』（*Traité de l'existence de Dieu*）一巻二頁。
（8）モルネ（Mornet）著『十八世紀フランスにおける科学と自然』（*Les Sciences de la nature en France au 18ᵉ siècle*）（一九一一年）一四四頁以下に引用されている。そしてここにはこういう誤りの多数の好例が見られる。
（9）『二つの最善の宇宙の対話』（*Dialogo di due massimi systemi*）三巻四〇〇頁〔『天文対話』岩波文庫〕。
（10）『無神論の解毒剤』（*Antidote against Atheism*）二巻九章八節。
（11）『原理』（*Principia*）三部三節。
（12）ライプニッツ著『哲学的著作集』一巻一五〇頁。
（13）『作品集』（*Works*）（一八〇九年）の中の『断章その他』（*Fragments, etc.*）八巻一六九頁。
（14）同書二三二頁。また同書二八八—二八九頁の『断章五六』を参照。「もし神の属性が、自然的および道徳的悪が存在しないことを要求するならば、人間は自分のためにのみ造られ自分の幸福の舞台となるべき世界の明らかな目的因であったろう。この世界は明らかに宇宙の目的因であったろう。惑星はすべて地球に従って運行したであろうし、恒星自体も夜空に輝き我々の天蓋を飾るという役割以外何の役もなかったであろう」。この個所はポープの『人間論』(*Essay on Man*)一巻一三一―一四〇行で拡大され韻文にされた。十八世紀の人間中心の目的論に対する最も機智に富んだ攻撃はヴォルテール著『人間論』(*Essai sur l'homme*)(一七三八年)の第六講にある。

(15) ドズレー(Dodsley)編『詩集』(*Collection of Poems*)(一七八三年)のペアーチ(Pearch)編の『補遺』(*Supplement*)三巻一八三頁に収められたジョン・ホークスワース(John Hawkesworth)の詩『アラクネの死』(*The Death of Arachne*)を参照。

(16) ロック前掲の個所。

(17) アディソン(Addison)『スペクテイター』(*Spectator*)誌前掲個所。またボリングブルック(Bolingbroke)の『作品集』(*Works*)(一八〇九年)第八巻の『断章』(*Fragments*)の中の断章四四、一八六頁を参照。

(18) ランズダウン(Lansdowne)侯爵編『ペティ文書』(*The Petty Papers*)(一九二七年)二巻二四頁、三二頁。純粋哲学へペティが踏み込んだ主な作品は、未刊のままの『被造物の階段』という論文の概要の説明であった。彼はこの考えに独自に到達したと考えていたが、そういうことは殆どありそうにも思えない。

(19) 『チャドリー夫人による様々な主題についての韻文と散文の論集』(*Essays upon Several Subjects in Prose and Verse Written by the Lady Chudleigh*)(一七一〇年)一二三頁。

(20) 『スペクテイター』六二一号、一七一四年十一月十七日。

(21)『哲学雑記』(*Philosophical Miscellanies*)英語版(一七五九年)一〇七頁以下。

(22)『全集』八巻の『断章など』一七三頁。同書二七九頁を参照。ヤングの同様な考えについては、同書の一三九頁を見よ。私が第四講で注目したように、この考えはクサヌスが先取りしている。

(23)『人間論』第一書簡三一―三四行。

(24)『天体の一般自然史ならびに理論』(*Allgemeine Naturgeschichte und Theorie des Himmels*)(一七五五年)一三三頁。この理論についての暗示をカントはボリングブルックよりポープを経て受けたということは考えられることである。カントはポープを賞讃してこの頁に引用している。そして宇宙論についての論文の三部の各々の初めにポープから取ったモットーを添えている。カントの宇宙論の大部分は『人間論』の第一書簡の「哲学」を散文で拡大延長したものであると言っても誇大ではなかろう。

(25)同書。

(26)同書一二九―一三三頁。

(27)同書一三四頁。カントは「同じ理由」すなわち彼らの秀れた身体条件がこれらの惑星の住人に人間よりずっと長命を与えることが有りそうだとも考えた。同書一三六―一三七頁。

(28)『自然の観照』(*Contemplation de la Nature*)二版(一七六九年)一巻二三―二四頁。最も高い惑星界のかなたに、「天上の階層」があるとボネはつけ加える。同書八四頁。

(29)『全集』(一八〇九年)八巻の『断章または論文覚え書き』(*Fragments, or Minutes of Essays*)一六八―一六九頁。三四六頁参照「他の動物を見下す時に、我々と動物との間に距離、しかし計ることのできる距離を認める」。

(30)『全集』八巻の『断章』二三一頁。

(31)『人間論』第一書簡二〇七－二一〇頁、二二一－二三二頁。
(32) 同書第三書簡一五一－一五六行。
(33) ソウム・ジェニンズ（Soame Jenyns）著『いくつかの主題についての論考』（*Disquisition on Several Subjects*）一部の『普遍的な存在の連鎖について』（*On the Chain of Universal Being*）これは『全集』（一七九〇年版）一七九－一八五頁に収められている。
(34) 同個所。
(35)『人間論』第二書簡三一－一〇、一三一－一八行。
(36)『理性、迷信、無信仰についての思想』（*Gedanken über Vernunft, Aberglauben und Unglauben.*）
(37)『悪の起原について』（*Ueber den Ursprung des Uebels*）三巻。
(38)『人間論』第一書簡一八九－一九二行。
(39) このことのこれ以上の例としては、筆者の論文『十八世紀思想に於ける高慢』*Modern Language Notes*（1921）三一一頁以下に掲載を参照。『レモン・スボンの弁護』の中でモンテーニュは「高慢は我々の生まれつきの病いである。すべての被造物の中で最も悲惨で脆弱なもの、それが人間であり、……最もおごれるものである」と書いている。この主題はラブリュイエールとラ・ロシュフコーのお気に入りのものであった。もっとも二人が主に説いたのは人種ではなくむしろ個人のおごりがどこにもあるということであったが。そして十七および十八世紀の多数の「人間に対する諷刺」は人間のおごりの中に最高の馬鹿馬鹿しさを見出す。
(40)『自然と悪の起原』（*Nature and Origin of Evil*）（一七五七年）一二四－一二六頁。
(41) 同書一三七頁。

(42) 同書一六五―一六七頁。この論はジェニンズの本(一七五七年)の批評の中でジョンソン博士によって批判されている。

(43) R・シェパード(Shepherd)著『ソウム・ジェニンズ氏への手紙』(*Letters to Soame Jenyns, Esq.*)(一七六八年)一四頁。

(44)『人間論』第四書簡四九行以下。

(45)『弁神論』二四六頁。

(46) キング著『悪の起源』(一七三二年版)一五三頁への注。

(47)『悪の性質と起源の自由な研究』(*A Free Inquiry into the Nature and Origin of Evil*)(一七五七年)。

(48) リチャードソン(Richardson)著『パメラ』(*Pamela*)エブリマンズライブラリ版一巻二三五頁。リチャードソンがこの個所を創作したのか引用したのかは不明。

第七講

(1) 例えば筆者の論文『ルソーの悲観主義』*Modern Language Notes,* XXXVIII (1923) 四四九頁を見よ。またもっと古い例としては「人生の快楽は我々の惨めさの埋め合わせにはならず、老年は知らないうちに忍びよる。我々の病気を治すものとしての死は恐れるべきではなく期待すべきである」というテーマを詩的に歌ったプライアー(Prior)作の『ソロモン』(*Solomon*)(一七一八年)を見よ。

(2)『悪の性質と起源の自由な研究』(一七五七年)六〇―六二頁。ジェニンズは、キング、ライプニッツ、ポープの議論を明瞭で簡潔な形式で述べるだけという仕事が大部分である。しかし道徳的悪の問題の、自由を信じる立場に立っての解決をはっきりとそして強く拒絶しているという点では三人とは違う。彼の本はかなり流行し版を重ねフランス語に訳された。

(3) 同書一〇四頁。ここで好奇心のある読者はその気になれば、何故この選択が「必然的」であり、どうやって「無限の英知」がその選択を最大に活用したか知るであろう。

(4) しかしヴォルテールはこの詩の中で二つの明白なそして本質的に対立した形の弁神論に反論している。つまり一つはリスボンの地震のようなものを

自由にして善なる神の行なう選択を必然にする

永遠の法則の結果

として説明しようとする哲学的で必然性を認める形と、そのような惨事の中に、人間が悪を自由に選択したことに対する罰としての神の特別な介入を見る神学的で非決定論的な形の二つの弁神論に反論している。この二つの対象を目ざす議論をヴォルテールは一緒にするから混乱している。

(5) 『エチカ』五部定理六。

(6) 『ケンブリッヂのクライスト・コレッヂの教員であり修士であるエドマンド・ローがウィリアム・キング博士の悪の起源論をラテン語より訳し注したもの、ならびに情念の起源と美徳の原理と基準とについての論考』ここで『論考』と言及し引用するのは第二版でロンドンで発行されたもの。

(7) その日付は、一七三一年、一七三二年、一七三九年、一七五八年、一七八一年である。

(8) スティーブン (Stephen)『十八世紀イギリス思想』(*English Thought in the 18th Century*) 二巻一二一頁〔中野好之訳、筑摩書房〕。

(9) ボリングブルックは『断章』(*Fragments*) の中でキングをしばしばそして敬意を以て引用す

る。印刷された『断章』の中には、ボリングブルックが主張するように、「書かれるにつれ断片的にポープ氏に送られ」彼が『人間論』を書く際に利用した「覚え書」が、やや拡大された形であるということを疑うべき充分な根拠がない。『断章』と『人間論』との間の多数で正確な対応個所は他の方法では説明が充分につかない（ボリングブルック著『作品集』*Works*〈一八〇九年版〉七巻二七八頁、八巻三五六頁を見よ）。ローは『悪の起源論』の一七八一年版の序文の中で「キング大監督によって主張されていた原理そのものが『人間論』においてポープ氏によって採用されているのを見て満足した」と書いている。これに対してポープの神学上の野蛮な擁護者のウォバートン主教が異議を唱えた時に、ローは、「ボリングブルック卿の筆蹟の例の原理が『人間論』執筆中のポープ氏の面前にあったのを見た」というバスハースト卿の証言に言及しながら答えた。それから「読者が両者を比較する気になり、お互いがどんなに正確に符合するか見れば、問題は効果的に解決できよう」（前掲書の序文の一七頁）ともつけくわえた。そのような比較をすると、ポープはキングの作品の一部をボリングブルックが借りたものだけではなくキングの原作を直接利用したと信じてもよいように私には思われる。ポープとボリングブルックが「形而上学に深く没頭して」いたのは一七三〇年のことであるし、一七三一年までに初めの三つの書簡が完成していたように思われる（コートホープ Courthope、五巻、二四二頁参照）ので、詩人と彼の哲学上の指導者が利用したのはローの翻訳ではなくラテン語の原典であったに違いない。それ故、本質的には同じ弁神論がローの英語散文訳とポープの韻文で殆ど同時に出た。キングの作品とハラー（Haller）の『悪の起源について』（*Ueber den Ursprung des Uebels*）（一七三四年）との関係については、『ＰＭＬＡ』誌四一号（一九二六年）九四五—九四八頁のＬ・Ｍプライス（Price）を参照。

(10)『論考』一巻二〇八頁。

(11)　同書一〇九―一一三頁。

(12)　同書、序文の一九頁。この論はその後の弁神論の数多い系列の通常の出発点となり、そういう弁神論のいくつかは文学にも席を占めた。たとえばヴィクトル・ユゴーは『観照』(「影の口が語ったこと」一九〇五年版四一七頁以下)の中でこの論の説明に多くの行を費す必要があるとまだ考えていた。

(13)　ミルトン著『キリスト教教義』の翻訳の一八七頁注四で訳者のサムナーに引用されている教父の典拠を見よ。しかしミルトンが採用した見解の正統性は疑わしい。それはトマス・アクィナス著『神学大全』一部質問六二項目三によって拒絶されていた。またダンテ『天堂編』第二十九歌三七行によっても拒絶されていた。

(14)　キング著前掲書一巻一一六行以下。存在の梯子と、それが秩序正しい宇宙において必然的に完全であることについての同様な観念については、ボリングブルック著『断章』(『作品集』〈一八〇九年〉八巻一七三頁、一八三頁、一八六頁、一九二頁、二一八頁以下、二三二頁、三六三頁、三六四―三六五頁)を参照。

(15)　前掲書一三七頁以下、一二九―一三一頁以下、一五六頁。キングとローは奇妙な動揺を示し、存在の梯子の中で階段の数は実際に無限かどうかという問題が提起された時に、とうとう自己矛盾に陥ってしまった。ここではこの問題に触れる必要はない。

(16)　『論考』一巻一三一頁。この論はプロティノスの『エニネアデス』三巻二章一一節。

(17)　前掲書一三七頁。

(18)　ボリングブルックの同様の論については、『断章』(『作品集』〈一八〇九年〉八巻二三三頁、二八七頁、三六三頁、三六四―三六五頁)を参照。

(19)『人間論』第一書簡四八行、一九三―一九四行、二四一―二四四行。極めて多岐にわたる主題を扱う著述にこの論が拡散して行った例としては、ジョージ・ターンブル（George Turnbull）著『古代絵画論』（ロンドン、一七四〇年）xiii頁参照。「もし我々の秩序と階級を馬鹿にする人があれば、その人は、我々の探究が及ぶ限り自然の中に現われる豊富さと充満を、また我々の観察するところでは生命の梯子の上のあらゆる存在がしかるべき段階に従って上昇することを真剣に考慮すべきである。それからその人は、人間というような種の存在が、上方に向く自然の充満にとってまた充実と統一にとっていかに必要であるか考えるべきである。また我々の構造と、我々の幸福のための備えを公平に検討すべきである。よい教育と適切な努力によって我々の生まれつきの能力と性質が改善され高められる程度、また我々が英知と徳を勉強することによって、特によく整備された社会で達し得る権威と幸福とを考慮すべきである。なぜなら存在の梯子の中には様々な理性的存在があり、その最低のものでさえ人間にまさると信じる充分な理由があるにもかかわらず、人間は栄光と名誉に飾られ、よき地位を持ち、自分にはかなりの領域が割り当てられていることをはっきりと理解するであろうから」。

(20)『論考』一巻一四七―一四九頁。『人間論』第一書簡一六九―一七〇行。

　すべては根元的争いにより存在し、
　しかも情念は生命の根元的なもの。

(21)『論考』一巻一三四頁。

(22) 同書一巻一七六頁。自然悪の必然性についての充満の原理に基づく論拠は統一的一般法則の不可欠性より引き出された論拠によって補足されている。例えば一巻一五〇―一五三頁、一九六―一九七頁。『人間論』第一書簡一四五行以下。

(23)『論考』一巻一八三―一八五頁。

(24) J・クラーク著『自然悪について』(*Discourse Concerning Natural Evil*)(一七一九年)。同様な論はプロティノス著『エニネアデス』三巻二章一五節。十八世紀にゴールドスミスはまだこの論を繰り返していた。彼の『評論集』(一七六七年)一三二頁とクレイン(Crane)編『オリヴァー・ゴールドスミスの新評論集』(*New Essays by Oliver Goldsmith*)三四頁に再録された一七六〇年の評論とを見よ。私が知っている、この論の最も入念な講述は、『様々な種類の動物の間の一般的な破壊と殺し合いが新しい見地から考察され、この自然の制度より全体にもたらされる生命と楽しさの大きな増加が明らかに証明される、動物創造の哲学的展望。フランス語より訳出』*A Philosophical Survey of the Animal Creation, wherein the general Devastation and Carnage that reign among the different Classes of Animals are considered in a new Point of View; and the vast Increase of Life and Enjoyment derived to the whole from this Institution of Nature is Clearly demonstrated. Translated from the French.*(ダブリン、一七七〇年)である。

(25) 大監督の経験しがちな個別な悪、たとえば「我々につきまとう病気の中で一番苦しいもの、痛風」――そしてこの断固たる楽天主義者は半世紀にわたって苦しめられ、伝記作者によれば、それの発作によって死んだ(C・S・キング著『ウィリアム・キング伝』一九〇六年一四頁と全体を見よ)――というような個別な悪をもキングは、やはり「必然的」であると見なし、それ故に承認し正当化する用意があったといっておくのが公平である。大監督が必ずしも教化的でないにしろスポーツマンらしい調子で言うのには、概して痛風にはその苦痛を埋め合わせて余りがある点がある。「感覚のよろこびを失うよりはむしろ、それを我慢しないような人があろうか。或る肉を食べたり様々な飲み物を楽しむとそれにかかることを殆どの人は知っている。だのにそうかと言って止める人はないし、多くの飲み食いがもたらす楽しみを失うよりは痛風に耐える方がまだしもと我々は考えている」(一巻一七七頁)。この代価を払ってのみこういう楽しみが入手できることが何故ア・プリオリに必然的なのかは、結局のところ、やや曖昧なままである。

(26)『論考』一巻一七六頁。また一四八―一四九頁も参照。ソウム・ジェニンズは『全集』(一七九〇年)二巻六頁の『自由な論考……』への序文の中で同様な難問と取り組んでいる。そのような論には「ただ一つの実質的な反論がなされて来た。その反論とは、悪のこの必然性を容れる余地をつくるためには、楽園の状態が真実に存在することはいつにせよ不可能であるとされているというのである。そして楽園の状態についての旧約聖書の伝えることはそれゆえ完全に論破される」。ジェニンズの答は、第一に、「旧約聖書の伝えることを文字通りに信じることがキリスト教徒の真の信仰にとって不可欠である」かどうかについていささか疑問を呈することであり、第二には、「すべての悪の源がこの歴史の主要登場人物である」から旧約聖書の歴史は「すべての悪が欠けている絶対的な完成の始原的状態」の描写をしているわけではないと主張することであった。また別の個所でジェニンズは原始主義的な仮説全体を、我々が知る悪すべては永遠に必然的であるという説と相容れないという根拠で拒絶している。「人間が創造主の手の中から完全な状態で、すなわち可能なあらゆる完全さを備えて出て来たのだというのは誤った観念であり」悪の起原を知らない人々、すなわち「存在の梯子の中には」常に「人間のようなあらゆる欠点を備えた被造物がなくてはならない」ということを理解しない人々にとってのみ可能な観念である(同書七一頁)。

(27)『断章または論文覚え書き』一六章。

(28)『エチカ』一部の終り。

(29)ライプニッツのキングへの影響またはその反対については疑問はない。『弁神論』は一七一〇年、すなわち『悪の起原について』の八年後まで出版はされなかったが、その大部分は一六九七年と一七〇五年の始めの間に書かれた。そしてそこに書かれている観念は長い間にわたってライプニッツによく知られていたものであった。ライプニッツの『哲学的著作集』六巻三―一〇頁のゲルハルトの序文を参照。

(30) 『哲学的著作集』六巻の『弁神論』四〇〇頁以下に付せられた「英国において最近発行された悪の起原についての書物についての所感」。ライプニッツはキングと「主題の半分についてだけ」同意すると言っている。不同意は主に自由と必然性についてのキングの章に関係している。その章は（彼の楽天主義の論拠とは全く矛盾することであるが）神は宇宙を創造する際には自由気ままな判断を行使したと主張する。

(31) 『弁神論』一一四章。

(32) 同書一一八章。本書の第三講で引用されたトマス・アクィナスの、一人の天使と一つの石とに比較した場合の二人の天使の価値についての言葉を参照すること。カントは一七五五年に、例こそ違え、同じ言理を述べている。しらみは「我々の見るところでは無価値なものであろうが、これより秀れた種に属す数少ないものを保存するよりはこの種全体を残す方が自然にとっては重要である」（『天体の一般自然史』一二七頁）。

(33) 『弁神論』一二〇章、一〇章、一二四章。また二一三章も参照。

(34) この続きについては本書の第十講を見よ。

第八講

（1）この講と次の講の話題のいくつかが*Zoologische Annalen*, III（1910）一八五―二七五頁のA・ティエネマン（Thienemann）の論文「物の段階、十八世紀の自然物の自然的体系の試み」の中で興味深く論じられている。そこには一七八〇年にドイツで書かれた無署名の未公刊の「推測された階段に従って組織された一般自然史の概略」が含まれていて、その中では、当時の鉱物学、植物学、そして神学が動員され、大地から三位一体に至るまでの詳細にわたる自然の梯子が構成されている。

（2）三巻六章三節、六節、「この真の本質という時に私の意味するものは、名目上の本質の中で組み合わされ、名目上の本質と共存することが常に知られるような諸性質すべての基礎であるような、ものの真の構造と、あらゆるものが自分の中に持ち、外のものとは何の関係もないような特別な構造とを指す。……物の真の本質については、我々はそれが何であるか正確には知らないがその存在を想定するのみである。しかしそれを種に結びつけるものは名目的な本質であり、真の本質は名目的な本質の基盤であり根拠であると推定される（六章）」。この個所は、哲学の歴史を書く人々が殆ど見逃して来た、ロックについての事実――すなわち認識論においては彼は本質的にプラトン主義者であること――を示す。しかし物の場合にロックは属性の必然的な共内属と単に偶然的な共内属との論理的な区別を第一性質と第二性質との形而上学的区別と知覚可能な大きな物と知覚不可能な微小な物質の構成要素との間の物理的区別と混同している（同書同巻同章二節）。

（3）同二〇節。

（4）同二七節、三八節。

（5）同二七節。

（6）同三六節。

（7）『博物誌』（*Histoire Naturelle*）一巻（一七四九年）一二頁、一三頁、二〇頁、三八頁。

（8） 同書八巻一頁。

（9） 雑種の不毛性についてはビュフォンは今書いている。「この点は博物学で我々が所有する最も固定した点である。物を互いに比較する時に我々が見る類似点と相違点などはそれほど真正でもないし確実でもない。それゆえ、こういう間隔は、我々の仕事の中に見られる境界線に過ぎない」『博物誌』同個所。

（10） 『自然の観照』（*Contemplation de la nature*）（二版、一七六九年）一巻、二八頁。

（11） *The Monthly Review*, XXIX（October, 1763）の二八三―二八四頁に掲載された、R・ブルックス（Brookes）著『新しく正確な博物学の体系』（*A New and Accurate System of Natural History*）に対するゴールドスミスの批評より。

（12） トーマス・スプラット（Thomas Sprat）著『王立協会の歴史』（*The History of the Royal Society*）（一六六七年）一一〇頁。

（13） 『百科全書』（*Encyclopédie*）の項目「宇宙像」（cosmologie）。

（14） ザンダー（Sander）著『自然と宗教について』（*Ueber Natur und Religion*）（一七七九年）二巻一九三頁。これはティエネマン著前掲書の二三五頁に引用されている。

（15） ギュンター（Günther）著『十八世紀における人間の科学』（*Die Wissenschaft vom Menschen im achtzehnten Jahrhundert*）三〇頁。

（16） レンベルグ（Lönnberg）が『カール・フォン・リンネと脊椎動物についての学説』（*Carl von Linnée und die Lehre von der Wirbeltieren*）（一九〇九年）の中で公表している。私がこのことを知ったのはティエネマン著前掲書二二七頁に負う。「人類の親類」という表現の使用は、血統の同一性の主張であると確実には考えられないが、それがリンネの言葉の最も自然な意味である。

(17) ブラックモー（Blackmore）とヒューズ（Hughes）著『平修道士のいる修道院』（*The Lay Monastery*）（『平修道士』*The Lay Monk* の第二版）（一七一四年）二八頁。*Modern Philology* (1931) 五五―五七頁でR・W・フランツ（Frantz）によって引用されたジョン・オヴィントン（John Ovington）卿著『スラットへの旅』（*Voyage to Surat*）の言葉「ホッテントットは人間の正反対である。……それゆえもし理性を備えた動物と野獣との間に中間物があるとすれば、ホッテントットがその種であることを主張するのが一番妥当である」を参照。ウィリアム・ペティ卿は、これよりも前に、「被造物の梯子」を論じて、「人間そのものにもいくつかの種があるように思われる」と言い、「希望峰のあたりに住む黒人が、我が国の旅行者が知っているあらゆる人間の中で最も野獣的である」と語っている（『ペティ文書』*The PettyPapers* 一九二七年、二巻三一頁）。世紀の半ばにソウム・ジェニンズも、存在の連鎖の連続の証拠の一つとして、理性という属性が「犬と猿とチンパンジーにおいて、人間の理性の最も低い段階のもの」――ここでも「野蛮なホッテントット」によって例示されるが――「と非常に密接に結びつくので互いに区別がつけ難い」ということを挙げている。

(18) 著者の論文『ルソーの不平等論のいわゆる原始主義について』*Modern Philology* (1923) と『モンボドとルソー』同誌（一九三三年）とルソー著『第二の論文』注のJ・モンボド著『言語の起原と発達』二版一巻（一七七四年）二六九頁以下。

(19) 『自然の観照』三巻三〇章。この個所は一七八一年の版へ脚注としてつけ加えられたので、ボネはルソーかモンボドを読んでいたのかも知れない。後者はオランウータンに同様な知的なそして道徳的能力があるとした。

(20) エクシャールルブラン（Écouchard-Le Brun）著『自然について、第三歌』（*De la Nature,*

chant troisième)。「森の人」というのは、勿論オランウータンである、これがマレー語名よりの訳として受け入れられていたのである。『科学的詩』の中でフュジル（Fusil）は、ここに引用された詩行の中に「変化と進化の偉大な法則」の表現を見ている。ここで「始めて詩は、現代科学の考える生命の叙事詩を歌おうとした」。しかし、当時の作品によくあることだが、詩人が語っているのは進化の段階の時間的な連続なのかそれとも単に存在の梯子の連続的な一段一段すなわち地位であるのか確信することはできない。たとえこのフランスの詩人が前者の考えを持っていたと評価されたにしても、エイケンサイドの方が先んじていた（この本の第九講を見よ）。

(21) M・R・ウァーナ（Werner）著『バーナム』（*Barnum*）（一九二三年）五九頁。

(22) ドベル（Dobell）著『アントニィ・ヴァン・レーヴェンフークと「小さな動物」』（*Antony van Leeuwenhoek and his 'little animal'*）（一九三二年）、P・ド・クリュイフ（de Kruif）著『細菌の狩人達』（*The Microbe Hunters*）（一九二六年）、S・ウッド（Wood）の論文『レーヴェンフークと「小さな動物」』（*Leeuwenhoek and his 'Little Beasties'*）*Quarterly Review*（1933）を参照。

(23) 医学博士ヘンリー・パワー（Henry Power）著『実験哲学三巻』（*Experimental Philosophy, in Three Books*）ロンドン一六六四年。この個所について私はスミス・カレッジのマージョリ・ニコルソン博士に負うものであるが、博士のこの時代の科学とそれが文学に与えた影響についての総括的な研究が間もなく、これらの主題の研究者のすべてに利用可能になることが願わしい。まだ行なわれてはいなかった顕微鏡による発見の前触れは、「宇宙精神の三分野」（植物、動物、鉱物）において、トーマス・モウフェット（Thos. Moufett）著『昆虫または小動物の舞台』（*The Theatre of Insects or Lesser Living Creatures*）（一六三四年）にT・マイアーン（Mayerne）が書いた序文の中に見出される。肉眼に見えない被造物は「みな万物の最高の創造者の無限の力の証左である」。

また『パンセ』七二章におけるパスカルの無限小なるものについての考えを参照。

(24) 『第三夜』(*Troisième soir*)。この論はキングによって繰り返された。『悪の起原について』一巻一五七頁。

(25) 病気が細菌によるという説の近代における始まりまたは再現と発達にとってこれらのことすべてが持つ関連を扱うことは、本書の範囲外であることは勿論である(この説は、古代においてはヴァロによってマラリアの説明として持ち出された(『田園のことについて』*De re rustica* 一巻一二章二節))。しかしこの理論がウィリアム・ペティ卿によって一六七七年にペストの伝染の仕方を説明するために説かれたことに注目することはいささか関連のあることであろう。すなわち「疫病と呼ばれる病気によって一夏に数千人も死ぬのを説明する仮説としては、国から国へ、アフリカから英国まで旅する数百万の目に見えない動物によって死が引き起されるというのよりよい仮説はないようである」(『ペティ文書』二巻二九頁)。このような仮説に対しては「被造物」の充満に対する彼の信念からして当然彼はなじみ易かった。

(26) 前記引用文中。

(27) 同様な調子の多数の個所が後の十八世紀の著述に見られる。例えばヘンリー・ベイカー(Henry Baker)著『容易な顕微鏡……』(*The Microscope Made Easy*)(一七四二年)三〇六―三〇九頁(一部はアディソンとロックよりの借り物である)と同著者の『顕微鏡の役割』(*Employment for the Microscope*)(一七五三年)それからジョン・ターバーヴィル・ニーダム(John Turberville Needham)著『顕微鏡による新発見……』(*An Account of Some New Microscopical Discoveries*)、ジョージ・アダムズ(George Adams)著『顕微鏡利用研究解説』(*Micrographia Illustrata*)二版(一七四七年)、ジョン・ヒル(John Hill)著『博物学と哲学についての論文。顕微鏡利用による一連の発見を含む』(*Essays in Natural History and Philosophy. Containing a Series of Discoveries by the Assistance of Microscopes*)(一七五二年)そしてジョージ・アダムズ弟著『顕微鏡論』(*Essays on the Microscope*)(一七九八年)。ニコルソン博士の好意で以上の著作に筆者の関心が向けられた。

(28)『四季、夏』(一七二七年)。〔この注は注(27)であるべきである。従って次の(29)の注は(28)の注となる。また注(27)は本文のどの個所につくのか正確には判断できない。〕

(29)〔(28)〕『純粋理性批判』A六五四―六六八頁。

第九講

(1)ジョン・クラーク(John Clarke)著『〔サミュエル・〕クラーク博士の神の存在と属性についての証明の弁護』(*Dr. Clarke's Demonstration of the Being and Attributes of God*)(一七二二年)五六頁。

(2)ジョセフ・クラーク(Joseph Clarke)著『クラーク博士の空間等の概念についての再検討』(*A Further Examination of Dr. Clarke's Notions of Space*)(一七三四年)一六六頁。

(3)プリューシュ(Pluche)著『天の歴史』(*Histoire du Ciel*)(一七五九年版)二巻三九一―三九二頁。

(4)『三つの物理、神学的叙述』(*Three Physico-Theological Discourses*)(三版一七一三年)一四九頁。レイ(Ray)は、この哲学的見解は聖書によって支持されるとつけ加えている。「そうであることは、摂理が大洪水の際に陸上動物全部を方舟に乗せるよう配慮したということに表われている」。

(5)『普遍的美』(*The Universal Beauty*)三巻九八頁以下。

(6)『霊魂の不滅』(*The Immortality of the Soul*)二巻一七章七節。また三巻一章。

(7)『スペクテイター』誌一一一号、一七一一年七月七日。

(8)ゲルハルト編『哲学的著作集』六巻六〇六頁。

(9)『悪の起原についての論考』(一七三二年版)一二一―一二二頁。ロー著『宇宙の状態についての考察』(*Considerations on the State of the World*)(一七四五年)の中に見られる同様な観念については、R・S・クレイン(Crane)の論文『英国国教会の護教論と進歩の観念』*Modern Philology*, XXI(1934)三四九頁以下を参照。

(10)英語は一七一三年のトーランド(Toland)版である。

(11)『哲学的著作集』七巻三〇九頁。またローのこの前に引用した個所を参照。

(12)In einem unauflöslichen unendlich feinen Bande〔が原文である、訳者〕。

(13)『道徳の第一原理についての試論』(*Versuch über das erste Prinzipium der Moral*)(一七七二年)。

(14)『哲学辞典』(*Dictionnaire Philosophique*)一版(一七六四年)項目『被造物の連鎖』(Chaîne des êtres créés)。

(15)ヴォルテールは『リスボンの災害についての詩』の注の中でもっと短く同様な反論を提出している。その中で彼は、――彼の前にポープがそうしたように――因果律の連鎖と存在の連鎖とを半ば混同している。しかし後者に関しては一七五六年の注で言っている。「連鎖は、絶対的に充実したものではない。天体は抵抗のない空間の中で回転することが証明されている。故に、原子から始まって最も遠い星に至る連続はない。それ故感覚のないものの間だけではなく感覚のあるものの間にも巨大な間隔があるかも知れない。それ故、人間が、切れ目のない連続の中で互いに結びついている環の一つの中に必然的に位置しているという確信は我々には持てない」。

(16)『決断しなければならない』(*Il faut prendre un parti*) 四章。

(17)『悪の性質と起原の自由な研究』(すなわちソウム・ジェニンズの著作) についての批評』(一七五七年)。この批評は、もともと *The Literary Magazine* 誌に掲載されたものであるがパムフレットとして出版されたが日付けも頁もない。ジョンソン (Johnson) は存在の連鎖の観念の歴史を知らなかったらしく、「存在のアラビア風の梯子」と読んでいる。

(18) 同書。

(19)『新論文』三巻六章一二節「離れた被造物の間に中間の被造物があることは、たとえそれが必ずしも同一の地球や太陽系の中にないとしても、同一の調和に適合することである」『哲学的著作集』五巻二八六頁。

(20)『モーペルチュイ作品集』(*Oeuvres de Maupertuis*) 一巻 (一七五二年) 三五―三六頁。

(21)「初歩的形式の」生物変移説がライプニッツによって採用されていたことは、E・ラードル (Rádl) 著『十七世紀の終り以来の生物学理論の歴史』(*Geschichte der biologischen Teorien seit dem Ende des 17 Jahrhunderts*) 一巻七二頁とブーヘナウ (Buchenau) とカッシーラー (Cassirer) 著『ライプニッツ——哲学の基礎づけのための主要著作』(*Leibniz: Hauptschriften zur Grundlegung der Philosophie*) 二巻 (一九〇六年) 二六頁とティエネマン (Thienemann) 著『動物学年鑑』(*Zool. Annalen*) 三巻一八七頁で認められている。

(22) 前掲書一七四九年版四一頁「そういう烈しい変動によって動物の種が大いに変ったと信ずべき

である」。

(23) ラードル著『生物学理論の歴史』一巻七一頁に引用されている。しかし、ここではライプニッツはまだ「自然的な種」の可能性を認めるが、そういう種についての我々の決定は「暫定的なものに過ぎず、我々の限られた智識に対応する」と主張する。しかしながら、そのような種の数が大いに減少したことは明らかであり、異なった種に属すると普通に考えられている殆どの種類が、殆どの子孫とは大いに異なる共通の先祖から出て来たことが意味される。

(24)『ベルリン雑報』(*Miscellanea Berolinensia*) 一巻（一七一〇年）一一一―一一二頁。

(25) ブールジェ (Bourget) への手紙（一七一五年）『哲学的著作集』三巻五九三頁。

(26) 同書三巻五八二頁。

(27)『事象の根本的起原』(*De rerum originatione radicali*)（一六九七年）『哲学的著作集』七巻三〇八頁。(In cumulum etiam pulchritudinis perfectionisque universalis operum divinorum, progressus quidam perpetuus liberrimusque totius Universi est agnoscendus, ita ut ad majorem semper cultum procedat, quemadmodum nunc magna pars terrae nostrae cultum recepit et reciepit magis magisque.....Et quod objici posset: ita opportere ut Mundus dudum factus fuerit Paradisus, responsio praesto est: etsi multae jam substantiae ad magnam perfectionem pervenerint, ob divisibilitatem continui in infinitum, semper in abysso rerum superesse partes sopitas ad huc excitandas et ad majus meliusque et, ut verbo dicam, ad meliorem cultum provehendas. Nec proinde unquam ad terminum progressus perveniri.)

　このことは、ゾフィア (Sophia) 選挙侯夫人への手紙（一六九六年十一月四日）の中でライプニッツがもっと手短かに言ったことだった。「宇宙の外にはそれを押し止めるものがない以上、宇宙は絶えず発展し進歩するに違いない」（クロップ編『著作集』一八七三年八巻一六頁）。以上の意見と調和させるのは不可能ではないにせよ困難であるような個所がライプニッツにはあって、この問題について彼の意見は迷いのないものではなかったことをつけ加えなければならない。『哲学的著作集』四巻三四四頁と『新論文』三巻四章を参照。ライプニッツの進化論についての最近の批評についてはL・ダヴィレ（Davilé）著『歴史家ライプニッツ』（*Leibniz Historien*）（一九〇九年）、K・ウーファマン（Ufermann）著『ライプニッツにおける連続の原理の考察』（*Untersuchungen über das Gesetz der Kontinuität bei Leibniz*）（一九二七年）七五―九二頁、A・フィッシャー（Fischer）著『ライプニッツにおける「存在」と「生成」』（*'Sein' und 'Geschehen' bei Leibniz*）（一九二九年）一三二頁以下。

(28) 一六八六年十一月二十八日より十二月八日のアルノー（Arnauld）宛の手紙の下書。『哲学的著作集』二巻七五頁に収録されている。またモントゴメリー（Montgomery）著『ライプニッツ―形而上学の論考その他』（*Leibniz: Disc. on Metaphysics* etc.）七五頁に英訳あり。

(29) 『哲学的著作集』三巻五七九頁。

(30) 『単子論』七四節。

(31) 同書七五節。

(32) 『哲学的著作集』六巻一五二頁。

(33) クロップ（Klopp）編『作品集』八巻一五―一六頁。

(34) 一六八七年四月三十日付けアルノーへの手紙。『哲学的著作集』二巻九九頁以下。モントゴメリーの前掲書一九五頁。

(35) クロップ編前掲書。

(36) J・バルッツィ(Baruzzi)著『ライプニッツ』(一九〇九年)二九六頁に引用されている未公開の断章より。

(37) スピノーザの形而上学――これは充分理由の原理と充満の原理に関してはライプニッツの形而上学とは本質的には違っていないことを我々が見て来たのだが――をやや同様に時間化しようとする努力がS・アレグザンダー(Alexander)著『スピノーザと時間』(*Spinoza and Time*)の中でなされている。しかしこの努力は、ライプニッツが自分自身でこういう自説を構成したのに対し、スピノーザの説を再構成することになってしまうのは確かだ。

(38) 『夜想・第九夜』(*Night Thoughts: Night the Ninth*)。

(39) R・D・ハヴェンズ(Havens)著『十八世紀の詩におけるミルトンの影響』(*The Influence of Milton in the English Poetry of the Eighteenth Century*)三八六頁。

(40) 『想像の歓び』(*Pleasures of the Imagination*)一版一巻、一七四四年。

(41) 同書二巻。

(42) エイケンサイド(Akenside)の進化論への接近はG・R・ポッター(Potter)の論文『進化の予言者、マーク・エイケンサイド』(*Mark Akenside, Prophet of Evolution*)Modern Philology XXIV(1926)誌五五―六四頁で既に指摘されている。

(43) 『想像の歓び』二版二巻一七六五年。

(44) 『天体の一般自然史』一七六五年四版七頁。

(45) 同書八七頁。

(46) 同書二三頁。

(47) 同書八二頁。

(48) 同書八四頁。

(49) 同書八七―八八頁。

(50) 同書九〇―九一頁。カントは或る個所(九一頁)で進化と分解が交互に循環するというこの法則が宇宙全体にも当てはまると提案しているように思われるが、これは矛盾している。「恒星がその部分である体系ですら同様に、運動の休止によって崩壊し混沌にもどる時が最後には来るであろう」。しかし恐らくカントは、既に存在し我々に見える恒星のことを言っているのであろう。こういう恒星が構成している体系が終期に達する以前に、被造物界の境界において、まだ形のない物質の領域において、「絶えず前進する自然は神の啓示の計画をさらに拡大し、空間のみならず永遠を奇蹟を以て充たして行く」(同個所)。

(51) この二人については、著者の論文『十八世紀の進化論者』*Popular Science Monthly* (1904) 二三八頁以下と三二三頁以下を参照。

(52) 第一部六章。同様な個所としては、ドリール・ド・サル (Delisle de Sales) 著『自然の哲学』(*Philosophie de la Nature*) 三版一七七七年一巻二一五頁を参照。「自然が大いなる梯子の全階段を次々に端から端まで極め (parcouru successivement tous les degrés de la grande échelle) たと考えるのは合理的である」。

(53)『自然について』(*De la nature*) の第一巻は一七六一年に、第二巻は一七六三年に、第三巻と第四巻は最初の二巻の新版と共に出版された。第五巻も一七六八年に出版されたが、一般的にはその副題『存在物の形態の自然的漸次移行についての哲学的見解、人間を造ることを学ぶ自然についての試論』(*Vue Philosophique de la gradation naturelle des formes de l'être, Les Essais de la Nature qui apprend à faire l'homme*) でしばしば引用される。『人間の状態と能力と動物の状態と能力との類似関係』(*Parallèle de la condition et des facultés de l'homme avec la condition et les facultés des autres animaux*)という小品が一七七〇年に英語よりの翻訳として出版された。英語の原著があるにしても、私は知らない。

(54)『自然について』三巻一八二頁。

(55)同書一八三頁。

(56)同書一八三―一八四頁。

(57)『人間知性論』三巻六章一二節。近代の記述的な博物学の最初の偉大な書物であるゲスナー(Gesner)著『動物の歴史』(*Historia Animalium*)(一五五一―一五八七年)は、その第四巻(ドイツ語訳では『魚の本』*Fischbuch*〈一五九八年〉一〇四頁以下)の中で、海の人間(homo marinus)を、信頼すべき観察者の証言に基づいて深海の居住者と認め、こういう被造物の木版画を海の司教(episcopus marinus)をも含めて見せた。そしてこれらのものの生存に対する信仰は充満の原理と多くの証人の証言とによって支持されるように思われたので、十八世紀も遅くまである種の尊敬を得ていた。ドマイエ(De Maillet)著『テリアメド』(*Telliamed*)一七四八年の英訳一七五〇年二三〇―二四四頁。ドリール・ド・サル『自然の哲学』三版、一七七七年一巻参照。

(58)『言語の起源と進歩』二版、一巻二六九頁。これは前に見た通りアリストテレスの誤解である。

(59)同書一巻二五頁。

(60)同個所。

(61)同個所。

(62)同個所。ロビネーにとっては「完成可能性」とは改良だけを含むものではないことが理解されよう。この頃彼は、およそ善は補完的な悪を伴っていて、それ故悪の総量と善の総量は同じであり一定であるという説を持っていて、第一巻の多くの部分がこの説の説明に費されている。
(63) 『自然について』三巻一四二—一四三頁。
(64) 『自然の解釈についての意見』(*Pensées sur l'interprétation de la Nature*) 五八。
(65) 『自然について』五巻一四八頁。
(66) 同書四巻一—二頁。
(67) 同書同巻四—五頁。
(68) この表現は哲学用語として付け加えられる必要があると思うので、第六回国際哲学会議で提案した。*Journal of Philosophical Studies,* II (1927) を参照。
(69) 前掲書四巻一一—一二頁。ここで、そしてまた「化石、半金属、空気、火」などを「動物として数えることによって」ロビネーは、自分でも認める(または自慢する)ことであるが、「自分に先行したどの博物学者よりもはるかに思い切ったことをした」。しかし彼は、そうすることによって自分は他の人と同じ原理をとことんまで突きつめたのに過ぎないと繰り返して言うが、全く正しいことである。「彼らは前提を確立し、そこから私は結論を出したところそんなにも驚くべき結論に見える。そしてその結論が正しく引き出されたものであるなら人は私を何で責めることができようか」(同書四巻二一一頁)。
(70) 同書四巻一七頁。
(71) 例えば同書四巻七八—七九頁を参照。
(72) 『自然の解釈についての意見』一二。
(73) 『自然について』四巻一七—一八頁。
(74) 同書五巻六頁。

(75)『人間史論』(*Ideen zu einer Philosophie der Geschichte der Menschheit*)(一七八四―一七九一年)五巻一章。しかしヘルダー(Herder)は、基本的形態の同一性は動物界にのみあるとしている。同章は、「形態の上昇する系列」としての存在の連鎖という観念で満ちている。

(76)『凝集』(一八一九年)より。ゲーテがこの概念を大成して行ったことに関しては『動物の形態についての試論』(*Versuch über die Gestalt der Tiere*)(一七九〇年)と『比較解剖学への一般的入門の第一草案』(*Erster Entwurf einer allgemeinen Einleitung in die vergleichende Anatomie*)(一七五九年)とを参照。たとえば後者の中では、ゲーテは動物学者が「総ての動物の形態ができるだけその中に含まれ、それに従って各々の動物を確実な序列で記述するような一つの共通な像」を認めることの肝要性を主張している。「一つの典型という普遍的観念から、いかなる個別の動物も、そのような比較形態として示されることはできないという結論が出て来る。すなわち個別のものは全体の典型となることはできない。……それに従ってまず最も普遍的な決められた典型の中に、我々が哺乳動物と呼ぶ最も完成したものの様々な部分を観察すると、我々は、自然の形成活動範囲は限定されてはいるものの、部分の多さと複雑な変態可能性の故に、その形姿の変化は無限に可能になるということを知る」。イタリア旅行中に、この考えを発見したことでゲーテが興奮したことは、フォン・シュタイン夫人に一七八六年に宛てた手紙の中に見られる。ゲーテは、自分の「ヴィジョン」と喜びを「すべての人に与える」ことができるようにと望むがそれは不可能である。しかもそれは夢でもなく空想でもない。「それは自然が常に活用し、活用しつつ生命の多様性を引き出す本質的な形態の発見なのだ。もし一生という短い時期に時間があったら、これを自然界の総てに拡大して行くことに身を捧げるのであるが」。エリザベート・ロッテン(Elizabeth Rotten)著『ゲーテの原現象とプラトン的イデア』(*Goethes Urphänomen und die Platonische Idee*)一九一三年を参照。

(77) 自然が「手探りで」前進するという概念は、恐らくディドロの『自然の解釈についての意見』一二節と三七節より出て来たものであろう。

(78) 前掲書五巻(一七六八年)。

(79) 例えば四巻の版画五番。

(80) 筆者の『ベルグソンとロマン主義的進化論』(*Bergson and Romantic Evolution*)(一九一四年)を参照。

(81) 『存在物の形態の自然的漸次移行についての哲学的見解』(一七六八年)八―一〇頁。

(82) 同書一二頁。他の場所でロビネーは、この最後の暗示をやや修正する。「遂に、それ〔自然の力〕は、あえて言えば、完全に非物質化するであろう。そして最後の変態として純粋知性に変ってしまうであろう」。しかしこれは「大胆な仮説でありそれだけのこととして提出するもの」だと彼はつけ加える。この観念はモンボド卿によって『古代の形而上学』(一七七九―九九年)の中で採用されたが、ベルグソンの哲学の中に類似点を持たないわけではない。『創造的進化』(*L'évolution créatrice*)の三章の結論を参照。

(83) 『転生』(*Palingénésie*)一巻二二頁。

(84) 同書一巻二一二頁。

(85) 同書一巻八九頁。

(86) 同書一巻二一六頁。

(87) 同書一巻一五八頁。

(88) 同書一巻一七四頁。ボネは、どんな動物の「完成可能性」にも一切限界がないことが可能であると考えている。「より高度の完成を目ざしてのすべての種の連続的で、程度の差はあるにせよ緩慢な進歩があるであろう。それ故、梯子の段階は、すべて一定で決まった割合で連続的に変化するであろう。つまり各々の段階の『変化度』はそのすぐ前の段階に常にその根拠を有するであろう」(同個所)。

第十講

(1)『ニュートンの哲学の要素』(*Eléments de la Philosophie de Newton*) 一巻、一章。

(2) *Tusculanarum disputationum*, I, 30: "omni in re consensio omnium gentium lex naturae putanda est" (すべての人々の全面的な同意は自然の法と考えられるべきである)。

(3) *Justiniani Institutiones*, I, 2, 11. 同書の第一節 Quod naturalis ratio inter omnes homines constituit, id apud omnes populos peraeque custoditur, vocatur jus gentium, quasi quo jure omnes gentes utuntur. (自然の理性がすべての人々の間に定立するものは、すべての国によって同様に守られ、その法をすべての人々が享受するので、諸国民の法と呼ばれる) を参照すること。同一の条文の中で諸国民の法 (jus gentium) と人間の「自然の法」は明らかに同意語として用いられている。

(4)『断章』第一六(『作品集』一八〇九年、七巻、四六八頁)。

(5)『崇高さについて』(*De Sublimitate*) 七章、W・スミス (Smith) の訳 (一七七〇年)。私はここでは十八世紀の訳を引用してそれにライス・ロバーツ (Rhys Roberts) 教授のもっと逐語的な最後の文章の英訳を添えるのがもっと適切なことと思って来た。「異なった仕事、生活、野心、年齢、言葉を持つ人々が同一主題について同一の見解を持つ時に、いわば不和な要素の調和より生じるその判断は賞讃の対象に対する我々の信念を強くそして負けないものにする」(『ロンギノスの崇高論』*Longinus on the Sublime*〈一八九九年〉五九頁)ロンギノスは「同じ基準を気取った作品の劣った点について当てはめてもやはり誤りとはされなかったであろうに」と十八世紀の中頃の(平凡な、それだから)典型的な著述家が書いている。W・メルモス(Melmoth)弟著『フィッツオズボーンの書簡』(*Fitzosborne's Letters*)(一七四六年)一三〇頁。

(6)セインツベリー(Saintsbury)氏はポープ著『批評について』(*Essay on Criticism*)に関して「ポープが『自然に従う』と言う時の意味と我々が言う時の意味は全然別物である。彼は、すくなくとも通例、『普通なもの、有りふれたもの、よくあるものだけを相手にすること』を意味するのだ」と言ったが、その時に彼は肝腎な点にもう一歩というところまで来たのだった。(『批評の歴史』*History of Criticism* 二巻〈一九〇二年〉四五六頁)セインツベリーの言う通りではあるが、ポープが「並のことだけを相手にする」よう要求するのは、そうしないと詩人は人類全体に語りかけることが期待できないからにほかならない。

(7)『詩人伝、ドライデン篇』(*Lives of the Poets: Life of Dryden*)G・B・ヒル(Hill)編、一巻、四三三頁。

(8)「詩人はチューリップの筋を数えたり、森の緑の様々な色合いを描写しない。自然の描写の際に彼は実物を誰の心にも思い浮かばせるような際立った特徴を示さなければならず、ある人は気づき、ある人は見逃すような細かい区別立ては見捨て、注意深い人にも不注意な人にも同様に明白であるような特徴を取り上げなければならない」。

(9)W・メルモス著『フィッツオズボーンの書簡』一三〇頁。

(10) リュカ・ド・ラ・アイ (Lucas de la Haye) 著『スピノーザの生涯』(*La vie de M. Benoît de Spinoza*)、ブランシュヴィック (Brunschvicg) 著『スピノーザと同時代人』(*Spinoza et ses contemporains*) 三三三頁に引用されている。

(11) ミルトンの『アレオパヂティカ』(*Areopagitica*) の一部分は、この普遍主義に対する十七世紀の最も際立った例外である。

(12) このことの多くの例に関しては、R・ブレ (Bray) 著『フランスにおける古典主義理論の形成』(*La Formation de la doctrine classique en France*) 一九二七年、二部、四章より六章を参照。

(13) フォルマイ (Formey) 著『哲学論集』(*Mélanges philosophiques*) 一七五四年の英訳版(*Philosophical Miscellanies*) (一七五七年) の中の「存在の梯子についての試論」(*Essay on the Scale of Beings*)。

(14) 『形而上学叙説』九章。

(15) 『単子論』五七章より五八章。『哲学的書簡』六巻、六一六頁。

(16) 『スペクテイター』誌五一九頁。一七一二年十月二十五日。私はこの引用を、後に (注の19) 出て来るシラーからの引用に言葉遣いまで似ているのでここで繰り返した。

(17) 『想像力の楽しみ』(一七七〇年) の未完の第四部より。

(18) P・ライフ (Reiff) が『オイフォリオン』(*Euphorion*) (一九一二年) 五九一頁以下で言う。スパンレ (Spenlé) 著『ノヴァーリス』一八八頁以下で著者は、ノヴァーリスに対するプロティノスの影響の性質を論じているが、そこでF・シュレーゲルに当てた一七九八年の手紙の中でのノヴァーリスの言葉を引用している。「私の好きなプロティノスのことをもう君に話したか知らない。ティエーデマン (Tiedemann) を通じて、私は、この私のために特別に生まれた哲学者に近づいた。そしてこの哲学者がカントとフィヒテに似ているのに殆どぞっとしたくらいだ。彼はこの両者よりも私に気に入った」。

(19) 前掲書コッタ(Cotta)編の十二巻一八九頁、一八八頁。『書簡集』は一七八六年に始めて公刊されて一七八九年に最後のが公刊された。しかし、ここでの引用の殆どの源の『ユリウスの神知論』(*Theosophie des Julius*)は一七八一年または一七八二年に一部は確かに、恐らく全体も書かれた。『哲学的書簡』の日付けと起源については、ユーバーヴェーク(Ueberweg)著『歴史家と哲学者としてのシラー』(*Schiller als Historiker und als Philosoph*)(一八八四年)七二頁より九六頁を参照。シラーの哲学的成長を理解する上でこの初期の作品が重要な意味を持つことについては、*Journal of English and Germanic Philology* 二三号(一九二四年)一六一頁より一七二頁のJ・ゲーベル(Goebel)の論を見よ。シラーがこの時期にライプニッツの著作を直接に知っていたことはありそうにもないが、カルルスシューレの生徒としてライプニッツ＝ヴォルフの体系の一般原理には早くから親しんでいた。この点についてはW・イフェールト(Iffert)著『若きシラー』(*Der junge Schiller*)(一九二六年)三四頁より五七頁を参照。

(20) 『哲学的書簡』の最後の手紙、前掲書の一九三頁。

(21) ユーバーヴェーク著前掲書八八頁。

(22) 『美的教育についての書簡』(*Briefe über die aesthetische Erziehung*)十一番書簡。

(23) 十五番書簡。

(24) 十三番書簡、傍点はラヴジョイによる。

(25) 十八番書簡。

(26) 十六番書簡。

(27)『詩についての談話』(*Gespräche über die Poesie*) 一八〇〇年。
(28) A・E・ラスキィ (Lussky) 著『ティークのロマン主義的アイロニィ』(*Tieck's Romantic Irony*)(一九三二年) 七八頁、六八頁より六九頁。
(29)『哲学について――ドローテァに』(*Ueber die Philosophie: an Dorothea*)『アテネウム』誌 (*Athenaeum*, II, I, 15-16.)。
(30)『心情の吐露』(*Herzensergiessungen*) 一七九七年。
(31)『演劇芸術と文学についての講義』(*Vorlesungen über dramatische Kunst und Literatur*) 一八〇九年、全集のV巻5章一五頁より一六頁。
(32)『断章』(一七九八年) *Athenaeum*, I, 2, 36.
(33) *Athenaeum*, III, 15.
(34)『著作集』(一八三七年) 二巻、二二四頁より二二五頁。
(35)『宗教論』(*Reden*) 第二講。
(36) 同書。
(37)『独白録』(*Monologen*) シーレ (Schiele) 編 (一九一四年) 七二頁より七四頁。翻訳の或る語句はH・L・フリース (Friess) 編の英語版『シュライエルマッハー独白録』(*Schleiermacher's Soliloquies*)(一九二六年) 七六頁より七八頁を採用した。
(38) シーレ編、同書七七頁より七八頁。
(39) シーレ編前掲書三〇頁より三一頁。普遍性と無比性を発展させることの論理的または実際的な矛盾についてはシュライエルマッハーは気がつかなかったようである。彼にとっては両者は一つの目標の二つの側面であった。

(40)『宗教論』第五講。
(41) 前と同じ。

第十一講

(1)『先験的観念論の体系』(*System of Transcendental Idealism*)(一八〇〇年)全集一巻、三部、四九二頁。一八〇二年発表の『ブルーノ』(*Bruno*)と『解説』(*Further Expositions*)のような同一哲学の体系を記述したものも参照。これらにおいても強調されているのは二番目の考え方である。
(2) A・ヴァイス(Weiss)編『シェリング著作集』(*Schellings Werke*)(一九〇七年)三巻、四九九頁。
(3) シェリングの解釈を正当化するように思われる個所があるにせよ、これはライプニッツの真の立場ではなかったことは、既に我々が見て来ている。
(4)『シェリング著作集』三巻、四九三頁より四九四頁。
(5) オーケンの形而上学的進化論が彼にとって自然的な遺伝によって種が変化するという理論を意味したかははっきりしない。
(6)『自然哲学教科書』(*Lehrbuch der Naturphilosophie*)一巻、四頁。
(7) 同書二二頁。ベルグソンの創造的時間(temps-créateur)の原型が疑いもなくここにある。こう言ったからと言ってベルグソン氏がこの観念をオーケンから直接に得て来たというつもりはない。
(8) 同書二六頁。
(9)『神聖なるものについての著述の記念』(*Denkmal der Schrift von den göttlichen Dingen*)一八

一二年。
(10) 前掲の全集一巻、八部、六四頁。
(11) 同書八一頁。
(12) 同書六三頁。
(13) 同書七〇頁。
(14) 同書七七頁。
(15) 前掲書(一八九九年)一八七頁より一八九頁。
(16) 『哲学の宗教的側面』(*The Religious Aspects of Philosophy*)(一八八五年)二四八頁より二四九頁。
(17) 私は「偶然的な」という語をスピノーザが定義した絶対的な意味で用いる。「我々が単に個物の本質のみに注意する場合に、その存在を必然的に定立する何ものも発見しない限り私はその個物を偶然的と呼ぶ」(『エチカ』四部定義三)(畠中訳を借用。ただしラヴジョイは一部省略して引用している)。
(18) 『科学と現代世界』(*Science and the Modern World*)二四九頁。シェリングの『神聖なるものについての著述の記念』六五頁に同様な概念のいささか曖昧な暗示があることに注目すべきである。

訳注

序文

＊1 Publications of Modern Language Association

第一講

＊1 ポープ『人間論』第一書簡二三一―三二行。

＊2 ジョン・ロック『人間知性論』一巻一章五節。

＊3 John Toland（1670―1722） アイルランド生まれの思想家。理神論をとなえた最初の一人。ロックの思想を徹底した。

＊4 ポープ『人間論』第二書簡一―二行。

＊5 Friedrich Schlegel（1772―1829） ドイツ・ローマン派の指導的な批評家。

＊6 Gaston Rageot（1873―1942） フランスの文学批評家。

＊7 Le Roy（1870―1954） フランスの哲学者、数学者。コレージュ・ド・フランスにおけるベルグソンの後任者。『新しい哲学――アンリ・ベルグソン』（一九二七年）その他の著書がある。アカデミー・フランセーズの会員（一九四五年）。

＊8　Shelley: *Adonais*（一八二一年）五二節。

＊9　Benjamin Paul Blood（1832―1919）　アメリカの詩人、哲学者。

＊10　George Santayana（1863―1952）　アメリカの哲学者。文芸評論と詩も書いた。

＊11　フランス式庭園は幾何学的ですっきり造園されているのに対し、英国風のはより自由で自然をそのまま生かしている感じを与える。

＊12　第六講の原注（8）を参照。

＊13　Alfred North Whitehead（1861―1947）　英国の数学者、哲学者。

第二講

＊1　William Hamilton（1778―1856）　英国の哲学者でエジンバラ大学で歴史と哲学の教授であった。スコットランド学派すなわち常識学派の最後を飾る。バークリの主観的観念論やヒュームの懐疑論に対抗し、人間共通の常識を究極の原理とした。

＊2　Henry Longueville Mansel（1820―71）　英国の哲学者。オックスフォードで教会史を講じた。ハミルトンの影響を受け、悟性によっては実在一般および神の認識は不可能であるとし、神は信仰によってのみ認識されるとした。

＊3　Herbert Spencer（1820―1903）　イギリス経験論の集大成とも言うべき十巻よりなる『綜合哲学体系』（*A System of Synthetic Philosophy*）（一八六〇―一八九六年）を公刊した。すべての面で進化の原理を基本とし、認識の相対性と絶対者についての不可知論を述べた。

＊4　James Boswell（1740―95）　スコットランドの法律家。サミュエル・ジョンソンの崇拝家で、

その伝記を書いた。転じて自分の崇拝する人物の言行を細大もらさず叙述する人物をボズウェルと呼び、ボズウェリアン（形容詞）とボズウェリズム（名詞）が出てきた。

＊5 William Ralph Inge（1860―1954） 英国の神学者。ケンブリッヂ大学教授、セント・ポール教会の首席司祭。プラトン主義的傾向がある。

＊6 Jonathan Edwards（1703―58） 植民時代の北アメリカの代表的神学者、哲学者。プリンストン大学総長。カルヴィニズムの立場を採った。

＊7 Benjamin Jowett（1817―93） 英国の哲学者、古典学者、神学者。プラトン哲学研究で高名。

＊8 Thomas Hill Green（1836―82） 英国の哲学者。ジョウェットを通じドイツ理想主義哲学の影響を受け、自我実在論を唱え経験論的、自然主義的、進化論的倫理学を克服しようとした。

＊9 ポープ『人間論』第一書簡四二―三行と四五―六行。

＊10 同書簡二三七―四六行。

＊11 James Thomson（1700―48） 英国の詩人。彼は『四季』によって従来の英国の詩の人工的な性質に異議を唱え、自然に対する感覚により新時代を拓いた。

＊12 ギリシャ語のヌースは英語では理性（reason）と訳されるが、プロティノスにおいては一者、善なる神の一段下位に立つ、神的精神で同時にイデア全体で、宇宙霊魂を産出するものを指す。

＊13 Ambrosius Macrobius 四世紀末のラテン文法家、著述家。キケロの注解で有名。

第三講

＊1 パウロにみちびかれてローマでキリスト教に回宗した人物。彼が書いたと言われる一連の作品

(ディオニュシオス偽書と呼ばれるもの)は別のディオニュシオスが書いた。この五世紀の作者はギリシャ哲学の教養を持った異教徒でキリスト教に回宗したらしいことは、作品の内容、すなわち新プラトン主義とキリスト教を綜合しようとしていることから知られる。

＊2 ディオニュシオスのこと。使徒行伝一七ノ三四によれば彼はアレオパゴスの裁判人とある。トマスはディオニュシオス偽書の注解をしている。

＊3 『神曲』の訳については野上素一氏の訳を参考にさせて頂いたが、per sua bontate を「その恩寵の力で」と訳されているが「その善の力で」という英訳の方がラヴジョイの立論の論拠としてはより有効である。

＊4 ドゥンス・スコトゥス説を支持する人々。ドミニコ会がトマス・アクィナスの説を中心にするのに対し、フランチェスコ会は、ドゥンス・スコトゥスがアウグスチヌス主義を基盤とし、アリストテレスをも取り入れて建設した体系を中心とした。この派は道徳の最終的根拠を神の意志に置き、或る者は神学的決定論の立場をとった。

＊5 William of Ockham(1285―1349) 英国のスコラ哲学者。フランチェスコ会員。唯名論の立場に立ち、実在論者と戦った。スコラ哲学の解体者と言われ、一四世紀の思想界に大きな影響を与えた。論理的、合理的な真理の領域から形而上学、神学をとり除いてしまった。

＊6 Pierre Abélard(1079―1142) フランスの哲学者、神学者。哲学上では唯名論と実念論の両極端に反対した。原罪を否定した。

＊7 Bernard de Clairvaux(1090―1153) クレルヴォーの修道院長。神秘主義者であり、アウグスチヌスの思想を基礎に主知的な弁神論を斥け、愛による神との一体を説いた。

＊8 Petrus Lombardus(?―1160) スコラ哲学者。『命題集』は一種の教科書となり、当時のスコ

ラ哲学者はこれについての注釈を試みた。

＊9　Origenes（185―253）　エジプトに生まれ、新プラトン主義の立場からキリスト教の教義を確立しようと努力した。彼はプロティノスと違ってヌースを最高とした。

＊10　トマス・アクィナスの別称。

＊11　三三一頁参照。

＊12　Albertus Magnus（1206/07―80）　スコラ哲学者、ドミニコ会員。トマス・アクィナスの師。信仰の真理は超自然的であり、理性の及ばないものであり、理性は自然の領域を理解するのみであるという区別を確立した。

＊13　Nicolaus Cusanus（1400―64）　ドイツの神秘主義哲学者。新プラトン主義に立ち数学者としても秀れていた。『知ある無知』に示されるように神を矛盾規定の統一、「反対の一致」としてとらえた。無限の観念を導入することによって当時の支配的な宇宙観を超えた。

＊14　Sir Thomas Browne（1605―82）　英国の人で医学をモンペリエ、パデュア、ライデンで学んで医師となった。『キリスト教道徳』は死後公刊され、後にサミュエル・ジョンソンにより編纂された。『医者の宗教』（*Religio Medici*）は信仰告白の書であり、しかし懐疑論に染められたもので、多様な主題を扱う。

＊15　Edward Young（1683―1765）　法律を修めたが政治家の道に挫折し聖職に就き劇と諷刺詩を書いた。『夜想』は大いに人気があった。

＊16　Averroës（1126―98）　アラビアの哲学者でアラビア名はイブン・ルシュド。中世から近世の西洋に影響を与え、ラテン・アヴェロエス派が形成された。彼はアリストテレスの注解を多く書き、スコラ哲学者が「注解者」と言う時には彼を指すほどであった。

＊17　Petrus Ramus（1515—72）　フランスのヒューマニスト、論理学者。パリ大学教授。アリストテレスとスコラ哲学に反対し独自の論理学を形成しようとした。その影響の下にラムス学派が形成された。

＊18　『哲学の慰め』の訳は畠中氏の訳を参照させて頂いたが、氏の「万人」は英訳のように「万物」と解された方が、ラヴジョイの立論にはより役立つと思われる。

＊19　Torquato Tasso（1554—95）　イタリアの詩人。フェラーラのエステ家で多年を過した。主著は『イェルサレムの解放』という叙事詩である。アリオストと並び称されるイタリア・ルネッサンスの詩人。

＊20　John Norris（1657—1711）　英国の哲学者。プラトンと新プラトン主義を研究し、カドワース、H・モアとともにケンブリッヂ・プラトン学派に数えられる。

＊21　Porphyrios（233—304）　新プラトン主義者。シリアに生まれ、アテナイにおいてロンギノスに学び、ローマでプロティノスの弟子となる。『アリストテレス範疇論入門』で有名である。

＊22　『失楽園』五巻五〇九—一二行。

＊23　Francesco Romulo Roberto Bellarmino　イタリアのカトリック神学者。イエズス会員。プロテスタント主義に対抗してカトリック教会の弁護につとめた。

＊24　Joannes a Cruce（1542—91）　聖人。スペインの人でカルメル会員。神秘神学博士。聖女テレジアと協力してカルメル会の刷新につとめた。秀れた詩によって彼の神秘思想は現代にも影響を及ぼす。

＊25　Robert Fludd（1574—1637）　英国の医師で神秘思想家。パラケルススの思想に触れ物質的真理と精神的真理を統一する哲学体系を立てようとした。

*26 Bernardino Telesio（1508－88） イタリアの自然哲学者。アリストテレスの哲学に反対し、経験世界を物質と非物質的な力（熱と冷たさ）とによって説明する。

*27 ユダヤ教において仲間の徒の間でのみ代々伝えられてきた聖書の密教的解義。九世紀にイタリアに起こり、ドイツ、スペイン、プロヴァンスに移った。

*28 グノシスは知識を意味するギリシャ語。紀元一世紀から二世紀にかけてローマから中近東一帯に流行した宗教思想。東洋の宗教思想とギリシャ哲学思想が混合したもの。人間と世界、世界と神の二元的断絶を認めつつ絶対的始原としての神からより下位の神を分出させてこれを世界の創造者とする。一方人間救済は神の自己救済とされた。この救済がグノシスでありキリストはこのグノシスを地上にもたらすものとされた。この説はイエスの人格を忘れる傾向があるとされ異端とされた。

第四講

*1 二世紀の天文学者。生没年不明。その著『偉大な数学的体系』は誇張されて『アルマゲスト』（最大の書）と呼ばれる。ただし内容はどこまでが本人の独創なのか、単なる集大成なのか不明。この地球中心の理論はコペルニクスによって太陽中心が唱えられるまで支配した。

*2 Moses Maimonides（1135－1204） ユダヤ哲学者。コルドバで生まれカイロで神学者、医学者として尊敬を受けた。アヴェロエスの影響を晩年に受けた。彼はアリストテレスの説とユダヤ教の神の説とを知識と信仰とをそれぞれの領域にわけることにより生かそうとした。

*3 古代の人の考えでは宇宙は中心を共有するいくつかの天球または層よりなっていたと考えた。そして恒星や惑星はこの天球層に固定していて天球層と一緒に動くと考えた。そして回転する速度

の異なる天球層の動きで生じると考えた妙なる音楽を天球層の音楽と呼んだ。

＊4 Roger Bacon（1210/14－92?） スコラ哲学者。フランチェスコ会員。英国ドーセット州で生まれオックスフォードで学んだ。彼は神学があらゆる英知を含むと考えた。

＊5 Guillaume Saluste Du Bartas（1544－90） フランスの軍人、詩人。英国でエリザベス女王に会い、フィリップ・シドニィに歓迎され、スペンサーやダンに影響を与え、『失楽園』を書いたミルトンは、『一週間』を意識していたと思われる。

＊6 John Wilkins（1614－72） 英国の聖職者、科学者。

＊7 Israel Zangwill（1864－1926） 英国のユダヤ文学界の大物であった。多数の小説を書いた。

＊8 Luca Signorelli（1441－1523） イタリアの画家。解剖学の知識を絵画に応用した最初の人。

＊9 Tycho de Brahe（1546－1601） デンマークの天文学者。コペルニクスの後に出たがプトレマイオスの体系を捨て切れなかった。しかし彼の秀れた観測データによってケプラーは彼の法則を樹立した。

＊10 Johannes Kepler（1571－1630） ドイツの天文学者。ティコ・ブラーエの弟子となり、ブラーエの精密な観測結果に基づいてケプラーの法則を発見した。ニュートンの万有引力の法則の先駆となった。

＊11 第四講原注（2）参照。

＊12 充分理由の原理の意味については本書の第五講が説明している。

＊13 Thomas Paine（1737－1809） 英国生まれの政治論者。一七七四年に渡米し『コモン・センス』を出版し、独立宣言に思想的根拠を与えた。後渡仏し市民権を与えられ国民議会に選出された。

＊14 Tommaso Campanella（1568－1639） イタリアの哲学者。『太陽の国』は理想の教皇をいただ

く共産的理想国家を描きユートピア思想の源泉となった。

＊15 Francis Bacon（1561－1626） イギリスのルネッサンス期の最大の思想家で近世哲学の祖と言われる。スコラ哲学を批判し科学的方法の確立を目ざした。その最も著名な作品は、『ノーヴム・オルガーヌム（新機関）』である。この中でスコラ哲学的三段論法を批判した。

＊16 Robert Burton（1577－1640） 英国の聖職者で『憂鬱の解剖』で有名。

＊17 Hasdai Crescas（c. 1340－1412） スペインのユダヤ哲学者。彼のアリストテレス批判はピコ・デラ・ミランドーラとブルーノに影響を与えた。

＊18 Giordano Bruno（1548－1600） イタリアの哲学者。クサヌス、テレシオの書の影響を受けた。クサヌスの世界の無限性という宇宙観とコペルニクスの地動説を結合して、無限の宇宙の中に多くの太陽系があり、絶えず生成し消滅すると考えた。この説が異端とされ火刑に処せられた。

＊19 エピクロス派の自然学はデモクリトスの原子論を踏襲している。ただし彼と異なって原子の運動に一種の恣意的な性格を認めた。

＊20 Elizabeth de Bohême（1618－80） ボヘミヤの王フレデリック五世の娘。母とハーグに滞在中デカルトを知る。後に僧院に学校を設立し、これが言わば最初のデカルト主義の学校となった。

＊21 Joseph Addison（1672－1719） 英国の古典学者として著名。スウィフト、スティールと交友があり、後者の『タットラー』誌に寄稿し、後に共同して『スペクテイター』誌を発行した。詩、劇、評論が多く、政治的にも活躍した。

＊22 Henry More（1614－87） ケンブリッヂ・プラトン学派の指導者の一人。彼の最も有名な作品は『神秘的な対話』である。

＊23 Joseph Glanvill（1636－80） 英国のバースのアベイ教会の牧師。スコラ哲学を攻撃した。魂

がこの世に生まれる以前から存在していることを信じた。

＊24 Bernard le Bovier de Fontenelle（1657―1757） フランスの文学者、思想家。デカルトの物理学を紹介した。十八世紀啓蒙主義の先駆として当時の最も進歩した諸学の成果を体系づけた。ボワローを相手として新旧論争において近代文学の優越を説いた。

＊25 この作品の対話の人物。

＊26 Robert Boyle（1627―91） 英国の化学者。ボイルの法則の発見者。

＊27 Richard Blackmore（?―1729） アン女王の侍医。いくつかの長詩を書く。

＊28 John Dennis（1657―1734） いくつかの劇を書き、その一つの『アピウスとヴァージニア』はその大言壮語のせいでポープの『批評論』の中で皮肉られた。彼の批評はいくつかあり『シェイクスピアの天才と作品』などがある。

＊29 Titus Lucretius Carus（99―55B.C.） ローマの詩人。作品は『物の性質について』であり、エピクロス派の原子論を述べている。

＊30 Samuel Johnson（1709―84） 英国の詩人、辞書編集者、伝記作家。作家活動は広い範囲にわたり、『ジョンソンの辞書』はその定義の独自さによって有名であり、シェイクスピアを編集し、詩人の伝記を書き、『人間の希望の空しさ』は彼の最長で最良の詩とされている。また「文芸クラブ」をつくり、そこにレイノルヅ、バーク、ゴールドスミスが集まった。彼の伝記はボズウェルによるものが余りにも有名。

＊31 George Edward Bateman Saintsbury（1845―1933） エジンバラ大学教授。英国文学についての著書多数。『批評の歴史』と『韻律法の歴史』などが著名。

＊32 『夜想』の主人公。

＊33　Johann Heinrich Lambert（1728—77）　ドイツの自然科学者、数学者。

第五講

＊1　Guillaume Budé（1467—1540）　のこと。フランスの学者でギリシャの言語と文学との研究の復活に大いに力があった。

＊2　Bertrand Russell（1872—1970）　英国の論理学者、哲学者、社会評論家。

＊3　Samuel Clarke（1675—1729）　英国の哲学者、神学者、ケンブリッヂ大学でデカルト哲学を研究したが、友人のニュートンの説をも研究した。神の存在、霊魂の不滅、意志の自由を合理的に確立しようとした。

＊4　Anselmus Cantaberiensis（1033—1109）　北イタリアに生まれ、カンタベリーの大司教に任じられた。「知解を求むる信仰」という立場から、聖書の権威にのみ依らず、理性的に神の存在を論証しようとしたことで有名。

＊5　John Pearson（1613—86）ケムブリッヂ大学の学寮長。チェスターの主教。ロンドンでの説教を集めたものが『信仰個条の解説』（*Exposition of the Creed*）として刊行され、一種の標準的作品と見なされた。

＊6　Pierre de Ronsard（1524—85）　フランスの詩人。

＊7　William Drummond of Hawthornden（1585—1649）　エジンバラに生まれ、詩と政治的文書を書いた。『スコットランドの歴史』も著した。

＊8　François de Salignac de la Mothe Fénelon（1651—1715）　フランスの聖職者。カンブレの大司

教。

＊9　フランスの哲学者ビュリダン（Jean Buridan）の用語。

＊10　Joachim Lange（1670—1744）ドイツのプロテスタント神学者。ヴォルフに反対した。

＊11　Christian Wolff（1679—1754）ドイツ啓蒙期の指導的哲学者。彼はその師ライプニッツの説をスコラ的に組織し、ライプニッツ＝ヴォルフ派を形成した。カントははじめこの派に属し、のちに合理主義的独断論の代表として批判した。

＊12　Nicolas de Malebranche（1638—1715）フランスの哲学者。デカルト哲学における物と心の二元論、摂理と自由の二元論を機会原因論で解決しようとした。

第六講

＊1　Edmund Law（1703—87）英国の聖職者。神学および哲学の著述家。

＊2　Henri Bernardin de Saint-Pierre（1737—1814）フランスの著述家。

＊3　Henry St. John Bolingbroke（1678—1751）英国の政治家。哲学者とは言えないが理神論的な論文を書き、ポープに影響を与えた。

＊4　William Petty（1623—87）政治経済学者。王立協会会員。ホブスの友人。重商主義者の誤りを示した。

＊5　Jean Formey（1711—97）ドイツの牧師、多方面の作家。

＊6　Charles Bonnet（1720—93）スイスの哲学者、博物学者。

＊7　Soame Jenyns（1704—87）英国の下院議員。

＊8 Albrecht von Haller（1708―77） スイスの生理学者。ゲッティンゲン大学教授。詩集もある。
＊9 『人間論』第一書簡一二三―六行。
＊10 『人間論』第二書簡五一―二行。
＊11 同書簡二三―八行。
＊12 同書第一書簡二四三―四行。
＊13 ジョージ三世の即位以後トーリィ主義者の主目的は、教会と国家における権威と秩序を守ることであり、より多くの宗教的な自由を与えることに反対した。政治的には選挙権の拡大に一貫して反対であった。トーリィという語は、正式には一八三〇年頃「保守的な」という語に席を譲った。

第七講

＊1 Pierre Bayle（1647―1706） フランスの哲学者。科学的伝記と、宗教批判の先駆である『歴史的批判的辞書』を著した。
＊2 『人間論』第一書簡二八三―五行。
＊3 同書簡四五―六行。
＊4 同書簡四七―八行。
＊5 Publius Vergilius Maro（70―19B.C.） ローマの詩人。『アエネイス』を書いた。この叙事詩はラテン文学を学ぶ者が仰ぎ見た叙事詩の傑作とされた。
＊6 カドモスはテーベの始祖でヘルミオーネを妻としたが、この二人を題材にした歌劇をリュリィ（Lully）が作曲した。一六七三年のこの歌劇はフランスで始めてのものである。

＊7　イラン南西部の都市。
＊8　ギリシャ神話のフリュギア王。手に触れる一切のものを黄金に変える力をシーレーノスによって与えられた。
＊9　Robert Louis Stevenson（1850—94）　英国の詩人、小説家。『子供の詩の園』が子供に親しまれている。
＊10　これは英語の everything に関する逆説。この単語は形式の上では単数であり実際は全部を意味する。

第八講

＊1　François Marie Daudin（1774—1804）　フランスの博物学者。
＊2　Andrea Cesalpino（1519—1603）　イタリアの医者、生物学者、哲学者。
＊3　Georges Louis Leclerc de Buffon（1707—88）　ニュートンの体系をフランスに紹介した。王立植物園長。
＊4　Oliver Goldsmith（1730—74）　アイルランド生まれの英国の小説家。エジンバラとライデンで医学を修めた。
＊5　Abraham Trembley（1710—1784）　スイスの博物学者。
＊6　Anton van Leeuwenhoek（1632—1723）　オランダの博物学者。顕微鏡を製作して動植物を観察した。
＊7　James Burnett Monboddo（1714—99）　スコットランドの人類学の先駆者。

＊8　Phineas Taylor Barnum（1810―91）　アメリカの実業家。サーカスの興業師。
＊9　Jonathan Swift（1667―1745）　ダブリン生まれの英国人で国教会に属した。アイルランド問題について小冊子を多数書いた。ロンドンを何度か訪れポープ、ゲイ、スティールと交際した。ドライデンの従弟である。
＊10　Ponce Denis Ecouchard（1729―1807）　フランスの詩人。

第九講

＊1　Henry Brooke（1703―83）　アイルランドに生まれ、小説と劇と詩を書いた。
＊2　Noël Antoine Pluche（1688―1761）　フランスの学者、著述家。
＊3　John Ray（1627―1705）　英国最大の博物学者の一人。哲学にも興味を持った。
＊4　『伝道の書』一章九節に「日の下には新しいものはない」とある。
＊5　Gotthold Ephraim Lessing（1729―81）　ドイツの批評家、劇作家。
＊6　Jakob Michael Reinhold Lenz（1751―92）　ドイツの詩人、劇作家。
＊7　Ralph Waldo Emerson（1803―82）　アメリカの詩人、思想家。人間の魂には宇宙の魂と同一の神性があるという考えを持ち、合理主義に反対し個性を重んじ物質に対する精神の優位を説いた。十九世紀前半のアメリカ思想を支配した。
＊8　Johann Friedrich Blumenbach（1752―1840）　ドイツの解剖学者。人類学者。
＊9　「アキレスはカメに追いつけない」などの逆説に用いた論法。
＊10　Pierre Louis Moreau de Maupertuis（1698―1759）　フランスの数学的物理学者。

＊11　William Pepperell Montague（1873－1953）　アメリカの哲学者。
＊12　Mark Akenside（1721－70）　英国の著名な医者。多くの詩を書いた。
＊13　Charles Sanders Peirce（1839－1914）　アメリカの哲学者。論理実証主義の先駆者。
＊14　Paul Henri Thiry, Baron d'Holbach（1723－89）　ドイツに生まれフランスに帰化した唯物論哲学者。
＊15　Jean Baptiste René Robinet（1735－1820）　フランスの哲学者、文法学者。
＊16　Thomas Bartholin（1616－80）　コペンハーゲンの大学の解剖学の教授。
＊17　Anne Robert Jacques Turgot（1727－81）　フランスの思想家、経済学者、政治家。初期において進歩の楽天的発展史観を示す。
＊18　Denis Diderot（1713－84）　フランスの思想家。『百科全書』の編集と発刊にかかわった。
＊19　Johann Gottfried von Herder（1744－1803）　ドイツの哲学者、文学者。
＊20　Charles Perrault（1628－1703）　フランスの詩人、批評家、アカデミー会員。
＊21　Sebastian Vauban（1633－1707）　フランスの軍人。ルイ十四世に重用された。

第十講

＊1　Longinos（213－273）　新プラトン主義の哲学者、文献学者、修辞学者。
＊2　Joshua Reynolds（1723－92）　イギリスの肖像画家。
＊3　Thomas Warton（1728－90）　オックスフォードの詩学教授。
＊4　『詩学』を指す。

＊5　『詩論』を指す。
＊6　St. Bernard（1090—1153）　フランスの偉大な伝道者。アベラールに反対した。
＊7　Novalis（1772—1801）　実名は Friedrich Leopold von Hardenberg である。ドイツ・ローマン派の詩人、小説家。
＊8　Friedrich Gottlieb Klopstock（1724—1803）　ドイツの詩人。
＊9　Wilhelm Heinrich Wackenroder（1773—98）　ドイツの詩人。ティークを始めとしてローマン派の人々に大きな影響を与えた。
＊10　Margaret Fuller（1810—50）　アメリカの著述家でエマソンと協力し『ダイアル』誌を創刊した。
＊11　原文は positive religion である。この表現は、自然法に対する意味での実定法というような意味で positive を用いている。つまり理神論とか自然宗教ではなく、はっきりした具体的な教義を持つものであるから啓示宗教と和訳した。

第十一講

＊1　Lorenz Oken（1779—1851）　ドイツの哲学者。彼の進化論的思想は大きい影響を及ぼした。
＊2　Friedrich Heinrich Jacobi（1743—1819）　ドイツの信仰哲学の組織者。ミュンヘン学士院の総長。
＊3　Josiah Royce（1855—1916）　アメリカの哲学者。ハーヴァード大学教授。

訳者あとがき

ここに訳出したラヴジョイの著作の副題は「一つの観念の歴史」となっている。すでに本訳書の第一講を読まれた方には、「観念の歴史」という一つの分野が思想史の中に或る地歩を確立し始めたことを感じられたのではなかろうか。そこで本書の第一講となるべく重複しない範囲で「観念の歴史」という現在のアメリカでは独立した学問としての市民権を得たように思われるものの発生について簡単な紹介をしてみたい。

一九二三年に米国のジョンズ・ホプキンス大学に一つのクラブが生まれた。その主宰者の一人は故アーサー・ラヴジョイ教授であり、その名称は、「観念の歴史クラブ」であった。他の二人の主宰者はジョージ・ボアスとギルバート・チナード教授であった。このクラブの参加者の中で著名な人物は、当時スミス・カレッヂにいて後にコロンビア大学に移ったマージョリ・ニコルソン教授、W・F・オールブライト、ルードウィッグ・イーデルスタイン、ハロルド・チェーニス、ベントレー・グラース、オウセイ・テムキンであった。その他若い学究が多数参加した。ちなみにニコルソン教授は文学、オールブライトは考古学、イーデルスタインとチェーニスは古典学、グラースは生物学、テムキンは医学史の専門家であった。

このように専門の違う学者が、このクラブを舞台にして一カ月に一度集まって様々な観念を討議した。今でこそ「学際的」というよく熟していない輸入語が我々の周囲でも流通し始めてはいるが、一九二三年のアメリカにおいては、そのような言葉すら存在しない程、各専門部門は孤立しておったことは想像に難くないし、何もこのことはアメリカに限らず、十九世紀から今世紀へかけての世界の大勢であり、最近の日本の大学でも綜合講座の必要が声高く叫ばれ、専門の垣根を越えようとする熱心な、そして時には性急で愚劣な傾向を見聞するにつけても、異なる分野の研究家がさわやかな実りのある協力関係を樹立することの難しさは充分想像できよう。そうであればこそ、思うにこのクラブの出現は、その一見ささやかな出発にもかかわらず意義の深いものであった。

さて月に一回の例会で様々な観念が、その発生と変転と、或る場合には消滅についてたどられた。たとえば本書で扱われた「存在の連鎖」という観念の起源と変化と消滅とが歴史的にたどられたように。

やがてこのクラブは着実に発展し、一九四〇年には、フィリップ・P・ウィーナーを主幹とする編集陣により *The Journal of the History of Ideas* が刊行され現在に至っている。それゆえどのような観念が問題になって来たかを知りたい読者は、この雑誌のバックナンバーに当って見られたらよいと思う。

また方法としての「観念の歴史」の影響は、先述の雑誌を越えて拡がったことは、たとえば四〇年代に刊行された研究書の題名と内容とを考えると、容易に想像される。今思いつくままに挙げてみると、ハーシェル・ベーカーは一九四七年にハーヴァード大学出版部から『人間観』(*The Image of Man*)を出し、その副題を「古代、中世、ルネッサンスにおける人間の尊厳という観念の研究」としている。この書物の内容はこの副題が充分語っているので説明の要はないであろう。また一九六二年にはハーヴァード大学出版部からロバート・フープスは『英国ルネッサンスにおける正しき理性』(*The Right Reason in English Renaissance*)を出版したが、この書名によると、なるほど「正しい理性」という観念は扱っているが、この観念の歴史は扱っていないように思われる。つまりルネッサンスにおけるこの観念を扱っているだけのようであるが、やはり話はソクラテスから始まり中世を通じルネッサンスに至り、ミルトンで終っている。つまり「観念の歴史」的手法である。ベーカーもフープスも「観念の歴史」的手法を用いながら、既に方法論的自意識はあまりない。すくなくとも序論で正当化をする必要を感じる程には自意識がない。もっともフープスは前書きで自分はベーカーより歴史的な見方を学んだとは言っている。そのベーカーは、ラヴジョイの本書は読んで引用もしているが別に方法論で恩恵を受けたとは言っていない。この二人の沈黙の意味は、ラヴジョイが本書の第一講をわざわざ自分の方法論についての説明に充てたことを考えると、重要に思われる。つまりこの二人の時代になるとこの方法はもう既に充分定着してしまっていて弁護論の要は無いのであろう。書物の世界だけではなく米国の大学のカリキュラムにも「観念の歴史」という課目がすくなからず配当されていることからも事態は明らかである。クラブが発足し、雑誌が発刊され、大学のカリキュラムに採用されているという事実を概観すると、「観念の歴史」が精神史の一部門として米国で市民権を得ていることは承認されるであろう。ただ一つだけつけ加えると、本書の出版されたのは一九三六年でクラブ創立後十三年経てはいるが、まだ雑誌が創刊されていたわけではないから、ラヴジョイは、自分の方法について語る充分な機会を持ったのは始めてであるから相当力を入れて書き第一講は言わば方法論的序説となっている。であるから第一講は性急な読者にとってはつまずきになろうし、方法論に興味ある読者にとっては参考になるであろう。いずれにせよ、この第一講はラヴジョイの「観念の歴史」についてのマニフェストであるので訳者が今さら「観念の歴史」とは何かを説明するにはおよばない。

しかし方法論に興味のある読者のために、チャールス・スクリブナー社より刊行されたジョージ・ボアス著『観念の歴史』を挙げておく。また方法論ではなく、実際にどのような成果が挙がっているか知りたい読者には、先述の雑誌のバックナンバーと並んで、一九七四年にチャールス・スクリブナー社より刊行された *The History of Ideas Dictionary* を挙げておこう。この辞書は扱う項目が、たとえば、「存在の連鎖」というように、「観念の歴史」が扱うような単位概念であるという特徴を持つ極めてユニークなものであり五巻より成り索引がついている。

以上の短いスケッチにおいて思想史の一分野としての観念の歴史の生立ちと成長を振り返って見たわけであるが、抽象的な理論は別にして、本書の中で具体的にこの方法はどのように生かされたかが問題である。一つの観念がどのように発生、変態、消滅したかが実に巨大な眺望の中で描かれる。存在の連鎖の観念が、ラヴジョイが第一講で言うように、「哲学、科学、文学、芸術、宗教または政治の別なく」、あらゆる領域の境界線を無視して追い廻される。勿論、観念は国家や言語の境界線を無視して自由に伝播する。それを追い廻すラヴジョイにもまた言語の壁が無いかの如くラテン語、イタリー語、フランス語、ドイツ語の文献を渉猟する。彼に言わせると、言語別に専門部門がわけられている現行の習慣は、外国文学の教授が語学教師であった時代の遺物だという。そして彼は、変相した観念を思わぬ所でつかまえ、我々にその姿をこんなところにもいたぞとばかりつきつける。その腕前は見事というより言いようがない。たとえば十八世紀の生物学の領域にまで踏み込んで、「存在の連鎖」の観念を追いかけ、細菌によって病気が伝染することがパスツールによって医学的に証明されるずっと以前に「充満の原理」の純粋に論理的な結論として人々に依って想像されていたことをラヴジョイは指摘する。ちょうど未知の元素が周期律表の空所を埋めることが予言されるように、現実の科学の発見がア・プリオリな思弁を後追いする例は、この生物学の例に留まらない。類似する例はコペルニクス、ティコブラーエ、ケプラー等の一連の学者の成果にも見られる。小さい方の無限の例である細菌から大きい方の無限を扱う天文学に至るまで、ラヴジョイは見渡し、顔つきこそいささか変っているものの、同じ観念を確かな手つきで摑まえる。そしてこの観念が、自らの内包する矛盾に耐えかね、また時間との矛盾に耐え、シェリングに至って崩壊する時のドラマを第十一講で述べる際の迫力は読む者を興奮させないではおかないであろう。つまり一つの観念の生成と発展と変態と消滅が、或る時は永遠の相の下に、或る時は同時代の人の目を通し、緻密でかつ悠々とした筆致で描き出されている。そしてこのような結果を生んだのは、彼の方法論の成功とも言えようが、勿論、方法論は大枠を与えるだけであって、彼の個人的資質による所が多いであろう。しかしながら残念にも彼の資質を一般的に云々する能力は訳者にはない。何故なら私は哲学を専門とする者ではないからである。しかし彼の哲学者としての目が並でないことはライプニッツを論じる際の目配り、つまりバートランド・ラッセルを念頭に置いた上での発言からも一端はうかがえるようである。しかし素人の発言は慎しみたい。以上の様にラヴジョイが第一講において方法論として述べたことを第二講以下で実践して行く様子に触れながらこの書物の性質の一端を見た。

観念の歴史の方法は、ラヴジョイによれば学問のすべての領域をその領域とするわけであるが、逆に文学研究も観念の歴史の研究から恩恵を得るところは多く、副産物と言って片付けられないのではなかろうか。本書に例をとれば、ポープの引用の数の多いことに読者は驚き、この詩人の理解は本書の扱う主題との関連によって著しく深まるのではなかろうか。またT・S・エリオットはかつてダンテとトミズムの関係に言及したが、ダンテの思わぬ片言隻語と思われるものが実は、ラヴジョイの示す大いなるコンテキストの中では必然的な重要な言葉として示されるわけである。たまたまボエチウスとダンテについては、訳者が参照した和訳に関して、このコンテキストとのずれを発見したので訳注に示しておいた。誤訳というわけで言うのではなく、訳文も観念の歴史の研究より恩恵を受ける余地があるものであるということを言いたくてこの例を挙げた。或る一冊の本の結果、たとえ一つの語にせよその意味の理解が深まっただけでもその書物は大変な貢献をしたことにならないであろうか。

観念の歴史家ラヴジョイ自身も、第一講からも明らかなように、文学研究への彼の方法の貢献を意識している。つまり文学作品において観念の果す役割は何であるかという問題はなるほど正面から取り上げ結着をつけようとはしないが、はっきり意識されている。勿論この問題に彼が首を突込まなければならない必然性はないとも言える。彼が描き出した観念の歴史をどう利用するかは全く文学研究家の主体的判断によるのであろうし、たとえばシェイクスピアの或る作品が、中世の道徳劇みたいに、そこに盛り込まれた観念の分析の完了とともに、その意味を表出し切るということもあり得ないのは自明のことであろう。しかし哲学者は哲学に、文学者は文学に、思想史家は思想史に、くもは巣のはり方に精を出せばよいのだと見得を切ることだけでは済まない情況が本書の成立の背後にはあった。エリオットがダンの詩について言った、彼は思想について情念を感じるという今では余りにも有名になってしまった言葉は、文学における観念の地位が単なる飾り以上の有機的なものであることを示すものであろう。ところがまた一方ではフランス象徴詩の詩論によれば、たとえば「哲学の痕跡はいささかもなく」というマラルメの言をまつまでもなく、詩において観念が演ずる役割は最小にとどめられている。また文学研究を心理学の立場から実行したI・A・リチャーヅによれば詩の中でステートメントは凝似ステートメントであると言う。つまりその真否は余り問題にならないようである。詩の扱う観念についての色々な立場は、詩の中心は観念なのかイメージなのか、構造なのか手ざわりなのか、内容なのか形式なのかというようないくつかの対立する単語のセットとなって果しなく続いている。用いられる術語が変化するのみで、基本的な争点は未だに存在する。このような事情の下でラヴジョイは自分の方法が文学研究者にどう受け取られるか考えたのであり、訳者にも一つの問題を突きつけている。

観念の歴史に精通しても文学作品の意味が汲み尽せたわけではないことは先程も述べたように自明であるが、観念の歴史を知らないでは作品理解の必要条件の一つを欠くことになろう。ダンの詩やシェイクスピアの劇が「存在」とか「意志」とか「理性」という観念の歴史を或る程度知らないでどうして理解できようか。訳者は英文学を専攻するものではあるが、文学研究における観念の理解の重要性を日頃痛感するので、ラヴジョイにこの点で共鳴したことが、恐れを知らぬ行為とも思ったが本書の訳出を引き受けてしまった理由の一つである。しかしこの点についてこれ以上私が論じるよりも、W・K・ウィムサット（Wimsatt）著『言葉によるイコン』（*The Verbal Icon*）に収められた「歴史と批評」と題した章を参照されるとよいと思う。特に同書二五五頁以下は「観念の歴史」の限界を論じている。以上のことから本書の成立の背後にあった問題の一つが明らかになったであろう。

最後になったが、方法論とは別に、この書物の面白さを語るという大事なことが残ってしまった。ここでは訳者は一読者としての感想を述べるわけであるが少々恐れを感じる。たとえば、ラヴジョイの指摘によって、コペルニクスの地動説がもたらした変化は、単に古い考えを新しい考えが打ち破ったなどという単純なことではなく、地球中心的ではない方法で天を配列する方法の方が、プトレマイオス的配列よりもキリスト教神学によく調和すると考える方が実際辻褄が合っていて、だからケプラーは、この説を支持したのだということを知った。そしてこのようなことを知った私は或る観念は歴史の中では、後世の者にはおよそ想像もつかない方向へ、意外な要因によって動くという事実を眼前につきつけられ、ルネッサンスの人間は我々文学研究者が歴史的感覚などと僭称しているものによって誤って想像されるのとは全く違った行動をしたのではないかともう一度考え直さざるを得なくなる。そしてラヴジョイの指摘に感謝する。またダーウィンによって一朝にして進化論が成立したのだと考えることがいかに人間の思弁の力に対する過小評価であるかは、第十一講における観念のドラマ、すなわちプラトン的神がシェリング的神に変って行く際のダイナミックな思弁の力を見た者にとっては明白である。ダーウィン以前の数十年間、進化論的観念があらゆる所で発酵を始め爆発寸前になっていたことを知ってあらためて驚いたのは私のみではなかろう。しかしこのようなことを書くと、或る博学な人は私の知識の浅いことに驚き、そんなことは専門家はとうに知っていたことなのだ、それを今さら驚くとは何ごとかと叱られるかも知れないという恐れをも感じる。しかし一読者としての訳者の恐れは原著者によって充分予想されていた。彼は観念の歴史家は「いくつかの分野より材料を集めざるを得ないので必然的にすくなくとも綜合の或る段階では非専門家にありがちな誤りを犯してしまうだろう」という風に危険を充分承知しながらも、自らの仕事はやる価値があるのだと信じていた。哲学者のラヴジョイが自らの領域の外へ危険を承知で出て行くのを見た以上、訳者も自らの非力は充分認識しながらも、本書より得た自分の喜びをすこしでもよいから他の人と分ちたいと思い訳出を引き受けたわけである。この訳書を通じて「陳腐であるべきことであって、しかもそうではないらしい事柄」が一つでも多く陳腐になればラヴジョイの意図は報われるものと考えられる。「恐れと震え」を以って訳出している間に私を支えたのは、ラヴジョイは私のような門外漢のために本書を書いたのだという妙な自信であった。

最後に哲学固有の領域においての彼の地位について簡単に触れておく。彼が活躍し始めた二十世紀初頭は、英国ではブラッドリー、グリーンなどのドイツ観念論の影響を受けた理想主義への反動として、ラッセルを代表とする新実在論が起り、米国ではモンタギュ、ピトキン等の六人が『新実在論』（一九一二年）を公刊し一派を成した。新実在論によれば、精神と物体との二元論を採らず感覚的与件を心的でも物的でもない中性的な要素とした。そして意識の働きは環境に対する選択的反応であり、この反応が可能であるためには意識の中に独立したものが存在しなければならないが、しかしそれでも外界の独立性は失われぬと主張した。これに対して批判的実在論が起った。新実在論の客観主義的行き過ぎを批判し、客観的実在はそのまま知られることはなく、知られるのは知覚与件としての性質複合に過ぎないとし、我々はその複合を実在物の性質であると信じ、そのように反応するに過ぎないと主張した。一九二〇年に『批判的実在論集』というドレークら七人のアメリカ哲学者の共同研究が公にされたがラヴジョイはその執筆者の一人であり批判的実在論者と考えられている。

最後にラヴジョイの経歴を簡単に紹介しよう。一八七三年十月十日にベルリンでアメリカ人の牧師の子として生まれた。母親はハムブルクの人である。カリフォルニア大学、ハーヴァード大学、パリ大学に学んだ。一八九九年から一九〇一年までスタンフォード大学助教授、一九〇一年から〇八年までセントルイスのワシントン大学で哲学教授、一九〇七年から〇八年までコロンビア大学哲学講師、一九〇八年から一〇年までミズリー大学哲学教授、一九一〇年から三八年の引退までジョンズ・ホプキンス大学哲学教授。その間アメリカ大学教授連合の会長、アメリカ哲学協会会長、ロンドン大学講師、本書のもとになったハーヴァード大学ウィリアム・ジェイムズ講座の講師などを経て一九六二年十二月三十日に没した。

著書は、『二元論に対する反逆』(*The Revolt Against Dualism*)(一九三〇年)、『原始主義と古代の関連した観念』(*Primitivism and Related Ideas in Antiquity*)(一九三五年に

ジョージ・ボアスと共著)、『存在の大いなる連鎖』(*The Great Chain of Being*)(一九三六年)、『観念の歴史に関する試論』(*Essays in the History of Ideas*)(一九四八年)、『理性、悟性および時間』(*The Reason, the Understanding, and Time*)(一九六一年)、『人間性に関する思索』(*Reflections on Human Nature*)(一九六一年)。論文を寄稿した雑誌は、*American Journal of Theology; Hibbert Journal; Journal of Philosophy Mind; Philosophical Review* その他である。またドレークら七人のアメリカ哲学者の共同研究である『批判的実在論集』(*Essays in Critical Realism*)(一九二〇年)の執筆者の一人であった。

この訳書の成立には晶文社の島崎勉氏に大変お世話になった。汚い原稿が書物の体をなしたのは氏の練金術である。また「パパ何を書いているの」と言った美知子と「そんなことは止めてぼくと遊べよ」と言った真理子に本訳書を捧げる。

追記。訳注を以下のように補足する。九二頁の「誰か見たか」で始まる詩は『四季』夏の章三三九より四二行。一一〇頁の最終行のジェローム は Jerome で原名は Eusebius Hieronymus(340—420)。聖人。ローマカトリック教会の教父。東方の言語の知識を用いてラテン語の聖書の改訂を法王の命で行い、それがトレントの宗教会議(一五四六年)においてローマカトリック教会の正式の聖書とされた。一七六頁の一一行目のパリンゲニウスは Marcus Stellatus Palingenius で十六世紀のイタリアの医者。三七五頁の「その英知が」で始まる詩は『四季』夏の章三三九より四二行。三七六頁の「天の思いやりある」で始まる詩は同章三一〇行より一七行である。以上。

文庫版解説　この「鎖」、きみは「きずな」と読む

高山宏

まず二つの文章を読んでみよう。最初のはリア・フォルミガリ、二番目の文章はフィリップ・ウィーナーという人物が書いたもの。

宇宙に対する解釈として西洋科学、西洋哲学が考え出してきたものの中でも、〈存在の連鎖 Chain of Being〉ないし〈被造物の階梯 Scale of Creatures〉という観念は強力なもののひとつである。幾世紀にもわたる精緻化をへて発展してきた観念の常のように、この観念もまた、その多彩きわまり、しばしば自己矛盾をさえ孕んで複雑そのものの歴史的展開を逆にたどっていくことによってしか巧く定義することができない。ここでは、その変幻はてないあまたの定式の中、いつも変らぬ常数は何であるかを描き出すことができれば足りる。〈存在の連鎖〉とは、それこそ最下位にあって最も取るに足らない存在から、自らは被造物ではないがあらゆる創造の営みがそこをめざす到達点、終着目標であるところの最も完全なるもの（ens perfectissimum）にいたる、一個のヒエラルヒーの形に被造物を整序する連鎖ないし漸次移行であるとして、宇宙

を有機的に捉えようとする観念である。この観念は西洋形而上学史の中でこの観念を構成する一連の観念群――漸次移行（gradation）、充満ないし横溢《おういつ》（plenitude, fullness）、連続性（continuity）、そして充足理由（sufficient reason）といった諸原理――を必然的に内包せざるをえないし、それはまた宇宙の中の人間の位置というものを明らかにするが、そこには思想史にとって非常に重要な心理学的、道徳的な、いや時には政治的でさえある意味合いがいろいろと孕まれることになる。

もはや分明のように本書『存在の大いなる連鎖』の内容の要約《レジュメ》と言ってよい文章だ。それもその筈、伝説的出版物、『ディクショナリー・オヴ・ザ・ヒストリー・オヴ・アイディアズ（観念史事典）』（一九六八―七四）のそのものズバリ、「存在の連鎖」の項目の導入部分なのである。この事典そのものは『西洋思想大事典』全四巻として平凡社より完訳されているから、これの右「存在の連鎖」の項を熟読されると、オリジナルのラヴジョイ書の絶好の要約になっているという次第だ。

実は、問題にしたい第二番目の引用というのが、この『観念史事典』なる二十世紀後半の思想史・哲学史の最大の出版企画全体の総序に当る一文なのだ。それは次のようである。

およそ創造的な営為や探究に腐心する芸術家、著述家、科学者たる人で、その主題が仮に既成の形式や様式、伝統的な方法の彼方にまで広がる時に、専門領域の外に出て、そこからさまざまな観念を借り受けてくるのを躊躇する人物などいないであろう。芸術の言語にしても、文学的主題、科学的発見、経済的状況、そして政治的変化から蒙った衝撃を、そこにとどめていることが少なくはないであろう。物理学、生物学、心理学、そして社会学は、自然と人間をめぐる古代のさまざまな神話的・形而上学的な思想から分枝してきたものに他ならず、それらの歴史的発展の過程において、既に試験済みの観念や方法の交雑受精から生じてきた分析や実験方法の成果を存分に利用してきたのである。人間精神がこのように旺盛に外へ手を伸ばしていくものであることに鑑み、思想史家は多様な分野における人間の芸術的・科学的達成をさぐる枢要な鍵を探し出そうと強く念ずる。学知の専門分野のおのおのの自立性、それらの必要性を大いに認めたうえで、思想史家は人間精神の大小の専門的関心事の文化的な根をさぐり、その歴史的な分枝過程をたどることで、学知に対する彼、彼女ならではの寄与をなそうとするのである。

編集者一同は、多くの国の学識者、とりわけその各自の研究が関連した他の分野と文化的・歴史的に通底しあっていることに明敏にも気付いている方々に寄稿を依頼した。編集者と寄稿者が協働して見解と文化的視点を交換するなか、研究領域の壁、国の境界線がこうして越えられていった次第である。

この事典の副題（Studies of Selected Pivotal Ideas）に示されているところの、我々は知の歴史におけるさまざまな〈精選された〉枢要な項目と、そうした項目を記述していくもろもろの方法とを示そうとするのだという主張について、ここで改めて強調しておきたい。たしかに議論された項目の数は多いが、だからと言って本事典が知の歴史の全領域を表現しえているなどと豪語する気などさらにない。……［中略］……選ばれた項目は、一領域のさまざまな観念が他の領域へと移っていく実に興味尽きぬ多様な仕方を示すことを眼目としている。こうした観念の拡散はほぼ三つの方向に向けてたどることができよう。水平方向にはある文化的時代における諸分野を横断し、垂直方向というか時代順ということでは幾多の時代を貫き、さらに「深みに」向かっては浸透力ある枢軸観念の内的構造を分析することによって、というわけである。より新しくより大きい思想や運動の要素となったところの、構成部分たるひとつひとつの観念を理解しようと思えば、内的な分析はどうしても不可欠である。この分析の今や古典ともなったモデルこそ、〈存在の大いなる連鎖〉の観念を歴史的に研究し、内的な分析を加えて、それを構成する「連続性」、「漸進性」、そして「充満」というその〈単位観念（unit ideas）〉を析出しおおせたアーサー・オンケン・ラヴジョイの業績にほかならない。これらの単位観念は思想の有機的な文化的・歴史的布置全体の記述なのではなく、錯綜した観念群を解きほぐし、多様な文脈の中でのそれらの役割を解き明かす一助にと、ラヴジョイが導入した分析の所産なのである。

この事典が脱領域的、通文化的なさまざまな関係を強調するのは、多様な分野の専門化した歴史の代用品たらんとしてではなく、ひたすら現実の、あるいは可能性としであるインターディシプリンズ〔相互関連〕の様相を示したいからにほかならない。さまざまな観念の歴史的な相互関連をこうして研究していくことは、いやましに専門分化と疎外の色を濃くしていく世界のただなかにあって、人間の思考とその文化的表現とに統一性があることを感じるのに大きな助けとなるであろう。幾世紀にも相亘《わた》り芸術と科学が獲得し蓄積してきてくれたもの、それこそ知的・文化的破産に抗うための最強の拠りどころではないだろうか。我々の文化的遺産を創り出してきたさまざまな観念について思いをめぐらせること、それこそ人間精神の未来にありうべき発展と繁栄のための必須要件なのではないだろうか。

何とも高邁な「脱領域の知性」（G・スタイナー）の宣言文《マニフェスト》ではなかろうか。そして第一の引用文が『存在の大いなる連鎖』の内容を要約してくれているとすれば、このフィリップ・ウィーナーによる文章は『存在の大いなる連鎖』の方法を要約してくれていることになると思って、少し長いがここに引いてみた。

『観念史事典』は一九六八―七四年の刊行。ということは一九七五年以降の情報はゼロということ。今「現代思想」と言えば「脱構築」だったり「ポストコロニアル」だったり、「デリダ」だったりなのに、当然その項目も記載もない。さてと思っていると、二〇〇五年に『観念史新事典』全六巻が出て、新しい所を総ざらえしてみせた。実は名前が似ているだけで恐らくはフィリップ・ウィーナーがラヴジョイを象徴として掲げて編集した元の

『観念史事典』とは何の関係もないと言ってよいこちらの新しい「ヒストリー・オヴ・アイディアズ」で見ると、「存在の連鎖」の独立した立項などなく、四つほど別々の項目の中に少しずつ分散された記述があるだけ。神話や象徴やロマン派の各関連項が伝説的充実をみた『観念史事典』と、言語、制度、差別をキーワードにした『観念史新事典』の落差に、今から見て二十世紀思想史全体の大きな流れがひとつ見えると言ってもよいだろう。「脱領域」への切迫した必要があったのが、空念仏《から》と化して数十年経るうちにすっかり色褪せたというのが実感だ。理系が人文・社会系との接点や干渉を言うには余りにも専門化が過ぎてしまって、文理融合だの脱領域だの声高に言うこと自体、恥ずかしいという状況になっている。「サイエンス」と「テクノロジー」の間ももはや途切れてしまっていて、その黙示録的危険が「フクシマ」で露呈した。諸学融合を謳《うた》った「観念の歴史」派、観念史家たちの発想と営みを牧歌的なものと感じさせるとすれば、そうさせたものは何か、いつ頃からそうなったか、よく考えてみる必要がある。哲学が「魔術」をも排さなかった時代があったことが『存在の大いなる連鎖』(一九三六)一冊見てもわかる。今、魔術的哲学を「オカルト・フィロソフィー」としてカリキュラム化している大学が一体どれ位あるだろう。

一九三六年刊、邦訳一九七五年。そして今回の文庫本化が二〇一三年。この年表は仲々象徴的かもしれない。万物が繋るというヴィジョンをラヴジョイがハーヴァード大学で訴えた一九三二―三年は言うまでもなくヒトラーの政権奪取から第二次大戦へという具体的な年表の中に、融和から断片化へという世界観・宇宙観の変化が反映された「世界夜《ヴェルトナハト》」（ハイデッガー）のタイミングである。現在の東京の（救い難く太平楽な）読書環境からみて『存在の大いなる連鎖』が少しでも牧歌的に見えたとしたら、ここでもまた我々の「歴史意識」の欠如が問題なのだ。

ラヴジョイが人類学のジョージ・ボアズ、英文学のマージョリ・ニコルソン等と創設した「観念史クラブ」の発足が一九二三年。群がる論敵、批判者との論争に鍛えられて観念史の綱領書《マニフェスト》を兼ねた『存在の大いなる連鎖』は刊行された。一九二〇年代からの約二十年は、ピカソやシュルレアリスムの名で明らかなようにいわゆるアートの方で旧套打破の動きが目ざましかったことはよく知られているが、学問学術の方でも同じ状況であったことがむしろ『存在の大いなる連鎖』一冊読むことで（特に、はっきり論争的な序文を熟読することで）よくわかる。学問の専門化の息苦しさの打破が、そこからラヴジョイが抜け出てアメリカに来た故国ドイツ戦間時代の社会的鬱屈への危機感と確実に重なっている。オリジナル邦訳版を企画・編集した晶文社の小野二郎（明治大学教授）という元は全学連の中心人物が、ただただ脱領域の試みというのでラヴジョイに魅了されたわけもあるまい。『存在の大いなる連鎖』が今復刊されることの意味を象徴するのが、たとえばライプニッツ評価かもしれない。二十世紀末から二十一世紀劈頭の哲学・思想研究はライプニッツ研究を中心に回っているわけだが、余りにも多岐に亘る活動が災いして〈普遍人〉ライプニッツの評価は二十世紀初めのルイ・クーチュラの研究（一九〇一）まで無いと言ってよかった。それが二十世紀末、突如としてミッシェル・セール、ジル・ドゥルーズが「バロック」哲学者ライプニッツをめぐって革新的な仕事をし、マニエリスムに傾《かぶ》いた現象学哲学者G・ルネ・ホッケが何を研究しても最後は「再積分」家、「人間性の灯台」としてのライプニッツ礼讃に行きつき、今まさにドイツ新人文学の旗手、ホルスト・ブレーデカンプ（一九四七―　）が、「魔術」と「不一致の一致」のライプニッツ像を次々と出す本で眩惑的に明らかにしている。これら各書に、それらポップな問題を逸早く取り上げ、あまつさえ究極のスケールの中に布置しさっていた『存在の大いなる連鎖』へのまともな言及がないのにぼくなど正直、もっと勉強しろよとかなり腹を立てている。セール、ドゥルーズ、ブレーデカンプの良き読者たる真正の観念史派を自任するバーバラ・M・スタフォードさえもがラヴジョイを大々的に利用しないのが勿体ない。特に観念史出発当初の論争三昧が災いして、喧嘩好きの学界・学会人という矮小化されたイメージ、西欧哲学史の中ではもうひとつ敬遠されるプラグマティズムの哲学者というイメージが強い。近現代史を視覚文化として捉えるのにいかにプラグマティズムが有用か、プラグマティズムとイマジズムをくっ付けて「プラグマジズム」という新研究領域を構想中のスタフォードや、ライプニッツの造園理論にまで迫ってきたブレーデカンプの脳中には実は『存在の大いなる連鎖』が見ているものがそっくりおさまっている（本書序文中でラヴジョイが脱領域的方法にぴったりの材料として西欧近代の造園術を取りあげているのは偶然や思いつきではない）。ヒトラー同時代という歴史的脈絡ばかりか、まさしく「今」喫緊の哲学書なのだ。

ライプニッツが今招喚される最大の理由は十七世紀前半の三十年戦争（一六一八—四八）直後世代だからで、それが二十世紀前半の戦間時代と見事にパラレルだと感じられ、では二十世紀のライプニッツ主義とは何という想像力があったものと察せられる。バラバラになっていく断片相、微分相の世界に、夢（フロイト、シュルレアリスム）、魔術（オカルト、マニエリスム）といった統一夢、融合夢が次々生じたということなのだろう。

一九二〇年代から二十年くらいのいわゆるモダニズム期のアートのことには随分と詳しい我々が同時期の学問学術が閲《けみ》した似たような革命的事態についてはほとんど知らなかった。それがこの四半世紀、ウォーバーグ文庫（のちヴァールブルク研究所）やエラノス会議・ボーリンゲン基金等々知られるようになり、その有力な一派として観念史学が挙げられるようになってきて喜ばしい限りだ。『道化の民俗学』（一九六九）や『本の神話学』（七〇）の人類学者、山口昌男氏の尽力が大きい。『存在の大いなる連鎖』の熱烈読者だったこと明々白々の世界のヤマグチの逝去（二〇一三年三月十日）がこの解説を書いている途中に知らされた。無念至極。

無念至極なのはラヴジョイ自身ではなかろうか。『観念史事典』は各項目について一九六八年時点で世界最強と編集部が目《もく》した相手に、相手の主著の著者自身による要約《レジュメ》を書いて寄稿してくれと依頼するところから始まった。当然、全巻に向けて中核的位置を占めるはずの「存在の連鎖」の項は御大ラヴジョイその人が楽しげに書くしか考えられなかったところ、既に一九六二年に他界してしまっていた。他界の前年に書いた『人間本性考』も今では邦訳で読める（名古屋大学出版局）。「競争心」や「承認願望」の観念史、と聞くだに魅力的ではないか。

存在を繋ぐ魔術、存在を繋ぐエコロジー。魔術の研究とも、早い時期のエコロジー論とも、無論進化論の本としても面白い。この本をどう読むかはきみの〈今〉を問うのである。

最後に本書再評価に視野を広げてくれる本を紹介しておくと、まずはDonald R. Kelly (ed.), *The History of Ideas: Canon and Variations* (Univ. of Rochester Pr., 1990)。観念史クラブが発行する年四回の機関誌*Journal of the History of Ideas*（一九九二年に没するまでずっと編集長であったのがフィリップ・ウィーナーその人である）の初期の号に載った観念史論、ラヴジョイ論、「存在の大いなる連鎖」論十六篇を網羅。テーマ別に同誌掲載記事を再編し本の形にした有難い叢書Library of the History of Ideasの第一巻である。他のタイプの「観念の歴史学」の中にラヴジョイ・グループの観念史を位置付け、単位観念の組合せ術と化し、担った具体的な人物たちの個性等を無視している点などに批判の目を向けるPreston King (ed.), *The History of Ideas* (Croom Helm, 1983) は歴史学の専門家向き。

方法よりも内容的なことでは、Marion L. Kuntz and Paul G. Kuntz (eds.), *Jacob's Ladder and the Tree of Life: Concepts of Hierarchy and the Great Chain of Being* (Peter Lang, 1987) が、「存在の大いなる連鎖」の周辺やその後を網羅していて必携必読。以上全ての本に致命的に欠けているヴィジュアル資料は、これはまた驚くばかりに総覧させてくれる近来の奇書として三中信宏『系統樹曼荼羅』を心から推輓しておこう（ＮＴＴ出版、二〇一二)。

脱領域的学術が観念史派からデリダの〈今〉にと転じた動きは、Betty Jean Craig, *Reconnection* (Univ. of Georgia Pr., 1988) から Joe Moran, *Interdisciplinarity* (Routledge, 2006) へと読み進むとピンポイントで理解できるように思う。

(たかやま・ひろし／明治大学教授)

索　引

タ

ナ

マ

ヤ

ラ

本書は一九七五年十二月二十日、晶文社より刊行された。文庫化にあたり、原本の巻頭文を、高山宏氏の訳で新たに掲出した（七ページ）。

また「序文」および「第一講」冒頭は、同じく高山氏の指摘により、著作権継承者の許可を得たうえで、底本の訳語の一部を近年通用の定番訳語に置き換えるなど、訳の文意文体を損なわない範囲で、若干の訂正を行った。

リヴァイアサン（下）
トマス・ホッブズ
加藤節訳
キリスト教徒の政治的共同体における本質と諸権利、そして「暗黒の支配者たち」を論じて大著は完結する。近代政治哲学の歩みはここから始まった。

知恵の樹
H・マトゥラーナ／F・バレーラ
管啓次郎訳
生命を制御対象ではなく自律主体とし、自己創出を良き環と捉え直した新しい生物学。現代思想に影響を与えたオートポイエーシス理論の入門書。

社会学的想像力
C・ライト・ミルズ
伊奈正人／中村好孝訳
なぜ社会学を学ぶのか。抽象的な理論や微細な調査に明け暮れる現状を批判し、個人と社会を架橋する学という原点から問い直す重要古典、待望の新訳。

パワー・エリート
C・ライト・ミルズ
鵜飼信成／綿貫譲治訳
エリート層に権力が集中し、相互連結しつつ大衆社会を支配する構図を詳細に分析。世界中で読まれる階級論・格差論の古典的必読書。（伊奈正人）

メルロ＝ポンティ・コレクション
モーリス・メルロ＝ポンティ
中山元編訳
意識の本性を探究し、生活世界の現象学的記述を実存主義的に企てたメルロ＝ポンティ。その思想の粋を厳選して編んだ入門のためのアンソロジー。

知覚の哲学
モーリス・メルロ＝ポンティ
菅野盾樹訳
時代の動きと同時に、哲学自体も大きく転身した。それまでの存在論の転回を促したメルロ＝ポンティ哲学と現代哲学の核心を自ら語る。

精選 シーニュ
モーリス・メルロ＝ポンティ
廣瀬浩司編訳
メルロ＝ポンティの代表的論集『シーニュ』より重要論考のみを厳選し、新訳。精確かつ平明な訳文と懇切な注釈により、その真価が明らかとなる。

われわれの戦争責任について
カール・ヤスパース
橋本文夫訳
時の政権に抗いながらも「侵略国の国民」となってしまった人間は、いったいにどう戦争の罪と向き合えばよいのか。戦争責任論不朽の名著。（加藤典洋）

フィヒテ入門講義
ヴィルヘルム・G・ヤコプス
鈴木崇夫ほか訳
フィヒテは何を目指していたのか。その現代性とは――。フィヒテ哲学の全領域を包括的に扱い、核心部分を明快に解説した画期的講義。本邦初訳。

哲学入門
バートランド・ラッセル
髙村夏輝訳
誰にも疑えない確かな知識など、この世にあるのだろうか。近代哲学が問い続けてきた諸問題を、これ以上なく明確に説く哲学入門書の最高傑作。

論理的原子論の哲学
バートランド・ラッセル
髙村夏輝訳
世界は原子的事実で構成され論理的分析で解明しうる――急速な科学進歩の中で展開する分析哲学。現代哲学史上あまりに名高い講演録、本邦初訳。

現代哲学
バートランド・ラッセル
髙村夏輝訳
世界の究極的あり方とは？　そこで人間はどう描けるのか？　現代哲学の始祖が、哲学と最新科学の知見を総動員。統一的な世界像を提示する。本邦初訳。

存在の大いなる連鎖
アーサー・O・ラヴジョイ
内藤健二訳
西洋人が無意識裡に抱き続けてきた「存在の大いなる連鎖」という観念。その痕跡をあらゆる学問分野に探り「観念史」研究を確立した名著。（高山宏）

自発的隷従論
エティエンヌ・ド・ラ・ボエシ
山上浩嗣訳
西谷修監修
圧制は、支配される側の自発的な隷従によって永続する――支配・被支配構造の本質を喝破した古典的名著。20世紀の代表的な関連論考を併録。（西谷修）

アメリカを作った思想
ジェニファー・ラトナー＝ローゼンハーゲン
入江哲朗訳
「新世界」に投影された諸観念が合衆国を作り、社会に根づき、そして数多の運動を生んでゆく――。アメリカ思想の五〇〇年間を通観する新しい歴史。

価値があるとはどのようなことか
ジョセフ・ラズ
森村進／奥野久美恵訳
価値の普遍性はわれわれの偏好といかに調和されるか――。愛着・価値・尊重をめぐってなされる入念な考察。現代屈指の法哲学者による比類ない講義。

カリスマ
C・リンドホルム
森下伸也訳
集団における謎めいた現象「カリスマ」について多面的な考察を試み、ヒトラー、チャールズ・マンソンらを実例として分析の俎上に載せる。（大田俊寛）

自己言及性について
ニクラス・ルーマン
土方透／大澤善信訳
国家、宗教、芸術、愛……。私たちの社会を形づくるすべてを動態的・統一的に扱う理論は可能か？　20世紀社会学の頂点をなすルーマン理論への招待。

ちくま学芸文庫

存在《そんざい》の大《おお》いなる連鎖《れんさ》

二〇一三年五月十日　第一刷発行
二〇二三年三月五日　第二刷発行

著　者　アーサー・O・ラヴジョイ
訳　者　内藤健二（ないとう・けんじ）
発行者　喜入冬子
発行所　株式会社　筑摩書房
東京都台東区蔵前二―五―三　〒一一一―八七五五
電話番号　〇三―五六八七―二六〇一（代表）
装幀者　安野光雅
印刷所　株式会社加藤文明社
製本所　株式会社積信堂

ISBN978-4-480-09536-7 C0110